saur

KOMMUNIKATION UND POLITIK

Schriftenreihe herausgegeben von
Jörg Aufermann, Hans Bohrmann,
Otfried Jarren, Winfried B. Lerg und
Elisabeth Löckenhoff†

Band 24

Jürgen Wilke (Hrsg.)
Telegraphenbüros und
Nachrichtenagenturen in Deutschland

Jürgen Wilke (Hrsg.)

Telegraphenbüros und Nachrichtenagenturen in Deutschland

Untersuchungen zu ihrer Geschichte bis 1949

K · G · Saur München · New York · London · Paris 1991

Die Deutsche Bibliothek – CIP-Einheitsaufnahme

Telegraphenbüros und Nachrichtenagenturen in Deutschland :
Untersuchungen zu ihrer Geschichte bis 1949 / hrsg. von Jürgen Wilke. – München ; New York ; London ; Paris : Saur, 1991
(Kommunikation und Politik ; Bd. 24)
ISBN 3-598-20554-6
NE: Wilke, Jürgen [Hrsg.]: GT

Gedruckt auf säurefreiem Papier
Printed on acid-free paper

Part of Reed International P.L.C.
Printed in the Federal Republic of Germany

Druck/Binden: Druck Partner Rübelmann, Hemsbach
ISBN 3-598-20554-6

Inhalt

Zum Geleit

Historisch-kritische, aus den Quellen schöpfende Untersuchungen über das wichtigste Hilfsgewerbe der Publizistik, die Nachrichtenagentur, fehlten bisher für den deutschen Sprachraum. Zwar sind ungezählte zeitgenössische Fachaufsätze, viele technische, verkehrswissenschaftliche, volkswirtschaftliche und zeitgeschichtlich-politische Hochschulschriften über das "Nachrichtenwesen" seit der Jahrhundertwende entstanden, aber die Pressegeschichtsschreibung der Zeitungskunde und Zeitungswissenschaft interessierte sich nur gelegentlich für die Institution selbst, für die einzelne Nachrichtenagentur.

Der Nachruf auf Bernhard Wolff der "Illustrirten Zeitung" (Leipzig, Nr. 1876 vom 14. Juli 1879) galt dem Besitzer der "Nationalzeitung"; dem "Begründer des allbekannten Wolff'schen Telegraphenbureaus" wurde nur am Rande gedacht. Gleichwohl haben allgemeine Nachschlagewerke diese Zulieferunternehmen schon früh ausführlich verzeichnet, zunächst unter dem Stichwort " Telegraphen-Bureaus, ... Telegraphen-Agenturen" (Meyers Großes Konversations-Lexikon, 6. Auflage, Bd. 19, 1908), dann unter dem Stichwort "Nachrichten (Telegraphen-) Büros" (Meyers Lexikon, 8. Auflage, Bd. 8, 1940). Im letztgenannten Fall enthielt der Artikel den bemerkenswerten Zusatz: "Ganz aus jüdischem Börsengeist entstanden".

Das medien- und kommunikationsgeschichtliche Desinteresse wird gewiß nicht allein aus antisemitischen Vorurteilen, wie sie in der deutschen Zeitungswissenschaft keine Seltenheit gewesen sind, zu erklären sein. Ebenso wenig dürften bloße ideologische Verdachtsmomente die ohnehin in den sechziger und siebziger Jahren leicht erlahmte publizistische Historiographie daran gehindert haben, sich die deutsche Agenturgeschichte auf ihre Forschungsagenda zu schreiben. Zweifellos gab und gibt es schwerwiegende Quellenprobleme auf diesem Gebiet der kommunikationsgeschichtlichen Institutionen. Die Möglichkeiten, solche Probleme zu lösen, bestimmen schließlich Forschungsprioritäten.

In dieser Schriftenreihe "Kommunikation und Politik" ist soeben als Band 21 die Monographie über das "Wolff'sche Telegraphen-Bureau (WTB)" von Dieter Basse erschienen. Der vorliegende Sammelband, herausgegeben und bearbeitet von Jürgen Wilke, bietet historische Einzelstudien über Agenturen, die zu Beginn dieses Jahrhunderts als Mitbewerber am Nachrichtenmarkt - neben dem

WTB - entstanden sind, ferner über den von 1934 - 1945 als amtliches "Deutsches Nachrichtenbüro (DNB)" arbeitenden Agenturbetrieb, über die Gründungen der alliierten Militärregierungen bis hin zur Frühgeschichte der "Deutschen Presse-Agentur (dpa)". Die Arbeiten basieren auf fünf Magisterarbeiten, vier aus dem Institut für Publizistik der Universität Mainz, eine aus dem Institut für Publizistik der Universität Münster.

Schließlich ist geplant, diese Forschungsbeiträge zur Geschichte der Nachrichtenagentur in Deutschland mit einer umfassenden Untersuchung über den "Allgemeinen Deutschen Nachrichtendienst (ADN)" von seiner Gründung "bis zum Ende der Ära Honecker", hervorgegangen aus zwei Dissertationen am Institut für Publizistik der Universität Münster, vorläufig abzuschließen.

Die Herausgeber

Einführung

Von Jürgen Wilke

Nachrichtenagenturen sind nach einer häufig zitierten, ja geradezu "klassisch" gewordenen Definition Emil Dovifats Unternehmen,"*die mit schnellsten Beförderungsmitteln Nachrichten zentral sammeln, sichten und festen Beziehern weiterliefern*".[1] Entstanden sind sie in Europa seit den dreißiger Jahren des 19. Jahrhunderts, als die Presse zu jenem modernen Massenmedium zu werden begann, wie wir es kennen. Da keine Zeitung mehr für sich allein den wachsenden Bedarf an Nachrichten aus dem In- und Ausland zu decken vermochte, erwiesen sich entsprechende Zulieferbetriebe zunehmend als notwendig und unentbehrlich. Daraus wurde in der Folge ein eigenes Hilfsgewerbe der Presse, das seine Dienste immer mehr ausbaute. Ohne die Vor-Leistungen der Agenturen könnten die Presse - und heute auch Hörfunk und Fernsehen - ihre Informationsaufgabe nicht erfüllen. Nur wenige Medienunternehmen können sich nämlich eigene Korrespondenten leisten, und wenn, dann nur an wenigen Plätzen der Welt. So sind die Massenmedien in ihrer Berichterstattung weitgehend abhängig von den Nachrichtenagenturen. Zwar können sie aus deren Angebot auswählen und das müssen sie auch. Aber möglich ist dies doch nur innerhalb des Ensembles von Nachrichten, welche die Agenturen ihnen zur Verfügung stellen.

In einem merkwürdigen Kontrast zu der großen Bedeutung der Nachrichtenagenturen steht die beschränkte Aufmerksamkeit, die sie in der wissenschaftlichen Forschung gefunden haben. Dies ist zwar schon wiederholt festgestellt und zu erklären versucht worden, ohne daß daraus aber lange Zeit Konsequenzen gezogen wurden. Zwar hat es in der Nachkriegszeit einige Studien zu verschiedenen Aspekten der Agenturen gegeben.[2] Aber im Grunde gilt noch immer, was

---

1 Emil Dovifat: Zeitungslehre. 6. neu bearb. Aufl. von Jürgen Wilke. Berlin, New York 1976. Bd. 1. S. 91.

2 Vgl. u. a. Robert Peck: Nachrichtenagenturen in der Bundesrepublik Deutschland. Diss. Berlin 1967.- Gert-Walter Minet: Nachrichtenagenturen im Wettbewerb. Köln 1977.- Heinz-Willi Gross: Die Deutsche Presse-Agentur. Historische Analyse ihrer Organisations- und Machtstruktur, externer Interessenverflechtungen und der Position auf dem bundesdeutschen Nachrichtenmarkt. Frankfurt/M. 1982.- Bernd Blöbaum: Nachrichtenagenturen in den Nord-Süd-Beziehungen. Eine

Gertrud Steinhausen bereits 1959 im Vorwort ihrer Dissertation festgestellt hat: "Obwohl ein publizistischer und politischer Wirkungsfaktor von hohem Rang, führen die Nachrichtenagenturen ein ziemliches Schattendasein am Rande wissenschaftlicher Forschungsarbeit."[3] Im übrigen gilt diese Vernachlässigung gerade für den deutschsprachigen Raum. Denn für die großen Agenturen anderer Länder liegen z. T. schon seit Jahrzehnten grundlegende Untersuchungen vor.[4]

Man darf jedoch nicht übersehen, daß es in Deutschland schon im ersten Drittel des 20. Jahrhunderts eine erste Welle der Beschäftigung mit den Nachrichtenagenturen - oder den Telegraphen-Büros, wie man sie damals noch nannte - gab. Hierbei lassen sich verschiedene Arten von Beiträgen unterscheiden. Zum Teil handelt es sich um Dissertationen oder wissenschaftliche Studien, die vornehmlich die technische und wirtschaftliche, weniger die journalistische Seite der Agenturen behandelten.[5] Zum anderen waren es Redakteure, ja in den Agenturen

---

Studie zur Entwicklung, Struktur und Reform der Weltnachrichtenordnung. Berlin 1983.- Ulrich Schenk: Nachrichtenagenturen als wirtschaftliche Unternehmen mit öffentlichem Auftrag. Mit einer kritischen Würdigung des ddp. Berlin 1985.- Vgl. ferner auch verschiedene in den folgenden Anmerkungen angegebene Titel.

3 Gertrud Steinhausen: Gründung und Entwicklung der westdeutschen Nachrichten-Agenturen nach dem 2. Weltkrieg. Diss. Heidelberg 1959. S. I.

4 Vgl. Victor Rosewater: History of Coöperative Newsgathering in the United States. New York, London 1930. Reprint 1970.- Oliver Gramling: AP - The Story of News. New York, Toronto 1940.- Kent Cooper: Barriers Down. The Story of the New Agency Epoch. Fort Wahington, London 1942.- Graham Storey: Reuters Century. London 1951. Reprint 1969.- Pierre Frédérix: Un siècle chasse aux nouvelles. De l'Agence d'information Havas à l'Agence France Presse. 1835-1957. Paris 1959.- Jo Alex Morris: Deadline Every Minute. The Story of United Press. New York 1957.- Richard Schwarzlose: The American Wire Services. New York 1979.

5 Vgl. Friedrich Blanck: Der deutsche Nachrichtenmarkt. Diss. Heidelberg 1910. (Der Verfasser arbeitete zeitweise beim Wolff'schen Telegraphischen Bureau).- Hans E. Morf: Die Drahtberichterstattung im modernen Zeitungswesen. Ein Beitrag zur Geschichte des Nachrichtenwesens. Bern 1912.- Ernst Heerdegen: Der Nachrichtendienst der Presse. Leipzig 1920. (= Abhandlungen aus dem Institut für Zeitungskunde der Universität Leipzig. Bd. I/H. 3. Der Verfasser zeichnete als politischer Schriftleiter der Allgemeinen Zeitung Chemnitz).- Friedrich Fuchs: Telegraphische Nachrichtenbüros. Eine Untersuchung über die Probleme des internationalen Nachrichtenwesens. Berlin 1919 (= Erlanger Diss.).- Emil Sorg: Die deutschen Zeitungskonzerne der Gegenwart unter Einschluß des Nachrichten- und Anzeigengewerbes. Diss. Heidelberg 1924.- Arno Meyer: Die Organisation des Nachrichtendienstes der Presse. Eine Untersuchung über die Einwirkungen des Gesetzes der Massenproduktion auf die Ausgestaltung des Inhalts der Zeitungen. Libau 1926.- Hertha Stohl: Der drahtlose Nachrichtendienst für

selbst tätige Personen, die sich dem Thema widmeten.[6] Sie berichteten aus eigener Erfahrung und dem unmittelbaren Zugang zum Objekt der Darstellung, womit ihre Werke einen zuweilen berufskundlichen Anstrich erhielten. Als Quellen sind diese Studien auch heute noch wichtig (wie auch der vorliegende Band zeigt). Doch sind sie inzwischen veraltet und nach den Maßstäben eines wissenschaftlich fortgeschrittenen Erkenntnisinteresses nicht mehr hinreichend.

Der Faden dieser Literatur, der in den dreißiger Jahren abriß, ist nach dem Zweiten Weltkrieg zunächst nicht aufgenommen worden. Und dies obwohl die Gründung einer unabhängigen Nachrichtenagentur mit zu den Voraussetzungen für den Aufbau eines freiheitlichen, an demokratischen Prinzipien orientierten Mediensystems in Deutschland gehörte. Die bereits erwähnte Dissertation von Gertrud Steinhausen über die Gründung westdeutscher Agenturen nach dem Zweiten Weltkrieg stand lange Zeit als Ausnahme ziemlich vereinzelt da. Zudem handelte es sich um eine Arbeit, die in der Politikwissenschaft, nicht in der Publizistik- und Kommunikationswissenschaft entstanden war. Unter diesen Umständen kam es dazu, daß wieder das Werk eines wissenschaftlichen Außenseiters - des ehemaligen Agenturjournalisten Hansjoachim Höhne - zum meistbenutzten Hilfsmittel zur Information über Nachrichtenagenturen wurde.[7]

Die Vernachlässigung der Nachrichtenagenturen als Forschungsgegenstand betraf sowohl ihre Rolle in der Gegenwart wie in der Vergangenheit. Kaum nachvollziehbar ist, daß kein systematischer Versuch unternommen wurde, die

---

Wirtschaft und Politik. (Seine Entwicklung und Organisation in Deutschland). Berlin 1931.- Friedrich Winkin: Der Nachrichtenschnellverkehr im Dienst von Presse und Wirtschaft. Leipzig 1934 (= Würzburger staatswiss. Abhandl. Reihe A/H. 2).

6 Vgl. Wilhelm Schwedler: Die Nachricht im Weltverkehr. Kritische Bemerkungen über das internationale Nachrichtenwesen vor und nach dem Weltkriege. Berlin 1922.- Ders.: Das Nachrichtenwesen. In: Die deutsche Wirtschaft und ihre Führer. Bd. 3. Gotha 1925. S. 119-218. Schwedler war langjähriger Chefredakteur der Transocean GmbH.- Maju Russländer: Das deutsche Nachrichtengewerbe, insbesondere in seinen Beziehungen zur deutschen Wirtschaft. Diss. Berlin 1924. Russländer war Mitarbeiterin in der Telegraphen-Union.- Vgl. ferner Ernst Reiber (Redakteur in Romanshorn): Die gewerbsmäßige Nachrichtenvermittlung. Ein Beitrag zur Geschichte des Nachrichtenwesens in Deutschland. Romanshorn 1927.

7 Vgl. Hansjoachim Höhne: Report über Nachrichtenagenturen. Bd. 1. Die Situation auf den Nachrichtenmärkten der Welt. Bd. 2. Die Geschichte der Nachricht und ihrer Verbreiter. Baden-Baden 1977.- Ders.: Report über Nachrichtenagenturen. Neue Medien geben neue Impulse. Baden-Baden 1984.

Geschichte der Nachrichtenagenturen in Deutschland (neu) aufzuarbeiten. Nicht einmal die deutsche Gründungsagentur des 19. Jahrhunderts, das Wolff'sche Telegraphische Bureau (WTB), wurde bearbeitet, was besonders auffällt im Vergleich zu seinen internationalen Konkurrenten. Mögen hierfür auch spezifische Quellenprobleme mit ausschlaggebend gewesen sein, die durch die Zerstörung durch den Krieg und die Teilung Deutschlands bedingt waren,[8] so bleibt dieses Defizit doch schlechterdings unbegreiflich.

Mit der 1985 in Münster angenommenen Dissertation von Dieter Basse ist das genannte Defizit endlich behoben und eine empfindliche Forschungslücke geschlossen worden. Diese Arbeit ist inzwischen in der gleichen Buchreihe zugänglich und bildet gewissermaßen den ersten Band einer Agenturgeschichte in Deutschland,[9] deren zweiten Teil der vorliegende Sammelband bildet. Hierin wird dargestellt, welche anderen Nachrichtenagenturen seit der zweiten Hälfte des 19. Jahrhunderts neben dem WTB entstanden, welche Konkurrenzunternehmen später aufgebaut wurden und durch welche Agentur(en) es schließlich abgelöst wurde. Das Spektrum reicht von den frühen Konkurrenten bzw. Partnern über die Gegengründungen des frühen 20. Jahrhunderts und die nationalsozialistische Zentralisierung bis zur Gründung der wichtigsten deutschen Nachkriegsagentur. Somit ergänzt der Sammelband das Buch von Dieter Basse und vervollständigt die historische Agenturforschung. Erstmals liegt jetzt eine komplette und zusammenhängende Darstellung der Geschichte der Nachrichtenagenturen in Deutschland vor.

Dies geschieht auf dem jüngsten, derzeit erreichbaren Forschungsstand. Denn die fünf in diesem Sammelband zusammengefaßten Studien schöpfen nicht nur aus der älteren Literatur, sondern beruhen durchweg auf eigener Archivarbeit. Diese erwies sich allerdings als unterschiedlich ergiebig. Nachweise zu den kleineren, vor dem Ersten Weltkrieg entstandenen Telegraphen-Büros sind spärlich, aber mitunter doch reichhaltiger, als man vorher erwartet hätte. Einiges läßt sich daher rekonstruieren, wenn auch nicht umfassend. Für die großen Gegengründungen zum WTB - die Telegraphen-Union und die Transocean GmbH - fließt das Material schon reichhaltiger. Hierfür ließen sich vor allem Quellen im Bundesarchiv Koblenz (BA) und - wie schon für die Zeit zuvor - im Politischen

---

8 Dies gilt insbesondere für Berlin, das Nachrichtenzentrum des Deutschen Reiches.

9 Vgl. Dieter Basse: Wolff's Telegraphisches Bureau. Agenturpublizistik zwischen Politik und Wirtschaft. München, London, New York, Paris 1991.

Archiv des Auswärtigen Amts in Bonn (PolA) auffinden und auswerten. Dies gilt auch für das Deutsche Nachrichtenbüro (DNB) im Dritten Reich. Für die Frühzeit wurden neben zentralen auch Landes- und Stadtarchive sowie das Mannesmann-Archiv (Düsseldorf) durchgeprüft. Die Studie zur Gründungsgeschichte der Deutschen Presse-Agentur (dpa) schöpft aus noch unveröffentlichtem Aktenmaterial der amerikanischen Militärregierung in Deutschland (OMGUS), das seit Anfang der achtziger Jahre ebenfalls im Bundesarchiv und im Hessischen Hauptstaatsarchiv (Wiesbaden) aufbewahrt wird. Daneben konnte in diesem Fall auch das eigene Hausarchiv der dpa in Hamburg hinzugezogen werden.

Die zugrundeliegenden Quellenstudien haben zur Folge, daß die hier versammelten Beiträge erheblich über das bisher, vor allem aus der älteren Literatur Bekannte hinausführen. Zugleich hat die geschilderte Quellenlage Folgen für die Art und das Schwergewicht der Darstellung. In den Akten sind in der Regel Vorgänge festgehalten, die die Beziehungen der Agenturen zum Staat betreffen. Kaum enthalten sie jedoch Auskünfte über den Geschäftsbetrieb und die eigentlich journalistische Seite eines solchen Unternehmens. Die eigenen Unternehmens- und Redaktionsarchive, die man sich hier - wie auch schon für das WTB - zur Ergänzung wünschen würde, sind nicht erhalten bzw. vernichtet worden. Die dadurch entstandene Lückenhaftigkeit oder Einseitigkeit der Quellen und der aus ihnen schöpfenden Darstellungen kann aus anderen Unterlagen kaum kompensiert werden. Allerdings konnte zeitweise zumindest einiges auch aus den beruflichen Fachorganen der Presse ("Der Zeitungs-Verlag", "Deutsche Presse") gewonnen werden. Wegen der im einzelnen unterschiedlichen Basis steht zumindest bei den kleineren Agenturen der Umfang der Darstellung nicht unbedingt in einem relativen Zusammenhang mit ihrer tatsächlichen Bedeutung.

Bedingt durch die Quellenlage, liegt der Schwerpunkt der Darstellung - ähnlich wie schon in Basses Studie über das WTB - überwiegend bei den amtlichen Beziehungen und Verflechtungen, in denen die Nachrichtenagenturen standen. Doch ergibt sich dadurch andererseits durchaus kein falsches Bild. Denn eindrucksvoll belegt wird damit vielmehr, daß die Nachrichtenagenturen von Beginn an in vielfältiger Weise vom politischen System abhängig waren. Diese Abhängigkeit bestand nicht nur zur Regierung, sondern auch zu ihr nachgeordneten Organen, die damit die Presse weiter im Griff zu behalten suchten. So waren die Nachrichtenagenturen in ein Netz administrativer Abhängigkeiten eingespannt, die zugleich einen wesentlichen Teil ihrer Existenzprobleme ausmachten. Hinzu kamen Interessen politisch-weltanschaulicher sowie nicht zuletzt wirtschaftlicher Gruppierungen, denen am Einfluß auf die Sammlung und Verbreitung von Nachrichten gelegen war. Die geradezu notorisch auftretenden wirtschaftlichen Schwierigkeiten machten die Agenturen zu Zuschußbetrieben und begünstigten die Einwirkung von außen. Eigentlich bemerkenswert, ja vollends deutlich wird erst vor diesem Hintergrund, welch geringe Rolle die Presse im Konzert dieser Interessen gespielt hat, wie wenig ihre Bedürfnisse und die journalistisch unabhängige Information als Ziele bei der Gründung der Agenturen (mit)bestimmend waren. Und angesichts dieser Geschichte läßt sich erst ermessen, welchen Bruch und Neuanfang die 1949 als genossenschaftliches Unternehmen gegründete Deutsche Presse-Agentur (dpa) bedeutete.

Die Geschichte der neben dem WTB betriebenen oder später an seine Stelle getretenen Nachrichtenagenturen in Deutschland wird im vorliegenden Sammelband in fünf Abhandlungen nachgezeichnet. Christine Wunderlich beschreibt zunächst eine ganze Reihe kleinerer, überwiegend regionaler Telegraphen-Büros, die zwischen den sechziger Jahren des 19. Jahrhunderts und dem Ersten Weltkrieg entstanden. Sie versuchten mit dem WTB zu konkurrieren, kooperierten z. T. aber auch mit ihm bzw. waren dazu gezwungen. Hinzu kamen Nachrichtenbüros, mit denen die britische Agentur Reuter auf deutschem Boden Fuß fassen wollte. Alle diese telegrafischen Büros hatten jedoch mit wirtschaftlichen Nöten zu kämpfen, keine wurde für das WTB zu einer ernsthaften Bedrohung. Dies hatte vor allem mit der amtlichen Pressepolitik zu tun, die das WTB bevorzugte. Dennoch war der Markt der Agenturen ständig in Bewegung. Dabei belegt Christine Wunderlich auch manche eher kuriose Initiative.

Schon in diesem ersten Beitrag wird deutlich, daß die Unzufriedenheit mit dem Wolff'schen Telegraphen-Bureau im Umkreis des Ersten Weltkriegs dazu führte, daß sich die Bemühungen verstärkten, ihm andere, neue Agenturen zur Seite zu stellen. Die Kritik am WTB entzündete sich, wie mehrfach dargelegt wird, vor allem an zwei Sachverhalten. Zum einen - nach innen - an seiner offiziösen Stellung und der damit gegebenen Abhängigkeit von der Regierung. Zum anderen - nach außen - an der Einbindung in die internationalen Kartellverträge. Diese hatten die europäischen Gründeragenturen Agence Havas, Reuter und Wolff (später auch die amerikanische Associated Press) zuerst 1870 abgeschlossen, um einander ganz bestimmte Teile der Erde exklusiv zur Nachrichtensammlung und -verbreitung zu überlassen. Dabei war das WTB nach deutschem Geschmack "schlecht weggekommen", denn es blieb in seinen Aktivitäten auf den Kontinent (insbesondere Skandinavien und Osteuropa) beschränkt und mußte sich für den überseeischen Raum der Agenturen der anderen Länder bedienen. Daß dies den nach Weltgeltung strebenden politischen und wirtschaftlichen Interessen im Deutschen Kaiserreich und zumal nach Ausbruch des Ersten Weltkrieges nicht hinnehmbar erschien, muß kaum betont werden.

Aus diesem Zusammenhang erwuchsen dann auch die zwei bedeutendsten, neben das WTB tretenden Nachrichtenagenturen. Martin Neitemeier beschreibt die Geschichte der Telegraphen-Union, die aus einem Zusammenschluß mehrerer, bereits bestehender kleinerer Agenturen hervorging. Er charakterisiert die TU als ein Unternehmen rechtsstehender Wirtschaftskreise, deren Exponent Alfred Hugenberg war. Nach erheblichen Schwierigkeiten am Anfang erlebte die TU in den zwanziger Jahren einen Aufstieg, der sich im Ausbau des Filialnetzes im In- und Ausland sowie in einer weiten Verbreitung bei der Presse niederschlug.

Auch die Transocean GmbH war eine Frucht der Kritik am WTB. Cornelius Klee belegt dies und beschreibt die verwickelte Gründungsgeschichte dieser Agentur, die vor allem dazu bestimmt war, deutsche Nachrichten in Übersee zu verbreiten. Welche technischen und organisatorischen Vorkehrungen dazu notwendig waren, wird in diesem Beitrag erläutert. Klee geht minutiös darauf ein, wo und mit welchen Mitteln die Transocean ihre Nachrichten international verbreitete. Sie blieb für diesen Zweck auch im Dritten Reich bestehen, ja wurde sogar noch durch große Aufwendungen ausgebaut. Selbst den Zusammenbruch 1945 überlebte das Unternehmen zumindest nominell. Erst 1957 wurde es aus dem Handelsregister gestrichen.

Mit der nationalsozialistischen Machtergreifung 1933 hatte auch die Stunde für eine Neuorganisation des Nachrichtenwesens in Deutschland geschlagen. Das Ziel der ideologischen Gleichschaltung verlangte, daß gerade auch die Nachrichtenagenturen in das System zur Lenkung der Massenmedien einbezogen und instrumentalisiert wurden. So wurden das Wolff'sche Telegraphische-Bureau und die Telegraphen-Union noch im selben Jahr zum Deutschen Nachrichtenbüro vereinigt. Jürgen Reitz belegt in seinem Beitrag über das DNB, daß dieses, entgegen der nach außen vorgenommenen privatwirtschaftlichen Tarnung, von Beginn an in Staatsbesitz war. Er beschreibt die organisatorische

Anbindung an das Reichsministerium für Volksaufklärung und Propaganda und macht deutlich, daß auch das DNB nicht unberührt blieb von den Kompetenzstreitigkeiten und Rivalitäten im nationalsozialistischen Lenkungssystem. Zudem kann Reitz die ökonomische Entwicklung des DNB genau belegen. Mehr als in den Beiträgen zuvor wird zudem erläutert, welche unterschiedlichen Dienste die Agentur anbot. Diese waren durch verschiedene Farben gekennzeichnet und jeweils exklusiv nur bestimmten Kreisen zugänglich, so daß sich damit gewissermaßen eine "Informationspyramide" herausbildete. Wie wichtig die Nationalsozialisten die Nachrichtenpolitik nahmen, geht schließlich daraus hervor, daß sie sich noch in den Spätjahren des Dritten Reichs den "Luxus" dreier Nachrichtenagenturen - neben dem DNB die Transocean und die Europapress - leisteten.

Nach dem Zusammenbruch 1945 lag auch die Reorganisation des Nachrichtenwesens zunächst in den Händen der alliierten Besatzungsmächte. Die jeweiligen Militärregierungen bzw. dafür verantwortlichen Einheiten gründeten in ihren Zonen zunächst eigene Nachrichtenagenturen: In der amerikanischen Zone die DANA (später DENA / Deutsche Nachrichtenagentur), in der britischen Zone den German News Service (GNS, später dpd / Deutscher Pressedienst), in der französischen Zone die Rheinische Nachrichtenagentur (RHEINA, später SUEDENA / Südwestdeutsche Nachrichtenagentur). Andreas Kristionat beschreibt in seinem Beitrag, wie diese Unternehmen zustande kamen und schrittweise in die Hände der in der jeweiligen Zone befindlichen Presse übergeben wurden. Nach langwierigen Fusionsverhandlungen schlossen sich am 18. August 1949 die DENA und der dpd zur Deutschen Presse-Agentur (dpa) zusammen. Einen eigenen Weg hatte man dagegen in der sowjetisch besetzten Zone eingeschlagen: Er führte zur staatlichen Agentur ADN (Allgemeiner Deutscher Nachrichtendienst). Die Vorgeschichte der dpa ist zwar schon verschiedentlich untersucht und dargestellt worden. Die 1959 abgeschlossene Arbeit von Gertrud Steinhausen wurde schon erwähnt.[10] Doch konnte Andreas Kristionat seinerzeit noch nicht zugängliche Quellen auswerten und damit wichtige Ergän-

---

[10] Vgl. Anm. 3. Ferner Johannes Schmitz: Das Beispiel DANA / DENA - Nachrichtenagentur in der amerikanisch besetzten Zone Deutschlands. In: Manfred Bobrowsky / Wolfgang R. Langenbucher (Hrsg.): Wege zur Kommunikationsgeschichte. München 1987. S. 681-694. (Geht auf eine gleichnamige Diplomarbeit München 1984 zurück).- Vgl. ferner Stephan Schölzel: Die Pressepolitik in der französischen Besatzungszone 1945-1949. Mainz 1986. S. 76ff., 145ff.- Kurt Koszyk: Pressepolitik für Deutsche 1945-1949. Berlin 1986. S. 49ff., S. 198ff.

zungen zu dem bisherigen Kenntnisstand liefern. Überhaupt schien es sinnvoll, den vorliegenden Band zur Geschichte der Nachrichtenagenturen in Deutschland mit einer Darstellung der Entstehung von dpa abzurunden.

Die Beiträge des Sammelbandes gehen auf fünf Magisterarbeiten zurück. Drei davon - die von Christine Wunderlich (1989), Cornelius Klee (1985) und Jürgen Reitz (1988) - hat der Herausgeber an der Universität Mainz angeregt und betreut. Die Arbeit von Martin Neitemeier (1981) wurde von Winfried B. Lerg in Münster, die von Andreas Kristionat (1989) von Hans Mathias Kepplinger in Mainz angenommen. Aus diesen verschiedenen Arbeiten ergab sich ein Mosaik der Agenturgeschichte in Deutschland, das den vorliegenden Sammelband möglich gemacht hat. Dafür haben die Verfasser ihre Arbeiten z. B. selbst gekürzt und umgeschrieben, wofür ihnen hier gedankt sei. Darüber hinaus hat aber der Herausgeber die Beiträge redigiert, Redundanzen getilgt und unvermeidlich gegebene Überschneidungen auf das zum Verständnis notwendige Maß reduziert. Auch mußten die Beiträge inhaltlich möglichst aufeinander abgestimmt werden. Insofern geht der Anteil des Herausgebers an dieser Publikation über das bloße Zusammenstellen der vorliegenden Beiträge z.T. erheblich hinaus. Das ändert nichts daran, daß der Band ohne die vorangegangenen studentischen Arbeiten nicht hätte erscheinen können.

Telegraphische Nachrichtenbüros in Deutschland bis zum Ersten Weltkrieg

Von Christine Wunderlich

1. Agenturgründungen des 19. Jahrhunderts: Die älteren deutschen Nachrichtenbüros neben dem WTB

In den ersten beiden Jahrzehnten nach der Freigabe des Telegraphen für die Öffentlichkeit wurden in Deutschland außer Wolff's Telegraphischem Bureau (WTB), das eine beherrschende Stellung erlangen sollte,[1] noch mehrere andere Agenturen eröffnet. Die Inhaber waren meist Kaufleute, die sich finanziellen Gewinn von der Unternehmung versprachen. Schon an den Orten der Geschäftsniederlassungen läßt sich erkennen, welchen Charakter die Büros hatten: Sie verbreiteten regionale Nachrichten oder dienten der Weitergabe von Wirtschaftsnachrichten. In jeder größeren Stadt entstand ein vorerst unabhängiges Nachrichtenbüro, mit oft nur ein oder zwei Angestellten.

Nachdem jedoch das WTB staatliche Unterstützung erfuhr, wurde es, zumal nach der Einführung einheitlicher Telegrammtarife (1876), für die Büros in der Provinz immer schwieriger, sich gegen die Konkurrenz aus der Hauptstadt zu behaupten. Bis auf wenige Ausnahmen kaufte das WTB die anderen im 19. Jahrhundert gegründeten Büros auf und benutzte sie als Filialen der Hauptniederlassung in Berlin.[2] Dem waren meist schon vorher Nachrichtenaustauschverträge vorangegangen, in der Art, daß die kleinere Agentur Wolff's überregionalen Dienst mit dem eigenen Vertrieb und Nachrichten von nationalem Interesse aus ihrer Einflußsphäre an das WTB in Berlin weitergab. Keiner der nachfolgend beschriebenen Agenturen gelang es, neben dem WTB zu größerer Bedeutung zu gelangen (mit Ausnahme von Louis Hirsch's Telegraphischem Büro nach der Jahrhundertwende). Es ist auch durchaus möglich, daß es außer den genannten

---

[1] Vgl. Dieter Basse: Wolff's Telegraphisches Bureau 1849 bis 1933. Agenturpublizistik zwischen Politik und Wirtschaft. München, London, New York, Paris 1991.

[2] Vgl. ebd. S. 57ff., S. 105ff.

noch weitere Depeschenbüros gab, die, ohne eine Spur zu hinterlassen, wieder eingegangen sind.[3]

1.1. Louis Hirsch's Telegraphisches Büro, Berlin

Louis Hirsch's Telegraphisches Büro wurde 1862 in Berlin gegründet und gewann nachfolgend den größten Einfluß neben dem WTB.[4] Der Begründer und vorerst alleiniger Inhaber, Louis Hirsch (1828-1905), befaßte sich in seiner Agentur mehrere Jahre fast ausschließlich mit Handelsberichterstattung. Hirsch scheint klug gewirtschaftet zu haben: Er expandierte nicht frühzeitig und über seine Kräfte, erst nach und nach richtete er auch einen Dienst für Lokal- und allgemeine Provinzberichterstattung ein.[5]

Als sich das politische Leben nach der Gründung des Deutschen Reichs immer mehr in Berlin zentrierte, ging er auch zur politischen Berichterstattung über. Sein Kundenkreis scheint weiterhin auf die Provinz beschränkt geblieben zu sein, denn "die Berliner Presse bediente sich seiner Nachrichten nicht, sondern überging es (das Unternehmen, C. W.) fast ausnahmslos mit Stillschweigen".[6] Ungefähr zu diesem Zeitpunkt traten auch die Söhne Kurt und Ernst mit in das

---

3 Wegen der Dominanz des WTB wurden die anderen, kleineren Nachrichtenagenturen in der Literatur kaum behandelt oder erwähnt. Und wenn, dann bezogen sich die Autoren meist aufeinander, so daß dieselbe Information an verschiedenen Stellen auftaucht. Bei einer systematischen Durchsicht der ersten 15 Jahrgänge (1900-1914) der Zeitschrift "Der Zeitungs-Verlag", dem offiziellen Organ des Vereins Deutscher Zeitungsverleger (VDZV), ließen sich einige heute weitgehend unbekannte Nachrichtenagenturen ermitteln, da dort auch Eintragungen in die Handelsregister verbreitet wurden. Von einigen ist jedoch nur noch ihr Sitz und das Datum ihrer Gründung oder Löschung feststellbar.

4 Trotzdem sind die Informationen über diese Agentur ziemlich geringfügig. Die Archive sowohl West- als auch Ost-Berlins, wo sich die Hauptniederlassung des Hirsch-Büros befand, besitzen keinerlei Unterlagen. Die Literatur erwähnt es höchstens am Rande.

5 Vgl. Günter Heidorn: Monopole - Presse - Krieg. Die Rolle der Presse bei der Vorbereitung des ersten Weltkriegs. Studien zur deutschen Außenpolitik in der Periode von 1902 bis 1912. Berlin (DDR) 1960, S. 66; sowie Groth a. a. O. S. 519f.

6 Wilhelm Schwedler: Die Nachrichtenversorgung der Presse. Das Nachrichtenwesen in Deutschland. In: Zeitungswissenschaft 11 (1926) S. 165ff.

Ungefähr zu diesem Zeitpunkt traten auch die Söhne Kurt und Ernst mit in das Geschäft ein, es wurde ein Familienkonzern; vielleicht hat ihr Einsatz die Ausweitung des Dienstes erst ermöglicht.[7]

Einigen Aufschluß über die Größe des Geschäfts gibt ein Schreiben des Polizeipräsidenten in Berlin von Madai an den Königlich Staatlichen Minister von Bülow im Auswärtigen Amt aus dem Jahre 1876. Vorausgegangen war eine Beschwerde des A. A. über "übertriebene und geradezu erfundene Mitteilungen aufregenden und beunruhigenden Inhalts", die das Hirsch-Büro in die Zeitungen gebracht haben sollte. Es wurde um nähere Auskunft über Umfang und Leitung des Geschäfts gebeten, "sowie darüber, ob der tendenziösen und sensationellen Tätigkeit desselben in irgendeiner Weise Einhalt geboten werde".[8] Von Madai antwortete, das in der Charlottenstraße 63 ansässige Büro habe einen "ziemlich umfangreichen Geschäftsbetrieb". Zur Zeit seien dort drei Korrespondenten, Direktor Delbrück, die Kaufleute Krüger und Koszawky sowie zehn Boten zum Austragen der Depeschen beschäftigt. "Außerdem befinden sich in vielen Städten Deutschlands z. B. Frankfurt a. M., Cöln, Dresden, Breslau ... Filialen des Geschäfts."[9] Von Madai erwähnte weiterhin Zweigstellen in London und Paris.

Dies widerspricht der Aussage Kämmerers, daß das Hirsch-Büro noch 1906 im Ausland überhaupt keine festen Vertreter besitze und seine Organisation "insofern auf ziemlich schwachen Füßen" stehe. Er berichtet, der Auslandsnachrichtendienst der Agentur werde durch einen an der deutsch-belgischen Grenze ansässigen Angestellten versehen, der die nachts ankommenden englischen und französischen Zeitungen durchsehe und ihm wichtig erscheinende Meldungen

---

7 Vgl. Wilhelm Schwedler: Das Nachrichtenwesen. Gotha 1925. S. 148.- Friedrich Fuchs: Telegraphische Nachrichtenbüros. Berlin 1919. S. 145.- Ernst Heerdegen: Der Nachrichtendienst der Presse. Leipzig 1920. S. 25f.; hier irrt Ernst Reiber: Die gewerbsmäßige Nachrichtenvermittlung. Ein Beitrag zur Geschichte des Nachrichtenwesens. Romanshorn 1927, der angibt, das Unternehmen sei erst "nach dem Tode Louis Hirsch'" zu einem Familienunternehmen geworden. Louis Hirsch starb mit 77 Jahren am 19.04.1905 und war noch bis kurz vor seinem Tod in der Agentur beschäftigt. Vgl. Neue Deutsche Biographie. Bd. 9. Berlin 1972, sowie Zeitungs-Verlag 17 (1905) Sp. 425.

8 Politisches Archiv des Auswärtigen Amtes (PolA), R 37, Schriftstück vom 03.01.1876. Angegeben ist hier die neue Numerierung der Aktenbände im Archiv des A. A. Die alte, im Catalogue of Files and Microfilms of the German Foreign Office 1876 - 1920 von 1559 enthaltene Numerierung wurde für die meisten in dieser Arbeit benutzten Akten schon ausgetauscht.

9 PolA: R 37, A 3830, vom 15.07.1976.

"ziemlich wahllos" nach Berlin an den Hauptsitz telegraphiere.[10] Offenbar war Kämmerer hier jedoch nicht umfassend informiert. Seit 1893 bestanden nämlich Beziehungen zu Dalziels News Ltd., einer Londoner Agentur, sowie ein Vertrag mit der französischen Agence Fournier, nach dem Hirsch seine deutschen gegen französische Nachrichten austauschte.[11]

Auf Schreiben des Hirsch-Büros an das Auswärtige Amt, auf deren vorgedrucktem Briefkopf die Filialen des Büros aufgeführt sind, finden sich jedoch vorerst keine eigenen Niederlassungen in London oder Paris. Dagegen sind neben der Zentrale Berlin 1893 und 1894 angegeben:[12] Herbesthal, Frankfurt a. M., München, Nürnberg, Köln, Hamburg, Leipzig, Wien, Budapest und Brüssel.

Ein weiterer Vorfall erhärtet, daß nicht nur der Auslandsnachrichtendienst von Hirsch auf "schwachen Füßen" stand: 1900 kam es zu einem Prozeß zwischen dem Hirsch-Büro und dem WTB. Derjenige Teilhaber des Büros, der den Börsendienst in Berlin leitete (wahrscheinlich einer der Söhne Louis Hirschs), verschaffte sich, indem er die beiden Telegraphenboten des WTB bestach, dessen Depeschenausgaben und funktionierte sie zu eigenen Berichten um. Das WTB klagte, und "dieser Teilhaber Hirsch" wurde daraufhin zu drei Monaten Gefängnis wegen Hehlerei und Verleitung verurteilt.[13]

Einer der Versuche, auch im Ausland Fuß zu fassen und Einfluß zu gewinnen, scheiterte 1894. Zu diesem Zeitpunkt hatten sich die Zeitungen der Schweiz geeinigt, eine eigene Depeschenagentur auf Genossenschaftsbasis (nach dem Vorbild der amerikanischen Associated Press) zu gründen, um nicht mehr vollständig von den ausländischen Nachrichtenbüros abhängig zu sein, die auf schweizerischem Gebiet um Einfluß kämpften.

Am 3. April 1894 wurde ein Syndikat von 14 Teilnehmern gegründet, das die Organisation der Agentur ausarbeiten sollte. Dabei war klar, daß man sich beim ausländischen Nachrichtendienst wohl auch auf andere Agenturen würde stützen müssen. Es ist anzunehmen, daß Angebote dieser Büros eingeholt wurden. Auf

---

10 Vgl. Geo. Kämmerer: Ausländischer Nachrichtendienst und deutsche Presse. In: Der Zeitungs-Verlag 51 (1906) Sp. 1343.

11 Vgl. Hans E. Morf: Die Drahtberichterstattung im modernen Zeitungswesen, ein Beitrag zur Geschichte des Nachrichtenwesens. Bern 1912. S. 70.

12 Vgl. PolA: R 538, A 5551 vom 02.07.1893; R 539, A 9777 vom 26.10.1894.

13 Vgl. Friedrich Fuchs a. a. O. S. 145.- Hans E. Morf a. a. O. S. 70.- Dieter Basse a. a. O. S. 144.

der konstituierenden Sitzung der Schweizerischen Depeschen-Agentur am 25. Juni 1894 lag folgende Proposition des Hirsch-Büros vor:

1. Für eine Berichterstattung direkt aus Berlin und Wien wurden 600 Mark monatlich veranschlagt.

2. Der gesamte telegraphische Dienst für das Schweizer Syndikats-Büro sollte von Hirsch für 20.000 Mark übernommen werden, dabei bliebe Hirsch überlassen, von wo zu berichten wäre.

3. Diese zu gründende Hirsch-Filiale sollte von Schweizer Journalisten geleitet werden und unter Einfluß eines Ausschusses der Schweizer Presse stehen. Es werde also ein eigenes Schweizer Büro unter dem Namen "Nationale Telegraphen Agentur" entstehen.[14]

Diese Vorschläge waren den Schweizern jedoch nicht annehmbar, sei es, weil ihnen die Abhängigkeit von Hirsch zu weit ging, sei es, weil sie sich von Verträgen mit den Kartellagenturen mehr versprachen. In der Folge nahmen sie Beziehungen zum WTB und zu Havas auf.[15]

Immer wieder versuchte das Hirsch-Büro mit den Regierungsstellen in Verbindung zu treten, um ähnliche Vergünstigungen wie der Wolff'sche Dienst zu erhalten. Dazu gehörten die Bitten, gleichfalls zur Veröffentlichung offizieller Nachrichten berechtigt zu werden oder Reden als Vorabdruck zu erhalten, um sie den Provinzzeitungen rechtzeitig vor Redaktionsschluß telegraphieren zu können, die ansonsten gegenüber den Berliner Zeitungen im Nachteil waren. Die Menge der Gesuche beweist jedoch, daß sie wohl zwecklos waren, obwohl das Büro an Bedeutung gewann und einen immer größeren Kundenkreis vorweisen konnte (nach eigenen Angaben im Jahr 1909 "Hunderte von Blättern des In- und Auslandes").[16]

Bis 1909 hatte das Hirsch-Büro auch sein Filialennetz wesentlich erweitert. Zu den oben angegebenen Zweigstellen waren solche in Breslau, Chemnitz, Dort-

---

[14] Vgl. PolA: R 539, A 6006, vom 01.07.1894.

[15] Der Vertrag mit dem WTB datiert noch vom Gründungsjahr der Agentur und hatte zunächst nur eine Laufzeit von drei Jahren, der 10-Jahres-Vertrag mit Havas kam nach zähen und langwierigen Verhandlungen über den Preis zustande. Vgl. Ernst Reiber a. a. O. S. 30.- Dieter Basse a. a. O. S. 116.

[16] Vgl. PolA: R 538, A 5551 vom 02.07.1893; R 539, A 9777 vom 26.10.1894; R 545, A 13332 vom 26.01.1904; R 545, A 6192 vom 11.04.1904; R 548, A 15346 vom 21.08.1909.

mund, Dresden, Essen-Ruhr, Halle a. S., Hannover, Straßburg, London, Paris und Wien hinzugekommen.[17]

Die Beziehungen änderten sich erst, als Alfred von Kiderlen-Waechter (1852-1912) Staatssekretär im Auswärtigen Amt wurde (1910). Er fand wenig Geschmack am WTB und stützte sich lieber auf das Konkurrenzinstitut.[18] Kiderlen-Waechter hatte anscheinend eine persönliche Vorliebe für Ernst Hirsch gefaßt. "Gar oft saß", - so Wilhelm Schwedler - "während *Mantler*, der Direktor des WTB, sowie die inzwischen verstorbenen Berliner Mitarbeiter der Frankfurter Zeitung und der Kölnischen Zeitung ... mit dem Direktor der Nachrichtenabteilung des Auswärtigen Amtes, Geheimrat *Hammann* ... vorn in den Amtsstuben die wichtigsten politischen Eingänge vom Tage besprachen, Ernst Hirsch hinten in der Villa des Staatssekretärs und ließ sich von Kiderlen erzählen, wie dieser die augenblickliche politische Lage beurteilte - oder was er von dieser Beurteilung der Öffentlichkeit mitzuteilen für richtig hielt".[19]

Otto Hammann war seit 1893 der Leiter der Presseabteilung des A. A. Er gewann unter Reichskanzler Bülow starken Einfluß, der mehr als seine Vorgänger die Wirkung bestimmter Vorgänge in der Öffentlichkeit bemerkte und beeinflussen wollte. Seit seinem Eintritt ins Auswärtige Amt befand sich Kiderlen-Waechter in Rivalität zu Hammann. Er plädierte z. B. dafür, das Pressereferat vom A. A. zu lösen und dem Reichskanzler direkt zu unterstellen, um für das A. A. allein sprechen zu können. Wahrscheinlich ist hier auch der Grund für die Bevorzugung des Hirsch-Büros durch den Staatssekretär zu suchen.[20]

Auch auf Seiten des WTB bemerkte man die Annäherung und beschwerte sich beredt, als das Hirsch-Büro mehrmals zu offiziellen Verlautbarungen ermächtigt wurde. "Es kann der Continental-Telegraphen-Compagnie natürlich nicht in den Sinn kommen dagegen Vorstellung zu erheben, daß dem Hirsch'schen Telegraphen-Bureau irgendwelche amtlichen Mitteilungen zur Verfügung gestellt werden, obwohl die seit Bestehen unserer Gesellschaft geübten Grundsätze viel-

---

17 Vgl. PolA: R 548, A 15346 vom 21.08.1909.

18 Kiderlen-Waechter war seit 1874 im Diplomatischen Dienst, wurde 1908 stellvertretender Leiter des Auswärtigen Amts und 1910 Staatssekretär. Zu Kiderlens Beziehungen zum Hirsch-Büro vgl. Wilhelm Schwedler: Das Nachrichtenwesen S. 148.

19 Vgl. Wilhelm Schwedler: Das Nachrichtenwesen S. 148f.

20 Vgl. Kurt Koszyk: Deutsche Presse im 19. Jahrhundert (= Geschichte der deutschen Presse, Teil II). Berlin 1966. S. 255ff.

leicht eine besondere Berücksichtigung unserer Interessen rechtfertigen, umso mehr, als bekanntlich die Wünsche und Aufträge des Auswärtigen Amtes vom Wolff'schen Telegraphen-Bureau jederzeit sogar ohne Rücksicht auf die eigenen geschäftlichen Interessen strenge respektiert und pünktlich ausgeführt werden."[21] Zu diesem Zeitpunkt war Kiderlen-Waechter selbst zwar schon tot, aber immer deutlicher wurden die Schwächen, die dem deutschen Nachrichtendienst vom und ins Ausland anhafteten.

Im Gegensatz zum WTB war Hirsch's Telegraphisches Büro nicht an das internationale Nachrichtenkartell gebunden, es stand ihm frei, sich eigene Verbindungen zu schaffen, wie z. B. die schon erwähnten zur Agentur Dalziel. Solche Beziehungen wurden von offizieller Seite mit Mißtrauen überwacht, weniger wegen der ausländischen Nachrichten, die ins Inland drangen, als wegen der deutschen Nachrichten, die nicht, wie beim WTB offiziell abgesegnet, ins Ausland gingen. Man verließ sich auf die Hauptagentur und lehnte Kontakte zu anderen Nachrichteninstituten ab.

Ein Beispiel für diese Politik bietet der folgende Brief des deutschen Botschafters in Belgien an das Auswärtige Amt. Er berichtete, die Agentur Dalziel füge der Agence Havas großen wirtschaftlichen Schaden zu (Fall der Aktien von 760 Frs. auf 160 Frs. innerhalb eines halben Jahres). Mit Besorgnis erwähnte er eine Veränderung, die bei Dalziel eingetreten sei: Seit Beginn des Jahres 1893 beziehe diese Agentur ihre Nachrichten direkt aus Berlin vom Hirsch-Büro, sei "also nicht mehr auf die in Paris für den dortigen und hiesigen Gebrauch in der bekannten deutschfreundlichen Tendenz zugestutzten deutschen Telegramme angewiesen"[22] Der Leiter der belgischen Dalziel-Filiale, Haerynck, war vorher Leiter des Herold-Depeschen-Büros in Belgien gewesen. Dieses hatte mit Dalziel in geschäftlicher Verbindung gestanden, bevor es 1893 in den Besitz Hirsch's überging.

Hirsch's Telegraphisches Büro stand lange Zeit also vor der widersinnigen Situation, daß man es einerseits nicht mit offiziellen Nachrichten bedienen wollte, es aber andererseits mit Mißtrauen betrachtete, weil es keine offiziellen Meldungen verbreitete. Wie Otto Groth bemerkt, war es zwar ein unabhängiges Büro, aber "bei den meisten dieser Agenturen (tritt) an Stelle der Unabhängigkeit

---

[21] PolA: R 549, A 18248 vom 06.09.1913.

[22] PolA: R 538, A 633 vom 19.01.1893.

von den Regierungen eine um so größere Abhängigkeit von anderen Machtfaktoren, von politischen wie wirtschaftlichen". Wenn er sagt, daß "auch die unabhängigen Agenturen ... durchaus nicht abgeneigt (sind), Regierungsmaterial aller Art aufzunehmen und zu verbreiten und Rücksicht auf die maßgebenden Gewalten zu nehmen",[23] trifft dies auf das Hirsch-Büro ganz sicher zu.

Mehr und mehr waren es jedoch auch die "wirtschaftlichen Machtfaktoren", die die Agentur vor dem Krieg vereinnahmten. Die Unzufriedenheit mit der Berichterstattung des WTB war inzwischen so stark, daß sich genügend Geldgeber für die Schaffung eines "großen" Nachrichtenbüros fanden. Am 11. November 1913 wurde durch den Zusammenschluß folgender kleinerer Agenturen die Telegraphen-Union, Internationaler Nachrichtendienst, GmbH., (TU), gegründet: Louis Hirsch's Telegraphisches Büro OHG, Herold-Depeschen-Büro, GmbH., Preß-Centrale Telegraphen-Agentur GmbH., Deutscher Telegraf Dr. Rudolf Dammert, GmbH., Depeschenagentur Richard Schenkel und Telegraphen-Union GmbH.[24] Es soll hier nicht die gesamte Gründungsgeschichte der TU aufgerollt werden. Einige, das Hirsch-Büro betreffende Details sind jedoch anzumerken. Hauptmotor der TU-Gründung war Dr. Albert von Schwerin, ein Legationsrat a. D., der "durch Arbeiten und Vorträge auf diplomatischem, geschichtlichem und volkswirtschaftlichem Gebiete" bekannt geworden war.[25] Schwerin trat Ende 1912 als Geschäftsführer neben Ernst und Kurt Hirsch in die bis dahin immer noch als Familienunternehmen geführte Agentur ein.

Zu diesem Zeitpunkt stand schon fest, daß das Hirsch-Büro die Grundlage des großen, internationalen Nachrichtenunternehmens werden sollte, das Schwerin als Ideal und Gegenpol zum WTB vorschwebte. Schwerin verfügte über Beziehungen zur Industrie wie zum Auswärtigen Amt. Mit Kiderlen-Waechter stand er zwecks der Planung in ständigem Kontakt und berichtete diesem auch von

23 Otto Groth a. a. O. S. 519.

24 Vgl. hierzu Martin Neitemeier: Die Telegraphen-Union, im vorliegenden Band S.87ff.

25 Neue Preußische Zeitung, 15.11.1912. Der 1870 geborene Schwerin war Legationssekretär in Stockholm gewesen und hatte 1905 seinen Dienst quittiert. Danach zog er sich nach Obersteinbach in Mittelfranken zurück. Er war Mitglied der Deutschkonservativen Partei. Als er ins Nachrichtengeschäft eintrat, zog er wieder nach Berlin zurück. Vgl. auch Dankwart Guratzsch: Macht durch Organisation. Die Grundlegung des Hugenbergschen Presseimperiums. Düsseldorf 1974. S. 230.

Versuchen Otto Hammanns, durch den Unterstaatssekretär Wahnschaffe Einfluß darauf zu nehmen.[26]

In demselben Schreiben lehnte Schwerin die völlige Neuschaffung eines Nachrichtenbüros ab. Dagegen sei "die Grundlage, auf welcher mit dem Büro Hirsch ein Abkommen getroffen werden kann, ... bereits gefunden". Eine beigefügte "Denkschrift über ein deutsches Telegraphenbüro"[27] erläuterte die Eignung der Hirsch-Agentur näher: "Unter den zum Ausbau geeigneten Büros kann nur das Hirsch'sche Telegraphenbüro in Betracht kommen, da dies allein die Bedingungen erfüllt, welche oben als unerläßlich bezeichnet worden sind, nämlich erstens die Unabhängigkeit und zweitens die Möglichkeit des Bestehens ohne irgendwelche Subventionen.[28] Wenn das Hirsch'sche Telegraphenbüro bisher nur in einigen Ländern, nämlich in Österreich, Frankreich, England und Belgien Agenturen besitzt, so liegt es daran, daß die Inhaber des Büros in vorsichtiger Weise den Ausbau sehr langsam und allmählich angestrebt hatten. Die Herren Hirsch hatten keine Veranlassung, eine allzu schnelle Ausdehnung anzustreben, da sie mit den Erträgnissen des Büros zufrieden waren und sie ihre Tätigkeit nicht über ihre eigene Arbeitskraft auszudehnen wünschten. Bei weiterem Ausbau des Büros und unter Hinzuziehung einer weiteren, hierfür geeigneten leitenden Kraft, würde die Ausdehnung des Büros ohne Schwierigkeiten bewirkt werden können."[29]

Als "geeignete leitende Kraft" wurde vier Monate später Schwerin selbst Teilhaber des Büros. Zusammen mit seinem Eintritt gab das Hirsch-Büro bekannt, es werde seinen Auslandsdienst erheblich erweitern.[30] Neue Verbindungen bekam es durch den Ankauf der Depeschenagentur Richard Schenkel, einem deutsch-amerikanischen Unternehmen (vgl. unten). Ziemlich genau ein Jahr nach dem

26 Vgl. PolA: R 549, AS 1326 vom 16.07.1912.

27 Auch Heidorn erwähnt eine Denkschrift über ein "Deutsches Telegraphenbüro", die in Akten des Deutschen Zentralarchivs Potsdam enthalten ist. Dieser Abzug der Denkschrift war anscheinend für Hammann bestimmt. Wieso Heidorn jedoch die geplante Einbeziehung des Hirsch-Büros in das Unternehmen verschweigt und von einem einstweiligen Scheitern der Versuche spricht, ist nicht nachzuvollziehen.- Vgl. Günter Heidorn a. a. O.

28 Das Büro erzielte einen jährlichen Reingewinn von ca. 160.000 Mark. Vgl. Guratzsch a. a. O. S. 231. Guratzsch zitiert die Dissertation von Maju Russländer: Das deutsche Nachrichtengewerbe, insbesondere in seinen Beziehungen zur deutschen Wirtschaft. Diss. Berlin 1924.

29 PolA: R 549, AS 1326 vom 16.07.1912.

30 Vgl. Neue Preußische Zeitung, 15.11.1912.

Eintritt Schwerins ins Hirsch-Büro fand dann die Gründung der Telegraphen-Union, Internationaler Nachrichtendienst, GmbH statt. Drei der beteiligten Gründeragenturen gehörten zum Hirsch-Konzern.[31]

1.2. Herold-Depeschenbüro Frankfurt

Das Herold Depeschenbureau wurde 1885 in Frankfurt gegründet.[32] Trotz der "erheblichen finanziellen Mittel", mit deren Hilfe es ins Leben gerufen worden war, und dem umfangreichen, meist in Süddeutschland befindlichen Abnehmerkreis, deckten bald die Einnahmen die Betriebsausgaben nicht mehr.[33]

1893 vereinigte sich Herold mit dem Hirsch-Büro, das daraufhin deutlich an Kunden und Einfluß gewann.[34] So ist die Beschreibung des Herold-Büros eigentlich ein Teil der Beschreibung des Hirsch-Büros, da das erste nur wenige Jahre selbständig bestanden hat. Über die Tätigkeit während dieser Zeit sind wenige Unterlagen zu finden. Offenkundig hatte das Herold-Büro auch im Ausland Korrespondenten, wie aus Schreiben der deutschen Botschafter in Brüssel, Pera (Konstantinopel) und Wien hervorgeht.

Der Brüsseler Botschafter berichtete Reichskanzler Caprivi am 3. November 1891 von einem am 1. Dezember bevorstehenden Wechsel in der dortigen Herold-Filiale:[35] Der bisherige Korrespondent, Professor Haerynck, gehe zur Agentur Dalziel. An seiner Stelle werde "ein gewisser Louis Hackenbroich" die Vertretung übernehmen. "Derselbe ist Deutscher und Mitarbeiter des hier

---

31 Außerdem befand sich die nicht überall in der Literatur als Gründeragentur der T. U. erwähnte "Telegraphen-Union" GmbH. im Besitz Schwerins. Er hatte sie am 1. Juli 1913 mit einem Kapital von 24.000 Mark ins Leben gerufen. Das Büro war zu klein, als daß es irgendeinen Einfluß hätte gewinnen können, es scheint vielmehr, daß Schwerin es als "Vermittlungszentrale" für die geplante Gründung der TU benutzte. Vgl. Guratzsch a. a. O. S. 230.

32 Vgl. Dankwart Guratzsch a. a. O. S. 231. Nach Friedrich Fuchs a. a. O. S. 144 datiert die Gründung auf das "letzte Jahrzehnt des vergangenen Jahrhunderts". Da die Angaben von Guratzsch sich auf Handelsregisterakten stützen, dürften sie jedoch genauer sein.

33 Vgl. Friedrich Fuchs a. a. O. S. 144f, 204.

34 Vgl. Wilhelm Schwedler a. a. O. S. 148; Ernst Heerdegen a. a. O. S. 26; Kurt Koszyk a. a. O. S. 214; Fuchs gibt kein Datum an, während Reiber a. a. O. S. 37 1892 als Zeitpunkt der Vereinigung erwähnt.

35 Vgl. PolA: R 538, A 9773.

erscheinenden ultramontanen Kampfblattes 'Le Patriote'". Der Botschafter hielt Hackenbroich für einen unzuverlässigen Menschen und lehnte aufgrund von dessen politischen Ansichten jede Verbindung mit ihm und dem Herold-Büro ab. Ähnlich behandelte man auch den Herold-Korrespondenten in Pera. Dort hatte sich 1892 Reinhold Strauss bei der Botschaft vorgestellt, der angab, Direktor des Herold-Depeschen-Büros in Berlin zu sein. Der Botschafter empfing ihn erst gar nicht, um ihm die Möglichkeit zu nehmen, mit einer offiziellen Verbindung zur Botschaft für sich zu werben, sondern ließ ihn an einen Beamten verweisen.

Auch in diesem Fall begründete der Botschafter seine Ablehnung der Agentur mit deren Verbindungen zu Dalziel und warnte die Konstantinopler Regierung "unter der Hand" vor dem Büro. Strauss scheint mit großem Selbstbewußtsein in Konstantinopel aufgetreten zu sein, er rühmte sich seiner guten Beziehungen in Berlin "und behauptet, er habe das Wolff'sche Bureau aus Süd-Deutschland schon ganz verdrängt und stände im Begriffe, es auch in Berlin zu besiegen. Seine Gesinnung sei eine durchaus patriotische, er habe sich auch im Auswärtigen Amte darüber auszusprechen Gelegenheit gehabt".[36]

Diese Bemerkungen Strauss' scheinen recht weit hergeholt und einzig und allein dazu zu dienen, ihm Zugang zu wichtigen Informationen zu verschaffen. Es gibt keine Veranlassung zu glauben, das Auswärtige Amt habe zu diesem Zeitpunkt zu anderen Telegraphenbüros als zum WTB und von diesem abhängigen Unternehmen Kontakte gepflegt. Dies beweisen auch die Richtlinien, die von Berlin aus an den Konstantinopler Botschafter sowie an den Botschafter in Wien gingen.[37]

Dazu ist nachzutragen, daß in Konstantinopel unter deutscher Federführung ein abhängiges Depeschenbüro entstanden war, die "Agence de Constantinople", deren Leiter Grosser hieß. Auch das Wiener K. u. K. Korrespondenzbüro, das Verträge mit dem WTB unterhielt, bezog von Grosser seine Konstantinopler Nachrichten. Es hatte einige Schwierigkeiten mit Grosser auf administrativem Gebiet ("geringe Pünktlichkeit in seiner Rechnungslegung, die allerdings nicht sehr musterhaft zu sein scheint").[38] Beim Auftreten des Herold-Korrespondenten

---

36 PolA: R 538, A 3733 vom 24.04.1892.

37 Man zeigt sich in einem Schreiben nach Konstantinopel "völlig einverstanden mit ihrem Verhalten gegenüber Herrn Strauss" und bittet, auch künftig jede Beziehung zum Büro Herold zu vermeiden.

38 PolA: R 538, A 3733 II, vom 01.05.1892.

scheint Berlin befürchtet zu haben, es könne an Einfluß verlieren. Diplomatische Fäden bewirkten, daß sich auch Wien weiterhin verpflichtete, Grossers Nachrichten (und damit von der deutschen Regierung sanktionierte) abzunehmen.[39]

Auch nach der Übernahme durch das Hirsch-Büro blieb die Herold-Agentur ein eigenständiges Unternehmen. Sie war zunächst als Kommanditgesellschaft organisiert, mit dem Zusatz Felix Levy & Co. Es ist nicht mehr zu ermitteln, ob der 1865 geborene Felix Levy der Gründer jener Agentur war, oder ob wirklich der erwähnte Strauss sie ins Leben rief und 1893 gezwungen war, sein Büro zu verkaufen. Wahrscheinlich hat Levy die Leitung im Auftrag Hirschs übernommen.[40]

Er war nämlich, bis die Gesellschaft Ende 1901 oder Anfang 1902 aufgelöst wurde, einer der Gesellschafter. Danach zeichnete er als alleiniger Inhaber der Firma mit Wohnsitz Frankfurt. Als Prokurist war der Kaufmann Gustav Adolf Levy in der Berliner Filiale eingesetzt.[41] Die Leitung des Frankfurter Hauptbüros hatte zwischen 1900 und 1904 Adolf Kühne, ein Schweizer, inne. Kühne kam von der "Neuen Zürcher Zeitung" zum Herold-Büro und ging 1904 zu den "Hamburger Nachrichten". Er starb 1907.[42] Schon 1903 war Direktor Felix Levy im Alter von erst 38 Jahren gestorben.[43] Ein Jahr darauf, am 21.7.1904, wandelte Louis Hirsch die Kommanditgesellschaft in eine GmbH um; das Kapital betrug 200.000 Mark.[44]

Der Prokurist Gustav Adolf Levy schied im Juni 1913 "nach mehr als 20jähriger Tätigkeit an leitender Stelle" aus der Gesellschaft aus. Er war zuletzt Geschäftsführer, scheint aber die Umwälzungen, die der Hirsch-Herold-Gruppe mit der Gründung der Telegraphen-Union bevorstanden, nicht mitgetragen zu haben. Es wurde erwähnt, er wolle ein eigenes Nachrichtenbüro eröffnen.[45]

---

39 Vgl. PolA: R 538, A 3733 I und A 3733 II.

40 Im Katalog zum Berliner Handelsregister von dieser Zeit ist eine Firma Herold Depeschenbureau (Kommanditgesellschaft Felix Levy & Co.) Zweigniederlassung Berlin, zu finden. Die Handelsregisterakte und die Eintragung selbst sind jedoch, wie nach Auskunft des zuständigen Beamten alle Unterlagen vor dem Ersten Weltkrieg, nicht mehr vorhanden.

41 Vgl. Der Zeitungs-Verlag 3 (1902) Sp. 133.

42 Vgl. Der Zeitungs-Verlag 8 (1907) Sp. 834.

43 Vgl. Der Zeitungs-Verlag 4 (1903) Sp. 661.

44 Vgl. Dankwart Guratzsch a. a. O. S. 231.

45 Vgl. Der Zeitungs-Verlag 26 (1913) Sp. 546. Ob Levy diesen Plan ausführte, ist nicht bekannt, der Termin für die Eröffnung des neuen Büros war der 1. Oktober 1913, eine weitere Erwähnung

Das Herold-Büro blieb als Teil der TU bestehen. Guratzsch erwähnt, daß im Dritten Reich die Gesellschaft (seit 1936 "Herold Verlagsanstalt GmbH") zur Auffangstelle und Holdinggesellschaft für Zeitungskäufe des Bürgermeisters a. D. Max Winkler wurde, der im Auftrag des Propagandaministeriums und des Reichsleiters für die Presse, Max Amann, die Zerschlagung und Annexion des Hugenberg-Konzerns vornahm.[46] Danach gelangte sie unter die direkte Kontrolle von Rolf Rienhardt, Stabsleiter im "Amann-Bereich" des nationalsozialistischen Lenkungssystems.

1.3. Agenturen unter falscher Flagge: Gründungen der Reuters' Telegram Company Ltd.

Im folgenden wird auf die Versuche des Reuter-Büros, in Deutschland Fuß zu fassen, eingegangen. Schon 1865 soll Paul Julius Reuter, neben Havas und Wolff einer der "Gründerväter" von Nachrichtenbüros, versucht haben, die anderen europäischen Nachrichtenagenturen aufzukaufen bzw. sie unter seine Kontrolle zu bringen. Um sich gegen diese Expansionsbestrebungen zu wehren, die dann auch scheiterten, beschaffte sich Bernhard Wolff nach Aloys Meister Kapital und wandelte das Geschäft in eine Aktiengesellschaft um.[47] Mit Auslaufen des ersten Nachrichtenaustauschvertrags 1867 stellte Reuter dann den direkten Antrag bei der preußischen Regierung, ihm den Betrieb von Zweigstellen in Berlin und Frankfurt zu genehmigen. Das Gesuch wurde abgelehnt, weil Reuters "als englisches Unternehmen keine Garantie für eine den preußischen Interessen entsprechende Behandlung des telegraphischen Zeitungsstoffes bieten könne".[48]

Gustav Adolf Levys erfolgte jedoch weder im Z.-V. noch in der Literatur.

46 Vgl. auch Oron J. Hale: Presse in der Zwangsjacke 1933 - 1945. Düsseldorf 1965. S. 271f.

47 Vgl. Aloys Meister: Die deutsche Presse im Kriege und später. Münster o. J., nach Fuchs a. a. O. S. 85.

48 Otto Groth a. a. O. S. 491.- Vgl. auch Dieter Basse a. a. O. S. 36ff.

1.3.1. Telegraphisches Büro für Norddeutschland, Berlin

Nach diesem ablehnenden Bescheid versuchte das englische Unternehmen den Einstieg in den deutschen Nachrichtenmarkt durch die Hintertür. Als Strohmann wurde der langjährige Bürovorsteher der preußischen Regierung in London, Moritz Alberts, königlicher Hofrat a. D., eingesetzt. Noch im gleichen Jahr erwirkte er in Berlin "die polizeiliche Erlaubnis zum selbständigen Betriebe des Gewerbes als Verkäufer von Zeitungen".[49] Seine Agentur nannte er "Telegraphisches Büro für Norddeutschland". Es eröffnete seinen Dienst mit "politischen und commerciellen Nachrichten" am 1. November 1867. Durch seine Beziehungen zu Reuters hatte Alberts einen guten Auslandsdienst zu bieten. So konnte er werben mit seinen "Verbindungen zu allen Hauptplätzen Europas sowie aller überseeischen Ländern". Schon vom 26. Oktober an verteilte er Probe-Depeschen gratis.[50]

Die Agentur war anfangs erfolgreich, sie hatte Filialen in Hamburg und anderen norddeutschen Städten. Besonders die Hamburger unterstützten den Reuter-Ableger, da er für die Verbindung zu England wirtschaftlich attraktiv war und sie als freie Hansestadt dem preußischen Nationalismus nicht unkritisch gegenüberstanden. Dazu kam, daß weder Wolff noch eine der kleineren Agenturen den Hamburgern einen Dienst bieten konnten, der sich auch nur annähernd mit Reuters überseeischen Verbindungen, z. B. mit Amerika, West-Indien und dem Fernen Osten vergleichen ließ.[51]

Zwei von den führenden Hamburger Zeitungen gingen sofort zum Telegraphischen Büro für Norddeutschland über. Darunter war namentlich die "Neue Börsenhalle", eine einflußreiche Wirtschaftszeitung. Nach Einschätzung Graham Storeys war Hamburg zu dieser Zeit Reuters' blühendster Übersee-Zweig.

Trotz dieser guten Voraussetzungen konnte Reuters nicht gegen den von der preußischen Regierung unterstützten Wolff'schen Dienst ankommen. Als schon kurz nach der Gründung des "Telegraphischen Büros für Norddeutschland" dessen wahre Beziehungen zu Reuters bekannt wurden, war es durch die daraufhin

---

49 Hessisches Hauptstaatsarchiv, Wiesbaden (Hess. HStA): Abt. 405/Nr. 1362, Kopie des Gewerbescheins vom 19.10.1867.

50 Hess. HStA: Abt. 405/Nr. 1362 vom 22.10.1867.

51 Vgl. Graham Storey: Reuters' Century, 1851-1951. London 1951. S. 50f.

eingeführte bevorzugte Beförderung der Wolff-Telegramme nicht mehr in der Lage, mit der offiziösen Agentur zu konkurrieren. Der Kampf um den deutschen Nachrichtenmarkt dauerte noch bis 1870, dann mußte Reuter aufgeben. Er erklärte sich in dem schon oben erwähnten Kartellvertrag dazu bereit, alle seine deutschen Filialen an Wolff zu übergeben, seine Verluste wurden dabei auf eine Viertel bis eine halbe Million Mark geschätzt. Nur die Hamburger Filiale blieb in englischem Besitz, sie ging erst 1900 ein.[52] Ob das WTB, wie Nöll von der Nahmer behauptet, eine Abschlagszahlung für die Norddeutsche Telegraphenagentur leistete, ist in der Literatur sonst nicht erwähnt und deshalb fraglich.

1.3.2. Telegraphisches Büro für Mittel-, West- und Süddeutschland, Frankfurt

Auch diese Agentur, die eigentlich aus zweien, einer von Mathäus Reul und einer von Robert Salinger und Karl Ferdinand Wagner betriebenen, bestand, stellte allem Anschein nach einen Versuch Reuters dar, in Deutschland indirekt Filialen einzurichten. Während das Pendant für Norddeutschland noch eine gewisse Bekanntheit besitzt, ist die Frankfurter Filiale der völligen Vergessenheit anheimgefallen, auch wenn sie zur selben Zeit und genauso lange bestanden hat.

Letztendlich nicht zu klären ist die Verflechtung des Reulschen Telegraphenbüros mit demjenigen von Salinger; es existieren keine Geschäftsakten mehr. Die Vorgänge sind mehr oder weniger aus dem Briefwechsel der beiden mit der Königlichen Regierung in Wiesbaden bzw. aus Berichten des späteren Berliner Polizeipräsidenten von Madai (zu dieser Zeit in Frankfurt im Amt) zu erschließen.

Nur bei Heinrich Wuttke[53] findet sich ein Hinweis: Er berichtet, Reul habe ein selbständiges Telegraphengeschäft gegründet (um 1866), habe aber durch seinen Dienst Wolff's Monopol gestört und deshalb sei sein Geschäft kurz darauf am 6. September 1867 auf Veranlassung des preußischen Landrats von Madai wieder

---

52 Vgl. Friedrich Fuchs a. a. O. S. 83.- Kurt Koszyk a. a. O. S. 213.- Dieter Basse a. a. O.- Über die Hamburger Filiale ist nichts weiter zu ermitteln, im Hamburger Hauptstaatsarchiv existieren keine Unterlagen über Nachrichtenagenturen zu dieser Zeit.

53 Vgl. Heinrich Wuttke: Die deutschen Zeitschriften und die Entstehung der öffentlichen Meinung. 3. Aufl., Leipzig 1875. S. 168.

geschlossen worden. Wuttke hebt auch hervor, Reuls Verbindungen zu New York hätten es ihm erlaubt, Nachrichten früher als das WTB zu verbreiten, deshalb sei er jenem gefährlich geworden.

Diese Darstellung ist zumindest teilweise richtig: Mathäus Reul, Kaufmann in Frankfurt, unterhielt bereits ein Korrespondenzbüro zur Verbreitung nordamerikanischer Kabelkurse an die Frankfurter Finanzwelt, als er am 29. August 1867 von der zuständigen Behörde einen Gewerbeschein erwirkte. Dieser berechtigte ihn zum Betreiben eines telegraphischen Büros und wurde ihm nach seinen Worten "ohne allen Anstand" übergeben.[54] Vom 1. bis zum 6. September 1867 nahm das Büro dann seinen Betrieb auf, "an dem letztgenannten Tage aber erschien Herr Polizeihauptmann von Langen und Herr Polizeicommissar Dr. Leycam und erklärten auf Befehl des Herrn königlichen Zivilcommissarius Landrath von Madai mündlich und vorlesend: 'Der von der Gewerbebehörde ausgestellte Gewerbeschein sei als der staatsbehördlichen Genehmigung entbehrend hiermit annulliert, das Büro sei geschlossen und die Ausgabe jeder weiteren Depesche werde mit einer Strafe von 10 Talern geahndet werden'".[55]

Die Schließung des Reulschen Büros wurde von Madai gegenüber der königlichen Regierung in Wiesbaden mit dessen Verbindung zu Reuter's Telegram Company begründet. Er führte an, daß Reuls Geschäftslokal dieselbe Adresse (Römerberg 8) habe wie die von Reuter geplante Filiale, die "an der hiesigen Gesetzgebung resp. meiner rechtzeitigen Intervention gescheitert ist".[56] Diese Filiale sollte von Robert Salinger geleitet werden. Reul hatte (auch nach eigener Aussage) mit Reuters Büro - wahrscheinlich durch Salinger - verhandelt, nachdem feststand, daß Reuter selbst zum Betreiben einer Nachrichtenagentur nicht ermächtigt werden würde. Das Ergebnis war, daß er am 1. September 1867 ein telegraphisches Büro "auf seinen Namen, seine Rechnung und Gefahr und unter seiner Verantwortlichkeit" gründete, die Reutersche Gesellschaft aber versprach, ihm Nachrichten zu liefern.[57]

Von Madai zog daraus, auch nach Sichtung der Korrespondenz Reuters mit der Frankfurter Telegraphen Station, den Schluß "einer hier obwaltenden Identität des Reul'schen mit dem Reuter'schen Unternehmen", da nicht nur die glei-

---

54 Vgl. Hess. HStA: Abt. 405/Nr. 1362, R 31262, Anlage No. 4081 vom 19.09.1867.

55 Ebd.

56 Hess. HStA: Abt. 405/Nr. 1362 vom 15.10.1867.

57 Hess. HStA: Abt. 405/Nr. 1362, R 31262 Anlage No. 4081 vom 19.09.1867.

chen Geschäftsräume benutzt würden, sondern auch "die sonstige nahe Verbindung des Reul mit Reuter resp. Salinger auf eine beabsichtigte Täuschung der Behörde" hinweise.[58]

Dagegen argumentierte Reul, er habe nach der Gesetzgebung der Stadt Frankfurt als Bürger das gesetzliche Recht, eine Telegraphen-Agentur zu gründen, der Handel mit ausländischen Nachrichten sei schließlich nicht dasselbe, wie einer ausländischen Gesellschaft zu gehören. Er habe sogar einen Gewerbeschein besessen, seine Konkurrenten, z. B. Anton Martin Wagner (Wagner's Telegraphisches Büro), jedoch nicht.[59] Am 28. Oktober 1867, Reuls Beschwerde war noch nicht entschieden, stellte Robert Salinger bei der königlichen Regierung in Wiesbaden einen Antrag betreffend der Einrichtung eines telegraphischen Büros. Um sein Gesuch zu unterstützen, das ein paar Tage zuvor auch von Madai zugegangen war, fügte er die Zulassung von Moritz Alberts' Telegraphischem Büro für Norddeutschland in Berlin bei (ausgestellt am 19.10.1867).[60]

Von Madai sah in diesem Gesuch einen weiteren Beweis für die Verbindung Salingers und Reuls zu Reuter, da "nachdem das Reulsche Unternehmen nicht hat zur Durchführung gebracht werden können, Salinger mindestens in demselben Lokale (Römerberg 8) ein telegraphisches Correspondenzbureau zu errichten beabsichtigt".[61] Die Identität Salingers mit Reuter sei ja bekannt, die mit Reul trete nun offen zutage, so daß die Absicht der beiden keine andere sein könne, als "hierselbst eine Filiale der Reuterschen Gesellschaft zu errichten, welche die angebliche Qualität einer selbständigen Geschäftsführung lediglich als Deckmantel jener engen Verbindung und als Mittel zum Zwecke gebraucht".[62] Deshalb bitte er um die Erlaubnis, sowohl die Beschwerde Reuls als auch den Antrag Salingers abschlägig bescheiden zu dürfen. Mit der immer gleichen Argumentation forderte also der preußische Beamte von Madai Loyalität von der Regierung des Hessischen Königreichs, mit dem Hinweis auf "besondere Gründe", die für Hessen vorlägen, Reuter den Eingang in die preußische Monarchie zu verwehren, versuchte er, Druck auszuüben.[63]

---

[58] Hess. HStA: Abt. 405/Nr. 1362, R 31262.

[59] Vgl. ebd. Anlage No. 4081.

[60] Vgl. Hess. HStA: Abt. 405/Nr. 1362, R 32287, vom 28.10.1867.

[61] Hess. HStA: Abt. 405/Nr. 1362, R 32361 vom 26.10.1867.

[62] Ebd.

[63] Eventuell eine Anspielung auf den abgesetzten König von Hannover, der mit Reuter Geschäfte

Salinger protestierte in einem weiteren Schreiben an die Regierung dagegen, mit Reuter identifiziert zu werden. Er sei zwar dessen Vertreter gewesen, nachdem ihm jedoch verboten worden sei, diese Gesellschaft zu vertreten, habe er sich einfach nach einer ähnlichen Tätigkeit umgesehen.[64]

Den regen Schriftverkehr beendet ein Erlaß des Hessischen Innenministeriums vom 7. November 1867: "Nach den gesetzlichen Bestimmungen, welche nunmehr als allein maßgebend zu betrachten sind, wird dem Mathäus Reul die Wiedereröffnung des telegraphischen Correspondenzbüros nicht weiter verboten werden können ... Der Antrag des Robert Salinger ist nach denselben Grundsätzen zu behandeln, insofern muß daraus die Erlaubnis abgeleitet werden ...".[65] Von Madai wurde also von der Hessischen Regierung gezwungen, gegen seine Überzeugung die beiden Büros zuzulassen. Ob auf Seiten der Regierung rein rechtliche Erwägungen für diesen Bescheid ausschlaggebend waren, kann nur Gegenstand von Mutmaßungen sein.

Robert Salinger betrieb nach Zahlung einer gesetzlichen Kaution (13. Nov. 1867) das "Telegraphische Bureau für Mittel-, West- und Süddeutschland".[66] Über Mathäus Reul ist hingegen nichts weiteres zu erfahren. Anscheinend eröffnete er sein Büro nicht neu und trat auch nicht in das Salingersche Unternehmen ein. Landrat von Madai blieb der Neugründung gegenüber wachsam. Er sicherte sich gegenüber Preußen ab, indem er schon am 22. Dezember 1867 dem königlichen Staats- und Innenminister zu Eulenburg in Berlin Bericht erstattete. Er erwähnte seinen Verdacht, Salinger sei ein Agent Reuters. Weiter sei ihm vertraulich mitgeteilt worden, das Büro werde auch von Seiten der österreichischen Regierung subventioniert und nehme schon jetzt eine oppositionelle Haltung ein.[67] Ein ähnlicher Bericht von Madais erreichte auch die Hessische Regierung, der er außerdem anzeigte, Teilhaber von Salinger sei ein gewisser Karl Ferdinand Wagner geworden, Sohn eines Frankfurter Bürgers. Wagner

---

gemacht hatte.

64 Hess. HStA: Abt. 405/Nr. 1362, R 32684 vom 02.11.1867.

65 Hess HStA: Abt. 405/Nr. 1362, I 33455 vom 07.11.1867.

66 Die Zahlung einer gesetzlichen Kaution für die Erlaubnis zum Verkauf von Zeitungen wurde erst durch das Reichspressegesetz von 1874 aufgehoben. Vgl. Kurt Häntzschel: Reichspreßgesetz und die wichtigsten preßrechtlichen Vorschriften des Reichs und der Länder. Kommentar. Berlin 1927.

67 Hess. HStA: Abt. 405/Nr. 1362, N. I 37191 vom 22.12.1867.

hatte bis zu diesem Zeitpunkt vorgehabt, eine Zeitung zu gründen, nahm jedoch nach Eintritt in die Nachrichtenagentur von diesem Plan Abstand. Nach Einschätzung von Madais war er Anhänger der Fortschrittspartei, und über seine "Führung" war der Polizei nichts bekannt, was gegen ihn sprach.[68] Trotz des offenen Mißtrauens von Madais und der von ihm konstatierten "oppositionellen Haltung" der Agentur (die er jedoch mit keinem Beispiel belegte), gelang es dem Salinger- / Wagnerschen Unternehmen, in den beiden folgenden Jahren zu überleben. Der Geschäftsbetrieb wurde vom Römerberg in die Große Sandgasse 12 verlegt. Über die Art der Depeschen und die Akzeptanz des Büros bei den Abonnenten ist nichts bekannt, wie erwähnt, existieren keine Geschäftsunterlagen mehr.

Am 1. Februar 1870 wurde die Agentur geschlossen, dem Tag, an dem Reuter laut Vertrag alle seine deutschen Verbindungen an das WTB übergeben mußte. In diesem Datum ist wohl der stärkste Beweis für eine Verbindung Reuters mit dem Telegraphischen Bureau für Mittel-, West- und Süddeutschland zu finden. Robert Salinger gab der Wiesbadener Regierung die Schließung des Büros am 17. Februar 1870 bekannt, verbunden mit der Bitte um Rückzahlung seiner Kaution von 5.000 Talern. Sie wurde ihm ein halbes Jahr später ausgezahlt.[69]

1.4. Agenturen mit geschäftlichen Verbindungen zum WTB

1.4.1. Bösmanns Telegraphisches Büro, Bremen

Die Bremer Nachrichtenagentur Bösmanns Telegraphisches Büro war eine der ersten Gründungen dieser Art. Sie wurde 1855 ins Leben gerufen und ins Bremer Handelsregister eingetragen.[70] Der Firmeninhaber war bis zu seinem Tod am 16. Juli 1874 Christian Friedrich Bösmann; Ludwig Bösmann erhielt Prokura, die

---

68 Vgl. Hess HStA: Abt. 405/Nr. 1362, I. B. 2109 vom 17.02.1870, sowie I. B. 7232 vom 16.08.1870.

69 Vgl. Hess. HStA: Abt. 405/Nr. 1362, I. B. 2109 vom 17.02.1870, sowie I. B. 7323 vom 16.08.1870.

70 Staatsarchiv Bremen (StA. HB): Handelsregister von Bremen, dort fehlt jedoch das Datum der Ersteintragung. Seit 1856 stand die Firma im Bremer Adreßbuch. Vgl. auch: Der Zeitungs-Verlag 7 (1906) Sp. 13.

ihm jedoch am 18. Juli 1866 wieder entzogen wurde. Nach dem Tod des Firmengründers führte seine Witwe Johanna Emilie fast ein Jahr die Geschäfte fort, übergab sie am 3. April 1875 jedoch Friedrich Wilhelm Bösmann. Dieser Friedrich Wilhelm übernahm die Firma mit sämtlichen Aktiva und Passiva, die Witwe eines Carl Friedrich Bösmann, die scheinbar auch Geschäftsanteile besaß, erteilte ihre Einwilligung zu der Transaktion. Schon fünf Jahre später, am 15. Februar 1880 erlosch die Firma.[71]

Bösmanns Telegraphisches Büro war also Zeit seines Bestehens ein Familienbetrieb, wenn auch heute nicht mehr nachzuvollziehen ist, in welchem verwandtschaftlichen Verhältnis genau die einzelnen Personen zueinander standen. Es scheint, daß die Haupttätigkeit der Agentur anfangs im Handel mit Schiffsnachrichten bestand.[72] Ende der 60er Jahre kam ein Vertrag mit Reuter zustande, der auf diese Weise seiner Hamburger Filiale den Rücken freihalten wollte.[73]

Nach Reuters Rückzug geriet die Agentur Bösmann in erhebliche finanzielle Schwierigkeiten: Als der Bremer Senat zum 1. Januar 1876 eines von drei Abonnements kündigte,[74] antwortet die Agentur: "... Angesichts der seit langer Zeit herrschenden Geschäftskrise ist eine Unterstützung unseres Instituts um so dringender geboten, weil wir durch dieselbe eine sehr erhebliche Abonnentenzahl nach und nach eingebüßt haben und kaum imstande sein dürften, das Institut in seinem ganzen Umfange aufrechtzuerhalten ...".[75] Der Senat blieb jedoch bei seiner Entscheidung. Am 1. Januar 1876 trat die neue Telegraphenordnung in Kraft. Darin wurde neben dem einheitlichen Tarif für ganz Deutschland auch festgelegt, daß in Zukunft nicht mehr nach Silben, sondern nach Buchstaben zu zählen sei. Was für die überregionalen Agenturen zu einer Verbilligung des Dienstes führen mußte, traf die regionalen Büros hart.

Bösmann rechnete mit Mehrausgaben von 6.500 Mark pro Jahr, für das desolate Unternehmen nur durch eine Abonnementspreiserhöhung auszugleichen, da

---

71 Vgl. Handelsregister von Bremen; nähere Angaben zu den eingetragenen Vorgängen sind nicht zu erlangen. Es bestand die Firmenakte B. No. 112, aus der die Angaben im Handelsregister nachgetragen wurden, diese ist jedoch im Staatsarchiv nicht mehr aufzufinden.

72 Vgl. Friedrich Fuchs a. a. O. S. 77.

73 Vgl. Graham Storey a. a. O. S. 52; über die Konditionen des Vertrags ist nichts gesagt.

74 Vgl. StA. HB: Acta 3-T. 2, No. 6 vom 25.09.1875.

75 Ebd. Acta 3-T. 2, No. 6 vom 28.09.1875.

"beiläufig bemerkt, unsere Kosten für Commission, Miete, Personal u. a. sich seit Jahren ohne irgendwelchen Ersatz teilweise fast verdoppelt haben".[76]

In dieser Lage scheinen sich die Geschäftsführer des Unternehmens an das WTB gewandt zu haben. Zusammen mit den Preiserhöhungen gibt das Büro bekannt, daß "wir seit 1. März (1876) imstande sind, unsere Telegramme aus erster Hand zu empfangen ...".[77] Es ist also das Jahr 1876, in dem Bösmann mit dem WTB "in engste Beziehungen" trat, und danach die Wolff'schen Telegramme im Bremer Raum verbreitete.[78] Wie oben schon erwähnt, wurde 1880 die Firma C. F. Bösmann & Co. im Handelsregister gelöscht. De facto bestand die Agentur jedoch weiter. Es kann nicht endgültig entschieden werden, ob sie ganz vom WTB übernommen wurde, oder ob sie unter dem Namen "Boesmann's Telegraphisches Bureau (Ludwig Boesmann & Co.)[79] ohne Handelsregistereintrag neu gegründet wurde. Da die Agentur vom WTB selbst als Filiale nicht erwähnt wurde, scheint letztere Annahme unter dem Vorbehalt wahrscheinlicher, daß Bösmann keinen selbständigen politischen Dienst lieferte, sondern den des WTB übernahm. Die Literatur spricht allerdings meist von dem Büro als Filiale des WTB.[80]

Das Unternehmen suchte in den folgenden Jahren die Nähe zum Senat, erbat "anzuordnen, daß uns etwaige, für die Öffentlichkeit und damit für eine telegraphische Verbreitung ... geeignet erscheinende Mitteilungen, welche uns anderweitig so frühzeitig nicht bekannt werden können, regelmäßig zugestellt werden".[81] Bösmann betonte, aus der Verbreitung dieser Nachrichten erwüchsen ihm keine "pecuniären Vorteile", der Antrag sei vielmehr von "patriotischem Gefühle" veranlaßt.[82] Ob dieses "patriotische Gefühl" der einzige Grund für die Annäherung an den Senat war, muß bezweifelt werden. Wahrscheinlich forderte

---

76 Ebd. Acta 3-T. 2, No. 6 vom März 1876.

77 Ebd.

78 Vgl. Friedrich Fuchs, a. a. O. S. 77.

79 Sta. HB: Acta 3-T. 2, No. 6 und No. 33; Aufdruck auf Geschäftsbriefen der Agentur an den Senat.

80 Vgl. WTB: Vom 75. Geburtstag des WTB. 27. November 1924. o. O. 1924. Bei der Auflistung der Filialen und ihren Gründungsdaten (S. 10) ist Bremen nicht erwähnt. Anders bei Hans E. Morf a. a. O. S. 50 und Ernst Reiber a. a. O. S. 20.

81 StA. HB: Acta 3-T. 2, No. 33 vom 04.04.1891.

82 Vgl. ebd.

auch die Verbindung zum WTB einen offiziellen Kontakt zum Senat, um dessen offiziösen Charakter gerecht zu werden.

Das führte jedoch auch zu Interessenkonflikten: 1896 verbreitete Bösmann eine WTB-Mitteilung über einen Besuch des Kaisers in Bremen, jedoch nicht "in Übereinstimmung mit den Intentionen des Hohen Senats". Er mußte sich verpflichten, zukünftig bei solchen Anlässen Informationen aus der Regierungskanzlei einzuziehen, um weitere Unstimmigkeiten zu vermeiden.[83] Auf der anderen Seite beschwerte sich Bösmann im September 1899 darüber, von einem Depeschenwechsel zwischen dem Kaiser und dem Senat nicht unterrichtet worden zu sein. "Unsere geschäftliche Verbindung mit dem offiziösen Telegraphenbureau in Berlin legt uns aber bekanntlich die Verpflichtung auf, derartige Nachrichten in prioritätischer Weise nach auswärts weiter zu melden".[84]

Durch die Verknüpfung dieser Vorgänge entsteht ein Bild von der Situtation, in der die Bösmann'sche Agentur arbeitete: Auf der einen Seite stand das WTB mit den Forderungen des Kaiserreichs, von dessen Wohlwollen man finanziell abhängig war, auf der anderen Seite die Stadt Bremen mit ihrem Senat, der, schon bedingt durch den Standort, Loyalität forderte. Auch dieser Zwiespalt scheint zu untermauern, daß sich die Agentur nicht in Besitz des WTB befand. Es gelang der Agentur auch in den folgenden Jahren, sich zu halten. Sie überdauerte den Ersten Weltkrieg und hatte danach, ähnlich wie 50 Jahre zuvor, mit finanziellen Schwierigkeiten zu kämpfen. 1920 erhöhte sie die seit der Vorkriegszeit unverändert beibehaltenen Bezugspreise für ihren Dienst. Daraufhin kündigte der Senat eines von den beiden noch bestehenden Abonnements.[85]

Schon im darauffolgenden Jahr wurden die Gebühren ein weiteres Mal erhöht (der Preis betrug nun 100 Mark im Monat), und drei Monate später verdoppelte sich die Gebühr erneut. Daraufhin verzichtete der Senat völlig auf Bösmanns Telegramme.[86] Die letzte Information über Bösmanns Telegraphisches Büro datiert vom 8. August 1924. Zu diesem Zeitpunkt entschloß sich der Bremer Senat, wiederum ein Exemplar der Bösmann'schen Berichte (zum Preis von 36 Goldmark pro Monat) zu abonnieren.[87]

---

[83] Vgl. StA. HB: Acta 3-T. 2, No. 33 vom 29.02.1896.

[84] StA. HB: Acta 3-T. 2, No. 33 vom 24.09.1899.

[85] Ebd. Acta 3-T. 2, No. 6 vom 25.06.1920, 20.05.1920.

[86] Vgl. ebd. Acta 3-T. 2, No. 6 vom 30.09.1921, 31.12.1921, 28.03.1922, 24.04.1922.

[87] Vgl. ebd. Acta 3-T. 2, No. 6.

1.4.2. Wagners Telegraphisches Büro, Frankfurt

Bis Ende der fünfziger Jahre des 19. Jahrhunderts bestand in Frankfurt keine eigene Nachrichtenagentur. Obwohl die Stadt für Handelskreise große Wichtigkeit besaß, bleiben sowohl ein an der Börse bestehendes Maklersyndikat als auch die drei großen Frankfurter Zeitungen von den Berliner Telegrammen des Wolff'schen Telegraphischen Büros abhängig, die "nicht immer zuverlässig" waren und "mangelhaft und verspätet" erschienen, weil das Geschäft zu diesem Zeitpunkt noch nicht sehr ausgedehnt war. In dieser Situation machte Leopold Sonnemann, Herausgeber der 1856 gegründeten "Frankfurter Zeitung", in seinem Blatt den Vorschlag, ein eigenes Nachrichten-Büro zu gründen, um die finanziellen Mittel besser anzulegen. Daraufhin entstand 1859 Wagner's Telegraphisches Büro, das unter Aufsicht der Frankfurter Handelskammer stand.[88]

Es wurde geleitet von Anton Martin Wagner (1828-1907). Schon Anfang der sechziger Jahre muß dieses unabhängige Büro jedoch in geschäftliche Verbindung mit dem WTB getreten sein, endgültig übernommen wurde es dann 1893.[89] Dieses Übernahmedatum darf aber nicht darüber hinwegtäuschen, daß schon vorher das WTB, besonders nach seiner Umwandlung in eine Aktiengesellschaft, das Frankfurter Büro lenkte. Ein Schreiben des schon erwähnten Landrats von Madai vom 4. April 1868 an die königliche Regierung in Wiesbaden, Abteilung des Innern, beweist, daß das WTB die Geschäftspolitik und die Personalpolitik schon zu diesem Zeitpunkt bestimmte. Von Madai unterstützte ein Gesuch des WTB. Dieses hatte schon für Wagner die gesetzliche Kaution geleistet, die für eine "Genehmigung zum Betrieb eines Zeitungsverkäufers", Voraussetzung für den Betrieb einer Telegraphenagentur, notwendig war. Die Kaution sollte nun auf Dr. jur. Ferdinand Heinrich Salomon übertragen werden, der Wagner als verantwortlichen Redakteur an der Spitze des Nachrichtenbüros ablöste.[90]

Die Gründe für die Ablösung Wagners, der der Agentur ihren Namen gegeben hatte, sind nicht bekannt. Dagegen ist ersichtlich, daß das WTB schon vor der Übernahme die Agentur voll in der Hand hatte. Nach 1893 behielt das Büro zwar

---

[88] Vgl. Ernst Reiber a. a. O. S. 19f. Danach veranschlagte das Maklersyndikat jährlich 5000 Gulden, die drei Zeitungen jeweils 1500 Gulden jährlich für die WTB-Depeschen.

[89] Vgl. WTB: Vom 75. Geburtstag des WTB. 27. November 1924. o. O. S. 5, 10.

[90] Vgl. Hess. HStA: Abt. 405/Nr. 1362 IB 4960.

seinen Namen, stand aber unter der direkten Führung von Berlin. 1912 wandelte der damalige Direktor des WTB, Heinrich Mantler, die Filiale in eine GmbH mit einem Stammkapital von 20.000 Mark um. Er selbst sowie Hermann Diez, ebenfalls Direktor des WTB, fungierten als Geschäftsführer, Agenturvorsteher in Frankfurt wurde Alfons Rinkler.[91]

1.4.3. Süddeutsches Correspondence-Bureau mit der Korrespondenz Hoffmann, München

Außer ihrem Namen ist von dieser Agentur fast nichts bekannt. Sie hatte ihren Hauptsitz in München, besaß aber auch eine Filiale in Nürnberg. Schon bald nach ihrer Gründung, deren genaues Datum nicht mehr zu ermitteln ist, trat sie in geschäftliche Beziehungen zum WTB. Es begann wie bei den anderen regionalen Nachrichtenbüros mit einem Vertrag, nach dem das WTB die für seinen Dienst interessanten Nachrichten übernahm und dafür Berliner Nachrichten zur Verfügung stellte. Später kaufte die schon in die Continental Telegraphen Agentur umgewandelte Agentur das Süddeutsche Correspondence-Bureau auf. 1869 wurde als erste eigene Filiale überhaupt das Büro in München übernommen.[92]

Dessen Nürnberger Zweigstelle wurde 1894 dem Besitz des Berliner Unternehmens angegliedert, was wahrscheinlich bedeutete, daß es nun nicht mehr über den Umweg München mit Berlin verkehrte. Der Nachrichtenagentur angegliedert war die "bayerisch-offiziöse"[93] Korrespondenz Hoffmann, die lithographierte Korrespondenzen herausgab. Sie wurde nach der Polizeiliste von 1890 geleitet von Christoph Luthardt, läßt sich jedoch bereits auf der Liste von 1880 ohne weitere Angaben finden.[94] Das Süddeutsche Correspondence-Bureau blieb auch nach der Übernahme durch das WTB nach außen hin selbständig. Es hatte den bayerischen Nachrichtendienst für das WTB übernommen.

---

91 Vgl. Der Zeitungs-Verlag 13 (1912) Sp. 218.

92 Vgl. WTB: Vom 75. Geburtstag ... a. a. O. S. 10.

93 Otto Groth a. a. O. S. 493.

94 Vgl. Bert Apel: Die Entwicklung des Nachrichtenwesens der Presse in Bayern. Von den Anfängen bis zur Gegenwart. Diss. München 1951. S. 58.

Im Ersten Weltkrieg diente die Agentur dem Königlich Bayerischen Kriegsministerium als Verlautbarungsorgan, ähnlich wie das WTB der kaiserlichen Regierung in Berlin. Die Zensur des Krieges bedingte, daß jeder auf die WTB-Telegramme angewiesen war, da das kaiserliche Kriegsministerium seine amtlichen Meldungen nur durch dieses verbreiten ließ. Das offiziöse Nachrichtenbüro legte alle den Krieg betreffenden Telegramme vor Absenden der Zensurstelle vor, so daß WTB-Nachrichten unbedenklich abgedruckt werden konnten. Dasselbe galt auch für die regionalen Dependancen des WTB, in diesem Fall für das Süddeutsche Correspondence-Bureau. Um nicht völlig konkurrenzunfähig zu werden, erklärten sich auch die übrigen Nachrichtenbüros (wie für Bayern das Herold-Büro als dortiger Vertreter der Telegraphen-Union) zur freiwilligen Vorlage ihrer Nachrichten bereit.[95]

1.4.4. Süddeutsches Korrespondenzbüro, Stuttgart

Im September 1870 gründete Albert Treiber diese Nachrichtenagentur ohne Teilhaber. Fünfzehn Jahre später, am 4. März 1895, ließ er sie unter dem Namen "Albert Treiber, Telegraphenagentur Süddeutsches Correspondenz-Bureau Stuttgart" im Einzelhandelsregister eintragen.[96] Treiber betrieb sein Unternehmen, wie die meisten damaligen Gründungen, zu dem Zweck, seinen Lebensunterhalt zu verdienen. Das Büro war klein, zeit seines Bestehens ein Familienbetrieb und hatte wenig Einfluß. Immer wieder wird es als Wolff'sche Filiale in Stuttgart erwähnt, die Übernahme durch das WTB erfolgte nach dessen Angaben 1911.[97]

Bis zu diesem Zeitpunkt zumindest stand es unter der Führung Albert Treibers und seiner Familienangehörigen. Albert Treiber und seine Frau Theresia hatten drei Söhne und eine Tochter. Als erstem erteilte der Vater seinem Sohn Otto am 14. Juli 1899 Prokura.[98] Otto Treiber wurde Chefredakteur im väterlichen Betrieb, starb aber bereits am 6. Mai 1902.[99]

---

95 Vgl. Bayerisches Hauptstaatsarchiv, Abt. Kriegsarchiv (MKr), 13857 vom 05.08.1914, 05.09.1915.

96 Vgl. Staatsarchiv Ludwigsburg (StA. LU): F 30 II/BÜ 11, Blatt 1, 04.03.1895.

97 Vgl. WTB: Vom 75. Geburtstag... a. a. O. S. 5, 11.

98 Vgl. StA. LU: F 30 II/BÜ 11, Blatt 2, vom 14.07.1899.

99 Ebd. Blatt 10, vom 15.03.1911.

Auch die beiden anderen Söhne Treibers, Franz Albert und Waldemar Erwin, waren journalistisch tätig. Wahrscheinlich arbeiteten sie bereits in der Agentur (deren Name am 27. Juli 1909 in Albert Treiber Telegraphenagentur Südd. Corr. Bureau Württemb. Landeskorrespondenz geändert worden war), als am 11. Oktober 1910 der Vater starb. Nach dem Testament, das beide Ehegatten gemeinsam gemacht hatten (12. Mai 1909), erbte die Ehefrau Theresia Treiber das gesamte gemeinsame Vermögen. Damit wurde sie auch Inhaberin der Telegraphenagentur. Nach Regelung der Erbschaftsangelegenheiten ließ sie die bisherige Firma im Handelsregister löschen und statt dessen als neue Firma Süddeutsches Correspondenz-Bureau, Württembergische Landescorrespondenz, Inhaberin Frau Theresia Treiber, eintragen. Den beiden Söhnen erteilte sie Einzelprokura.[100]

Das oben erwähnte gemeinsame Testament regelte vor allem die Zukunft des Korrespondenzbüros, offenbar die hauptsächliche Hinterlassenschaft der Treibers. Darin heißt es, daß nach dem Tod der beiden Eltern der Sohn Erwin das Büro erhalten solle, und zwar als "Voraus", ohne ihm dafür etwas aufzurechnen. "Der Wert dieses Bureaus läßt sich nicht in Geld ausdrücken, es hat überhaupt nur einen Vermögenswert für unsere Söhne."[101] Auch Sohn Albert sollte, solange er es wollte, in dem Büro arbeiten dürfen und dafür von seinem Bruder ein Jahresgehalt in Höhe der Hälfte des Netto-Jahresertrags des Geschäfts erhalten. Im Falle eines Streits zwischen beiden, sollte Erwin, sofern er der Schuldige wäre, seinem Bruder Entschädigung leisten. In diesem Fall hätte er seinem Bruder das gleiche Gehalt drei Jahre lang in monatlichen Raten weiterzahlen müssen.

Diese Bestimmungen änderte Theresia Treiber am 5. Dezember 1922 ab: Sie verfügte, daß das Süddeutsche Correspondenzbüro mit allen seinen Forderungen und Verbindlichkeiten und den sonstigen damit zusammenhängenden Vermögensrechten je zur Hälfte als Vorausvermächtnis ihren Söhnen Albert und Erwin zugehen sollte. Am 1. Januar 1924 trat Albert jedoch aus der Agentur aus. Er wurde Verlagsdirektor in Stuttgart. Daraufhin änderte Theresia Treiber ihr Testament nochmals (07.01.1924) und hinterließ wiederum Erwin als einzigem Erben die Agentur.

---

100 Vgl. ebd. Blatt 7 vom 08.05.1911.

101 Vgl. ebd. Abschrift des Testaments vom 12.05.1909.

Schon kurz darauf, am 7. Juli 1924 starb sie. Erwin Treiber avancierte vom Geschäftsleiter zum Inhaber des Instituts, seine Geschwister Emma und Albert erhoben keine weiteren Ansprüche auf die Agentur. Der Name des Geschäfts lautete ab dem 4. Oktober 1924 Süddeutsches Correspondenz-Bureau, Württembergische Landescorrespondenz, Erwin Treiber.[102] Der andere Nachlaß, dessen Wert sich auf 5.000 Mark bezifferte, wurde gleichmäßig auf alle drei Kinder verteilt. Zumindest die Familie Treiber scheint durch den Betrieb der Nachrichtenagentur nicht sonderlich reich geworden zu sein. Erwin Treiber leitete die Agentur noch bis 1934. Am 25. Januar dieses Jahres ließ er die Firma im Handelsregister löschen. Die näheren Umstände der Schließung sind nicht bekannt. Da aber schon seit 1911 das WTB der eigentliche Besitzer der Agentur war und sie ihre Selbständigkeit nur äußerlich bewahrt hatte, muß die Schließung wohl im Zusammenhang mit der am 5.12.1933 von den Nationalsozialisten verfügten Vereinigung von WTB und Telegraphen-Union gesehen werden. Die Zentralisierung und Lenkung des Nachrichtendienstes im Dritten Reich ließ der kleinen Zweigstelle keine Daseinsberechtigung mehr.[103]

1.4.5. Neue Börsenhalle, Hamburg

Die "Neue Börsenhalle" war ein einflußreiches Hamburger Wirtschaftsblatt, das während Reuters Expansionsversuchen in Deutschland auf dessen Seite gestanden hatte. Nach Beilegung der Streitigkeiten zwischen Reuters Ltd. und dem WTB zeigte sich die "Börsenhalle" nicht bereit, zum Dienst der offiziösen Nachrichtenagentur zurückzukehren und die geschlossenen Verträge anzuerkennen. Sie richtete statt dessen eine eigene Telegraphenagentur ein.

Um dem Unternehmen zu Rentabilität zu verhelfen, suchte man Verbindungen zu den skandinavischen Ländern, die ja direkt vor der Hamburger Haustür lagen. Als Erfolg konnte verbucht werden, daß die kapitalkräftigste Zeitung Kopen-

---

102 Vgl. ebd. Blatt 11 bis 15 vom 04.10.1924 und 14.11.1924.

103 Zum Kaufübergang des Süddeutschen Korrespondenz-Büros an WTB vgl. auch Otto Groth a. a. O. S. 493. Wie die Zusammenarbeit mit und Abhängigkeit vom WTB genau aussah, ist nicht mehr zu eruieren. Ohne finanzkräftigen Verbündeten hätte sich die kleine Agentur jedoch kaum durch Krieg, Inflation und Weltwirtschaftskrise retten können. Vgl. Norbert Frei / Johannes Schmitz: Journalismus im Dritten Reich. München 1989. S. 210.

hagens, die Berlingsche Zeitung ("Berlingske Tidende") zur "Börsenhalle" überging. Das hatte jedoch ein Eingreifen der dänischen Nachrichtenagentur Ritzaus Büro zur Folge. Sie war 1866 von Erik Nikolai Ritzau gegründet worden und stand in engen Beziehungen zum WTB. Scheinbar war jedoch der Auslandsdienst des dänischen Büros besser organisiert als sein Inlandsdienst, auch die Provinzzeitungen fanden mehr Gefallen an den Telegrammen der "Börsenhalle" als an den landeseigenen. So war Ritzaus Büro gezwungen, Berichterstatter in Dänemark selbst anzuwerben und konnte daraufhin die Konkurrenz der "Neuen Börsenhalle" ausschalten.[104] Die "Börsenhalle" als Telegraphenagentur muß noch eine zeitlang bestanden haben, laut Friedrich Fuchs war ein Dr. Dannenberg Leiter des Büros.

Arno Meyer berichtet, das WTB habe schließlich die Börsenhalle aufgekauft.[105] Nicht entschieden werden kann aufgrund der fehlenden Quellen in Hamburg, ob die "Neue Börsenhalle" mit der von Reuter in Hamburg bis 1900 unterhaltenen Agentur mit politischem Nachrichtendienst identisch war.[106] Falls keine Identität bestand, bleibt immer noch die Frage, welches Büro 1903 in Hamburg vom WTB übernommen worden ist.[107]

2. Agenturgründungen in Deutschland nach 1900

Zu Anfang des 20. Jahrhunderts und besonders vor Ausbruch des Ersten Weltkriegs kam es in Deutschland zu einer ähnlichen Welle von Agenturgründungen, wie kurz nach der Freigabe der Telegraphie für private Zwecke. Der Grund dafür lag in der wachsenden Unzufriedenheit mit dem Wolff'schen Telegraphen-

104 Vgl. Friedrich Fuchs a. a. O. S. 129f.

105 Vgl. Arno Meyer: Die Organisation des Nachrichtendienstes der Presse. Libau 1926. S. 37. Siehe auch Apel a. a. O. S. 99. Einen Hinweis darauf gibt auch ein Leserbrief im Zeitungs-Verlag 5 (1904) Sp. 681f, in dem erwähnt wird, die AG Neue Börsenhalle, Verlag der Zeitungen "Mittagsblatt", "Hamburgischer Korrespondent" und "Neue Hamburgische Börsenhalle", seien von "alters her" Inhaberin der Wolff'schen Filiale. Gleichfalls ergibt sich hier eine Beziehung zu Dannenberg, der zwar nicht als Leiter einer Telegraphenagentur, jedoch als Redakteur des "Korrespondenten" bezeichnet wird. Vgl. Ernst Baasch: Geschichte des Hamburgischen Zeitungswesens. Hamburg 1930. S. 104, 117, 149.

106 Vgl. Kurt Koszyk a. a. O. S. 213.

107 Vgl. WTB: Vom 75. Geburtstag... a. a. O. S. 10.

Bureau, dessen Mängel durch die Zuspitzung der politischen Situation im Vorfeld des Krieges immer offensichtlicher wurden. Die Kritik am WTB, die an anderer Stelle schon beschrieben worden ist und deshalb hier nicht im einzelnen belegt zu werden braucht,[108] hatte eine innenpolitische und eine außenpolitische Komponente. Einerseits nahm man Anstoß an seiner "offiziösen" Anbindung an die Regierung; zum anderen wurde beklagt, daß die Auslandsberichterstattung von den anderen Weltagenturen (insbesondere Reuters) abhängig sei, mit denen das WTB seit 1870 in einem Kartell verbunden war, das die internationale Sammlung und Verbreitung von Nachrichten regelte. Die Unzufriedenheit mit dem WTB fand sich nicht nur bei der deutschen Presse, sondern mehr noch in bestimmten wirtschaftlichen und politischen Kreisen. Deshalb gingen die Bemühungen zur Gründung neuer Agenturen auch weniger von dieser als von jenen aus. Doch konnte keines dieser Unternehmen wie auch keines der älteren bis zum Krieg das weitgehende Monopol des WTB brechen.

2.1. Bemühungen um die Verbesserung des Auslandnachrichtendienstes

Verschiedene Versuche, einen "deutschen" Nachrichtendienst ins Leben zu rufen, der Reuters' die Stirn hätte bieten können, scheiterten. So bemühte sich 1906 der "Verein deutscher Zeitungsverleger" (VDZV), eine Agentur zu gründen. Sie sollte finanziert werden durch die Zeitungen selbst, als eine GmbH mit einem Anfangskapital von 50.000 Mark. Jede beitretende Zeitung sollte als Minimalzeichnungsbetrag 1.000 Mark bezahlen, der Gewinn sollte nach den Einlagen berechnet werden. Das vorgesehene Programm war recht einfach: "Bei der neuen Einrichtung handelt es sich in der Hauptsache um ein Londoner Büreau, welches die Nachrichten an eine Zentrale in Deutschland gibt, und um diese deutsche Zentrale zur Weitergabe der Nachrichten an die Zeitungen, nach Wunsch und Bedarf auf telefonischem, telegraphischem oder brieflichem Wege."[109]

Man wollte "das in London aus der ganzen Welt zusammenströmende Nachrichten-Material" und dazu die englischen Zeitungen sichten, und zwar nicht

---

108 Vgl. die Einführung zum vorliegenden Band sowie Dieter Basse a. a. O. S. 91ff.

109 PolA: R 546, A 11356 vom 27.06.1906.

mehr nach "offiziösen Gesichtspunkten", sondern nach ihrer Wichtigkeit. Dieses Material sollte dann "in möglichster Vollständigkeit und größter Schnelligkeit" an die deutche Zentrale weitergegeben werden.[110]

Die Agentur sollte am 1. Oktober 1906 ihren Dienst aufnehmen, scheint jedoch nie auf die geplante Weise gearbeitet zu haben. Im "Zeitungs-Verlag", dem offiziellen Verlautbarungsorgan des VDZV wurde eine Gründung nicht angezeigt. Otto Mejer berichtet, die Gründung habe nicht zum Ziel geführt, sondern das Büro sei nach kurzer Zeit mit der Hälfte seines Kapitals in der Hand des WTB gelandet. Es habe zwar bis 1945 bestanden, sei jedoch auf Spezialaufgaben beschränkt geblieben.[111]

Mit dem Wissen, vielleicht sogar unter Federführung des Auswärtigen Amts wurde 1908 versucht, die ausländische Presse zu beeinflussen. Ein gewisser Adolf Stein war im Ausland, seinem Bericht nach in Rußland, Frankreich und Österreich, damit befaßt gewesen, Verhandlungen über die Gründung von Nachrichtenagenturen zu führen. Er schrieb an Reichskanzler von Bülow: "Ich hoffe, daß in einigen Jahren ein Netz solcher Agenturen vorhanden sein wird, die ihre Parole von Berlin empfangen, während sie in der Öffentlichkeit als russische, französische etc. auftreten. So muß Paris über Petersburg, London über Paris beeinflußt werden, ohne daß die Presse die Berliner Regie merkt."[112] Stein bat Bülow um ein Empfehlungsschreiben für die Geldgeber aus Zeitungsverleger- und "national gesinnten" Industrie- und Gutsbesitzerkreisen sowie um die Zusicherung, daß die mit deren Geld zu gründende erste Agentur in Petersburg wie das WTB Nachrichten offizieller Natur verbreiten dürfte. Dieser Versuch, sozusagen unter der Hand die ausländische Presse in den Griff zu bekommen, wurde jedoch aus irgendeinem Grund nicht weiter verfolgt, sei es, weil Bülow sich nicht weiter engagieren wollte, sei es, weil die "nationalgesinnten" Kreise nicht gebefreudig genug waren.

Ein drittes Projekt zur Verbesserung des deutschen Auslandsnachrichtendienstes wurde vom WTB selbst initiiert, allerdings gab sich das neue Büro pro forma selbständig. Schon 1903 war das Commercial Telegramm-Bureau in Berlin von Wolff übernommen worden, eine Agentur für Handels- und Finanznach-

---

110 Vgl. ebd.

111 Vgl. Otto Mejer a. a. O. S. 3. Die "Spezialaufgaben" sind in diesem Aufsatz nicht näher erläutert.- Vgl. ferner jetzt Dieter Basse a. a. O. S. 151f.

112 PolA: R 547, A 11297 vom 15.07.1908.

richten mit guten Kontakten zu den Vereinigten Staaten.[113] Dieser Dienst reichte jedoch nicht aus, um die Situation grundlegend zu verbessern, erwünscht wurde auch eine politische Berichterstattung.

2.2. Die Deutsche Kabelgramm-Gesellschaft mbH, Berlin

Am 21. September 1906 nahm die Deutsche Kabelgramm-Gesellschaft (DKG) ihren Dienst auf. Als Zweck der Gesellschaft wurde im Handelsregister eingetragen: "Die Beschaffung und Verbreitung von Telegrammen aus Übersee". In Deutschland hatte die mit einem Kapital von 300.000 Mark gegründete Agentur kein eigenes Verteilernetz, die Depeschen wurden durch das WTB verbreitet, mußten aber extra bezahlt werden. Offizieller Besitzer war zwar das Bankhaus Ascher in Berlin, die Verbindungen zum WTB waren jedoch vielfältig. Der Geschäftsführer Ludwig Asch aus Charlottenburg war vorher Beamter des WTB gewesen. Weiterhin fehlten in London und New York, wo das WTB eigene Agenten besaß, solche der DKG.[114]

Der Argwohn der Zeitungen gegenüber der Kabelgramm-Gesellschaft war gerechtfertigt. Der "Zeitungs-Verlag" schrieb "daß die neue Gründung kaum auf etwas anderes herauskommt, als auf eine Tochter-Gesellschaft des 'Wolff-Bureaus', die es letzterem ermöglicht, seinen Abonnenten für einige kleinere Verbesserungen des ausländischen Nachrichtendienstes wesentliche Preisaufschläge zu diktieren".[115]

Im Vorfeld der Gründung steht ein Schriftverkehr zwischen Heinrich Mantler, dem damaligen Direktor des WTB, und Otto Hammann im Auswärtigen Amt.

113 Vgl. Friedrich Fuchs a. a. O. S. 89. Nähere Angaben über die offenbar nicht sehr bedeutende Agentur sind nicht vorhanden. Bei Otto Groth a. a. O. S. 522 ist ein "Commercial Telegraph Büro" erwähnt, das ausschließlich Wirtschaftsnachrichten verbreite und auch das WTB versorge. Groth scheint jedoch davon auszugehen, daß diese Agentur bei Drucklegung seines Buches (1928) noch selbständig arbeitete, so daß trotz der Ähnlichkeit des Firmennamens wahrscheinlich keine Identität der beiden Büros besteht. Dieter Basse erwähnt eine Commercial Society GmbH, die man nach der Fertigstellung des ersten deutschen Seekabels in die USA am 1. September 1900 in Berlin übernommen habe. Vgl. Basse a. a. O. S. 107.

114 Vgl. Der Zeitungs-Verlag 40 (1906) Sp. 1012 und 8 (1907) Sp. 60.- Vgl. auch Ernst Heerdegen a. a. O. S. 24f.- Dieter Basse a. a. O. S. 170.

115 Der Zeitungs-Verlag 7 (1906) Sp. 1342f.

Mantler schildert die Probleme und Vorteile einer Neugründung für den Auslandsnachrichtendienst, die schon frühzeitig als Kabelgramm-Gesellschaft bezeichnet wurde. Am 16. August 1906 erklärte er sich schließlich für das WTB bereit, die finanzielle Seite dieser Gesellschaft zu regeln. Im Gegenzug knüpfte das A. A. durch seine Botschafter Kontakte zu potentiellen Korrespondenten. Besonders ins Auge gefaßt wurden die Mitarbeiter der "Weltkorrespondenz", einer lithographierten Korrespondenz, die an vielen Orten Vertreter besaß. Im Fall, daß sich dieser Berichterstatter weigerte, für die DKG zu arbeiten, suchte der Botschafter Ersatz.[116] Die deutschen Zeitungen standen dem Unternehmen anfänglich trotz ihres Mißtrauens nicht ablehnend gegenüber und abonnierten seinen Dienst.

Das weitverzweigte Korrespondentennetz versprach auch wirklich eine gewisse Unabhängigkeit von Reuters und Havas. Standorte waren beispielsweise: Süd- und Mittelamerika, Marokko, Persien, Japan und China. Da die Berichte jedoch meist von journalistischen Dilettanten, Konsular- oder Botschaftsangehörigen bzw. Kaufleuten stammten, waren sie relativ unbrauchbar.[117] Daran scheiterte die Kabelgrammgesellschaft, "recht und schlecht erfüllte sie (ihre) Aufgabe bis 1914, zuletzt nur noch für Japan und China".[118]

Ende März 1914 wurde die Kabelgramm-Gesellschaft Teil eines Projektes, das von Regierung und verschiedenen konkurrierenden Wirtschaftskreisen geplant worden war. Man beabsichtigte, eine "Deutsche Gesellschaft für Welthandel" zu schaffen, "die als machtvolles Zentralinstitut der Handelsförderung und Auslandswerbung mit der Grundlage im Wirtschaftsnachrichtendienst gedacht war".[119] Aufgrund von Streitigkeiten über die Führungsrolle bei der geplanten Gesellschaft kam bis Frühjahr 1914 nur ein Nachrichtendienst, der "Deutsche Überseedienst", zustande, der folgende Agenturen, die allein wenig leistungsfähig gewesen waren, vereinigte: Die Weltkorrespondenz, die Kabelkorrespondenz, die Allgemeine Korrespondenz, die Transocean GmbH und die

---

116 Im Archiv des Auswärtigen Amtes befinden sich unter den Nummern R 559 bis R 562 vier Aktenbände, die die Kabelgramm-Gesellschaft betreffen. Die erwähnten Vorgänge lassen sich aus diversen Schriftstücken aus R 559 entnehmen.

117 Vgl. Otto Groth a. a. O. S. 492.

118 Kurt Koszyk: Deutsche Presse im 19. Jahrhundert S. 214.

119 Dankwart Guratzsch a. a. O. S. 232.

Deutsche Kabelgrammgesellschaft.[120] Die Regierung versprach einen Jahreszuschuß von 250.000 Mark zu dem Unternehmen, verlangte dafür jedoch Einfluß auf die Geschäftsführung.[121] Nach Guratzsch übernahm ein Vertrauensmann der Regierung namens Asch die Geschäftsleitung, wahrscheinlich identisch mit Ludwig Asch, dem vorherigen Geschäftsführer der DKG. Asch wird als eine "Kreatur des Geheimrat Hammann" bezeichnet, der "bisher die gesamte Organisation der offiziösen Auslandsnachrichten in der Hand hatte".[122] Das Direktorium und der Verwaltungsrat des Syndikat "Deutscher Überseedienst" waren in der Hand der Industrie, deren verschiedene Organisationen in Folge um die Beherrschung der Gesellschaft kämpften.[123]

2.3. Internationale Telegraphen-Agentur GmbH, Berlin

Die konstituierende Sitzung der Gesellschaft fand am 12. Dezember 1906 statt, ohne daß jedoch die Agentur sofort zu arbeiten begann. Ob sie überhaupt jemals einen telegraphischen Dienst herausgegeben hat, ist jedoch nicht sicher. Als Zweck des Unternehmens legte seine Satzung fest: "Bedienung der in- und ausländischen Presse, ferner Bedienung von Privatgesellschaften und anderen Personen mit Nachrichten politischen, kommerziellen, industriellen usw. Charakters. Zum Erreichen dieses Zweckes ist die Gesellschaft befugt, gleichartige oder ähnliche Unternehmungen zu erwerben, sich an solchen Unternehmungen zu beteiligen oder deren Vertretung zu übernehmen, ferner Zweigniederlassungen und Agenturen in Deutschland und im Auslande zu errichten".[124]

---

120 Vgl. ebd. S. 233; Guratzsch stützt sich auf Russländer a. a. O. S. 107, sowie Emil Sorg: Die deutschen Zeitungskonzerne der Gegenwart mit Einschluß des Nachrichten- und Anzeigengewerbes. Diss. Heidelberg 1924. S. 68f. Groth a. a. O. S. 492 gibt dagegen nur an, die DKG habe sich bei Kriegsausbruch aufgelöst.

121 Vgl. Rudolf Rotheit: Die Friedensbedingungen der deutschen Presse. Los von Reuter und Havas. Berlin 1915. S. 32ff.

122 Dankwart Guratzsch a. a. O. S. 233; er stützt seine Angaben auf Akten aus dem Nachlaß Hugenbergs.

123 Zur weiteren Entwicklung vgl. ebd. S. 233ff. sowie Cornelius Klee: Die Transocean GmbH, im vorliegenden Band S.138ff.

124 PolA: R 546, A 2331, vom 28.01.1907.

Der Hauptsitz war Berlin, Zweigstellen plante man vor allem im Ausland. Dabei lag der Schwerpunkt auf osteuropäischer Berichterstattung, namentlich aus St. Petersburg, wenn auch andere europäische Hauptstädte (vor allem London, Paris und Wien) sowie New York als Standorte für die Filialen ins Auge gefaßt wurden. Der Grund dafür liegt sicherlich bei den Mitarbeitern und Finanziers der Agentur. Der Aufsichtsrat bestand aus dem Major a. D. Dori von Reichenbach, der den Vorsitz innehatte, dem Kaufmann Friedrich Hoch aus Berlin und dem Petersburger Journalisten O. K. Notowitsch. Die Geschäftsführung oblag dem Berliner Rechtsanwalt Max Illch. Die Herren traten an den Reichskanzler heran, "um Ew. die Dienste unseres Unternehmens zur Verfügung zu stellen und um Hochdero gütiges Wohlwollen unserem Unternehmen gegenüber zu bitten", wenn es seinen Dienst aufnehme.[125]

Dieses Wohlwollen wurde ihnen jedoch mit Rücksicht auf die politischen Beziehungen zu St. Petersburg nicht zuteil. Der Nachrichtendienst in Rußland lag seit 1906 völlig in staatlicher Hand. In den achtziger Jahren des 19. Jahrhunderts stellte die erste russische Agentur, die Internationale Telegraphen-Agentur in St. Petersburg ihren Dienst ein. Sie hatte dem Journalisten und Herausgeber der Tageszeitung "Golos", Krajewski gehört und überlebte das Ende seiner Zeitung nicht. Ihr folgte eine staatlich konzessionierte Privatgesellschaft unter dem Namen Nordische Telegraphen-Agentur nach. Als deren Konzession 1894 auslief, übernahm die Russische Telegraphen-Agentur den Dienst, eine Gründung der russischen Zeitungsherausgeber, die jedoch, wie schon ihre Vorgängerin, vollkommen unter dem Einfluß der russischen Regierung stand (z. B. ernannte die Regierung den Leiter der Agentur).

Trotzdem wurde 1902/03 ein weiteres Büro auf Veranlassung des Finanzministeriums gegründet. Diese St. Petersburger Telegraphen-Agentur war der vom Ministerium herausgegebenen "Handels- und Industriezeitung" angeschlossen. Zuerst gab sie nur Börsenkurse, Warenpreise, Frachten und andere kommerzielle Meldungen heraus, übernahm dann aber auch den politischen Nachrichtendienst. 1906 lief die Konzession der Russischen Telegraphen-Agentur aus und wurde nicht mehr erneuert.[126] Somit war der telegraphische Nachrichtendienst in Ruß-

---

125 Vgl. PolA: R 546, A 2331 vom 07.02.1907.

126 Hier irrt Groth wahrscheinlich, der das Auslaufen der Konzession auf 1904 datiert (a. a. O. S. 510). In PolA: R 546, A 2331, vom 28.01.1907 wird als ein Grund für die Notwendigkeit, die Internationale Telegraphen-Agentur zu gründen, angegeben, daß der Nachrichtendienst aus Ruß-

land verstaatlicht, die verbleibende St. Petersburger Telegraphen-Agentur war zwar formell eine Aktiengesellschaft, die Akten befanden sich jedoch in Regierungsbesitz.[127] Sie trat auch in Verbindung mit dem Kartell der Großagenturen.

Da die russische Regierung schon lange tiefe Eingriffe in die Nachrichtengebung unternommen hatte, mußte ihr die Internationale Telegraphen-Agentur ein Dorn im Auge sein, deren erklärtes Ziel es war, "eine absolut unabhängige, unparteiische und parteilose politische Berichterstattung" zu bringen.[128] So bezweifelte der Generalkonsul in St. Petersburg, Biesmann, in einem ans Auswärtige Amt gerichteten Schreiben, daß das Unternehmen fähig sei, sich zu halten. Zwar bestehe in der Presse wohl ein Bedürfnis nach einem unabhängigen privaten Konkurrenzunternehmen neben der offiziösen St. Petersburger Telegraphen-Agentur, man nehme jedoch an, "daß die russische Regierung, wenn nicht offen, so doch auf Umwegen dem Unternehmen alle möglichen Schwierigkeiten in den Weg legen wird, um so zu verhindern, daß telegraphische Nachrichten, deren Inhalt ihr nicht angenehm ist, eine schnelle Verbreitung finden".[129]

Dieser Beurteilung sowohl des offiziösen Instituts als auch der Privatgründung widersprach der deutsche Botschafter in Rußland. Seiner Ansicht nach war die Berichterstattung der Staatsagentur objektiv genug: "Nach meinen Beobachtungen kann man nun aber der St. Petersburger Telegraphen-Agentur eine übertriebene Schönfärberei nicht vorwerfen. Sie hat vielmehr durch sehr ausführliche Wiedergabe von Nachrichten über ungünstige Ereignisse verschiedentlich den Verdacht oppositioneller Gesinnung geradezu herausgefordert ... Allzu optimistisch für die Regierungskreise ist die Agentur wohl nur bei den Berichten über die Wahlergebnisse gewesen, wobei sie offenbar den Wünschen des Ministeriums des Innern entgegenkam und das Publikum zu täuschen suchte."[130] Der Botschafter erwartete, daß die russische Regierung dem neuen Unternehmen "feindselig" gegenüberstehen werde und zwar auch besonders, weil zwei der Personen, die die Agentur leiteten, als politisch unzuverlässig galten: Friedrich

---

land seit der Auflösung der Russischen Telegraphen-Agentur im Jahr 1906 total in staatlicher Hand sei.

127 Zur Entwicklung des russischen Nachrichtenwesens vgl. Der Zeitungs-Verlag 8 (1907) Sp. 1640, sowie Otto Groth a. a. O. S. 510.

128 Vgl. PolA: R 546, A 2331 vom 28.01.1907.

129 PolA: R 546, A 2894 vom 18.02.1907.

130 PolA: R 546, A 3069 vom 21.02.1907.

Hoch, Vertreter der Kieler Howaldtwerke in Petersburg, war von dort ausgewiesen worden. Welche Vorwürfe genau gegen ihn erhoben worden sind, ist nicht zu klären. Der Botschafter berichtete, der russische Marineattaché in Berlin habe Hoch des Zimmers verwiesen, und das russische Marineministerium habe ihn auf den schriftlichen Verkehr beschränkt, "weil man sich seinen dreisten Invektionen nicht mehr aussetzen wollte".[131]

Noch größeren Anstoß erregte die Beteiligung Notowitschs an der Internationalen Telegraphen Agentur. "Der angesehene russische Journalist"[132] wurde polizeilich gesucht, weil er sich einer 1905 verhängten Festungshaftstrafe durch Flucht entzogen hatte. Notowitsch war seit 1877 Chefredakteur und Herausgeber der Tageszeitung "Nowosti" gewesen. Außerdem wurde er Vorsitzender der Liquidationskommission der Russischen Telegraphen-Agentur. Dieses Amt bewirkte, daß man ihm für eine Auslandsreise einen einjährigen Urlaub von seiner Haft gewährte, nach dessen Ablauf er nicht zurückkehrte. Das Urteil gegen ihn kam aufgrund "politischer Umtriebe" zustande. Er hatte in seiner Zeitung einen Protest der Arbeiter-Deputierten veröffentlicht und stand in dem Ruf, "jüdischen Oppositionskreisen" anzugehören. In dieser Geisteshaltung habe er, so berichtete der Botschafter, seine Zeitung "ganz in den Dienst Englands" gestellt. "Wer die Haltung des Blattes ... beobachtet hat, der kann keinen Zweifel darüber haben, daß Notowitsch ganz in englischem Solde stand. Sollte er diese Beziehungen zu England bei der Tätigkeit an der in Berlin begründeten Agentur weiter unterhalten, so dürfte dies unseren Interessen nicht entsprechen. Gleichzeitig mit dem Eintreten für England hat Notowitsch gegen Deutschland Stimmung gemacht."[133]

An der grundsätzlich negativen Beurteilung durch die deutsche Administration konnte auch ein Besuch Hochs bei Hammann im Auswärtigen Amt nichts mehr ändern, bei dem Hoch "betonte, daß sein Unternehmen dazu bestimmt sei, der englisch gesteuerten Pressberichterstattung ... entgegenzuwirken".[134] Schon bevor die Internationale Telegraphen-Agentur überhaupt ein Telegramm ver-

---

131 PolA: R 546, A 3069 vom 21.02.1907; Hoch scheint sich als Vertreter der Schiffbauindustrie nicht gerade Freunde gemacht zu haben, da auch die Regierung und die Kaiserliche Botschaft nach Angaben des Botschafters "schlechte Erfahrungen" mit ihm gemacht hatten.

132 Der Zeitungs-Verlag 8 (1907) Sp. 1640.

133 PolA: R 546, A 3069 vom 21.02.1907.

134 PolA: R 546, A 3069 vom 24.02.1907.

sandt hatte, kam man im Auswärtigen Amt zu folgendem Urteil: "Das Unternehmen gilt als totgeboren. Hoch gibt einstweilen Gelder, dürfte aber zu größeren Opfern kaum bereit sein. Der Geschäftsführer Illch ist Gehilfe des Justitiars Mühsam (Alliance Israelite). Der Redakteur Notowitsch ist durchaus unzuverlässig. Die Spitze der Gründung gegen das amtliche Rußland ist so deutlich, daß bereits die Vermutung besteht, Notowitsch habe die Sache nur angefangen, damit die Russ. Regierung, die ihr unbequeme Agentur aufkaufe, und ihn selbst nach seiner bei Unterdrückung der Russ. Tel. Ag. erlittenen Gefängnisstrafe wieder zu Gnaden annehme."[135]

Die russische Regierung kaufte die Agentur nicht. Ohne offizielle Unterstützung von irgendeiner Seite gelang es der Gesellschaft auch nicht, sich lange zu halten. Es dauerte noch bis zum 1. Januar 1908, bis sie endlich zu arbeiten begann. Sie gab jedoch vorerst keine Depeschen heraus, sondern eine wöchentlich jeweils Montag erscheinende Zeitung, den "Deutschen Telegraphen". Dessen Hauptinhalt bildeten Telegramme von Vertretern der Agentur in London, Paris, Wien, Rom und den übrigen europäischen Hauptstädten. Weiterhin warb man mit einem Dienst aus Rußland, dessen Redaktion in Berlin Notowitsch unterlag. In dem Zirkular der Gesellschaft für die Presse wird eine weitergehende Information, wann und wie der tatsächliche Depeschendienst seinen Lauf nehmen werde, in Aussicht gestellt.[136] Wahrscheinlich kam er jedoch nie zustande. Der "Deutsche Telegraph" scheint nur wenige Abonnenten gefunden zu haben, denn schon nach acht Monaten stellte er sein Erscheinen ein. Am 3. September 1908 meldete der "Zeitungs-Verlag", daß die Internationale Telegraphen-Agentur GmbH durch Gesellschafterbeschluß aufgelöst worden sei. Der ehemalige Geschäftsführer, Rechtsanwalt Max Illch, wurde zum Liquidator der Gesellschaft bestimmt.[137]

---

135 PolA: R 546, A 2894 vom 18.02.1907, darauf handschriftlicher Vermerk vom 20.02.1907.

136 Vgl. PolA: R 546, A 171 vom 31.12.1907.

137 Vgl. Der Zeitungs-Verlag 9 (1908) Sp. 1001.

2.4. Preß-Telegraph, Depeschen-Büro, Berlin

Zwischen dem Preß-Telegraphen und der noch zu behandelnden Preß-Centrale gibt es in der Literatur einige Irritationen, die nicht mehr vollständig auszuräumen sind. Bei einigen Autoren ist der Preß-Telegraph - fehlerhaft - als eine Gründungsagentur der Telegraphen-Union aufgeführt. Wahrscheinlich liegt das in einer Verwechslung der beiden Agenturen begründet, deren Möglichkeit im folgenden dargestellt werden soll.

Der Preß-Telegraph wurde Ende 1908 gegründet, "um der deutschen Presse ein gutes Nachrichtenmaterial speziell aus dem Auslande zukommen zu lassen".[138] Emil Brodek führte die Direktion, ob er auch der Besitzer der Agentur war, ist nicht zu sagen. In der Redaktion in der Kanonierstr. 7 in Berlin saßen Chefredakteur Walter Moszkowski, Leutnant d. L. K. Kurt Branco, Dr. von Rüdiger und E. L. Parsons, wahrscheinlich Engländer mit Beziehungen zu London.[139]

Brodek bemühte sich um gute Beziehungen zum Auswärtigen Amt, ließ seinen Dienst dort kostenlos abliefern und erhielt so anfangs die Zusage, daß Nachrichten aus ausländischen Zeitungen, die die Agentur verbreiten wollte, vom Ministerium verifiziert würden. Schon bald trübten sich jedoch die Beziehungen. Es scheint, daß der Preß-Telegraph, der laut Brodek weder "Mühe noch Kosten gescheut hatte, um (seinen) Dienst in der reichhaltigsten Weise auszugestalten", in Wahrheit hauptsächlich auf Berichte in ausländischen Zeitungen zurückgriff. G. Stoffers deckte diese Praxis auf. Anhand einiger Telegramme des Preß-Telegraphen bewies er, daß dessen Meldungen fast wörtliche Übersetzungen von Artikeln des "New York Herald" und der "Daily Mail" waren, die jedoch gegenüber den Abonnenten als "Original-Kabeltelegramme" bzw. "Spezialtelegramme" ausgegeben wurden.[140]

Andere Exklusivmeldungen der Agentur waren einfach erfunden, so ein Bericht über einen Großbrand in Baltimore[141] und ein Unglück in Heidelberg. Die "Nationalzeitung" die, sich auf die Meldungen des Preß-Telegraphen stützend, über dieses fiktive Unglück berichtete, das mehrere Tote und Verletzte

138 PolA: R 547, A 1345 vom 19.12.1908; Brief des Direktors Brodek ans A. A.

139 Vgl. ebd.

140 Vgl. Der Zeitungs-Verlag 10 (1909) Sp. 562ff. und 10 (1909) Sp. 600f.

141 Vgl. Der Zeitungs-Verlag 10 (1909) Sp. 935ff.

gefordert haben sollte, wurde wegen "Schädigung des Fremdenverkehrs" angezeigt. Das zuständige Bezirksamt verurteilte die Zeitung dann wegen "Verübung groben Unfugs" zu 30 Mark Geldstrafe.[142]

Derartige Praktiken hatten zur Folge, daß das Büro an Glaubwürdigkeit und Einfluß verlor. Das Auswärtige Amt änderte seine anfänglich freundliche Haltung. Als die Botschaft in Marokko z. B. von einer Anfrage des Preß-Telegraphen berichtete, antwortete man aus Berlin: "Seit einiger Zeit besteht hier ein neues Depeschenbureau, Preßtelegraph. Die Leitung dieses Bureaus ist nicht vertrauenswürdig, das Amt unterhält daher keine Beziehungen zu ihm. Es wird sich empfehlen, etwaige Gesuche des Preßtelegraphen um Auskunftserteilung zu ignorieren oder in geeigneten Fällen mit der anderweitig zu verwertenden Auskunft hierher gelangen zu lassen."[143] Dem Preß-Telegraphen wurde untersagt, sich bei seiner Berichterstattung auf amtliche deutsche Stellen zu berufen.[144]

Trotzdem suchte er weiterhin Kontakt zu den offiziellen Stellen. Brodek erklärte in einem Schreiben an Reichskanzler Bethmann-Hollweg vom 26.02.1912, er gehe nach Paris, um "der Agentur ... in Frankreich ein Heim zu schaffen", und bot an, seine "großen Preßbeziehungen" dort in "vaterländischem Sinne" auszunutzen.[145]

Das Auswärtige Amt warnte daraufhin seine Pariser Botschaft vor Brodek, da die unter seiner geschäftlichen Leitung stehende Agentur hauptsächlich sensationelle ausländische Nachrichten verbreite.[146] Nachfolgende Erkundigungen der Botschaft über die Pariser Zweigstelle ergaben, daß Brodek seinen dortigen Dienst reorganisiert hatte. Anstelle von Fritz E. Opel, der das Pariser Büro am 15. März 1911 übernommen hatte,[147] bestimmte er zum Hauptkorrespondenten einen Redakteur des "New York Herald", Gordon Smith. Als dessen Gehilfe wurde ein junger Amerikaner namens Richard Berg eingestellt. Auch die deutsche Botschaft in Paris bestätigte, daß der Dienst des Preß-Telegraphen größtenteils den Pariser Ausgaben des "New York Herald" und der "Daily Mail"

---

142 Vgl. Der Zeitungs-Verlag 11 (1910) Sp. 782.

143 PolA: R 548, A 11512 vom 11.07.1909.

144 PolA: R 547, A 7629 vom 30.04.1909.

145 Vgl. PolA: R 549, A 3799 vom 26.02.1912.

146 Vgl. PolA: R 549, A 3799 vom 29.02.1912

147 Vgl. Der Zeitungs-Verlag 12 (1911) Sp. 280.

entnommen sei, was durch die Wahl des obengenannten Korrespondenten illustriert wird.[148]

Im Jahr darauf fiel der deutschen Botschaft in Budapest ein Vertreter des Preß-Telegraphen (unangenehm) auf. Der Mann namens P. Zincke suchte um eine Audienz beim Botschafter nach und hinterließ den Eindruck "eines nervös überreizten Mannes, der sich über den Zweck seines Besuches selbst nicht im Klaren zu sein schien".[149] Zincke sprach vom Preß-Telegraphen als "seinem Depeschenbureau", für das er auch in Kopenhagen eine Filiale eingerichtet habe, ohne dort jedoch mit den deutschen Behörden in Verbindung zu treten. Nach Einschätzung des Botschafters bezweckte Zincke, der weder Visitenkarte noch Legitimationspapiere bei sich trug, mit seinem Besuch lediglich, mit den Behörden in persönlichen Kontakt zu treten, "um gelegentlich derartige 'Bekanntschaften' ausspielen zu können".[150] Auf Anweisung des Auswärtigen Amtes ließ er Zincke danach nicht mehr vor.

Aus diesen Einzelheiten läßt sich natürlich kein Gesamtbild des Preß-Telegraphen entwerfen, jedoch scheint sicher, daß die Agentur nicht, wie Schwedler angibt,[151] die Gründung "eines Diplomaten, der in seiner Karriere nicht mehr die richtige Befriedigung fand", war. Diesen Diplomaten hat derselbe Autor in einem 1926 erschienenen Aufsatz näher bezeichnet: Er spricht dort vom Eckardtstein'schen Preßtelegraphen.[152] Es gab einen Diplomaten namens Eckardtstein, der zur fraglichen Zeit lebte.[153] Allerdings gibt er in seinen

---

148 Vgl. PolA: R 549, A 8309 vom 09.05.1912.

149 PolA: R 549, A 10408 vom 20.05.1913.

150 Vgl. ebd.

151 Wilhelm Schwedler: Das Nachrichtenwesen S. 149.

152 Wilhelm Schwedler: Die Nachrichtenversorgung der Presse. Das Nachrichtenwesen in Deutschland. In: Zeitungswissenschaft 1 (1926) S. 165ff.

153 Herman Johannes Arnhold Wilhelm Julius Ernst Freiherr von Eckardtstein (1864-1933) war seit 1889 Attaché in Washington, wurde 1891 dem A. A. zugeteilt und kam im gleichen Jahr zur Botschaft in London. Er wurde, da er über gute Beziehungen verfügte, vom A. A. bei den Verhandlungen über die Portugiesischen Kolonien und über Samoa verwendet. Eine besondere Rolle spielte er bei den Verhandlungen über ein deutsch-englisches Bündnis (1898-1901), bei denen er die Lage offenbar falsch beurteilte: Er schätzte die Chancen für ein Bündnis viel zu optimistisch ein und exponierte sich durch Eigenmächtigkeiten. Danach stand er nur noch in loser Verbindung zum A. A., versuchte vergeblich, einen Sitz im Reichstag zu bekommen. Vgl. Neue Deutsche Biographie Bd. 4. Berlin 1959. S. 280f.

Memoiren[154] keinen Hinweis darauf, daß er eine Nachrichtenagentur gegründet habe. Trotzdem scheint er mit einem solchen Unternehmen, wenn auch nicht mit dem Preß-Telegraphen, in Verbindung gestanden zu haben. Außer Schwedler hat nur noch Reiber[155] vom Preß-Telegraphen als der Gründung eines ehemaligen Diplomaten gesprochen. Weiterhin ist bei einigen Autoren der Preß-Telegraph als Gründungsagentur der TU angegeben.[156]

Dazu kommt eine verwirrende Namensgleichheit: Der Chefredakteur des Preß-Telegraphen hieß Walter Moszkowski, einer der Begründer der Preß-Centrale, die nachweislich in der Telegraphen-Union aufging, war Alexander Moszkowski. Ob eine Verwandtschaft zwischen beiden bestand, war nicht mehr herauszufinden. Diese Umstände mögen zur Verwechslung der beiden Agenturen geführt haben. Das weitere Schicksal des Preß-Telegraphen verliert sich im Dunkeln, wahrscheinlich mußte er nach Ausbruch des Krieges seine Arbeit einstellen, da über die Zeitungen, auf denen seine "Exklusivtelegramme" berichten, die Zensur verhängt wurde.

2.5. Preß-Centrale Telegraphen-Agentur, Berlin

Die Preß-Centrale Telegraphen-Agentur GmbH wurde am 23. Dezember 1912 von Alexander Moszkowski in Berlin gegründet.[157] Geldgeber des Unternehmens waren einige bekannte Persönlichkeiten des Deutschen Reichs, so der ehemalige preußische Landwirtschaftsminister Victor von Podbielsky, Graf Johannes Georg von Oppersdorf sowie der Schwiegersohn des Bankiers Fürsten-

154 Vgl. Hermann Freiherr von Eckardtstein: Lebenserinnerungen und politische Denkwürdigkeiten. Bd. 1-3. Leipzig 1919-1921.

155 Vgl. Ernst Reiber a. a. O. S. 37.

156 So bei Schwedler: Das Nachrichtenwesen S. 149.- Arno Meyer a. a. O. S. 80.- Ernst Reiber a. a. O. S. 37 und Herta Stohl a. a. o. S. 50. Reiber zitierte hierbei explizit die Arbeit von Schwedler, und auch Meyer und Stohl war sie bekannt, man kann daher vermuten, daß sie bei ihren Angaben auf Schwedler zurückgreifen.

157 Vgl. Handbuch der deutschen Gesellschaften mit beschränkter Haftung. Ein Hand- und Nachschlagebuch für Bankiers, Industrielle, Kapitalisten, Behörden und Auskunfteien. Berlin 1917. S. 216. Der am 15.01.1851 geborene Moszkowski war bis 1886 Redakteur der Beliner "Wespen", danach Leiter der "Lustigen Blätter". Vgl. Wer ist's? 6. Ausgabe. Leipzig 1912.

feld, Kurt Henoch.[158] Zumindest die beiden ersteren waren später auch an der Telegraphen-Union beteiligt. Das Kapital der Gesellschaft betrug 120.000 Mark, von denen mindestens 5.000 Mark von Podbielsky stammen sollten. In einem Artikel in der "Weltbühne", den Lewinsohn unter dem Pseudonym Fritz Wolter veröffentlichte, äußerte er den Verdacht, der frühere Staatsminister habe außerdem den Russen Morsino als Strohmann benutzt, einen Mann, den er öfter bei Geschäften vorschob, die nicht an die Öffentlichkeit dringen sollten.[159]

Im Juni 1913 schloß die Preß-Centrale einen Vertrag mit dem Deutschen Telegrafen, Dr. Rudolf Dammert. Die beiden Agenturen wollten "durch gemeinsames Zusammengehen" ihren Betrieb verstärken, und so "der Zersplitterung im Nachrichtenwesen" entgegenarbeiten. Das Programm war eindrucksvoll: "Mit vereinten Kräften (wollen wir) eine Nachrichtenagentur (aufbauen), die den verschiedenartigen Bedürfnissen der deutschen Presse in jeder Hinsicht zu entsprechen vermag. Es sollen dabei nicht nur Vervollkommnungen des Nachrichtendienstes, wie er bisher bestand, sondern auch neue Wege beschritten werden. Der Weiterführung der beiden Unternehmungen liegt die vollkommene Erhaltung ihrer beiderseitigen journalistischen Eigenarten und ihrer bewährten Organisationen zugrunde. Es ist zu hoffen, daß durch diese Verbindung das deutsche Nachrichtenwesen eine Entwicklung nehmen wird, die sowohl dem deutschen Zeitungsgewerbe förderlich sein wird, als auch den nationalen Interessen dienen wird".[160]

Der Zusammenschluß der Agenturen veränderte das Nachrichtenwesen jedoch nicht in der gewünschten Weise, schon ein halbes Jahr später gingen die beiden Unternehmen in der Telegraphen-Union auf. Da diese Gründung schon lange vorher geplant gewesen war, ist durchaus möglich, daß hier ein erster Schritt in Richtung TU gemacht wurde. Zur Preß-Centrale sind jedoch noch einige Ergänzungen notwendig. Schon vor der Gründung der GmbH existierte eine Telegra-

158 Vgl. Dankwart Guratzsch a. a. O. S. 230. Henoch wird bei Lewinsohn als Geldgeber erwähnt. Vgl. Richard Lewinsohn (Morus): Das Geld in der Politik. Berlin 1930. S. 170.

159 Vgl. Fritz Wolter: T. U. und Dammert. In: Die Weltbühne 19 (1923) S. 663. Ob dieser Russe Morsino eventuell identisch ist mit dem Herrn Mosino, der im "Zeitungs-Verlag" 14 (1913) Sp. 996 als eines der Mitglieder der Verwaltung der TU erwähnt ist, konnte nicht eruiert werden. Lewinsohn erwähnt in: Das Geld in der Politik a. a. O. S. 218, daß er auch unter dem Pseudonym Fritz Wolter gearbeitet habe.

160 Der Zeitungs-Verlag 14 (1913) Sp. 555f.

phenagentur namens Preß-Centrale. Sie muß Ende 1910 oder Anfang 1911 ins Leben gerufen worden sein, wie eine Veröffentlichung im "Zeitungs-Verlag" beweist. Dort wurde am 28. April 1911[161] die Anklage erhoben, die Preß-Centrale verschaffe sich auf unlautere Weise Korrespondenten, "um ins Geschäft zu kommen". So würden Zeitungsredakteuren Jahresverträge als Korrespondenten zu 50 Mark monatlich unabhängig von der Anzahl der übermittelten Berichte angeboten, wenn nur deren Zeitung den Dienst der Preß-Centrale abonniere. Darauf antwortete die Nachrichtenagentur (Sitz Berlin SW 48, Enckeplatz 3), sie verpflichte nicht einzelne Redakteure, sondern das Zeitungsunternehmen als solches, so daß "diese schwere Verdächtigung gegen unsere neue Telegraphen-Agentur ... eine böswillige Verleumdung unserer Absichten darstellt".[162]

Ein weiterer Hinweis auf das Bestehen einer Preß-Centrale schon vor dem Gründungsdatum der GmbH findet sich in den Akten des Auswärtigen Amts. Am 26. Januar 1912 wendete sich Heinrich Mantler, Direktor des WTB, an das A. A., da er durch ein Inserat in der "Berlingske Tidende" seine Interessen in Skandinavien bedroht sah: Dort wurde Kapital gesucht zur Errichtung eines "modernen nordischen Telegrammbureaus", eine Absicht, die den Wolff'schen Einfluß in dieser Gegend, der sich auf die Verträge mit dem dänischen Institut Ritzau stützte, hätte gefährden können.[163]

Das Auswärtige Amt beauftragte daraufhin den Gesandten in Kopenhagen, Erkundigungen über das Unternehmen einzuziehen, "insbesondere auch darüber, ob das neue Büreau eine Zweiggründung der hier bestehenden 'Preß-Centrale' des früheren Botschafters von Eckardtstein sein könnte".[164] Die Nachforschungen des Gesandten ergaben nichts, es scheint, daß die Anzeige eine Ente war ("Auf Angebote, die zwei vorgeschobene Strohmänner bei der 'Berlingske Tidende' unter der betreffenden Chiffre abgegeben haben, ist keine Erwiderung erfolgt").[165]

Trotzdem ist hier zumindest ein Hinweis darauf gegeben, daß die "Gründung des Diplomaten, der in seiner Karriere nicht mehr die richtige Befriedigung fand", nicht der von Schwedler angegebene Preß-Telegraph, sondern die Preß-

161 Der Zeitungs-Verlag 12 (1911) Sp. 358f.

162 Der Zeitungs-Verlag 12 (1911) Sp. 380.

163 Vgl. PolA: R 549, A 1666 vom 26.01.1912.

164 PolA: R 549, Anlage zu A 1666 vom 27.01.1912.

165 PolA: R 549, A 3714 vom 24.02.1912.

Centrale war. Da das Auswärtige Amt dem Nachrichtendienst für die Presse große Aufmerksamkeit widmete, ist eine Fehlinformation kaum anzunehmen, zumal Eckardtstein aufgrund seiner guten Beziehungen zu England wahrscheinlich politisch verdächtig war. Über die Umwandlung der Preß-Centrale in eine GmbH kann man allerdings nur mutmaßen. Falls es sich hier um dasselbe Institut handeln sollte, (wovon auszugehen ist, da mit Sitz Berlin sicherlich kaum zwei Unternehmen derselben Art auch denselben Namen angenommen hätten), konnte Eckardtstein das Unternehmen bei der herrschenden harten Konkurrenz wahrscheinlich als Privatmann nicht länger halten, gab es an eine GmbH ab und zog sich selbst aus dem Nachrichtengeschäft zurück.

2.6. Deutscher Telegraf, Dr. Rudolf Dammert, Berlin

Auch der "Deutsche Telegraf" des Rudolf Dammert war eine ambitionierte Gründung, um den Nachrichtendienst der deutschen Presse zu verbessern. Der 1879 geborene Dammert war ein erfahrener Journalist. Seit 1904 war er als Redakteur für verschiedene Zeitungen tätig gewesen, zuletzt als Chefredakteur der "Württembergischen Zeitung" in Stuttgart. 1910 übersiedelte er nach Charlottenburg und gründete dort zunächst das "Berliner Redaktionsbüro für die deutsche Presse und Korrespondenz-Verlag".[166] 1911 ließ er eine weitere Zeitungskorrespondenz unter der Firma "Der Berliner Dienst Dr. Rudolf Dammert. Inhaber Dr. Rudolf Dammert, Chefredakteur", ins Berliner Handelsregister eintragen.[167]

Gemeinsam mit seinem Bruder Franz, einem praktischen Arzt aus München, rief er Mitte 1912 die Agentur Deutscher Telegraf ins Leben. Sie kündigten an, zunächst vor allem den deutschen Dienst zu pflegen, "für die einzelnen Bundesstaaten und Provinzen einen modernen journalistischen Nachrichtendienst zu schaffen, der alles Bedeutsame rasch mitteilt, dabei aber auch durch die Abfassung der Nachrichten diese für Fernerstehende verständlich zu machen sucht".[168] Mit einem "engmaschigen Korrespondentennetz" wollten die Brüder

---

166 Vgl. Reichshandbuch der deutschen Gesellschaft. Das persönliche Handbuch in Wort und Bild, Bd. 1. Berlin 1930.

167 Vgl. Der Zeitungs-Verlag 13 (1912) Sp. 107.

168 Der Zeitungs-Verlag 13 (1912) Sp. 888.

diesen unabhängigen Dienst ermöglichen, "grundsätzlich nur aus eigenen Quellen zu schöpfen, soweit nicht ausdrücklich Preßäußerungen ergänzungsweise mit Quellenangabe zitiert werden".[169]

Dieses Vorhaben verlangte Kapital, selbst wenn man sich beim Auslandsdienst hauptsächlich auf Nachrichten der großen ausländischen Zeitungen stützte. So wurde die Agentur schon am 18. Dezember 1912 in eine GmbH umgewandelt.[170] Dabei fungierte der Baden-Badener Zigarettenindustrielle Batschari neben den Brüdern Dammert als Gesellschafter.[171] Auch Batschari trat später in Verbindung mit der Telegraphen Union, laut Heerdegen[172] war er Mitglied in deren Verwaltung. Dank des Kapitals gelang es der Deutschen Telegrafen GmbH, in dem Rudolf Dammert nun die Geschäftsführung innehatte, Kontakte zu Frankfurt a. M., Dortmund, Köln, Leipzig, Breslau, Hamburg, Karlsruhe, Straßburg, Basel, Mailand, Wien, Budapest, Paris, London und Petersburg aufzubauen.

Dammert war ein Beispiel für den Ausspruch Wilhelm Schwedlers, daß "Journalisten mit guten Ideen, aber ohne jeden kaufmännischen Einschlag, der nun einmal für solche Unternehmen unentbehrlich ist, Geldgeber fanden".[173] Auch von Albert Haas[174] kam die Kritik, "daß Dammert ein sehr kostspieliges Büro mietete, es noch teuer ausstattete, sehr tüchtige Mitarbeiter anstellte, sie glänzend bezahlte und bei dieser uferlosen Wirtschaft die von seinem Schwie-

169 Ebd.

170 Vgl. Dankwart Guratzsch a. a. O. S. 230.- Emil Sorg a. a. O. S. 65. Die Gesellschaft muß einigermaßen finanzkräftig gewesen sein, bei der Gründung der TU war der Deutsche Telegraf mit 450.000 Mark an dem fiktiven Gesamtkapital der Gesellschaft von 2.050.000 Mark (offenbar die Summe der Kapitalien der beitretenden Gesellschaften) beteiligt (Hirsch-Büro: 1,5 Mio. Mark + 100.000 Mark Außenstände) vgl. Maju Russländer a. a. O. S. 87.

171 Vgl. Dankwart Guratzsch a. a. O. S. 230. Nach Albert Haas war Batschari der Schwiegervater von Rudolf Dammert. Vgl.: PolA: Akten der Presseabteilung, Deutschland 6, a. a. O., Bd. 1, AN 3597.15 vom 28.08.1915. Das angegebene Schriftstück ist eine Aufzeichnung Haas', betreffend die Gründungsagenturen der TU. Haas (geb. 1873) war von 1910-1916 Chefredakteur des Berliner "Börsen Courier" und wurde 1916 Chefredakteur der Transocean GmbH. Vgl. Wer ist's? 8. Ausgabe. Leipzig 1922. Im Reichshandbuch der Deutschen Gesellschaft a. a. O. ist Rudolf Dammerts Frau Helene jedoch als geborene Rheinfeld angegeben.

172 A. a. O. S. 26.

173 Wilhelm Schwedler: Das Nachrichtenwesen S. 149.

174 Vgl. PolA: Akten der Presseabteilung, Deutschland 6, a. a. O., AN 3597.15 vom 28.08.1915.

gervater (gemeint ist Batschari) hineingesteckten Beträge - man sprach von einer halben oder einer ganzen Million - sehr schnell verwirtschaftete".

Wahrscheinlich wollte man die Agentur durch das Zusammengehen mit der Preß-Centrale GmbH auf eine breitere finanzielle Basis stellen. Der oben erwähnte Kurt Henoch, Geldgeber der Preß-Centrale GmbH, wurde mit der Vereinigung der beiden Nachrichtenbüros am 1. Juli 1913 zweiter Geschäftsführer des Deutschen Telegraphen.[175]

Am 13. November 1913 ging die Agentur in den Besitz der Telegraphen-Union über. Dammert schied daraufhin als Geschäftsführer aus, besaß jedoch weiterhin einen Verlag Rudolf Dammert, der eine Zeitungskorrespondenz herausgab. Es ist anzunehmen, daß es bis zum Verkauf des Deutschen Telegrafen Überschneidungen zwischen der Redaktion der Agentur und der Korrespondenz gegeben hat, sie hatten dieselbe Adresse.[176]

Von 1914 bis 1919 nahm Dammert am Krieg teil, danach gründete er seinen Verlag neu, schied jedoch schon ein Jahr später aus der GmbH aus, die wiederum an die TU überging. Auch seine weitere Biographie zeigt ihn als äußerst unternehmenden Mann. Er machte immer wieder durch neue Aktivitäten auf sich aufmerksam und solange die öffentlichen Zuschüsse flossen, funktionierten seine Gründungen nach dem Kriege auch einigermaßen.[177]

3. Ausländische Nachrichtenagenturen in Deutschland

Außer den eingangs erwähnten Weltagenturen und den von ihnen abhängigen nationalen Nachrichtenagenturen der einzelnen europäischen Staaten gab es immer wieder Versuche, die bestehenden Nachrichtenkartelle zu brechen, nicht nur von deutscher Seite, sondern auch vom Ausland her. Oft verbarg sich hinter einer Agenturgründung nicht nur ein wirtschaftliches, sondern vielmehr (auch) ein politisches oder weltanschauliches Interesse, das die Gründer dazu bewog, ein derartiges finanzielles Risiko auf sich zu nehmen. Die nachfolgend beschriebenen Agenturen verbinden mehrere Merkmale: Sie suchten in Deutschland Fuß

175 Vgl. Emil Sorg a. a. O. S. 65.

176 Vgl. Der Zeitungs-Verlag 14 (1913) Sp. 284. Wie aus dieser Meldung hervorgeht, umfaßte die Redaktion und die Verwaltung des Dammert-Verlags einen erstaunlich großen Mitarbeiterstab.

177 Vgl. Reichshandbuch der Deutschen Gesellschaft a. a. O. Bd. 1.

zu fassen, sie standen vollkommen außerhalb der Nachrichtenkartelle und sie waren bedeutend genug, die deutsche Administration zumindest eine Weile zu beschäftigen, die in jeder privaten, von keiner Regierung beaufsichtigten Neugründung eine Bedrohung deutscher Interessen sah, bzw. deutschfeindliche Agitation fürchtete.

3.1. Organisation Potentia

Die Organisation Potentia trat 1904 an, den Weltnachrichtendienst zu verbessern, und zwar beabsichtigte man, "unter den Nationen ein wechselseitiges Verständnis und Zusammenwirken zu schaffen, um genaue Informationen und ehrliche, unbeeinflußte Urteile zu verbreiten über internationale Ereignisse und Bewegungen, welche die Wohlfahrt der Nationen und der Individuen beeinträchtigen".[178] Das Unternehmen war von Anfang an als weltumspannendes Institut gedacht, die Idee ging von einem Dänen namens Nils Grön aus.

Der damalige Leiter, der General-Manager der Associated Press, Stone, der Grön noch aus anderem Zusammenhang kannte, bezeichnete ihn als schwärmerischen Menschen mit praktisch keinem Wissen über das Nachrichtengeschäft. Grön versuchte 1904 Stone der AP abzuwerben, indem er ihm einen Posten bei der neuzugründenden Agentur anbot. Er war nämlich der Meinung, "die Dienste von Reuter, Wolff, Havas und Associated Press seien wertlos. Das Gebot der Stunde sei ein großer Dienst, der die Weltnachrichten auf einer höheren Ebene behandle, als das zur Zeit geschehe und er selbst sei in der Lage, einen solchen Dienst ins Leben zu rufen".[179] Stone war amüsiert über das "selbstsichere Gehabe" Gröns und maß der geplanten Agentur wenig Bedeutung bei.

Im Dezember 1904 fand in Brüssel die konstituierende Sitzung der Potentia statt. Grön hatte inzwischen in England, Frankreich, Italien, den USA und Deutschland Männer gefunden, die seinen Plan unterstützten. Sie bildeten das jeweilige "Nationale Komitee", das die Interessen seines Landes innerhalb der

---

178 Selbstdarstellung der Potentia in PolA: R 628, A 11212 vom 28.06.1905.

179 PolA: R 628, Anlage zu A 7639 vom 23.09.1905 Abschrift eines Gesprächs zwischen Stone und einem Mitarbeiter der anderen Kartellagenturen, durch Mantler vom WTB dem A. A. zugesandt (Original in Englisch).

Organisation zu vertreten hatte und so die Objektivität der Berichterstattung gewährleisten sollte, sobald die Agentur mit dem Nachrichtendienst begann.

In England und Frankreich verbreitete die Potentia ab März 1905 die ersten Berichte, in Deutschland dauerte es noch bis Juni 1905 bis sie an die Öffentlichkeit trat. Ihren Sitz hatte sie in der Königgrätzerstraße 7 am Rand des Berliner Zeitungsviertels. Der Zeitungs-Verlag berichtete über das neue Unternehmen: "Gegenüber der etwas eigentümlichen Zusammensetzung des Gründer-Komitees, unter denen sich englische Radikale und expansive Imperialisten, französische Feuilleton-Politiker, mehrere Herren der Friedensbewegung, für Italien der unvermeidliche Professor Cesare Lombroso und für Deutschland der ebenso unvermeidliche Astronom Professor Förster befinden, dürfte sich empfehlen, erst einmal abzuwarten, was die Potentia leistet. Mit ihrem ersten zur Veröffentlichung lancierten Artikel von Charles Dilke über die Weltlage, den die Potentia ihrem Zirkular beischoß, hat sich das Bureau in Deutschland wohl nicht glücklich eingeführt. Es scheint sich bei den Bestrebungen der Potentia um den Versuch einer Isolierung Deutschlands zu handeln, für den die Friedensapostel mit vorgespannt werden. Der Berliner Vertreter der Potentia ist der durch seinen 'Schiller-Büsten-Vertrieb durch Zeitungen' ... bekannte Buchhändler Herman Hillger".[180]

Hillger (der sich in der nächsten Ausgabe des "Zeitungs-Verlags" über die "geschmacklose" Erwähnung seines Schiller-Büsten-Vertriebs beschwerte) war schon am 14. November 1904 an das Auswärtige Amt herangetreten und hatte von der geplanten Gründung berichtet, die s. E. ein freundlicheres Bild von Deutschland in der Welt verbreiten würde.[181] Dieser Eindruck wurde jedoch schon durch den erwähnten ersten, durch Potentia in Deutschland verbreiteten Artikel gefährdet.

Vorerst hatte die Agentur noch nicht genug Kapital, um einen Depeschendienst aufzustellen, sie verbreitete Aufsätze von Männern mit einem gewissen internationalen Bekanntheitsgrad. Der Hauptsitz der Gesellschaft war London, das Kapital betrug am 1. Juli 1905 100.000 Dollar. Es war geplant, aus dieser kleinen Company bis Oktober 1906 eine größere zu entwickeln, das angestrebte Weltunternehmen mit einem Kapital von 250.000 bis 300.000 Dollar.[182]

---

180 Der Zeitungs-Verlag 6 (1905) Sp. 637.

181 Vgl. PolA: R 545, A 17921 vom 14.11.1904.

182 Vgl. PolA: R 628, Anlage zu A 5674 vom 20.03.1906, A 11212 vom 28.06.1905.

Die Artikel wurden von ihren Abnehmern bezahlt, damit die Agentur sich selbst tragen sollte. Das ganze System stand auf recht wackligen Füßen, da zwar ein gewisses Interesse an der Idee eines neuen Nachrichtendienstes bestand, jedoch keiner dafür aufkommen wollte. So urteilte Stone über das amerikanische Komitee, die Mitglieder seien wahrscheinlich ahnungslose Opfer eines Mißverständnisses. Es sei jedoch absolut sicher, daß keiner von ihnen auch nur einen Dollar in das Geschäft stecken werde.[183]

Eine geheime Beurteilung der Potentia für das Auswärtige Amt kam zu einem ähnlich negativen Ergebnis. Dort wurde u. a. folgendes zu bedenken gegeben:[184] Der Kontrollapparat, bestehend aus den Komitees der einzelnen Nationen, der vollständig getrennt von der Verwaltung arbeiten und so die Objektivität der Nachrichten gewährleisten sollte, war zu schwerfällig für das schnelle Nachrichtengeschäft. Für Deutschland gestaltete sich die Lage doppelt schwierig, da es die Nachrichten aus Skandinavien, Belgien, Holland, England, den USA und Südeuropa durch die Pariser Filiale der Potentia empfangen sollte, anstatt direkt bedient zu werden. Obwohl dem Leiter der Agentur in Paris Redakteure aus allen an der Potentia beteiligten Länder, also auch aus Deutschland, beigegeben würden, war er selbst doch Franzose und daher eine absolute Objektivität nicht gewährleistet. ("Es ist selbstverständlich, daß der deutsche Redakteur in Paris nicht in der Lage sein wird, seine Meinungen gegenüber diesem Leiter durchzusetzen.") Überdies bezweifelte der Verfasser des Berichts, "daß sich genug Philantropen finden werden, um 20 Millionen Mark à fonds perdu zusammenzubringen". Also war das Unternehmen gezwungen, sich zu rentieren.

Da jedoch die Finanzplanung von einer "ziemlich phantastischen" Vorstellung ausging, nämlich, daß die geplanten Ausgaben von jährlich 6 Millionen Franken[185] durch Einnahmen in Höhe von 10,5 Millionen Franken mehr als nur gedeckt würden, stand zu erwarten, daß schon bald das finanzielle Interesse der Aktionäre die Überwachungsfunktion der nationalen Komitees ausschalten würde. Die Aktionäre hatten ihre Vertretung im Zentralen Verwaltungsrat mit Sitz London, der letztendlich tragenden Instanz der Potentia. Im Verwaltungsrat waren 25 Sitze vorgesehen, dabei hatten die Aktionäre eines Landes für jede von

---

183 Vgl. PolA: R 628, Anlage zu A 7639 vom 23.09.1905.

184 Vgl. PolA: R 628, A 14658 vom 18.08.1905.

185 Gemeint sind wahrscheinlich französische Francs, da dort die geplante, für Deutschland bestimmende Filiale sein sollte.

ihnen gezeichnete Million Franken Anrecht auf einen Sitz. "Die Zusammensetzung des Zentralen Verwaltungsrats hängt also davon ab, wo das meiste Kapital gezeichnet ist."

Zum Zeitpunkt der Erstellung des Berichts lag die Mehrheit des Rates schon in englischer bzw. englisch-französischer Hand. Diese Verteilung war auch beabsichtigt, wie ein an den Londoner Botschafter von Metternich im März 1906 gerichtetes Schreiben Gröns zeigt, dem eine erste Bestandsaufnahme der Potentia beiliegt.[186] Dort wird erwähnt, daß die Kapitalbeschaffung für die Potentia als englisches Unternehmen, das auch englisch bleiben müsse, sehr problematisch gewesen sei. In ausländischen Augen liege hierin ein Grund, dem geplanten internationalen Charakter der Agentur zu mißtrauen. Deshalb habe man beschlossen, die Repräsentation der Franzosen zu verstärken und daraufhin auch schon finanzielle Unterstützung ("Subscriptions") großer Banken wie der Banque de Paris et Pay Bas, Rothschild, Agence Générale und der Stockbroker's Association bekommen.

Schon im August 1905 war nach Einschätzung des obenerwähnten Geheimberichts für das A. A. von deutscher Seite kaum noch Einfluß auf das Unternehmen zu gewinnen. Dazu wäre ein Kapitalaufwand von 5-10 Millionen Franken notwendig gewesen, es war jedoch nicht einmal 1 Million aufzubringen. Metternich hatte von London aus davor gewarnt, sich von vornherein ablehnend zu verhalten und so eventuell eine Möglichkeit zu verspielen, auf die ausländische öffentliche Meinung einzuwirken. Grön hatte sich bei ihm darüber beklagt, man halte die Organisation fälschlicherweise für deutschfeindlich, deshalb könne man in Deutschland ohne "offizielle Sanktion" kein Komitee bilden. Metternich schrieb an Bülow: "Wenn (aber) dem deutschen Komitee die richtigen Leute beitreten, so kann Potentia von großem Nutzen für uns werden und als Korrektiv für die Times wirken. Sie kann verhindern, daß die Tagesgegebenheiten in einem uns ungünstigen Sinne verfälscht werden".[187]

Für die Haltung des Reichskanzlers gegenüber der Potentia ausschlaggebend war jedoch am Ende der Geheimbericht. Ein Argument, das nicht von der Hand zu weisen war, bezog sich auf die möglichen Auswirkungen von Potentia auf das WTB. Zum einen sprach für das offiziöse Nachrichtenbüro, daß es seine Nach-

---

[186] Vgl. PolA: R 628, Anlage zu A 5674 vom 20.03.1906.

[187] PolA: R 628, A 13802 vom 02.08.1905; vgl. auch A 12446 vom 21.07.1905.

richten zumindest nicht vollständig auf dem Umweg über Paris erhielt. Zum zweiten würde es durch eine offizielle Unterstützung der Potentia in seiner Stellung gegenüber den anderen Weltagenturen Reuter und Havas in einer Weise geschwächt werden, die durch Potentia nicht ausgeglichen werden konnte. In den Augen des A. A. waren die bis zu diesem Zeitpunkt (August 1905) für die Agentur schreibenden Männer politisch nicht unbedingt vertrauenswürdig und vertraten dazu hauptsächlich englische Interessen. Trotzdem könne man davon ausgehen, daß Potentia nicht offen gegen Deutschland vorgehen werde, schon die deutsche Zurückhaltung sei den Leitern der Agentur äußerst unangenehm.[188]

Als Fazit und Leitlinie der deutschen Haltung gegenüber Potentia gipfelte der Bericht in folgender Aussage: "Sollte das System der kartellierten nationalen Agenturen aufgegeben werden - und das Eingreifen der Potentia könnte dahin drängen - so wäre die Verschmelzung von Wolff, Havas und Reuter zu einem rein auf das geschäftliche Interesse gestellten internationalen Institute immer noch vorzuziehen. Dabei könnten die festen Beziehungen der drei Agenturen zu den Regierungen in Berlin, Paris und London fortbestehen und die deutsche Politik würde dabei besser zur Geltung kommen, als in der Verbindung mit der krypto-englischen Potentia."[189] Statt der Potentia beizutreten, wurde vorgeschlagen, das WTB mit 1.000.000 Mark zu unterstützen, damit es gestärkt in die 1910 anstehenden Kartellverhandlungen mit Reuter und Havas gehen und deren Einfluß zugunsten Deutschlands einschränken könne.

Betrachtet man die Nachrichtenpolitik der Reichsregierung, ist dieses Ergebnis nur folgerichtig. Wenn die Potentia eine objektive, den Tatsachen entsprechende Berichterstattung gebracht hätte (was sie wahrscheinlich nicht tat), wäre das für die deutsche Regierung kaum wünschenswert gewesen. Bei Nichtunterstützung der Potentia konnte man sich jedoch immer auf den Standpunkt zurückziehen, eben jene Distanz hätte die für Deutschland ungünstige Berichterstattung bewirkt. So unzufrieden man auch im Auswärtigen Amt mit der deutschen Repräsentation in der Auslandspresse war, 1905 setzte man lieber auf das gewohnte und fest am Zügel liegende WTB als auf die Neugründung.

Neben den politischen Erwägungen haben sicher auch berechtigte Zweifel an der Effizienz des Unternehmens eine Rolle bei der Entscheidung der Regierung

---

188 Dazu gibt es die Randnotiz: "Ist das sicher?" Wirklich scheint die Argumentation hier nicht ganz logisch.

189 PolA: R 628, A 14658 vom 18.08.1905.

gespielt. In der schon erwähnten Bestandsaufnahme vom März 1906 wurde zwar mehrfach betont, die Organisation arbeite zufriedenstellend, die "bekanntesten" Männer schrieben für sie und die "einflußreichsten" Zeitungen veröffentlichten diese Artikel. Man mußte aber zugeben, daß diese Essays für das Publikum der meisten Zeitungen nicht geeignet waren ("... over the heads ... of the public of many newspapers ..."). Obwohl man zur schnellen Gründung der größeren Gesellschaft aufrief, wurde in keiner Weise dargestellt, wie sie bewerkstelligt werden sollte.[190] In den Akten des Auswärtigen Amts finden sich noch mehrere Schreiben von Botschaftern, besonders aus Frankreich und Schweden, die vom Interesse dieser Staaten an der Organisation Potentia berichten.

Schon im Laufe des Jahres 1906 wurde jedoch klar, daß die Beurteilung des Preßreferats, "die finanzielle Unterlage der Potentia (sei) zu wenig solid, ihre Ziele zu unbestimmt ... für eine Beteiligung Deutschlands",[191] sich auch in den anderen Staaten durchsetzte. Nach dem anfänglichen Rummel wurde es still um die Organisation, die "große Gesellschaft" mit dem weltumspannenden Nachrichtendienst blieb jedenfalls Illusion, eine wirkliche Bedeutung erlangte die Potentia nie. Ihr Programm hatte die Regierungen (nicht nur die deutsche) beunruhigt, die Nachrichtenagenturen mehr als ein im Bedarfsfall zur Verfügung stehendes Instrument betrachteten. Wahrscheinlich geriet die Potentia in eine ideologische Randsituation und verbreitete pazifistische Ideen, die in der Zeit vor dem 1. Weltkrieg keine Konjunktur hatten.

Darüber hinaus ist wenig über ihr Wirken bekannt. Die deutsche Botschaft in London berichtete 1912 von den Versuchen der Potentia, dort gegen Deutschland "Stimmung zu machen". Immer noch war Nils Grön die treibende Kraft des Unternehmens, ein Mann, "der sich bei großer Gewandtheit durch schwindelhafte Ausbeutung der Friedensidee aus den Taschen gutgläubiger Pazifisten bereichert".[192] Ob diese Einschätzung Gröns durch den Botschafter der Wahrheit entspricht oder auf dessen Wirken gegen Deutschland zurückzuführen ist, ist letztendlich nicht zu klären, zumal die Berichte der Potentia nicht erhalten sind. Anzunehmen ist, daß Grön, selbst wenn er bei seinen Geschäften nicht die Absicht hatte, seine Geldgeber zu schädigen, mehr der Idee als der kommerziel-

---

190 Vgl. PolA: R 628, Anlage zu A 5674 vom 20.03.1906.

191 PolA: R 628, Anlage zu A 4255 vom 22.02.1906.

192 PolA: R 629, A 7224 vom 22.04.19012.

len Seite seiner Nachrichtenagentur diente und daher nicht unbedingt auf Rentabilität achtete. Wahrscheinlich ging die Potentia 1912 oder 1913 ein.

3.2. The Laffan News Bureau

Im Jahre 1897 überwarf sich die "New York Sun", eine finanzkräftige amerikanische Zeitung, mit den sie bedienenden Nachrichtenagenturen. Sie begann daraufhin, ihre Nachrichten durch eigene Korrespondenten zu sammeln. Dabei wirkte ein Büro in London als Zentrale, sichtete das eingehende Nachrichtenmaterial und gab ausgewählte Berichte weiter nach New York. Schon zwei Jahre später (1899) weitete man das Nachrichtengeschäft aus: Damit die "Sun" nicht allein für die Kosten aufkommen mußte, machte man die Telegramme interessierten Zeitungen (zunächst nur in England) zugänglich. Das Londoner Büro wurde nach dem Verleger der "Sun", William Mackay Laffan, benannt, der auch Inhaber der so entstandenen Nachrichtenagentur war.

In den nächsten Jahren wurden Zweigstellen des Büros auf dem europäischen Kontinent eingerichtet und auch französische und deutsche Zeitungen bedienten sich des relativ unabhängigen Dienstes. Bezeichnend für die Lage, in der sich eine von keiner Regierung protegierte Agentur befand, sind folgende Vorwürfe: Die deutsche Seite verdächtigte Laffans Büro, unter russischem Einfluß oder sogar russischer Kontrolle zu stehen, während man in Frankreich argwöhnte, die Agentur sei ein Instrument der britischen Regierung. Von anderer Seite kam außerdem der Vorwurf, man berichte einäugig pro-amerikanisch.

Die Londoner Zentrale leitete der amerikanische Staatsbürger William Henry Chamberlin, der gegenüber einem deutschen Briefpartner gegen diese Anschuldigungen polemisierte. Er mache keine Politik, sondern seine Aufgabe sei es, das Unternehmen "ehrlich und gewinnbringend" zu leiten. Es sei ein Fehler, die "höhere Qualität englischer und amerikanischer Journalisten" an, wie er es beschreiben müsse, "kontinentalen Standards" zu messen.[193]

---

193 Vgl. PolA: R 543, Anlage zu A 2666 vom 03.01.1901; auch die Gründungsgeschichte des Laffan-Büros ist dort entnommen. Ernst Reiber a. a. O. S. 37, erwähnt ein Büro "Dalziel und Laffans", das aus einer Gründung der "New York Sun" hervorgegangen sei, während bei Otto Groth a. a. O. S. 522 nur die "Dalziel News Ltd" angegeben wird. Wahrscheinlich machte Reiber irrtümlich aus zwei Londoner Büros eines.

Zumindest in Deutschland, so scheint es, ließ sich eine solche nachrichtenpuristische Haltung jedoch nicht lang aufrechterhalten. Der von Chamberlin 1901 eingesetzte Leiter des Berliner Laffan Büros, ein Dr. S. Shaw, umgab sich bald oder wurde umgeben von deutschnationalen Männern, die sich das weitverbreitete Korrespondentennetz der amerikanischen Agentur zunutze machen wollten. 1906 war man "zwecks Übernahme des gesamten Depeschenmaterials des Büro 'Laffan' als Monopol für den europäischen Kontinent in bereits zum Abschluß gelangte Unterhandlungen getreten".[194]

Mit dem Monopol auf die Telegramme wollte man die "fantasiereichen scharf antideutschen" Nachrichten, die "hier und da" in der "New York Sun" auftauchten, unmöglich machen bzw. in der Lage sein, sie schneller zu dementieren. Außerdem sollte die "deutsche Meinung" in England und Amerika zum Ausdruck gebracht werden, da dort fast alle wichtigen Zeitungen zu den Abonnenten der Agentur zählten. Die Korrespondenten des Laffan-Büros sollten "allmählig durch deutsche Reichsangehörige ersetzt und so das ganze Unternehmen zu einem echt deutschen umgestaltet"[195] werden, dessen Zentrale dann von London nach Berlin zu verlagern sei.

Dieser Plan, für den ein neunköpfiges Konsortium (u. a. Agenturleiter Shaw) verantwortlich zeichnete, ging nicht auf. Ob der Besitzer Laffan sich weigerte, sein Büro von Männern leiten zu lassen, die "treu zu Kaiser und Reich (stehen), und es als die "schönste und vornehmste Aufgabe" des Büros betrachteten, "mit aller Gewalt und allen Mitteln den Umsturzparteien entgegenzuarbeiten",[196] oder ob die Zeitungen sich weigerten, einen in diesem Sinne gestalteten Agenturdienst abzunehmen, ließ sich nicht klären. Betrachtet man jedoch das Nachrichtenwesen in Deutschland bis 1914, so läßt sich von dem geplanten Nachfolger des Büros Laffan keine Spur finden.

---

194 PolA: R 546, A 1774 vom 25.01.1906.

195 Ebd.

196 PolA: R 546, A 1774 vom 2501.1906.

3.3. Internationale Unabhängige Telegraphenagentur (Juta), Zürich

Am 9. Mai 1911 fand in Zürich die konstituierende Generalversammlung der Juta statt. Schon im März desselben Jahres war die bevorstehende Gründung einer "internationalen" und "unabhängigen" Nachrichtenagentur bekanntgegeben worden: der Name der Juta war auch ihr Programm. Ihr Sitz Zürich sollte die Neutralität unterstreichen. Vorerst hatte der Verwaltungsrat der Aktiengesellschaft vier Mitglieder, deren Zahl (ähnlich wie bei der Potentia) nach und nach auf bis zu 33 Mitglieder aus den aktienzeichnenden Ländergruppen aufgestockt werden sollte. Zum Präsidenten wählte man Kantonsrat Dr. Albert Geser-Rohner (Altstätten, Schweiz), zum Vizepräsidenten Frank Xavier Weinschenk (Dubuque, USA) und Schriftführer wurde Universitätsprofessor Dr. Ulrich Lampert (Freiburg, Schweiz). Der vierte Mann im Verwaltungsrat war Kantonsrat Rohner (Rebstein, Schweiz). Die Gesellschaft verfügte über ein Aktienkapital von 2 Millionen Francs (wahrscheinlich Schweizer Franken), eingeteilt in 4000 Namensaktien zu je 500 Francs. Zum Zeitpunkt der Gründung waren davon jedoch erst 25 Prozent eingezahlt, der Rest sollte in den folgenden zwei Jahren hinzukommen.[197]

Die Generaldirektion der Agentur befand sich in Italien, und zwar in Mailand. Zweigstellen sollten in Wien, Budapest, Bern, Zürich, Rom, Brüssel, Paris, Madrid, London, New York sowie in Deutschland in München, Berlin, Köln, Leipzig, Stuttgart und Karlsruhe entstehen. Dabei war in München die deutsche Hauptvertretung, sie stand unter der Leitung von Joseph A. Kral, einem ehemaligen Redakteur der "Allgäuer Zeitung" in Kempten. Am 11. Juni 1911 nahm die Juta ihren Dienst auf, jedoch waren zu diesem Zeitpunkt noch nicht alle Filialen funktionstüchtig. Die Werbung für das Büro war vollmundig: "Die Juta ... wird ... in vollem Umfang den Weltnachrichtendienst aufnehmen; sie wird des öfteren über Nachrichten verfügen, die *kein* anderes Nachrichtenbureau erhalten kann ... Mit den ... deutschen Bureaus beginnen in sämtlichen Ländern Europas Agenturen oder Depeschencentralen der Juta ihre Tätigkeit ... Wir liefern der deutschen Presse keine von ausländischen Depeschenagenturen gekauften Nachrichten, sondern eigenes Material unserer Agenturen."[198]

---

197 Vgl. PolA: R 548, A 8139 vom 09.05.1911.

198 Eigeninformation der Juta, in: PolA: R 548, A 9705 vom 18.05.1911.

Dabei wollte man einerseits tendenzfreie objektive Berichterstattung pflegen, jedoch auch auf die "nationalen Interessen" der einzelnen Länder Rücksicht nehmen. So lautete das Fazit: "Unsere alle Zweige des Nachrichtendienstes umfassende Organisation entspricht den Anforderungen des Tages, unser moderner Depeschendienst ist unabhängig von Sonderinteressen, reich an gutem zuverlässigem Material, frei von antireligiösen Tendenzen, schnell wie es die Gegenwart will und besser als jener der anderen Agenturen."[199]

Gerade die "Unabhängigkeit von Sonderinteressen" wurde aber von Anfang an bezweifelt: Man verdächtigte die Juta des Ultramontanismus, sie sei vom politischen Katholizismus ins Leben gerufen und geleitet, und gebe sich nur, um die Presse hinters Licht zu führen, den Anschein der Unabhängigkeit. Mehrere Faktoren sprechen für diese Beurteilung. In Deutschland gliederte sich der Juta das Zentrums-Korrespondenz Bureau Matthias Erzberger kurz nach ihrer Entstehung an.[200] Weiter wurde das Gerücht verbreitet, hinter der deutschen Zweigstelle stehe der Katholische Presseverein, der Augustinus-Verein und die Jesuiten. Zwar kündigte die Juta an, gegen diese Behauptungen Klage zu erheben, es blieb jedoch bei der Drohung.[201]

Aus Italien kam die Meldung, der Anstoß zur Gründung der Agentur sei von Kardinal-Staatssekretär Raffaele Merrh del Bal ausgegangen. Im November des Jahres 1910 habe er während einer Besprechung mit katholischen Journalisten eine "Unterstützung à fonds perdu" von 200.000 Franken für den Fall zugesagt, daß sie noch vor Herbst 1911 ihren Dienst aufnehme. Diese Agentur sollte, "dem Heiligen Stuhle dienstbar, die Aufgabe erfüllen, den künstlich von den politischen Machthabern zur Irreführung der öffentlichen Meinung zurecht gemachten Nachrichten der hochoffiziösen Bureaus 'Stefani', 'Wolff', 'Havas' und 'Reuter' die 'lautere Wahrheit' für die unabhängige, nicht kulturkämpferische Presse entgegenzusetzen".[202]

Als Grund für die hastige Gründung wurde angegeben, der Kardinal wolle die neue Agentur als "Waffe der Kurie" gegen Stefanis Berichterstattung über die

---

199 Ebd.

200 Vgl. Freisinnige Zeitung vom 11.06.1911.

201 Vgl. Münchner Neueste Nachrichten vom 25.05.1911.

202 Neue Zürcher Zeitung vom 09.06.1911, 3. Abendblatt; die Quelle ist ein vatikanischer Mitarbeiter der Zeitschrift "Perseveranza".

bevorstehenden Feiern zum 40. Jahrestag der Einigung Italiens einsetzen.[203] Inwieweit diese Nachricht der Wahrheit entspricht, ließ sich nicht ermitteln. Sie wurde von anderen Zeitungen in der Schweiz und Deutschland schleunigst aufgegriffen und weiterverbreitet. Die Juta dementierte ihre Beziehungen zum Vatikan und zu den Jesuiten.[204] Ein Schreiben des Jesuitenpaters Charles Plater an die Englische Katholikenzeitung "The Catholic Times" fiel ihr jedoch in den Rücken. Er kündigte dort die Juta als eine Agentur an, "die verspricht, durchaus wirksam zu werden und die der langen Knechtschaft der katholischen Presse ein Ende machen soll".[205]

Ein weiterer Hinweis auf katholischen Einfluß findet sich, wenn man das Personal der Agentur und ihre Verwaltungsräte betrachtet. Der Verwaltungsratsvorsitzende Albert Geser-Rohner war ultramontaner Großrat des Kanton St. Gallen, Ulrich Lampert, der Schriftführer, Professor einer kirchlich getragenen Universität. Als Haupttriebfeder der Gründung betrachtete man in Schweizer Journalistenkreisen den Journalisten Georg Baumberger, Herausgeber der "Neuen Züricher Nachrichten", der schon seit Jahren an Plänen für eine katholische Nachrichtenagentur arbeitete. Man nahm an, Baumberger, "ein hervorragender und sehr geschickter Führer der katholisch-konservativen Partei in der Schweiz", habe sich bei der Gründung absichtlich im Hintergrund gehalten, "da er als ultramontaner Agitator zu sehr bekannt (sei) und das Unternehmen durch Nennung seines Namens als unparteiische Einrichtung an Vertrauen einbüßen würde".[206]

Als Leiter der Generalvertretung in Mailand wurde schließlich ein Dr. Ludwig Kaul eingesetzt, der vorher in Zürich ein Korrespondenzbüro "Helvetia" geleitet hatte und den seine Journalistenkollegen als "hervorragenden katholischen Publizisten" bezeichneten.[207] Die Beteiligung dieser Personen an der Juta ließ in

203 1871 wurde Rom Hauptstadt Italiens, dem Papst blieb nur das Hoheitsrecht über den Vatikanstaat, weitere politische Macht wurde ihm jedoch entzogen. Der damalige Papst Pius IX. hatte die Unterordnung von Staat und Wissenschaft unter die kirchliche Autorität gefordert.

204 Vgl. Neue Zürcher Zeitung vom 13.06.1911, 3. Morgenblatt.

205 Zitat aus Neue Zürcher Zeitung vom 13.06.1911, 3. Morgenblatt.

206 PolA: R 549, A 9705 vom 13.06.1911, Brief des deutschen Generalkonsuls in Zürich an den kaiserlichen Gesandten, Bern.

207 Vgl. ebd.

nicht-katholischen Journalistenkreisen der Schweiz die Überzeugung reifen, die Agentur sei ein "unehrliches Unternehmen".[208]

Um sich international ausbreiten zu können, war die Juta auf die nichtkonfessionelle Presse angewiesen, da die katholische Presse allein zu wenig finanzkräftig gewesen wäre, eine weltumspannende Organisation zu unterhalten. Man war also gezwungen, sich den Anschein der Überparteilichkeit zu geben. Dieser Versuch scheiterte. Die Presse stand der Juta mehr als skeptisch gegenüber, sie gewann in außerkirchlichen Kreisen kaum Einfluß, die Literatur übergeht sie mit Schweigen.[209]

Ludwig Kaul blieb nur bis Oktober 1911 der Leiter der Mailänder Zentrale. Dank seines guten Namens gelang es der Agentur am Anfang, einige Achtung zu erringen. Zu diesem Zeitpunkt übernahm der Amerikaner Weinschenk, ein ausgewanderter Deutscher, die Aktienmehrheit. Weinschenk war eine unbekannte Größe im Verwaltungsrat gewesen. Man nahm an, er sei nur ein Strohmann, der das internationale Element der Agentur versinnbildlichen sollte.[210] Tatsächlich war er jedoch einer der Hauptgeldgeber. Wie er sein Vermögen gemacht hatte, ist nicht eindeutig feststellbar, eine Quelle spricht von ihm als "Viehhändler",[211] eine andere bezeichnet ihn als Manager eines Hoteltrusts.[212] Er kaufte sämtliche Aktien der Juta und stellte sie in den Dienst des Vatikans. Offensichtlich übernahmen extreme Kräfte die Leitung, der als aufgeklärt geltende Kaul wurde vertrieben oder verließ die Agentur freiwillig, als die Agentur ihre Berichterstattung dem politischen Ziel unterordnete. Die "Kölnische Zeitung" berichtete von einigen Falschmeldungen, die die Juta im Dienst des Vatikans verbreitete.[213]

Mit Kaul verließen auch andere weniger klerikal gesinnte Redakteure die Agentur, so die Direktoren der Münchner, Züricher und Budapester Filialen. Vorgeworfen wurden ihnen "zu ausgesprochen modernistische Tendenzen".[214]

---

208 Ebd.

209 Ein Hinweis findet sich bei N. Hansen: Depeschenbüros und internationales Nachrichtenwesen. In: Weltwirtschaftliches Archiv. Bd. 3. 1913. S. 78-96. Hansen nennt jedoch nur den Namen.

210 Vgl. PolA: R 549, A 9705 vom 13.06.1911.

211 Vgl. ebd.

212 Vgl. PolA: R 549, A 8293 vom 18.04.1913.

213 Vgl. Kölnische Zeitung vom 09.01.1912.

214 PolA: R 549, A 644 vom 08.01.1912.

Aus verschiedenen Ländern berichteten nun Ordensleute, meist Jesuiten, als Korrespondenten.[215]

Anfang Januar 1912 wurde die Mailänder Zentrale der Juta von der italienischen Regierung aufgelöst und die Direktoren Hägeli und von Degen ausgewiesen. Scheinbar hatten die engen Beziehungen zum Vatikan stark anti-italienische Artikel zur Folge gehabt, die Auflösung war das Ergebnis dieser Nachrichtengebung.

Nachdem Italien nicht mehr Hauptstützpunkt sein konnte, versuchte die Juta, stärker in Deutschland Fuß zu fassen. Bis 1912 existierten von den sechs angekündigten deutschen Filialen nur diejenigen in Berlin und München. Bis zum 1. Oktober kam ein Büro in Düsseldorf hinzu, nachdem Köln als Standort fallengelassen worden war. Die Leitung der Düsseldorfer Zweigniederlassung übernahm ein Dr. Hemmerle, ihm unterstanden drei Bürobeamte und ein Laufbursche. Es war geplant, daß München anstelle von Zürich Sitz der Gesellschaft werden und ein Rechtsanwalt namens Rumpf sie als Leiter völlig neu organisieren sollte.[216] Gleichzeitig versuchte man unter einem Decknamen (Agencia Internationale Weinschenk) auch in Italien wieder Fuß zu fassen.

Die Neuorganisierung schlug jedoch fehl. Der Geldgeber Weinschenk zog sich aus der Gesellschaft zurück. Er "war auch in vatikanischen Kreisen mißliebig geworden, weil er zu oft von der ihm vom Heiligen Geist vorgeschriebenen Mission sprach und damit eine 'zu protestantische Auffassung' bekundete, während nach katholischer Ansicht der Heilige Geist immer den hierarchischen Weg einhalte".[217] Verstimmt verkaufte Weinschenk seine Aktien. Nach Information des deutschen Botschafters in Rom, Flotow, wurden sie von dem Kölner Verlagshaus Bachem, dem österreichsischen Episkopat und der gleichfalls österreichischen Piusgesellschaft für die Presse, eventuell unter Beteiligung des "Augustiner Vereins für die katholische Presse", übernommen.[218] Die geplante neue

---

215 Vgl. Münchner Neueste Nachrichten vom 07.01.1912.

216 Vgl. PolA: R 549, Anlage zu A 20460 vom 28.10.1912.

217 PolA: R 549, A 8293 vom 18.04.1913, Schreiben des deutschen Botschafters, Rom.

218 Der "Augustinus-Verein zur Pflege der katholischen Presse" wurde am 15. Mai 1878 mit der Zielsetzung gegründet, "bei der Gründung katholischer Blätter, wo das Bedürfnis vorhanden ist, mit Raterteilung und moralischer Unterstützung zur Hand" zu gehen, "für die bestehenden Tagesblätter eine gemeinsame quellenmäßige Information und Berichterstattung" herzustellen, "ein einträchtiges Zusammenwirken der katholischen Journalisten" anzubahnen und sie im Fall

Zentrale sollte den Namen "Internationale Münchner Telegraphenagentur" bekommen. Flotow unterlag jedoch einer Fehlinformation. Seinem Schreiben ist ein handschriftlicher Vermerk beigefügt, der konstatiert, daß das für die Neugründung der Juta benötigte Geld nicht gefunden werden konnte und die "Internationale Münchner Telegraphenagentur" nach dem Stand am 20.05.1913 nicht zustande kommen werde.

Diese Einschätzung war richtig, die Juta selbst gab bald darauf bekannt, daß sie zum 1. Juli 1913 ihren Dienst einstellen werde.[219] Auch in der Schweiz versuchte man ein neues Gründungskomitee ins Leben zu rufen, jedoch wenige katholische Persönlichkeiten unterzeichneten überhaupt den Gründungsaufruf. Nach dem Scheitern der Juta, die "Volkszeitung" gab an, der Nettoverlust der Agentur habe 600.000 Schweizer Franken betragen, ist die Zurückhaltung verständlich.[220]

4. Eine deutsche Nachrichtenagentur im Ausland: Die Depeschenagentur Richard Schenkel

Diese Agentur wurde Ende 1909 oder Anfang 1910 von Richard Schenkel, einem Deutschen, in New York gegründet. Schenkel war vorher der New Yorker

---

der Hilfsbedürftigkeit zu unterstützen. So stand auch die Planung eines katholischen Nachrichtendienstes immer wieder auf dem Programm. Anfang des 20. Jahrhunderts geriet der Augustinus-Verein in den Zentrums-Streit. Die Partei war in der Auffassung über ihre ideologische Richtung gespalten. Die sogenannte "Berliner oder Trierer Richtung" sah das Zentrum als konfessionelle, also katholische Partei, während die "Kölner Richtung" das Zentrum auf interkonfessionelle, ausschließlich politische Grundlage stellen wollte. Ein bekannter Vertreter der Kölner Richtung war Julius Bachem, der Augustinus-Verein unterstützte ihn durch seine Medienpolitik. Von Vertretern der konfessionellen Linie wurde ihm deshalb vorgeworfen, sie könnten in der deutschen Presse nicht mehr zu Wort kommen, da "die Leibwache des Herrn Bachem, der Augustinus-Verein" jedes Blatt, das der Kölner Richtung nicht anhänge, ruiniere, indem er ihm die Zentrumszugehörigkeit abspreche. Vgl. Hans Wagner: Das Ende der katholischen Presse. Bd. 1: Ein notwendiges Übel. Aschaffenburg 1974. S. 54ff. Es ist also wahrscheinlich, daß der Botschafter mit der "Kölner Firma Bachem" diese politische Richtung innerhalb des Zentrums meinte.

219 Vgl. PolA: R 549, A 14426 vom 15.07.1913.

220 Vgl. Die Volks-Zeitung vom 11.05.1913.

Korrespondent des Berliner "Börsen-Courier" gewesen.[221] Die Beziehungen zwischen dem Blatt und Schenkel blieben weiterhin bestehen: Der "Courier" wurde einer der Hauptabnehmer der Agentur in Deutschland. Albert Haas, zu dieser Zeit selbst Chefredakteur des "Börsen- Courier", beurteilte Schenkel außerordentlich positiv. Er sei ein sehr fähiger Handelskorrespondent gewesen, der durch sein Büro sogar das WTB zu mehr Aktivität im Bereich der amerikanischen Wirtschaftsberichterstattung gezwungen habe.[222]

Im Jahre 1913 (das genaue Datum fehlt) verkaufte Schenkel seine Agentur an das Hirsch-Büro, womit sie schließlich eine der Gründeragenturen der TU wurde. Haas erklärte die Abgabe des Instituts damit, daß Schenkel "sich (habe) entlasten und die Frucht seiner Arbeit kapitalisieren" wollen.[223]

Anscheinend war das Büro zu dieser Zeit schon zu einiger Bedeutung gelangt: Seine Einnahmen lagen 1913 bei 63.930 Mark, seine Ausgaben bei 25.776 Mark. Mit einem Reinerlös von über 38.000 Mark stand es vergleichsweise gut da, wenn man an die anderen defizitären Institute denkt.[224] Umso verwunderlicher ist es, daß diese Agentur so wenig Bedeutung und Beachtung erlangt hat.

5. Andere Agenturen

Über die nachfolgend genannten Agenturen konnte kein weiteres Material gefunden werden. Sie waren Gegenstand einer einmaligen Erwähnung im "Zeitungs-Verlag".

---

221 Vgl. PolA: R 548, A 19957 vom 05.12.1909. Der Washingtoner Botschafter Bernstorff berichtet von Schenkels Vorhaben nach Berlin. Schenkel suchte ihn einige Tage später auf und suchte um Unterstützung nach. Vgl. PolA: R 548, A 20219 vom 09.12.1909.

222 Vgl. PolA: Akten der Presseabteilung Deutschland 6, a. a. O., AN 3597.15 vom 12.08.1915.

223 Vgl. ebd. Daß sich die Depeschenagentur Schenkel schon in Hirschs Besitz befand, ist wahrscheinlich auch der Grund dafür, daß sie in vielen Quellen nicht als Gründeragentur der TU erwähnt wurde. So bei Fuchs a. a. O. S. 144ff.- Höhne 1977 a. a. O. S. 109.- Koszyk 1972 a. a. O. S. 230.- Schwedler 1925 a. a. O. S. 149.- Stohl a. a. O. S. 56.

224 Vgl. Gutachten der Deutschen Landwirtschaftlichen Treuhandbank. In PolA: Akten der Presseabteilung, Deutschland 6, a. a. O.

a) Firma S. Salomon, Stettin

Die Firma betrieb ein Auskunfts- und Annoncen-Büro, eine Telegraphen-Agentur, ein Plakat-Institut, eine Buchdruckerei, eine Buchbinderei und einen Zeitschriften-Verlag. Am 1. April 1909 feierte sie ihr 50-jähriges Bestehen.[225]

b) Süddeutsches Nachrichten-Bureau Eduard Soffer, Frankfurt.

Die Firma erlosch 1906.[226]

c) Hamburger Depeschen-Bureau

Anfang 1907 errichtete der frühere Leiter der WTB-Filiale Hamburg, Siegfried Jonas, dort ein eigenes Unternehmen unter obigem Namen. Der Zweck war der Vertrieb von Nachrichten aller Art, seine Adresse Hamburg 8, Dovenhof.[227]

d) Firma Berliner Universal-Korrespondenz GmbH, Charlottenburg.

Die Firma wurde 1908 ins Handelsregister eingetragen. Der Gegenstand ihres Geschäfts war der Betrieb eines Nachrichtenbüros und der Verlag von Zeitschriften und Werken. Die GmbH war mit einem Kapital von 20.000 Mark ausgestattet, ihre Geschäftsführer waren Dr. jur Siegfried Mehler und Redakteur Martin Frey, beide Berlin.[228]

e) Osteuropäische Telegraphen-Agentur GmbH, Berlin.

Wahrscheinlich Ende 1912 wurde diese Agentur (Wschodnioeuropejska agencya telegraficzna) mit einem Stammkapital in die Gesellschaft eingebracht:

1. Vom Gesellschafter Napieralski sein in Berlin bestehendes polnisches Pressbüro mitsamt dessen Verträgen und Beziehungen zu Zeitungen (Wert: 6.500 Mark).[229]

---

225 Vgl. Der Zeitungs-Verlag 10 (1909) Sp. 294.

226 Vgl. Der Zeitungs-Verlag 7 (1906) Sp. 825.

227 Vgl. Der Zeitungs-Verlag 8 (1907) Sp. 441.

228 Vgl. Der Zeitungs-Verlag 9 (1908) Sp. 117.

229 Napieralski war polnischer Abgeordneter, der seit 1911 an der Spitze der in diesem Jahr gegründeten Nachrichtenagentur "Bat" stand. Diese gab jedoch keine Depeschen, sondern eine Zeitung heraus. Vgl. Der Zeitungs-Verlag 12 (1911) Sp. 1034.

2. Vom Gesellschafter Korfanty sämtliche von ihm mit Zeitungen geknüpften Beziehungen, Verträge sowie die von ihm geschaffene Organisation (Wert: 5.000 Mark),[230] und
3. die vom Gesellschafter Kossobudzki mit Zeitungen geschlossenen Verträge und seine Organisation zum Einsammeln von Zeitungsnachrichten (Wert 8.500 Mark).[231]

---

230 Auch Korfanty war Abgeordneter gewesen, er hatte außerdem zwei Zeitungen herausgegeben, den "Polak" und den "Kurjer Schlonski". 1909 gingen die beiden Blätter in Konkurs. Vgl. Der Zeitungs-Verlag 10 (1909) Sp. 768.

231 Vgl. Der Zeitungs-Verlag 14 (1913) Sp. 48.

Die Telegraphen-Union

Von Martin Neitemeier

1. Vorgeschichte und Gründung

Vor dem Ersten Weltkrieg gab es in Deutschland vielfache Bestrebungen, neben dem Wolff'schen Telegraphen-Bureau weitere Nachrichtenbüros zu schaffen, die nicht in einer offiziösen Verbindung zur Regierung standen und dem Kartellvertrag der damaligen Weltagenturen nicht angehörten. Eine dieser Neugründungen war die Telegraphen-Union GmbH, die am 1. Juli 1913 mit einem Kapital von 24.000 Mark ins Leben gerufen wurde. "Betrieb und Verwaltung von Nachrichtenbüros, Herausgabe und Betrieb von Pressekorrespondenzen aller Art"[1] wurde als Zweck des Unternehmens angegeben. Die treibende Kraft war dabei Dr. Albert Constantin von Schwerin.[2] Er war als Legationssekretär in Stockholm gewesen, hatte 1905 seinen Abschied aus dem Staatsdienst genommen und gehörte der Deutschkonservativen Partei an. Zu Geldmitteln war er durch seine Heirat gelangt.

Wie Günter Heidorn erwähnt, trat bereits 1912 "ein Gremium, das den Legationsrat a. D. von Schwerin vorschickte, an das Auswärtige Amt mit dem Vorschlag heran, ein neues Nachrichtenbüro (Deutsches Telegraphenbüro) zu eröffnen".[3] Schwerin verfaßte sogar eine Denkschrift, die er Otto Hammann, dem

---

1 Vgl. Handbuch der Deutschen Gesellschafter mit beschränkter Haftung. Ein Hand- und Nachschlagebuch für Bankiers, Industrielle, Kapitalisten, Behörden und Auskunfteien. Berlin 1917. S. 221.- Vgl. auch Dankwart Guratzsch: Macht durch Organisation. Die Grundlegung des Hugenbergschen Presseimperiums. Düsseldorf 1974. S. 230.- Maju Russländer: Das deutsche Nachrichtengewerbe insbesondere in seinen Beziehungen zur deutschen Wirtschaft. Diss. Berlin 1924. S. 93ff.

2 Geboren am 2. April 1870 in Wustrau als jüngster Sohn des Wirklich Geheimen Rats Graf Albert J. Zieten-Schwerin, verheiratet mit Enole Mendelssohn-Bartholdy, der Tochter des Bankiers und Wirklich Geheimen Rats von Mendelssohn-Bartholdy. Vgl. Herrmann A. L. Degener (Hrsg.): Wer ist's? Siebte Ausgabe. Leipzig 1914. S. 1561.

3 Günter Heidorn: Monopole - Presse - Krieg. Die Rolle der Presse bei der Vorbereitung des Ersten Weltkriegs. Studie zur deutschen Außenpolitik in der Periode von 1902 bis 1912. Berlin 1960. S. 65. Heidorn stützt sich dabei auf Reichskanzlei-Akten im Deutschen Zentralarchiv in Potsdam,

Chef der Nachrichten- und Presseabteilung des Auswärtigen Amtes (dieser stand dem Plan positiv gegenüber), zur Verfügung stellte.[4] Der ehemalige Legationsrat beklagte darin die Abhängigkeit des Wolff'schen Telegraphen-Bureaus von der englischen Agentur Reuter und vom französischen Büro Agence Havas. Er plädierte für die Unabhängigkeit des neu zu schaffenden Büros, für das Reichssubventionen "weder erwünscht noch nötig"[5] seien. Das Büro solle aber in guter Verbindung zur Regierung stehen, besonders mit den Reichsvertretern im Ausland. Man erkennt hier bereits die weitreichenden Absichten Schwerins. Aber es blieben zunächst nur die Absichten.

Doch mit der Gründung der Telegraphen-Union GmbH reihte sich im Sommer 1913 auch Albert von Schwerin unter die vielen Nachrichtenbüro-Gründungen vor dem Kriege ein.[6] Zu diesem Zeitpunkt standen wohl noch keine politischen Kräfte und keine industriellen Kreise unmittelbar hinter diesem Nachrichtenbüro. Da die eigenen Mittel jedoch nicht hinreichten, einen leistungsfähigen alternativen Nachrichtendienst aufzubauen, muß bei dem Legationsrat a. D. die Einsicht gereift sein, daß sich eine Überlebens- und Wirkungschance nur bei einer Zusammenfassung verschiedener, bereits bestehender Büros biete.

Durch eine solche Fusion kam am 11. November 1913 die Telegraphen-Union, Internationaler Nachrichtendienst GmbH zustande.[7] Außer Schwerins

---

die Guratzsch nicht zur Verfügung standen.

4 Deutsche Landwirtschaftliche Treuhandbank: Revisionsgutachten über die Telegraphen-Union, Internationaler Nachrichtendienst Berlin GmbH 1914. Leipzig 1914. S. 15. In: Politisches Archiv des Auswärtigen Amtes in Bonn (PolA), Akten der Presseabteilung der Reichsregierung: Deutschland 6. Die deutschen Telegraphen-, Nachrichten- und Propagandainstitute, Verlagsanstalten, Bd 1.

5 Ebd.

6 Vgl. Christine Wunderlich: Telegraphische Nachrichtenbüros in Deutschland bis zum Ersten Weltkrieg, im vorliegenden Band S.51 ff.

7 In der Literatur weichen die Angaben zur Gründung der TU stark voneinander ab, zum Teil widersprechen sie sich sogar. Aufgrund umfangreicher Quellenarbeit kam Dankwart Guratzsch zu neuen Forschungsergebnissen. Seine TU-Gründungsdarstellung (a. a. O. S. 230f) wurde bei den Forschungen für diese Arbeit durch das Gutachten der Landwirtschaftlichen Treuhandbank (s. o.) bestätigt. Guratzsch kannte, da er keine Akten des Politischen Archivs des Auswärtigen Amtes benutzt hat, dieses Gutachten vermutlich nicht. Die so bestätigten Guratzsch-Ergebnisse scheinen daher die wahre TU-Gründungsgeschichte wiederzugeben. Die gleichen Angaben, allerdings ohne ein genaues Datum, finden sich bereits in der 1920 erschienenen Arbeit von Ernst Heerdegen: Der Nachrichtendienst der Presse. Leipzig 1920.

eigenem Unternehmen, das bei der Namensgebung Pate stand, schlossen sich zusammen
Louis Hirsch's Telegraphisches Büro OHG,
Herold Depeschenbüro GmbH,
Deutscher Telegraph, Dr. Rudolf Dammert GmbH,
Press-Centrale Telegraphen-Agentur GmbH,
Richard Schenkel Depeschenagentur.

Zu bemerken ist, daß das Herold-Büro schon seit 1893 mit dem Hirsch-Büro vereint war. Ebenso gehörte die Depeschenagentur Schenkel zur Hirsch-Gesellschaft.[8]

Albert von Schwerin war es, der diese Verschmelzung der bestehenden Büros zustande brachte. Zum einen war er selbst neben Ernst und Kurt Hirsch Mitinhaber des Hirsch-Büros, zum anderen hatte er eingesehen, daß sein eigener Versuch nicht sehr aussichtsreich war und er mit der Telegraphen-Union GmbH kaum große Erfolge würde erzielen können. So wurde der Legationsrat a. D. zum "Konstrukteur" der TU, und sein Büro wurde zur "Vermittlungszentrale".[9] Schwerin nahm zu der Zeit Einfluß auf das Hirsch-Büro, um dieses zu veranlassen, sich auszubreiten. Außerdem knüpfte er Beziehungen zu dem Nachrichtenbüro von Dr. Rudolf Dammert an, um eine Mantelgesellschaft ins Leben zu rufen. "Unter erheblichen persönlichen Opfern"[10] Schwerins kam die Fusion der Nachrichtenbüros zustande. Die bisherige Unabhängigkeit und Überparteilichkeit sollten beibehalten und der Nachrichtendienst erheblich erweitert werden. Vorgesehen war auch die Zusammenlegung der Quellen und die Übernahme der Abonnenten.

"Der Betrieb und die Verwaltung von Nachrichtenbüros, die Herausgabe und der Betrieb von Preßkorrespondenzen aller Art und der Betrieb aller damit zusammenhängenden Geschäfte, und zwar im In- und Auslande. Zur Erreichung dieses Zweckes ist die Gesellschaft befugt, gleichartige oder ähnliche Unternehmungen zu erwerben, sich an solchen Unternehmungen zu beteiligen und ihre Vertretung zu übernehmen." Dieses wurde am 21. Januar 1914 ins Handels-

---

8 Vgl. Aufzeichnung Dr. Albert Haas vom 12. August 1915. In: Politisches Archiv a. a. O. Deutschland 6, Nachrichteninstitute. Band 1. AN 3597.15. S. 1.- Dazu auch Christine Wunderlich a. a. O.

9 Dankwart Guratzsch a. a. O. S. 246 und 230.

10 Maju Russländer a. a. O. S. 87.

register als Gegenstand des Unternehmens eingetragen.[11] Das Grundkapital betrug 257.500 Mark, Geschäftsführer wurde der Kaufmann Kurt Hirsch.

Es war dem Hirsch-Büro gelungen, "zu vorteilhaften Bedingungen die Neugründungen aufzukaufen und in einem Konzern zu vereinigen".[12] Die Brüder Hirsch hätten ihre Gesellschaft vergrößert, um unbequeme Konkurrenz auszuschalten, aber auch, um sich im Alter von der Arbeit zurückziehen zu können, stellt Haas fest. Auch kaufmännische Gesichtspunkte (Gewinne) sollen eine Rolle gespielt haben.

Bei Betrachtung der (zum Teil widersprüchlichen) Literatur zur TU-Gründung ist auffällig, daß die Depeschenagentur Richard Schenkel und die Telegraphen-Union GmbH nicht überall genannt werden. Hierfür eine hieb- und stichfeste Begründung zu finden, ist nicht möglich, man kann nur Mutmaßungen anstellen. Die Telegraphen-Union GmbH war ein sehr kleines, junges und noch nicht sehr bedeutendes Büro. Es war vielleicht allgemein gar nicht bekannt, daß sie in der Interessengemeinschaft aufgegangen war, erstaunlich allerdings, weil doch die Telegraphen-Union der neuen Agentur ihren Namen gab. Zum Schenkel-Büro ist festzuhalten, daß es bei der TU-Gründung bereits zum Hirsch-Büro gehörte und deshalb vielleicht nicht gesondert erwähnt wurde. Für die Darstellung der TU-Gründung ist dem Gutachten der Bank eine große Bedeutung beizumessen. Die Bank war sicherlich bemüht, durch ein Gutachten gesicherte Kenntnisse über die Telegraphen-Union zu bekommen.

2. Die Jahre des Aufbaus

2.1. Die Organisation

Beim Zusammenschluß der Büros übernahm die Telegraphen-Union die Abonnementsverträge, das Personal und das Inventar der beteiligten Gesellschaften. So waren von Anfang an wichtige Voraussetzungen gegeben, die eine neu ent-

[11] Handelsregister Berlin (HRB) 13013 beim Amtsgericht Charlottenburg. Eintragung Nr. 1 vom 21.1.1914; s. a. Handbuch der Deutschen Gesellschaften mbH a. a. O. S. 569.

[12] Ernst Reiber: Die gewerbsmäßige Nachrichtenvermittlung. Ein Beitrag zur Geschichte des Nachrichtenwesens. Romanshorn 1927. S. 38.

stehende Gesellschaft sich erst mühsam hätte aufbauen müssen: Man besaß bereits ein verzweigtes Netz an Mitarbeitern und einen funktionierenden Apparat, der lediglich neu durchorganisiert werden mußte. Außerdem waren die Dienste bereits bei Verlagen und in Redaktionen bekannt, so daß man nicht erst lange mit kostenlosen Probediensten Abnehmer werben und überzeugen mußte.

Von entscheidender Bedeutung bei einem Depeschenbüro ist das Kapital. Das nominelle Stammkapital der Telegraphen-Union, Internationaler Nachrichtendienst GmbH mit Sitz in der Lindenstraße 101/102 im Zeitungsviertel von Berlin betrug 257.500 Mark[13] (WTB: 1 Million Mark). Die Stammeinlagen wurden von folgenden Gesellschaftern geleistet:

1. Von Louis Hirsch's Telegraphischem Büro (einschließlich der Depeschenagentur Schenkel) zum einen durch 134.000 Mark aus den Rechten der Abonnementsverträge und zum anderen durch 5.000 Mark an Inventarwert;
2. von dem Herold Depeschenbüro durch 60.000 Mark aus den Rechten der Abonnementsverträge;
3. von der Telegraphen-Union GmbH durch 2.000 Mark aus den Rechten der Abonnementsverträge;
4. von der Press-Centrale Telegraphen-Agentur durch 27.800 Mark aus den Rechten der Abonnementsverträge und
5. von dem Deutschen Telegraph (Dr. Rudolf Dammert) durch 27.700 Mark aus den Rechten der Abonnementsverträge. Weiterhin leistete Dr. Albert von Schwerin eine Bareinlage in Höhe von 1.000 Mark.

Jeder Anteil dieser Mantelgesellschaft repräsentierte den zehnfachen Wert, denn bei dem Zusammenschluß war das Hirsch-Büro mit 1.390.000 Mark und das Herold-Büro mit 600.000 Mark bewertet worden. Die anderen Gesellschaften wurden (laut Denkschrift) zu folgenden Preisen übernommen: der Deutsche Telegraph zu 277.000 Mark, die Press-Centrale zu 278.000 Mark und die Telegraphen-Union zu 20.000 Mark.

Wie lange das Gesellschaftskapital in dieser Form verteilt war, ist unklar, da die entsprechende Handelsregisterakte verschollen ist. Guratzsch ermittelte aber aufgrund eines Vertragswerkes aus dem Jahre 1916, daß bald nach der Gründung und einer kurzen Übergangszeit das Hirsch-Büro 130.000 Mark, Albert von Schwerin 10.000 Mark, und Hirsch-Büro, Herold-Büro und Schwerin gemein-

[13] HRB 13013 a. a. O. Eintragung Nr. 1 vom 21.1.1914

sam den Rest kontrolliert hätten. Obwohl diese Angaben unzuverlässig bleiben, werde an diesen Zahlen doch die anfangs bedeutende Stellung der Brüder Hirsch in dem Unternehmen deutlich. Dieses habe freilich auch dem Wert der eingebrachten Unternehmen entsprochen.[14]

Die beherrschende Stellung der Brüder Hirsch wird auch deutlich, betrachtet man Gesellschaftsvertrag,[15] Aufsichtsrat und Besetzung der Ämter mit den dazugehörigen Kompetenzen. Der Verkauf von Geschäftsanteilen der TU war nur mit Genehmigung der Gesellschaft möglich. Nur wenn ein entsprechender Beschluß der Gesellschafterversammlung vorlag, konnten die Geschäftsführer eine entsprechende Verkaufsgenehmigung erteilen.

Der Gesellschafterversammlung, die jährlich spätestens im Laufe des Mai eine ordentliche Versammlung abhalten sollte, stand das Recht zu, die Geschäftsführer und deren Stellvertreter zu ernennen und zu entlassen. Waren mehrere Geschäftsführer bestellt, wurde die Gesellschaft durch mindestens zwei Geschäftsführer oder durch einen Geschäftsführer und einen stellvertretenden Geschäftsführer oder durch einen Geschäftsführer in Gemeinschaft mit einem Prokuristen vertreten. Die Ernennung und Entlassung der Geschäftsführer oder deren Stellvertreter war nach Aussage des Revisionsgutachtens nur mit Zustimmung von Ernst und Kurt Hirsch möglich.

Der Gesellschaftsvertrag konnte bis zum 1. Oktober 1915 nur mit 5/6 der abgegebenen Stimmen der Gesellschafterversammlung geändert werden. Und genau diese Stimmenmehrheit muß es dann auch gegeben haben, denn nach einer Eintragung im Handelsregister wurde am 22. Juni 1914 eine Änderung des Gesellschaftsvertrages hinsichtlich der Vertretungsbefugnis beschlossen, die die besondere Stellung von Kurt Hirsch in dem Unternehmen unterstreicht: "Die Gesellschaft wird durch einen oder mehrere Geschäftsführer vertreten. Der Geschäftsführer Kurt Hirsch ist, solange er Geschäftsführer ist, befugt, die Gesellschaft alleine zu vertreten ..."[16]

Der Geschäftsführer mußte in den ersten vier Monaten nach Ende des Geschäftsjahres die Bilanz aufstellen, die der Aufsichtsrat zu prüfen hatte. Die

---

14 Dankwart Guratzsch a. a. O. S. 412.- Zum Hirsch-Büro auch Christine Wunderlich a. a. O.

15 Da ein originaler Gesellschaftsvertrag nicht vorliegt, stützen sich diese Angaben auf die Vertragsdarstellung im Revisionsgutachten der Deutschen Landwirtschaftlichen Treuhandbank a. a. O.

16 HRB 13013 a. a. O. Eintragung Nr. 2 vom 27.6.1914.

Versammlung der Gesellschafter beschloß dann auf Vorschlag des Aufsichtsrates die Genehmigung der Bilanz und die Verteilung des Reingewinns. Erster Geschäftsführer war der Kaufmann Kurt Hirsch, bevor am 27. August 1914 ins Handelsregister eingetragen wurde, daß der Marineoberbaurat a. D. Herr Breymann aus Berlin "fernerer Geschäftsführer" sei. Dieser konnte (laut Beschluß vom 18. August 1914) für die Dauer seiner Geschäftsführer-Tätigkeit die Gesellschaft allein vertreten, eine Aufgabe, die er bis Ende 1916 ausübte.[17]

Dem Aufsichtsrat der Telegraphen-Union gehörten 14 Mitglieder an, gebildet aus zwei Gruppen. Zur ersten Gruppe zählten das Hirsch-Büro, das Herold-Büro und Albert von Schwerin, die übrigen an der Gründung beteiligten Gesellschaften bildeten die zweite Gruppe. Während die erste Gruppe acht Mitglieder in den Aufsichtsrat entsenden durfte, wobei sie deren Amtsdauer selbst festlegen konnte, hatte die zweite Gruppe sechs Aufsichtsratsmitglieder für eine Amtsdauer von vier Jahren zu benennen. Der Aufsichtsratsvorsitzende wurde von der ersten Gruppe aus der Zahl der Aufsichtsratsmitglieder ernannt, während die zweite Gruppe den stellvertretenden Vorsitzenden ernennen konnte. Das Aufsichtsgremium war beschlußfähig, wenn mindestens zwei Mitglieder der ersten und mindestens ein Mitglied der zweiten Gruppe persönlich anwesend waren. Durch diese Konstellation war die erste Gruppe im Aufsichtsrat klar dominierend. Generalkonsul Ernst Hirsch hatte das Recht, gegen einen Beschluß des Aufsichtsrates Widerspruch einzulegen. Tat er das, so mußte erneut im Aufsichtsrat abgestimmt werden. Dann war eine 3/4 Mehrheit der Stimmen erforderlich. Ernst Hirsch war auch Delegierter des Aufsichtsrates zur dauernden Überwachung der Geschäftsführung.

Der TU-Aufsichtsrat bildete einen Viererausschuß, in den beide Gruppen je zwei Personen entsandten. Dieses Gremium konnte jederzeit Auskunft über die geschäftliche Lage des Nachrichtenbüros verlangen und hatte außerdem das Recht, alle Geschäftsbücher und -papiere einzusehen. Beschlußfähig war der Ausschuß, wenn von beiden Gruppen je ein Vertreter anwesend war. Auch hier hatte Generalkonsul Ernst Hirsch das Recht, Widerspruch gegen eine Entscheidung dieses Ausschusses einzulegen. Die Angelegenheit mußte dann im Auf-

---

17 Ebd. Eintragung Nr. 3 vom 27.8.1914 und Eintragung vom 11.12.1916; auch das Gutachten der Landwirtschaftlichen Treuhandbank ist von einem Herrn Breymann unterzeichnet; Dr. jur. Hans Paul Werner Breymann war eine Zeitlang Direktor dieser Bank, vgl. Dankwart Guratzsch a. a. O. S. 247.

sichtsrat behandelt und zu einer Beschlußfassung gebracht werden. Da der Konsul aber auch in diesem Gremium die Möglichkeit hatte, Widerspruch einzulegen, wird deutlich, wie beherrschend die Stellung von Ernst Hirsch war, über den Schwedler schreibt:

"Mehrere Jahre noch war Ernst Hirsch die Seele der Verwaltung des Unternehmens, und in dieser Zeit wurde eine recht gute Mittelstraße zwischen den Pflichten gegenüber den Gesellschaftern und denjenigen gegenüber den Abnehmern, d. h. der Presse, innegehalten, und alle Beteiligten fuhren leidlich gut dabei, zumal die politischen Persönlichkeiten von Kaliber, die durch ihren Eintritt in die Verwaltung des Unternehmens ihr Interesse an der Materie bekundet hatten, sich sorgfältig hüteten, das Unternehmen selbst zu intensiv zu 'kontrollieren' oder gar die Nachrichtensammlung und Abgabe durch direkte Einmischung in den Betrieb zu beeinflussen, sondern sich damit begnügten, durch ihre bloße Anteilnahme an den Funktionen der Gesellschaftsorgane eine gewisse Unparteilichkeit und Sauberkeit der Handhabung garantieren zu helfen."[18]

Zum Vorsitzenden des ersten Aufsichtsrates der TU, den "eine Reihe hervorragender Persönlichkeiten des politischen und wirtschaftlichen Lebens"[19] bildeten, wählten die Mitglieder den ehemaligen preußischen Landwirtschaftsminister Viktor von Podbielski, stellvertretender Vorsitzender wurde Albert von Schwerin. Beide wurden für vier Jahre gewählt. Weiter gehörten dem Aufsichtsorgan an: Johannes Georg Graf von Oppersdorf, Geheimrat Richard Witting, Generalkonsul Ernst Hirsch, Rechtsanwalt Justizrat Brodnitz, Staatsrat Mosino, Industrieller August Batschari und Verlagsbuchhändler Schneider. Diese neun Persönlichkeiten nennt die Denkschrift der Treuhandbank als Mitglieder des Aufsichtsrates. Wer die restlichen fünf Plätze besetzte, ist zwar nicht bekannt, aber die Aufstellung reicht aus, um feststellen zu können, daß es hauptsächlich Angehörige rechtsstehender und von Wirtschaftsinteressen geprägter Kreise waren, die an der TU-Gründung und ihrer Entstehung beteiligt waren. Guratzsch schreibt dazu: "Damit trug die Gründung ganz und gar das Gepräge eines

18 Wilhelm Schwedler: Das Nachrichtenwesen. Gotha 1925. S. 150.

19 Arno Meyer: Die Organisation der Nachrichtendienste der Presse. Eine Untersuchung über die Einwirkungen des Gesetzes der Massenproduktion auf die Ausgestaltung des Inhalts der Zeitungen. Libau 1926. S. 80.

gemeinsamen Unternehmens von konservativen und Bankierskreisen. Verbindungen zu Hugenberg in dieser Zeit sind nicht bekannt."[20]

Beim Zusammenschluß der Telegraphen-Union übernahm die Gesellschaft die Bestände, die Abonnenten und die Dienste der beteiligten Büros. So konnte gleich zu Anfang auf ein relativ weit verbreitetes Filial- und Korrespondentennetz zurückgegriffen werden. 15 Filialen hatte die TU nach Maju Russländer zu Beginn des Ersten Weltkrieges, 13 am Ende.[21] 20 Zweigstellen und Hauptstützpunkte nennt Wilhelm Kretschmer für die Telegraphen-Union.[22] Im Kopf eines Briefes der Nachrichtenagentur aus dem Jahre 1916 sind 23 "Filialen und Agenturen" genannt.[23] Sie alle waren über das gesamte Reichsgebiet verteilt, wobei die Filiale in München nach der Berliner Zentrale eine besondere Stellung als Verteiler einnahm. Außerdem gab es auch einige Auslandsvertretungen. Verbreitet wurden die TU-Dienste anfangs per Telefon, Telegraph, Ferndrucker und auch per Brief.

2.2. Ein schwerer Start

Obwohl die Telegraphen-Union sofort nach der Gründung durch die Übernahme der Bestände der beteiligten Gesellschaften einen "eingefahrenen Apparat" besaß, war es für die Organisation nicht gerade förderlich, daß die Aufbauphase in die Zeit des Ersten Weltkriegs fiel. Der Versuch der wirtschaftlichen Kreise, ein zweites Nachrichtenbüro neben dem offiziösen WTB aufzubauen, stand dadurch nicht gerade unter einem guten Stern.

Bei Kriegsausbruch wurde das Nachrichtenwesen unter staatliche und militärische Kontrolle gestellt. Es war der Führung im Staat jetzt erst recht wichtig, welche Meldungen in den Zeitungen veröffentlicht wurden; auch ins Ausland gehende Meldungen wurden kontrolliert. Die im Reichspressegesetz garantierte Pressefreiheit war praktisch aufgehoben.

---

20 Dankwart Guratzsch a. a. O. S. 232.

21 Maju Russländer a. a. O. S. 95f.

22 Wilhelm Kretschmer: Das Standortproblem im deutschen Zeitungsgewerbe. Jena 1922. S. 46f.

23 TU an Presseabteilung der Reichsregierung. In: PolA: Deutschland 6. Nachrichteninstitute. Bd 2. AN 1060.

Seit dem 3. August 1914 gab es in Berlin regelmäßig eine Pressekonferenz, in der zum einen alle Ämter (Ministerien) Mitteilungen an die Presse geben konnten, in der zum anderen aber auch die Vertreter der Zeitungen die Möglichkeit hatten, Fragen zu stellen. Diese Pressekonferenz sollte der Aufklärung dienen, war aber nach Schwedler "ein großes Verdunkelungs- und Verschleierungsinstitut",[24] in dem zu aktuellen und wichtigen Fragen der öffentlichen Diskussion Anweisungen und Kommentierungs-Richtlinien gegeben wurden. Die Anweisungen hatten verbindlichen Charakter und wurden seit Mitte März 1915 in schriftlicher Form herausgegeben, und zwar nicht an die Presse, sondern an die für die Zensur zuständigen Stellen.

Die Nachrichtenquelle schlechthin im Krieg war das Wolff'sche Telegraphen-Bureau.[25] Nachdem im August 1914 die Ententemächte die deutschen Kabellinien gekappt hatten, war es in Deutschland noch schwieriger geworden, sich mit Hilfe anderer Quellen zu informieren. Außerdem hatte WTB das Monopol der Verbreitung der amtlichen Heeresberichte. Jede Zeitung war dadurch praktisch gezwungen, WTB zu abonnieren, auch die Blätter, die WTB vor dem Krieg nicht bezogen hatten. Die TU wurde somit zu einem (kostenträchtigen) Zusatzdienst, obwohl die Agentur immer wieder versuchte, selbst frühzeitig die Heeresberichte zur Verbreitung zu bekommen.

Bemühungen des Vereins Deutscher Zeitungs-Verleger (VDZV), die amtlichen Kriegsnachrichten direkt zu bekommen, scheiterten. Oberste Heeresleitung und Generalstab waren der Meinung, nur das WTB könne eine korrekte Wiedergabe der Nachrichten garantieren. WTB selbst meinte dazu, es habe überhaupt kein Monopol bei den amtlichen Kriegsnachrichten. Am 13. August 1914 sei nämlich auf Veranlassung des Stellvertretenden Generalstabes eine Abmachung mit der TU zustande gekommen, die am 12. September 1914 auf den VDZV übergegangen sei. Danach sollte WTB die Nachrichten der TU und dem Zeitungsverleger-Verein gleichzeitig mit den Berliner Zeitungen zukommen lassen. WTB habe sich an diese Abmachung des öfteren nicht gehalten, und die Situation sei trotz Eingaben des Vereins schlechter geworden, so die Zeitungsverleger. WTB hatte mit Billigung des Generalstabes zuerst seine Filialen und

---

24 Wilhelm Schwedler: Das Nachrichtenwesen a. a. O. S. 155.

25 Vgl. Kurt Koszyk: Deutsche Pressepolitik im Ersten Weltkrieg. Düsseldorf 1968. S. 219ff.- Dieter Basse: Wolff's Telegraphisches Bureau 1849 bis 1933. Agenturpublizistik zwischen Politik und Wirtschaft. München, London, New York, Paris 1991. S. 157ff.

dann die Berliner Zeitungen und den VDZV bedient. Nach Kurt Koszyk wurde die Abmachung, daß WTB den Heeresbericht zunächst an die Hälfte seiner Agenturen und dann an die TU liefern sollte, später auch auf andere Nachrichten und Berichte übertragen.

Ende 1915 wurde der politische Dienst der Telegraphen-Union der Zensurstelle des Auswärtigen Amtes unterstellt, während die anderen Meldungen weiterhin beim Haupttelegraphenamt vorgelegt werden mußten. Vorausgegangen waren dieser Maßnahme politische und militärische Meldungen, die nach Meinung des Auswärtigen Amtes falsch gewesen waren, und die die TU als Meldungen aus Städten gekennzeichnet habe, in denen sie keine Vertreter besäße.

So war die Telegraphen-Union gerade in der schweren Auf- und Ausbauphase durch den Weltkrieg und die Zensurmaßnahmen der Regierung und der Militärs "so gut wie außer Betrieb", auf jeden Fall aber stand sie unter strenger Aufsicht. Maju Russländer meint sogar, es sei fast ein Wunder, daß am Ende des Krieges noch Nachrichtenagenturen existiert hätten.[26] Die Zensur, die Belieferung der Presse mit Nachrichten durch die Regierung unter Umgehung der Agenturen, die Einberufung von Agenturangestellten zum Kriegsdienst, die nur schwer mögliche Kontaktaufnahme zum Ausland - dieses alles habe die Agenturen fast an den Rand des Ruins gebracht.

Ob es tatsächlich so war, läßt sich anhand der nur bruchstückhaft vorliegenden Bilanzen der TU nicht nachweisen. In dem Zahlenwerk für 1914 jedenfalls sind 175.516,61 Mark Reingewinn ausgewiesen, rund 50.000 Mark weniger als die Treuhandbank in ihren Revisionsgutachten in der Eröffnungskalkulation errechnet hatte. Wahrscheinlich waren auch die Gesellschafter der TU von einem Reingewinn von über 200.000 Mark ausgegangen, da an die Überschreitung dieser Grenze eine zusätzliche Verfügung für die Aufsichtsratmitglieder geknüpft war. 1915 betrug der Reingewinn der TU nach Russländer noch 111.585,91 Mark - eine rückläufige Tendenz, die klar auf das Kriegskonto geht.

[26] Maju Russländer a. a. O. S. 142.

2.3. TU und die Wirtschaft

An der Gründung der Telegraphen-Union, Internationaler Nachrichtendienst GmbH waren maßgeblich Persönlichkeiten konservativer, rechtsstehender Kreise beteiligt. Aufklärung über deren Beweggründe gibt die "streng vertraulich(e) und durchaus persönlich(e)" Denkschrift zum Revisionsgutachten der Landwirtschaftlichen Treuhandbank.[27]

Die Denkschrift spricht von industriellen und landwirtschaftlichen Interessen des Deutschen Reiches, die nicht durch ein geeignetes Nachrichtenbüro vertreten würden, da WTB zu sehr von Reuter und Havas abhängig sei. WTB hemme durch vertragliche Bindungen die Weltwirtschaftsbestrebungen der Industrie. "Jedem nationalen Mann, ganz besonders aber dem Geschäftsmann, ganz gleichgültig, ob er Landwirt, Industrieller oder Kaufmann ist, wird es als selbstverständlich erscheinen, daß hier eingegriffen werden *muß*." Auch die Wirtschaft habe das Recht, ihre Interessen zu artikulieren. Die Treuhandbank stehe auf nationalem Boden und wolle ihrer nationalen und wirtschaftlichen Aufgabe im Interesse der deutschen Landwirtschaft gerecht werden. Im Verein mit hervorragenden Persönlichkeiten wolle man nach dem Grundsatz "Los von Reuter und Havas" die Initiative ergreifen. Die Wechselwirkung zwischen Reuter, Agence Havas und WTB sei auf Dauer völlig unerträglich und dem deutschen Volk unwürdig.

Da die Neugründung eines Nachrichtenbüros sehr viel Zeit in Anspruch nehme und ein Erfolg von Anfang an nicht garantiert werden könne, bleibe nur der Aufkauf und Ausbau eines bereits bestehenden Nachrichtenbüros. Dadurch sei sofort ein breiter Aktionsradius für die politischen Interessen gegeben. Das Büro solle unabhängig sein, keine Subventionen vom Reich erhalten, privatwirtschaftlich gefestigt und finanziell gutgehend sein sowie möglichst gute Beziehungen zur Regierung haben. Zum Ausbau eigneten sich daher besonders die zur Telegraphen-Union zusammengeschlossenen Nachrichtenbüros, zumal da es nicht nur um ideelle Interessen gehe, sondern auch die geschäftliche Seite mitberücksichtigt werden müsse.

Persönlichkeiten, die Anteile übernehmen wollten, müßten aus Kreisen der deutschen Industrie, des Handels oder der Landwirtschaft kommen. Sie müßten

---

27 Deutsche Landwirtschaftliche Treuhandbank a. a. O. S. 1ff.

ordnungspolitisch zuverlässigen Kreisen angehören, die den Schutz der deutschen Arbeit und der deutschen Wirtschaftspolitik garantierten. Es sei Aufgabe aller deutsch-nationalen Wirtschaftskreise und Persönlichkeiten, dieses Unternehmen zu fördern, heißt es weiter in der Denkschrift. Aber in Einklang mit dem Benutzervermerk ("streng vertraulich und durchaus persönlich") werde Material zur Prüfung des Unternehmens nur Personen mit seriösem Interesse überlassen. Abschließend wird dann "die so geschaffene neue Einrichtung ... allen nationalen Wirtschaftskreisen nachdrücklich zur Unterstützung in gewerblicher Richtung wie gegenüber der Regierung empfohlen".

Die in der Denkschrift immer wieder geforderte und betonte Unabhängigkeit war aber eine Farce. Durch die klare Festlegung der Aufgaben dieser Nachrichtenagentur war eine Unabhängigkeit nicht gewährleistet. Die Gewinnung von Gesellschaftern nur aus bestimmten Kreisen spricht auch nicht für diese Forderung, denn daraus folgte eine Abhängigkeit von dieser Wirtschaftsgruppe. Auch Albert Haas hat diese Scheinargumentation richtig erkannt und festgestellt: "... Hinweise wie auf die Unabhängigkeit und auf die Überflüssigkeit einer Subvention sind Reklamewendungen, die mit gutem Geschick den augenblicklichen Bedürfnissen angepaßt sind und wohl namentlich dem Zwecke eines guten Verkaufs der Anteile dienen sollten."[28]

3. Entwicklung der TU bis zum Ende des Ersten Weltkriegs

3.1. Die TU gerät unter den Einfluß Hugenbergs

Die finanziellen Mittel der Telegraphen-Union reichten im Ersten Weltkrieg kaum aus, um den in- und ausländischen Nachrichtendienst aufrechtzuerhalten, und um das noch junge Nachrichtenunternehmen leistungs- und konkurrenzfähig zu machen. Und als sich die Mittel der Brüder Ernst und Kurt Hirsch erschöpft hatten,[29] mußte man sich um neue Geldgeber bemühen. Der direkte Weg führte zur Industrie, und hier insbesondere zur Schwerindustrie des Ruhrgebietes, der der Krieg Prestigegewinn und zunehmende politische Bedeutung gebracht hatte.

---

28 Dr. Albert Haas a. a. O. S. 6.

29 Vgl. Dankwart Guratzsch a. a. O. S. 246.

Auch hier war es wieder der Legationsrat a. D. von Schwerin, der Verbindungen knüpfte und sich um Gelder von der Wirtschaft bemühte. Schwerin war "ein ungewöhnliches Talent, weniger auf dem Gebiet des Nachrichtenwesens als in der Kunst, Gelder heranzuschaffen".[30]

Anfragen und Bitten um Unterstützung irgendwelcher Projekte oder Institutionen durch Bereitstellung industrieller Gelder landeten damals zumeist bei einem Kontrollbüro, das Alfred Hugenberg, der Vorsitzende des Direktoriums der Krupp-Werke und seit 1912 Vorsitzender des Bergbauvereins Essen, eingerichtet hatte. Dieses Büro war ins Leben gerufen worden, damit die Spenden, um die besonders industrielle Werke des Ruhrgebietes immer wieder gebeten wurden, konzentriert und gezielt eingesetzt werden konnten. Es wurde zu einer starken Kraft im Hintergrund, die ganz in den Händen des 1865 in Hannover geborenen Hugenberg lag, der so Einfluß auf kulturelle und politische Interessenverbände nahm. "Innerhalb kürzester Zeit spürten die Sammler, daß sich eine geheimnisvolle Kontrolle zwischen sie und die gebefreudige Ruhrindustrie geschoben hatte."[31]

Zu Alfred Hugenbergs Presseimperium gehörten Zeitungen, Zeitschriften, Korrespondenzen, Anzeigenbüros, Filmgesellschaften, Verlagsberatungs-, Finanzierungs- und Kreditgesellschaften, eingeordnet in fünf verschiedene Kategorien: Hauptstädtische Presse, Provinzpresse, Anzeigenwesen, Filmwirtschaft und Nachrichtenwesen.[32] Als Holding-Gesellschaft dieses Konzerns existierte seit 1919 die "Wirtschaftsvereinigung zur Förderung der geistigen Wiederauf-

---

30 Richard Lewinsohn (Morus): Das Geld in der Politik. Berlin 1930. S. 170.

31 Valeska Dietrich: Alfred Hugenberg. Ein Manager in der Publizistik. Berlin 1960. S. 21.

32 Alfred Hugenberg und sein Konzern können hier nicht in ihrer ganzen Komplexität dargestellt werden; vgl. u. a. Heinz-Dietrich Fischer: Alfred Hugenberg. In: Heinz-Dietrich Fischer (Hrsg.): Deutsche Presseverleger des 18. bis 20. Jahrhunderts. München 1975. S. 294-308.- Otto Groth: Die Zeitung. Ein System der Zeitungskunde (Journalistik). Band 2. Mannheim, Berlin, Leipzig 1929. S. 587-593.- Kurz Koszyk: Deutsche Presse 1914-1945. Geschichte der deutschen Presse. Teil III. Berlin 1972. S. 224-230.- Richard Lewinsohn a. a. O. S. 174-177.- Peter de Mendelssohn: Zeitungsstadt Berlin. Menschen und Mächte in der Geschichte der deutschen Presse. Berlin 1959. S. 282f. Insbesondere vgl. die Arbeiten von Ludwig Bernhard: Der Hugenberg-Konzern. Psychologie und Technik einer Großorganisation der Presse. Berlin 1928.- Valeska Dietrich a. a. O.- Dankwart Guratzsch a. a. O.- Emil Sorg a. a. O. sowie Heidrun Holzbach: Das "System Hugenberg". Die Organisation bürgerlicher Sammlungspolitik vor dem Aufstieg der NSDAP. Stuttgart 1981.

baukräfte", der zwölf nationale Männer der Schwerindustrie, des Bankwesens und der Landwirtschaft angehörten. Die Wirtschaftsvereinigung, der es nicht um Gewinn ging, betrachtete das von ihr gegebene Kapital als Zweckvermögen, als Geld also, das dem Zweck dienen sollte, Einfluß auf die Öffentlichkeit zu gewinnen. Vor allem das Zeitungswesen war für sie nicht Spekulationsgebiet, sondern ein Faktor politischer Werbung im Sinne der Industrie. Eine Verwaltungsorganisation auf kollegialer Basis sollte die Wirtschaftsvereinigung nicht sein, vielmehr sollte die Leitung in den Händen einer Person (und zwar Hugenbergs) liegen. Trotz des genossenschaftlichen Grundgedankens hatte Hugenberg, der 1919 freiwillig aus dem Krupp-Direktorium ausschied, um sich fortan der Pressearbeit und der Parteipolitik zu widmen, die Konzernorganisation auf sich zugeschnitten. Die bodenständige Wirtschaft hatte auf diese Weise unter Federführung Hugenbergs - 1919 für die ein Jahr zuvor gegründete Deutschnationale Volkspartei (DNVP) in den Reichstag gewählt - eine Institution geschaffen, um die nationale Presse zu stärken, aber auch um andere Blätter von sich abhängig zu machen.

Begonnen hatte der Aufbau des Konzerns allerdings nicht mit diesen zwölf Männern der Wirtschaftsvereinigung. Anfangs gab es nur einen sogenannten "Dreierausschuß", bestehend aus Hugenberg, Emil Kirdorf (Generaldirektor der Gelsenkirchener Bergwerks-AG) und Hugo Stinnes (Aufsichtsratsvorsitzender der Deutsch-Luxemburgischen Bergwerks- und Hütten-AG sowie des Rheinisch-Westfälischen-Elektrizitätswerkes). 1916 schloß sich diesem Kreis auch Wilhelm Beukenberg (Generaldirektor der Phoenix AG) an. Hugenberg hatte so die Leiter der größten Werke an Rhein und Ruhr und die Vertreter der bedeutenden Verbände der Schwerindustrie zu einer unabhängigen Interessenvertretung vereinigt, die sich seit 1916 "Wirtschaftliche Gesellschaft" nannte (und später in die Organisation der Wirtschaftsvereinigung integriert wurde). Die Gesellschaft war das Finanzierungsinstitut des Konzerns, obwohl sie stets im Hintergrund blieb und Holdinggesellschaften und Treuhänder vorschob. So stellte sie beispielsweise von Februar 1916 bis Ende 1918 22.650.000 Mark für Hugenbergs Pressekonzern bereit.[33]

Stinnes hatte neben seiner "normalen" Arbeit einen Pressekonzern geschaffen, wobei mit seinem Namen überall kräftig Werbung betrieben worden war. Dage-

33 Dankwart Guratzsch a. a. O. S. 324.

gen baute Hugenberg seinen Konzern mit Kriegs- und Inflationsgewinnen insgeheim und unbemerkt auf. "Die weitere Öffentlichkeit sah, soweit sie sich überhaupt mit Hugenberg beschäftigte, in ihm nur einen Trabanten des großen Planeten Hugo Stinnes".[34] Hugenbergs Stellung beruhte auch nicht auf der Macht politischer Mandate, nicht auf der Kontrolle von Produktionsmitteln und nicht auf der Beteiligung an Regierung oder Verwaltung. Seine Macht beruhte vielmehr auf dem Prinzip "Macht durch Organisation",[35] wobei die Dezentralisation von Verantwortlichkeiten zu einem vollkommen getarnten und lange Zeit in seinem Ausmaß unerkannt gebliebenen System führt.

Von Anfang an kümmerte sich Hugenberg auch um das Nachrichtenwesen, denn er sah hier die wohl größte Möglichkeit, maßgeblichen Einfluß ausüben und seine Interessen weitreichend durchsetzen zu können. Im März 1916 gelang ihm ein großer Kunstgriff, als er zufällig zu einigen bereits erworbenen Aktien innerhalb weniger Tage ein größeres Aktienpaket des Wolff'schen Telegraphen-Büros kaufen konnte und so auf einmal mit 25 Prozent am WTB-Aktienkapital beteiligt war.[36] Über eine halbe Million Mark investierten Hugenberg und seine Freunde für diesen Zweck. Die ganze Angelegenheit wurde, wie üblich, insgeheim über einen Vertrauensmann abgewickelt, so daß der Vorsitzende des Krupp-Direktoriums selbst und auch die anderen Drahtzieher völlig im Hintergrund blieben. Großen Einfluß gewannen sie auf das offiziöse und an Verträge gebundene WTB jedoch nicht, allerdings erhielten sie Einblicke nicht nur in die Nachrichtenagentur selbst, sondern auch in die Nachrichtenpolitik der Regierung.

Anläßlich der Finanzkrise der Telegraphen-Union im Jahre 1916 wandte sich Legationsrat Albert von Schwerin an die Schwerindustrie und geriet zwangsläufig an Hugenberg. Der Grundstein für die Integrierung der TU in den Hugenberg-Konzern wurde gelegt. Um die Kapitalbeschaffung zu erleichtern, gründete Schwerin für die TU als Finanzierungs- und Holdinggesellschaft die Westend-Verlag GmbH.[37] Die Inhaber von Louis Hirsch's Telegraphischem Büro, die

---

34 Richard Lewinsohn a. a. O. S. 192.

35 Dankwart Guratzsch a. a. O. S. 346.

36 Vgl. hierzu Dieter Basse a. a. O. S. 187ff.

37 Vgl. u. a. Ludwig Bernhard a. a. O. S. 63.- Valeska Dietrich a. a. O. S. 36f.- Dankwart Guratzsch a. a. O. S. 246f und 413.- Maju Russländer a. a. O. S. 96.- Herta Stohl: Der drahtlose Nachrichtendienst für Wirtschaft und Poltik. Seine Entwicklung und Organisation in Deutschland.

Brüder Ernst und Kurt Hirsch, verpflichteten sich vertraglich, innerhalb von fünf Jahren ihre Mehrheitsanteile an der TU der Westend zu verkaufen. Das Besondere an diesem Vorgang war, daß die Westend-Gesellschaft lediglich als Tarngesellschaft gegründet worden war, um die eigentliche Finanzierung nach außen hin nicht sichtbar werden zu lassen. Schwerin hatte die Gesellschaft insgeheim im Auftrag und auf Rechnung des Syndikus der Essener Handelskammer, Wilhelm Hirsch, gegründet. Selbst hätte dieser sich in die Gesellschaft nach den Bestimmungen des Gesellschaftsvertrages nicht ohne Zustimmung der Gesellschafterversammlung, deren Mitglieder ein Vorkaufsrecht auf die Anteile hatten, einkaufen können. Der Legationsrat Schwerin war Geschäftsführer der Westend, besaß als alleiniger Gesellschafter die Geschäftsanteile aber nur als Treuhänder und übte das entsprechende Stimmrecht nur auf Anweisung von Wilhelm Hirsch aus. Hirsch selbst war aber auch nicht der eigentliche Drahtzieher, denn hinter dem Syndikus stand Alfred Hugenberg, der auch die Verträge handschriftlich aufgesetzt hatte. Hugenberg stellte Gelder der Wirtschaftlichen Gesellschaft zur Verfügung, mit denen Wilhelm Hirsch bezahlte. So erhielt Schwerin beispielsweise am 29. Juli 1916 200.833,33 Mark.

Die Vertragstermine für den Verkauf der Anteile wurden schon 1916 unterschritten, denn am 7. August 1916 besaß die Westend bereits 51.000 Mark nominell (= 40 Prozent) der Stammeinlage des Hirsch-Büros. Spätestens 1919 hatte die Holdinggesellschaft Westend-Verlag GmbH die Mehrheit der Anteile übernommen. Und spätestens seit dieser Zeit stand das Nachrichtenbüro unter der Kontrolle von Alfred Hugenberg. Die Telegraphen-Union glich sich schon bald in ihrem Nachrichtendienst den Interessen und Wünschen ihrer Geldgeber an. Dieser Eindruck jedenfalls drängt sich bei folgendem Sachverhalt auf.[38]

Der Legationsrat Albert von Schwerin bestimmte zu dieser Zeit als Vermittler zwischen TU und Wilhelm Hirsch (Alfred Hugenberg) die Haltung des Nachrichtenunternehmens. Anders ist es jedenfalls nicht zu verstehen, wenn Ernst Hirsch, der von den Verbindungen zu Hugenberg angeblich nichts gewußt haben soll, im Mai 1917 in einem Brief an Schwerin um Verhaltensregeln und Weisungen in bezug auf die Haltung der Nachrichtenagentur gegenüber dem Kanzler bat. Hirsch hatte aus gewissen Anzeichen den Eindruck gewonnen, das Auswär-

---

Nachrichtendienst für Wirtschaft und Poltik. Seine Entwicklung und Organisation in Deutschland. Berlin 1931. S. 56.

38 Dankwart Guratzsch a. a. O. S. 248.

tige Amt werde sich jetzt auch der TU bedienen, und wollte deshalb von Schwerin nähere Instruktionen. Die Worte des Generalkonsuls beweisen, wie bewußt sich die TU war, Tendenzberichterstattung zu betreiben oder betreiben zu können. Die Sätze zeigen aber auch, wie sich der Einfluß Hugenbergs schon bemerkbar machte, bevor dieser im Besitz der Anteilsmehrheit war. Hirsch schrieb damals an Schwerin: "... wenn wir auch an und für sich eine unparteiische Haltung in unserem Unternehmen zur Schau tragen, so kann man doch mit der Veröffentlichung für oder gegen unseren Kanzler und gegen die Regierung Stellung nehmen".

3.2. Der Krieg und seine Folgen

Die Nachteile, die der Krieg für die Nachrichtenunternehmen mit sich brachte, wurden bereits dargelegt. Zensur, die eigene Nachrichtenverbreitung der Regierung, der Einsatz von amtlichen Kriegsberichterstattern und die Einberufung des Personals schränkten die Arbeit der Agenturen ein. Besonders betroffen war die Telegraphen-Union, da es ihr in dieser auch für die Presse schlechten Zeit nur schwer gelang, sich über Wasser zu halten und Fuß zu fassen. Bei Kriegsende besaß sie "außer der Zentrale noch 13 Filialen und etwa 80 Angestellte".[39]

Im vorletzten Kriegsjahr wurde die Geschäftsführung der Telegraphen-Union personell erweitert. Der Kaufmann Wilhelm Lausch erhielt Gesamtprokura. Er war befugt, die Gesellschaft zusammen mit einem Geschäftsführer zu vertreten.[40] Es ist zwar nicht sicher, steht aber zu vermuten, daß hinter dieser Erweiterung der Geschäftsführung Hugenberg steckte, und daß es zwischen Wilhelm Lausch und Alfred Hugenberg irgendeine Beziehung gab.

Auch nach Kriegsende besserte sich die Lage der Nachrichtenbüros in bezug auf die Arbeitsmöglichkeiten kaum. Neue Schwierigkeiten tauchten auf, denn Wiederaufnahme und Ausbau der Auslandsberichterstattung wurden durch die in den anderen Ländern herrschende Auffassung von der deutschen Kriegsschuld erschwert. Man konnte nur schwer als Korrespondent ins Ausland reisen. Dazu kam, daß sich die mit Kriegsbeginn bei der TU einsetzende negative

39 Maju Russländer a. a. O. S. 96.

40 HRB 13013 a. a. O. Eintragung Nr. 5 vom 30.11.1917.

Geschäftsentwicklung zwischen 1916 und 1919 verstärkte. Zahlen aus dieser Zeit finden sich nur bei Maju Russländer, die von 1920 bis 1924 wissenschaftliche Hilfsarbeiterin bei der Generaldirektion der TU war.[41] Hatte die Telegraphen-Union 1915 noch einen Gewinn von 111.000 Mark gemacht, so wurden ab 1916 Verluste registriert, die zwischen 1916 und 1919 laut Bilanzen von etwas über 48.000 bis auf fast 80.000 Mark stiegen. Das Jahr 1919 brachte mit 79.735 Mark den größten Verlust.

Betrachtet man die Bilanzen insgesamt, so fallen einige Ungereimtheiten auf. Das Steigen der Debitoren (offene Forderungen aus Warenlieferungen) ist nicht ohne weiteres in Einklang zu bringen mit dem Sinken des Kreditbedarfs. Die zunehmende Unterbewertung des Inventars (1915: 10.000 Mark, 1916: 5.000 und 1917: 1 Mark), die gleichzeitige Aufstockung des Reservefonds und die Einrichtung der Position "nicht ausgeschüttete Gewinne" - dies alles vermittelt einen eher positiven Geschäftseindruck, dem aber die Debitorenansätze ebenso widersprechen wie die steigenden Bilanzverluste. Die Abschreibungsmöglichkeiten für Investitionen, wozu auch das Inventar gehört, konnten als indirekte Subventionen wirken, da dadurch das zu versteuernde Vermögen geringer ausfiel. Von solchen Möglichkeiten mochte auch die Nachrichtenagentur gerne Gebrauch machen, da sie ein Mittel der Kostensenkung darstellten. Eine Erklärung könnte aber auch in folgendem liegen: Die Telegraphen-Union erhielt durch Zahlungen Hugenbergs in dieser Zeit jährliche Subventionen von etwa 200.000 Mark "durch die ratenweise Ablösung der zur Option gestellten Geschäftsanteile".[42] Diese Unterstützungszahlungen sind auf dem ersten Blick den Bilanzen nicht zu entnehmen. "Die Subsidien, die das Wolff-Büro vom Staate und die privaten Nachrichtenbetriebe aus den Kreisen der Wirtschaft beziehen, halten beide über Wasser. Die Höhe dieser Unterstützungen ist für den Außenseiter schwer zu schätzen, da sie aus den Bilanzen nicht ersichtlich sind."[43] Aufschlußreicher wären sicherlich Gewinn- und Verlustrechnungen aus diesem Zeitraum.

---

41 Vgl. Maju Russländer a. a. O. S. 136f und 166ff; zum Vergleich: WTB machte nach derselben Quelle (S. 132f) 1916 Verluste von 170.669 Mark, 1917 von 146.085, 1918 von 357.576 und 1919 von 945.330 Mark.

42 Dankwart Guratzsch a. a. O. S. 248.

43 Maju Russländer a. a. O. S. 150.

4. Der Aufstieg der TU nach dem Ersten Weltkrieg

4.1. "Neue Techniken"

Die Unterbrechung der Überseekabel zu Beginn des Ersten Weltkrieges schnitt Deutschland nachrichtenmäßig fast ganz vom Ausland ab. Telegraph und Telefon, die wichtigsten und gebräuchlichsten Hilfsmittel der Nachrichtenagenturen, waren in ihrem Betrieb zu Punkten außerhalb Deutschlands stark eingeschränkt. Um diese Nachrichtenblockade zu durchbrechen, wandte man sich in Deutschland ab 1915 verstärkt der drahtlosen Telegraphie zu, einer Technik, die es zwar schon einige Jahre gab, die sich aber noch nicht richtig hatte durchsetzen können. Nach dem Krieg bemühte man sich dann, die Funktelegraphie in größerem Maße für Presse und Nachrichtenagenturen zu nutzen. Im November 1919 wurden erste Versuche zur funktelegraphischen Beförderung von Pressenachrichten durchgeführt, an denen WTB und das Hollandsch Nieuwsbüro beteiligt waren.[44] In 16 deutschen Städten nahmen Einrichtungen der Reichstelegraphenverwaltung die Telegramme (200 bis 300 Wörter) auf und leiteten sie an die Agenturen oder Zeitungen weiter. Die Pressetelegramme wurden ohne Gebühr über die Großfunkstelle Königswusterhausen verbreitet. Aufgrund des Friedensvertrages von Versailles mußte man die Versuche im Januar 1920 unterbrechen. Nach Wiederaufnahme im Mai 1920 beteiligte sich auch die Telegraphen-Union an diesem Test. Während die Pressenachrichten der drei Agenturen gebührenfrei verbreitet wurden, leistete die am 13. Juli 1920 gegründete "Eildienst für amtliche und private Handelsnachrichten GmbH" seit dem 15. Juli 1920 einen finanziellen Beitrag zu den Kosten. Die Eildienst GmbH - sie übermittelte drahtlos wirtschaftliche Nachrichten an Börsen und Banken, nicht aber an die Presse - war aus der Außenhandelsstelle des Auswärtigen Amtes hervorgegangen.

Aufgrund der ungünstigen Finanzlage wollte das Reichspostministerium vom 20. Januar 1921 an auch von WTB, Hollandsch Nieuwsbüro und von der TU Gebühren für die Verbreitung der Pressenachrichten erheben. Die Agenturen sollten zumindest mit der Hälfte der von der Eildienst-Gesellschaft bezahlten Gebühren belastet werden. Da die Presse eine Verteuerung der Dienste wirtschaftlich nicht verkraften konnte, stellte das Hollandsch Nieuwsbüro zum 20.

---

44 Vgl. Dieter Basse a. a. O. S. 224, 233ff.

Januar 1921 den Dienst ein. Ein paar Tage später folgte die TU, während WTB noch bis zum 17. Februar 1921 Pressenachrichten per Funktelegraphie beförderte. Danach verbreitete nur noch die Eildienst GmbH einen Rundfunkwirtschaftsdienst.

Zu dieser Zeit löste die Funktelefonie die Funktelegraphie ab. Neben zahlreichen Vorteilen gegenüber der Kabeltelegraphie (geringe Anlagekosten, niedrige Gebühren, Verbindung zu fahrenden Schiffen) hatte die Funktelegraphie große Nachteile. Sicherheit und Geheimhaltung waren nicht völlig gewährleistet, außerdem konnten durch atmosphärische Störungen Übermittlungsfehler zustande kommen. Die Funktelefonie dagegen schien mehr Vorteile zu bieten, obwohl Sicherheit und Geheimhaltung ebenfalls nicht völlig gewährleistet werden konnten. Ebenso waren Rückfragen bei beiden Techniken nicht möglich. Die drahtlose Telefonie kam aber mit weniger Personal aus, denn alle Bezieher der Nachrichtenagentur konnten von einem Telefonisten bedient werden (eine große Verbesserung für die Provinzpresse).

Auch an funktelefonischen Versuchen waren Presse und Nachrichtenagenturen von Anfang an beteiligt. Zwischen dem 18. August 1920 und dem 15. Januar 1921 erprobte man in einem ersten Versuch, an dem auch die Telegraphen-Union beteiligt war, innerhalb Berlins diese neue Technik. Im August 1921 wurden WTB und TU von der Telegraphenverwaltung über den technischen Ablauf und die anfallenden Kosten eines Presserundspruchdienstes informiert. Aber reges Interesse zeigten die Agenturen an dem drahtlosen Presserundspruch nicht, obwohl TU, WTB und VDZV im März 1922 ihre generelle Bereitschaft und Absicht erklärten, einen solchen Dienst einzurichten. Nochmalige Versuche wurden in den beiden letzten Monaten des Jahres 1922 durchgeführt, wobei jede an dem Test beteiligte Agentur drei Empfangsanlagen erhielt. Die TU stationierte die Geräte in Breslau, Hagen (Westfalen) und Stuttgart, WTB in Erfurt, Hamburg und Leipzig. Täglich von 8.15 Uhr bis 9 Uhr übermittelte die Telegraphen-Union auf diesem Wege Nachrichten. In der Folgezeit kam man in dieser Angelegenheit nur langsam voran, obwohl die Reichspost im Juni 1923 nochmals über Kosten, Gebühren und Ablauf informierte. Erst im Mai 1924 nahmen die Agenturen endgültig einen Presserundspruchdienst auf, zu einer

Zeit, als die Eildienst GmbH mit dieser Technik schon seit zwei Jahren zufriedenstellende Ergebnisse erzielt hatte.[45]

4.2. Ausbau und Erweiterung

Nach dem Erwerb der Anteilsmehrheit durch Alfred Hugenberg ging die Führung der Telegraphen-Union daran, die Nachrichtenagentur zu erweitern und auszubauen. Geleitet von dem Ziel, dem WTB gleichwertige Nachrichten aus dem In- und Ausland gegenüberzustellen, begann man, einen Nachrichtengroßbetrieb zu schaffen - alternativ zu WTB, geleitet von Interessen der Wirtschaft. Otto Mejer meinte 1934, die Umwandlung des Reiches in eine demokratische Republik habe sich auch in der Nachrichtenpolitik auswirken müssen. Eine Opposition gegen den Staat von Weimar habe dem Regierungsbüro eine unabhängige Konkurrenz gegenüberstellen müssen. Nur aus dieser Sachlage heraus sei das schnelle Erstarken der TU zu erklären, sagte Mejer, der seit 1921 zur Spitze der Telegraphen-Union gehörte.[46]

Der Ausbau der TU, der in eine Zeit fiel, in der sich die Abhängigkeit der Konkurrenzagentur WTB vom Auswärtigen Amt noch verstärkte - das Amt übernahm die Defizite -, vollzog sich nach folgenden Gesichtspunkten:

1. Ausbau des inländischen Filialnetzes;
2. Ausbau eines in- und ausländischen Korrespondentennetzes;
3. Aufbau von journalistisch wertvollen Originaldiensten im Gegensatz zu der Ausschneidearbeit, aus der die Haupttätigkeit der alten TU bestanden hatte;
4. Gewinnung einer solchen Stellung zunächst innerhalb der deutschen Presse, daß mit Erfolg mit dem "amtlichen" Büro in Konkurrenz getreten werden konnte.[47]

---

[45] Vgl. Winfried B. Lerg: Die Entstehung des Rundfunks in Deutschland. Herkunft und Entwicklung eines publizistischen Mittels. Frankfurt am Main 1970. S. 104-109 und 282-285.- Ders.: Runfunkpolitik in der Weimarer Republik. München 1980. S. 23-60.- Maju Russländer a. a. O. S. 59-67.- Emil Sorg a. a. O. S. 70ff. - Herta Stohl a. a. O. S. 6-50.- Hermann Thum: Die Entwicklung des drahtlosen Presse-Rundfunks. In: Zeitungs-Verlag 25 (1924) Nr. 29. Sp. 1286ff.

[46] Otto Mejer: Ein akuteller Beitrag zum Kapitel der internationalen Nachrichtenverträge. In: Zeitungswissenschaft 9 (1934) S. 290-298.

[47] Vgl. Herta Stohl a. a. O. S. 57.

Zwei Möglichkeiten gab es, die Nachrichtenagentur auszubauen. Zum einen konnte das Unternehmen durch Neuorganisation erweitert, zum anderen durch Übernahme bereits bestehender Unternehmen vergrößert werden. Beide Wege beschritt die Telegraphen-Union, wobei das Hauptaugenmerk zunächst auf den innerdeutschen Nachrichtendienst gerichtet war. Daneben bemühte man sich auch um die Erweiterung des Angebotes, indem man auch Korrespondenzen herausgab. Vor allem davon versprach man sich bei der TU eine Leistungssteigerung und einen großen Erfolg, da man sich dadurch gegenüber WTB Vorteile verschaffte.

Im Jahre 1920 kaufte die TU das Berliner Parlamentarische Korrespondenzbüro Guttmann und ein Jahr später das Parlamentsbüro Bäckler. Spezielle Parlamentsbüros und -korrespondenzen waren entstanden, um der Presse umfangreiches Material über Parlamentssitzungen zur Verfügung zu stellen. Besonders gefragt waren auch Berichte über Ausschußsitzungen sowie Hintergrund- und Stimmungsberichte. Hatten diese Büros schon im Krieg keine Rolle gespielt, so blieb ihre Bedeutung aufgrund der allgemeinen Wirtschaftslage auch in den ersten Nachkriegsjahren gering, so daß es später nur noch zwei Parlamentsbüros zur direkten Berichterstattung gab. "Das für die freisinnige Presse bestimmte Büro von Guttmann ist gleich dem meinigen im vorigen Jahr von der Telegraphen-Union übernommen worden; das parlamentarische Zentrumsbüro ist eingegangen, und so wird jetzt die gesamte deutsche Presse, soweit sie größere Berichte bezieht, von der Nachrichtenstelle des Vereins Deutscher Zeitungsverleger und von der Telegraphen-Union bedient ...".[48] Durch die Übernahme der Büros Guttmann und Bäckler hatte sich die TU die Grundlage für eine umfassende Parlamentsberichterstattung geschaffen. Da man diese für besonders wichtig hielt, wurde durch den Ankauf einiger süddeutscher Parlamentskorrespondenzen die Leistungsfähigkeit auf diesem Gebiet weiter verstärkt.

Der Korrespondenzverlag Eugen Siebert (Büros in Dresden, Karlsruhe, München und Stuttgart), die von der Patria Literarischer Verlag GmbH herausgegebene "Neue Gesellschaftliche Korrespondenz" und die von Georg Wilhelm Schiele-Naumburg (Mitglied der Deutschkonservativen Partei) herausgegebene "Deutsche Volkswirtschaftliche Korrespondenz" gingen um 1920 auch in den Besitz der TU über. Gepachtet wurde außerdem von 1921 bis 1924 die "Interna-

---

[48] Max Bäckler: Der Parlamentsdienst. In: Deutsche Presse 11 (1921) Nr. 38. S. 18.

tionale Information". Dieses Nachrichtenunternehmen war 1921 von der "Deutschen Allgemeinen Zeitung" gegründet worden, um das eigene Nachrichtenmaterial besonders für die Provinzpresse weiterverwerten zu können.

Besonders wertvoll für die TU waren die Angliederungen der Dammert-Verlag GmbH und der Patria Literarischer Verlag GmbH. Dr. Rudolf Dammerts Nachrichtenbüro "Deutscher Telegraph" war 1913 mit in die Telegraphen-Union, Internationaler Nachrichtendienst GmbH eingegangen. Nicht verkauft hatte Dammert damals seinen Korrespondenzdienst, den er in der Folgezeit weiter auszubauen versuchte und für den 75 Journalisten und 250 Angestellte gearbeitet haben sollen. Die Dammert-Korrespondenzen "Berliner Dienst" und "Deutscher Handelsdienst" beispielsweise waren aufgrund ihres guten Journalismus sehr gefragt. "Sie stellten ein Mittelding zwischen 'rohem' Nachrichtenmaterial und 'fertigem' Redaktionswerk dar."[49]

Schon kurz nach Kriegsende versuchte Hugenberg finanzielle Schwierigkeiten Dammerts auszunutzen, um dieses bedeutende Nachrichtenunternehmen ganz in seine Hände zu bekommen. Dammert lehnte ein Angebot Hugenbergs jedoch ab. Aber die allgemein schlechte wirtschaftliche Lage machte dann doch eine Umgestaltung des Unternehmens erforderlich.

Am 12. April 1920 wurde die Dammert-Verlag GmbH mit einem Stammkapital von 200.000 Mark gegründet. 80.000 Mark Anteile übernahm Dammert selbst, während die restlichen 120.000 Mark über einen Treuhänder im Besitz des Geheimen Regierungsrates Ottmar Strauß waren, der Mitinhaber des im Kriege entstandenen Otto-Wolff-Konzerns war. Wolff und Strauß, die vom Eisenhandel kommenden Besitzer von Phönix und Rheinstahl, waren im Gegensatz zu Hugenberg dem Weimarer Staat gegenüber positiv eingestellt. Beide wollten sich mit Dammerts Hilfe auch ein unabhängiges Nachrichtenunternehmen aufbauen. Dr. Dammert ließ sich allerdings Garantien für die Unabhängigkeit des Betriebes geben, indem er zum einen 40 Prozent des Kapitals selbst kontrollierte und zum anderen alleiniger Geschäftsführer wurde.

Der Nachrichtendienst wurde in der Folgezeit mit großem finanziellen Aufwand ausgebaut, neue Filialen entstanden und Nachrichtendienste in die östlichen und nördlichen Nachbarländer wurden ebenso eingerichtet wie eine Auslandsvertretung in Paris. Ottmar Strauß habe seit April 1920 außer einer à fonds

49 Gleichlautend bei Ludwig Bernhard a. a. O. S. 88 und bei Herta Stohl a. a. O. S. 58.

perdu-Zahlung von 500.000 Mark mehr als drei Millionen Mark ohne rechtliche Verpflichtung nur im Vertrauen auf die gute Sache und die geschäftliche Tüchtigkeit von Dr. Dammert in das Unternehmen gesteckt, stellten Dr. Carl Cremer (TU-Geschäftsführer von 1920 bis 1924) und Paul von Falkenried (TU-Geschäftsführer von 1920 bis 1922) in der "Deutschen Presse" fest.[50]

Alfred Hugenberg selbst war in der Zwischenzeit auch nicht untätig gewesen, sondern hatte weiter versucht, den Dammert-Verlag unter seine Regie zu bekommen. Maju Russländer schreibt dazu: "Verhandlungen, die auf Veranlassung von Dr. v. Schwerin zwischen dem Dammert-Büro und der 'Telegraphen-Union' zwecks Herstellung einer Arbeitsgemeinschaft der beiden Unternehmungen geführt wurden, blieben zunächst erfolglos."[51] Doch dann kam dem "Manager in der Publizistik" die Zeit zur Hilfe. Strauß (Wolff) hatte immer mehr Geld in die Nachrichtenorganisation gesteckt, aber aufgrund der Inflation wurde die Aufrechterhaltung des Unternehmens immer kostspieliger, besonders weil der Auslandsdienst "harte Währung" erforderte. Als Strauß nicht mehr bereit war, immer weiter Geld zu investieren, erwarb Hugenberg über die am 28. Juli 1908 gegründete Tarngesellschaft "Patria Literarischer Verlag GmbH" dessen Dammert-Verlagsanteile.

Als Dammert den ohne sein Wissen erfolgten Verkauf an die TU bemerkte, schied er "trotz günstiger Angebote von Seiten der neuen Besitzer"[52] aus dem Verlag aus, und die Patria GmbH erwarb die restlichen Anteile und verkaufte die Gesellschaft am 18. März 1921 für vermutlich 1.200.000 Mark an die Telegraphen-Union. (Dammert selbst gründete ein neues Unternehmen, mit dem er sich aber nicht mehr so recht durchsetzen konnte.) Die Dammert-Verlag GmbH wurde zunächst noch gesondert weitergeführt, kurze Zeit später aber wurde ihr Nachrichtendienst mit dem der TU zusammengelegt, wie aus einer Anzeige im "Zeitungs-Verlag" am 15. April 1921 hervorgeht.[53] Der Korrespondenzdienst blieb gesondert bestehen, wurde aber wesentlich erweitert. Gerade in bezug auf

---

50 Dr. Carl Cremer und Paul von Falkenried: Der Übergang des Dammert-Verlages an die Telegraphen-Union. Eine Klarstellung und Widerlegung. In: Deutsche Presse 11 (1921) Nr. 16. S. 4.

51 Maju Russländer a. a. O. S. 90.

52 Dr. Rudolf Dammert: Der Übergang des Dammert-Verlages an die Telegraphen-Union. Die bedrohte Unabhängigkeit der Provinzpresse. In: Deutsche Presse 11 (1921) Nr. 15. S. 4.

53 Zeitungs-Verlag 22 (1921) Nr. 15. Sp. 409f.

die Versorgung von Südostdeutschland und die mittlere Provinzpresse machte sich die Übernahme des Dammert-Verlages für die TU positiv bemerkbar.

4.3. Produktion und Produkte

Besonders die Kontroverse um den Übergang des Dammert-Verlages an die TU warf die Frage nach Haltung und Einstellung (Unabhängigkeit) dieses Nachrichtenunternehmens auf. Dammert wollte mit seinem Artikel in der "Deutschen Presse", der bezeichnenderweise den Untertitel "Die bedrohte Unabhängigkeit der Provinzpresse" trug, auf die gefährdete journalistische Unabhängigkeit hinweisen, wenn von Beauftragten der Wirtschaft Presseunternehmen aufgekauft werden.[54] In diesem Zusammenhang stellte der Nachrichtenfachmann die Behauptung auf, daß die Telegraphen-Union "mit den zahlreichen Korrespondenzen, Matern- und Stereotypieanstalten" eine "der großzügigsten Presseunternehmungen des Bergbau-Kapitals" sei, aufgebaut mit angehäuften Kriegs- und Inflationsgewinnen der Schwerindustrie.

Dagegen betonte die gemeinsame Leitung der Telegraphen-Union und des Dammert-Verlages, die TU sei ein selbständiges, von keiner politischen oder wirtschaftlichen Gruppe abhängiges Unternehmen. Eine Nachrichtenagentur könne überhaupt nur erfolgreich arbeiten, wenn sie die Vorgänge in der Welt in ihren Agenturdiensten ohne eine Tendenz darstelle. Der Vorwurf der Verschleierung und Abhängigkeit träfe auf die TU nicht zu.[55]

Ob die TU in der Ausbauphase neutrales und überparteiliches Material lieferte, oder ob sie offen die Neutralität mißachtete, kann nur anhand von umfangreichen Originalquellen erforscht werden. In der Literatur sind sich die Autoren jedoch einig, daß die TU mit den rechten Kreisen sympathisierte und entsprechendes Material produzierte und verbreitete. "Aber das kann ernsthaft nicht mehr bestritten werden, daß das Büro seine Aufgabe in dem Dienst der Rechtsparteien sieht."[56]

---

54 Dr. Rudolf Dammert a. a. O. S. 2ff.

55 Dr. Carl Cremer und Paul von Falkenried a. a. O. S. 3.

56 Otto Groth: Die Zeitung. Band 2.. S. 605.

Die Redakteure der TU, die in der Dammert-Kontroverse klar Stellung bezogen hatten, stellten dagegen fest: "Redakteure, Mitarbeiter und Korrespondenten der TU sind bis zum heutigen Tage in ihrer Tätigkeit bei der TU journalistisch völlig unabhängig und unbeeinflußt. Sie gehören übrigens *allen* politischen Parteien von rechts bis links an; weder bei ihrer Anstellung noch später wurde nach ihrer Parteizugehörigkeit gefragt ... Wiederholt sind Anweisungen an uns ergangen, in jeder Hinsicht bei der Redaktionsführung den neutralen Charakter des Nachrichtendienstes streng zu wahren ..."[57] Nach allem, was von der TU bekannt ist, klingen diese Sätze aber nicht sehr überzeugend, zumal da gerade 1920 Fregattenkapitän a. D. Paul von Falkenried und Dr. Carl Cremer Geschäftsführer geworden waren, Männer, die den rechten Kreisen nahestanden.[58]

Für weitere Rückschlüsse wäre es interessant zu wissen, welche Mitarbeiter täglich die Dienste und Korrespondenzen produzierten, wer zu dieser Zeit an der Spitze der TU stand, und wer die vermutlich von Hugenberg ausgegebene Linie repräsentierte und kontrollierte. Doch diese Fragen müssen angesichts der spärlichen Materiallage weitgehend unbeantwortet bleiben, auch wenn über die geschäftsführende Seite der TU die Eintragungen im Handelsregister Auskünfte geben.

War zunächst Kurt Hirsch die tonangebende Person in der Telegraphen-Union gewesen, so schlüpfte Mitte 1921 Otto Mejer (1888 geboren, von Hause aus Seeoffizier, nach dem Krieg Einstieg ins Nachrichtenwesen) in diese Rolle. Er übernahm die aufstrebende TU und baute sie als Erster Geschäftsführer (diese Position bekleidete er bis 1933) in der Folgezeit zu einem führenden Nachrichtenunternehmen aus. Mit der Ernennung des Deutschnationalen Otto Mejer setzte Hugenberg konsequent seinen eingeschlagenen Weg fort, Führungspositionen in zum Konzern gehörenden Unternehmungen möglichst paritätisch mit DNVP- und DVP-Mitgliedern zu besetzen. Dem volksparteilichen Dr. Carl Cremer (Geschäftsführer von 1920 bis 1924) stand also bereits kurze Zeit später der deutschnationale Mejer zur Seite.

Eine herausragende Person im journalistischen Bereich scheint es nicht gegeben zu haben. Dammert jedenfalls behauptet 1921, daß die Telegraphen-Union noch keinen "Chefredakteur von Namen und Ruf"[59] aufweise. Bis 1920 sind

---

57 Deutsche Presse 11 (1921) Nr. 16. S. 5.

58 Vgl. Politisches Handwörterbuch. Band 2. Leipzig 1923. S. 786.

59 Dr. Rudolf Dammert a. a. O. S. 2.

auch keine Namen von Chefredakteuren oder Mitarbeitern bekannt. Aus der Zeit danach ist zuerst Erich Everth zu nennen, der 1926 erster ordentlicher Professor der Zeitungskunde und Direktor des Instituts für Zeitungskunde der Universität Leipzig wurde. Nach seiner Promotion hatte Everth als Journalist unter anderem bei der "Rheinisch-Westfälischen Zeitung" und der "Leipziger Zeitung" gearbeitet. 1920 wurde der "gemäßigt liberale" Journalist Everth, "der sich von konservativer Borniertheit und links-demokratischen Veränderungsversuchen gleichermaßen fernhielt",[60] Chefredakteur der TU. Warum er dieses Amt schon nach einem Jahr wieder abgab, diese Frage muß offenbleiben, möglicherweise paßten seine politische Haltung und die TU-Auffassung nicht zusammen.

"Berlin. Diplomingenieur Heinrich Gesell, bislang Hauptschriftleiter des Nachrichtendienstes im Dammert-Verlag (Dammert-Dienst), hat, nachdem er schon bisher vertretungsweise mit diesem Amt beauftragt war, am 1. April die Chefredaktion der Telegraphen-Union endgültig übernommen", meldete der Zeitungs-Verlag am 7. April 1922.[61] Gesell blieb in den zwanziger Jahren Chefredakteur der TU (politische Nachrichtendienste) und prägte das Unternehmen, bis er am 30. September 1930 ausschied.[62]

Was brachte die Telegraphen-Union auf den Markt?[63] Ein allgemeiner Nachrichtendienst - gestützt auf Berichte eigener in- und ausländischer Korrespondenten - , ein Parlamentsdienst mit Berichten über alle Parlaments- und Ausschußsitzungen und 18 Provinzial-Landesdienste[64] waren das Basismaterial, das die Telegraphen-Union verbreitete. Daneben erschienen eine Reihe von Sonderdiensten, unter anderem der "Deutsche Handelsdienst". Besonders nach dem Zusammenschluß mit dem Dammert-Verlag hatte dieser Dienst schnell große Bedeutung erlangt. Dieser Verlag hatte nämlich besonderen Wert auf Handelsnachrichten gelegt und sowohl Wertpapier- und Warenbörsendienste als auch

---

60 Hans Bohrmann / Arnulf Kutsch: Pressegeschichte und Pressetheorie. Erich Everth (1878-1934). In: Publizistik 24 (1979) S. 386-403. Hier S. 390 und 387.

61 Zeitungs-Verlag 23 (1923) Sp. 511; Gesell wurde am 1. April 1890 in Pforzheim geboren; seine Arbeits- und Tätigkeitsfelder waren Politik, Volkswirtschaft und Technik (vgl. Kürschners Deutscher Literatur Kalender für das Jahr 1926. Sp. 297).

62 TU an Presseabteilung der Reichsregierung vom 1.10.1930. In: PolA: Deutschland 6. Telegraphen-Union. Band 3.

63 Vgl. u. a. Arno Meyer a. a. O. S. 53.- Maju Russländer a. a. O. S. 100.- TU-Anzeige im "Zeitungs-Verlag" 25 (1924) 45f.- Herta Stohl a. a. O. S. 58.

64 Otto Groth: Die Zeitung. Band 1. S. 520.

Sonderdienste vom Warenmarkt und vom Ausland (zum Teil in besonderen Ausgaben für mittlere und große Blätter) verbreitet.[65]

Der Handelsdienst der TU mit seiner in- und ausländischen Börsenberichterstattung kam seit Mitte 1921 mit verschiedenen Zweigausgaben in Essen, Frankfurt und Mannheim heraus. Er war dem Dienst des halbamtlichen WTB aufgrund seiner guten Beziehungen zu industriellen Kreisen deutlich überlegen. Ein weiterer Sonderdienst war der sogenannte "Deutsche Dienst", der ehemalige Dammert-Dienst, der zweimal am Tag mit politischen In- und Auslandsmeldungen erschien und als Ergänzung des Materials anspruchsvoller Provinzzeitungen gedacht war.

Die Telegraphen-Union übernahm ebenfalls vom Dammert-Verlag als spezielle Eigenart die Berliner Vertretung von Provinzzeitungen. Hierbei wurden individuelle Wünsche der Blätter an die Berichterstattung berücksichtigt. Von diesem Angebot machten viele bedeutende Zeitungen Gebrauch, da sie so eine eigene Berliner Redaktion sparen konnten.

In dieser Zeit bemüht sich die Agentur auch um die Verbreitung amtlicher Meldungen. In einem Brief[66] an Ministerialdirektor Oskar Müller, den Chef der Presseabteilung der Reichsregierung, gab die TU zu verstehen, daß auch sie amtliche Meldungen verbreiten wolle, ohne daß der Regierung irgendwelche Kosten entstünden. Nachrichten, die möglichst weit verbreitet werden und alle Blätter erreichen sollten, so die Argumentation, müßten WTB und TU gleichzeitig zur Veröffentlichung gegeben werden, da die TU inzwischen einen großen Abnehmerkreis habe und einige Zeitungen nur TU-Dienste abonniert hätten. Doch offene Ohren fand die Agentur für dieses Ansinnen nicht.[67] In der Presseabteilung war man der Meinung, daß man die TU wie die anderen nicht offiziösen Büros und Zeitungen nur mit solchen Nachrichten beliefere, deren amtlicher Charakter nicht hervortreten solle. Nach Ansicht der Presseabteilung hatte WTB genügend Publizität und verbreitete die Meldungen ebenfalls kostenlos, außerdem bestand nach Wissen der Behörde in "maßgeblichen Pressekreisen" kein Wunsch, amtliche Nachrichten auch durch andere Agenturen zu verbreiten. Die Presseabteilung der Reichsregierung versuchte hier das WTB-Monopol zu

---

65 Zeitungs-Verlag 21 (1920) Sp. 681f.

66 TU an Presseabteilung der Reichsregierung vom 9. Juli 1921. In: PolA: Deutschland 6. Telegraphen-Union. Band 1. P 8010.

67 PolA: Deutschland 6. Telegraphen-Union. Band 1.- Vgl. auch Dieter Basse a. a. O. S. 202ff.

erhalten, damit das offiziöse Büro konkurrenzfähig blieb, denn jede Stärkung der TU hätte eine Schwächung von WTB bedeutet, dessen Unterbilanzen vom Auswärtigen Amt gedeckt wurden.

Beschwerden über die Benachteiligung der Telegraphen-Union bei der Herausgabe von offiziellen Noten und dergleichen tauchen in den Akten immer wieder auf. Mitte 1923 bezieht die Presseabteilung dann klar zu diesem Problem Stellung: "... daß die Presseabteilung der Reichsregierung gegenüber der Telegraphen-Union Bindungen genereller Art nicht wird eingehen können."[68] Man entschied also von Fall zu Fall, ob die TU Nachrichten und Mitteilungen bekam oder nicht.

Nach dem Grundsatz, über ausländische Verhältnisse aus deutschem Blickwinkel berichten, versuchte die Telegraphen-Union in dieser Zeit auch im Ausland langsam Fuß zu fassen und Dienste einzurichten, obwohl Schwerpunkt des Ausbaus und der Erweiterung des Unternehmens das Inland war. In den Akten des Auswärtigen Amtes befindet sich der Entwurf eines Vertrages zwischen der Sowjetunion und der Telegraphen-Union.[69] Danach durfte die TU Nachrichten "an andere Staaten über die allgemeine und insbesondere wirtschaftliche Lage Rußlands" verbreiten. Geplant war eine Zentrale in Moskau mit Zweigstellen im ganzen Land. Die TU erklärte sich bereit, offizielle und halboffizielle russische Nachrichten kostenlos zu verbreiten und vornehmlich russische Angestellte zu beschäftigen. In der Praxis scheint der Vertrag nicht umgesetzt worden zu sein, denn die Einreisegenehmigung für einen TU-Vertreter wurde später ohne Begründung nicht erteilt.

Auch auf die geplante Einrichtung eines Dienstes nach Spanien finden sich Hinweise in den Akten. In einem Brief der Presseabteilung der Reichsregierung an das Deutsche Generalkonsulat Barcelona[70] wird von einem "telefonischen Dienst Spanien-Deutschland via Paris" gesprochen, den die TU einrichten wolle. Die Presseabteilung habe dagegen nichts einzuwenden, sondern begrüße es sogar, wenn außerdem ein Dienst nach Spanien eingerichtet werde. WTB könne aufgrund des Vertrages mit Havas keine Nachrichten nach Spanien liefern.

---

68 Presseabteilung der Reichsregierung an TU vom 31. Juli 1923. In: PolA: Deutschland 6. Telegraphen-Union. Band 1. zu P 9302.

69 Vertragsentwurf vom 22.9.1922. In: PolA: Deutschland 6. Telegraphen-Union. Band 1.

70 Presseabteilung der Reichsregierung an Deutsches Generalkonsulat Barcelona vom 24. Februar 1923. In: PolA: Deutschland 6. Telegraphen-Union. Band 1. P. 1876.

Neben den Nachrichtendiensten hatte die TU durch ihre Verbindung mit dem Patria-Verlag mit einer Vielzahl von Korrespondenzen ein weiteres Standbein. Diese waren bei den Zeitungen gern gesehen und fanden entsprechenden Absatz. Otto Groth nennt "Korrespondenzen für innere und auswärtige Politik und Volkswirtschaft, Berliner Dienst, Handels- und Börsenberichte, Korrespondenzen für Land- und Gartenwirtschaft, den Preisbericht des deutschen Landwirtschaftsrates, Material für Feuilleton und Kommunales, für Sport und Radio, Schachaufgaben und Wetterdienst; Klischees von Tagesereignissen werden in einer für große und kleine Blätter geeigneten Form angeboten. Die Zahl der von ihr angeschlossenen Verlagen herausgegebenen Korrespondenzen beträgt über zwei Dutzend ...".[71]

4.4. Filialen, Führung und Finanzen

Nicht nur die deutliche Steigerung der Beschäftigtenzahl von 82 im Jahre 1918 auf 414 im Jahre 1923[72] verdeutlicht die Ausbauphase, auch der Umzug in ein eigenes Haus (Blücherstraße 12 in Berlin) ist ein Indiz für den Aufwärtstrend. Daneben wurde in dieser Zeit auch das Filialnetz mit dem Schwerpunkt Inland ständig erweitert. 1921 nannten TU und der angeschlossene Dammert-Verlag folgende 19 Filialstandorte:[73] Breslau, Chemnitz, Danzig, Dortmund, Dresden, Essen, Frankfurt a. M., Hagen, Hamburg, Hannover, Innsbruck, Karlsruhe, Kattowitz, Köln, Leipzig, Magdeburg, München, Oldenburg und Stuttgart. Außerdem besaß die TU in Paris, Prag, London, Mailand, Rotterdam und Warschau eigene Auslandsvertretungen. Nach Maju Russländer[74] hatte die TU 1923 fünf Filialen im Ausland und 20 im Inland.

1922 bemühte sich die TU um die Einrichtung einer Niederlassung in den Vereinigten Staaten von Amerika. "Durch diese Niederlassung sollen sämtliche deutsche Blätter in den Vereinigten Staaten, aber auch eine Anzahl amerikanischer Blätter mit Nachrichten aus Deutschland und Europa von uns versorgt

71 Otto Groth: Die Zeitung.Band 1. a. a. O. S. 520.

72 Maju Russländer a. a. O. S. 99.

73 Anzeigen im Zeitungs-Verlag 22 (1921) Nr. 15. Sp. 409f und Nr. 16. Sp. 439f.

74 Maju Russländer a. a. O. S. 99.

werden", schrieb die TU 1922 an das Reichspostministerium.[75] Die Übermittlung der Nachrichten solle funktelegraphisch erfolgen, wobei wichtig sei, daß die Meldungen regelmäßig und pünktlich übermittelt werden könnten. Die TU wußte zwar, daß eine Bevorzugung ihrer Meldungen nicht möglich war, zwischen den Zeilen aber sprach sie eine solche Bitte aus. WTB und Transocean meldeten postwendend Bedenken gegen eine eventuelle Bevorzugung an.

Die innere Organisation der Telegraphen-Union war der des WTB ähnlich. Die Filialen hatten Sammel- und Verbreitungsfunktion. Die in den Filialen gesammelten Nachrichten wurden in der Regel zur Zentrale geleitet, wo sie weiter bearbeitet wurden. Daneben standen die Filialen bei besonderen Anlässen untereinander in direktem Kontakt. Ein Teil der Zweigniederlassungen gab selbst Landesdienste mit Meldungen und Berichten aus der jeweiligen Region heraus. Bedient wurden Zeitungen und Filialen von der Zentrale per Telefon, per (Eil-) Brief oder (etwa seit 1924) per Siemens-Schnellschreiber. Die Filialen vervielfältigten das Material und verteilten es je nach Bedarf der Zeitungen und je nach Situation größtenteils mit Hilfe von Boten. In dringenden Fällen griff man natürlich auch zum Telefon.

Auch auf technischem Gebiet wurde die zurückhaltende Einstellung des Auswärtigen Amtes der TU gegenüber deutlich. Ein Antrag auf "Errichtung einer Querverbindung" zwischen der Fernsprechzentrale des Auswärtigen Amtes und der TU-Fernsprechzentrale wurde nicht genehmigt, denn "bisher sind solche Querverbindungen lediglich dort eingerichtet worden, wo ein besonderes amtliches Interesse besteht".[76]

Die Nachrichtenverbreitung selbst wurde bei WTB und TU unterschiedlich gehandhabt. Während WTB eine ankommende Nachricht so schnell wie möglich wieder absetzte, gab die Telegraphen-Union ihre Nachrichten in der Regel nur zu bestimmten Zeiten heraus. Nach einem Schreiben der Agentur an die Presseabteilung der Reichsregierung[77] wurden die Abnehmer nach einer Umstellung um 9, 11.30, 17 und 20 Uhr (vorher 9, 10, 12, 17, 19 und 21 Uhr) durch TU-

---

75 TU an Reichspostministerium vom 11. November 1922. In: PolA: Deutschland 6. Telegraphen-Union. Band 1. zu P 9501.

76 Presseabteilung der Reichsregierung an TU vom 15. Januar 1924. In: PolA: Deutschland 6. Telegraphen-Union. Band 1.

77 TU an Presseabteilung der Reichsregierung vom 21. September 1922. In: PolA: Deutschland 6. Telegraphen-Union. Band 1.

Boten mit Material beliefert. Daneben lag um 13 und um 22.15 Uhr Material zur Abholung durch Boten der Zeitungen bereit. Bei besonders wichtigen Ereignissen durchbrach die Agentur natürlich ihr strenges Schema, indem sie ihren Kunden "Extrablätter" zukommen ließ.

Die Telegraphen-Union konnte und durfte alle Nachrichten verbreiten, während WTB Nachrichten von auswärtigem Interesse vom Auswärtigen Amt prüfen lassen mußte. Die TU war durch ihr System zwar langsamer als das WTB, arbeitete (nach Maju Russländer) aber rationeller, weil "sie imstande ist, Nachrichten, die durch spätere ergänzt oder aufgehoben werden, nicht oder im veränderten Zustande zu verbreiten, was eine Verringerung der Telephon- oder Depeschenspesen verursacht".[78]

Die Eingliederung des Dammert-Verlages in die Telegraphen-Union machte sich auch bei den Beziehern der Dienste und Korrespondenzen wesentlich bemerkbar. Aus den ersten zehn Jahren TU-Geschichte liegen genaue Zahlen dazu wie auch zu den Abonnementspreisen nicht vor. Es gibt lediglich einen Hinweis auf eine Preisabsprache zwischen den Agenturen, wonach WTB, TU und der Zeitungs-Verein 1922 eine Konvention schlossen, "die eine angemessene Preisgestaltung sichern soll".[79]

Aufgrund der Abonnentenzahlen aus der zweiten Hälfte der zwanziger Jahre kann man zurückrechnen und (natürlich nur unter Vorbehalt) schätzen, daß etwa 1000 oder rund ein Drittel aller Zeitungen in dieser Zeit mit der TU zusammenarbeiteten, indem sie einen Nachrichtendienst, eine Korrespondenz oder mehrere Dienste bezogen. Das sehr reichhaltige Angebot führte sicherlich dazu, daß immer mehr Zeitungen nicht länger auf TU-Material verzichten wollten. Man darf dabei aber auch nicht übersehen, daß viele Blätter einfach aufgrund ihrer Zusammenarbeit mit den Zeitungsbanken des Hugenberg-Konzerns gezwungen waren, TU-Dienste zu abonnieren. "Wenn man bedenkt, daß auch das Material der Telegraphen-Union in diese Blätter strömte, so kann man sich ungefähr vorstellen, weshalb ein großer Teil des Bürgertums zur Weimarer Republik ein wegen der deutschnationalen Tendenz ihrer Zeitung getrübtes Verhältnis behielt."[80]

---

78 Maju Russländer a. a. O. S. 101.

79 Otto Groth: Die Zeitung. Band 1. S. 497.

80 Kurt Koszyk: Deutsche Presse 1914-1945. S. 229.

Ein System von Vorkaufsrechten bewirkte, daß nach dem Kriege noch einmal für kurze Zeit die an der Gründung der TU beteiligten Geldgeber als Gesellschafter fungierten. Im Mai 1921 tauchten dann auch nach Emil Sorg[81] neue Personen und Institutionen in diesem Kreis auf, unter anderem auch der Kaufmann Hans Hirschler aus Berlin und die Landwirtschaftliche Treuhandbank, die bereits 1914 bei der TU-Gründung im Hintergrund aktiv gewesen war. Sie hatte Geschäftsanteile für sich reservieren lassen, die sie zur Zeichnung auflegte. Im Gesellschafterkreis vertreten war vom ehemaligen Hirsch-Herold-Büro nur noch das Herold-Büro, das noch bis Mitte 1922 im Besitz der Brüder Hirsch war, bevor am 31. Dezember 1922 die TU alleinige Gesellschafterin wurde. Kurt Hirsch, seit Mitte 1921 nicht mehr TU-Geschäftsführer, schied am 1. August 1922 auch als Herold-Geschäftsführer aus. "... sein Bruder, der Generalkonsul a. D. Hirsch, blieb Mitglied der im übrigen mit Vertrauensmännern Hugenbergs besetzten Geschäftsleitung bis Mai 1936."[82]

Einige Erhöhungen des Stammkapitals brachten einschneidende Veränderungen im Bereich der Gesellschafter. Die früheren "Finanziers" verschwanden, und von den "alten" Gesellschaftern waren nur noch Albert von Schwerin (er fungierte als Vertrauensmann zwischen TU und Hugenberg), das Herold-Depeschenbüro und die von Schwerin gegründete Finanzierungsgesellschaft Westend-Verlag GmbH dabei. Neben Alfred Hugenberg selbst traten als neue Gesellschafter Vertreter verschiedener Wirtschaftssparten auf, von der Stahl- und Kohlewirtschaft über die Landwirtschaft bis hin zur Schiffahrt. Dieser breit gestreute Gesellschafterkreis verbarg nach außen hin die Tatsache, daß alle in Wirklichkeit eng mit Hugenberg und der Schwerindustrie zusammenhingen.

Die Besetzung des Aufsichtsrates in dieser Phase - Vorsitzender 1922 war Legationsrat Albert von Schwerin - bleibt im Dunkeln, weil Mitgliedslisten und Arbeit dieses Gremiums der Öffentlichkeit durch entsprechende Beschlüsse völlig entzogen waren. Fest steht nur, daß im Aufsichtsrat neben Hugenberg selbst weitere "führende Persönlikchkeiten der mitteldeutschen Industrie, der Landwirtschaft und anderer Wirtschaftszweige"[83] saßen.

257.000 Mark hatte das Stammkapital bei der Gründung der Telegraphen-Union betragen, eine Summe, die am 16. Januar 1920 auf 300.000 Mark aufge-

---

81 Emil Sorg a. a. O. S. 247.

82 Dankwart Guratzsch a. a. O. S. 247.

83 Maju Russländer a. a. O. S. 97.

stockt wurde. Nachdem ein Jahr später eine weitere Erhöhung auf 340.000 Mark erfolgt war, betrug das Stammkapital seit dem 18. Oktober 1921 600.000 Mark. In den Jahren 1922 und 1923 schlug auch hier die Inflation voll durch, denn am 7. November 1922 und am 19. April 1923 wurde das Stammkapital auf 12.000.000 Mark hochgeschraubt.[84] In dieser Zeit hatten die Nachrichtenagenturen große Schwierigkeiten und mußten auf unverzüglicher Zahlung der Abonnementspreise bestehen. "Wir müssen Sie daher unter dem Drucke der Zeitverhältnisse darum bitten, die Ihnen von uns zugesandten Rechnungen innerhalb acht Tagen nach Empfang zu regulieren. Wir sind andernfalls gezwungen, Ihnen einen Entwertungszuschlag von 50 Prozent auf volle Rechnungsbeträge zu belasten", hieß es in einem TU-Rundschreiben.

Wie sahen die Bilanzen in dieser Zeit aus? In der Arbeit von Maju Russländer sind Aktiv- und Passiv-Seiten der Nachrichtenagentur gegenübergestellt,[85] wozu insgesamt festgestellt werden kann, daß diese Zahlenwerke kein sehr liquides, positives Geschäftsbild ergeben, auch wenn für 1921 mit 6262 Mark ein (geringer) Bilanzgewinn ausgewiesen ist. Die Verbindlichkeiten konnten durch greifbare Gelder nicht mehr gedeckt werden, Unterstützungszahlungen von Seiten der Gesellschafter wurden erforderlich. Im Winter 1922/23 sollen die Subsidien "mehr als 50 Prozent der Betriebskosten"[86] sowohl bei dem halbamtlichen Büro als auch bei den privaten Agenturen betragen haben.

Die Erweiterung (neue Zentrale und Filialen), steigende Außenstände und abnehmende Kassa-Beträge, ein Reservefonds - dies alles zog steigende Darlehenssummen nach sich. Auch die Erhöhungen des Stammkapitals sind darin begründet. Lägen Gewinn- und Verlustrechnungen vor, könnte man aus ihnen ersehen, welche Bereiche für die TU sehr kostspielig waren. Es kann aber angenommen werden, daß besonders das Auslandsgeschäft negativ zu Buche schlug, da dieser Betriebszweig aufgrund der für Deutschland ungünstigen Valuta-Lage sehr teuer war. Weiterhin ist zu berücksichtigen, daß auch die Selbstkosten in dieser Zeit stiegen, denn nach dem Ersten Weltkrieg wurde in Deutschland, Österreich und der Schweiz der Acht-Stunden-Tag eingeführt und der bis dahin übliche zehn- bis zwölfstündige Arbeitstag abgelöst. Folge war ein größerer Per-

---

84 HRB 13013 a. a. O. Eintragungen Nr. 8 vom 24.4.1920, Nr. 11 vom 8.7.1922 und Nr. 14 vom 13.5.1924.

85 Maju Russländer a. a. O. S. 136f und S. 166ff.

86 Ebd. S. 150.

sonalbedarf. Die höheren Kosten konnten aber nicht gänzlich über den Abonnementspreis aufgefangen werden, da zum einen feste Verträge bestanden, und da zum anderen die Presse nicht in der Lage war, höhere Gebühren zu zahlen.

Wie die geschäftliche Entwicklung der Telegraphen-Union weiterlief, kann mit Zahlen nicht mehr belegt werden. Man dürfte aber noch einige Zeit mit der Inflation und deren Folgen zu kämpfen gehabt haben, bevor sich die Lage stabilisierte und die geschäftliche Entwicklung der Agentur in der Folgezeit durchaus positiv verlief.

5. Die Entwicklung der TU im zweiten Jahrzehnt

5.1. Presserundfunk - Erfolg für die TU

Der Beginn des zweiten Jahrzehnts der Geschichte der Telegraphen-Union war geprägt durch die Einführung des Presserundspruchs. Nachdem mehrere Jahre lang Versuche durchgeführt worden waren, fiel am 28. April 1924 der Startschuß.[87] Beteiligt waren unter anderem Wolffs Telegraphisches Bureau und die Telegraphen-Union. Vom 28. April bis zum 31. Mai 1924 verbreitete WTB probeweise (gebührenfrei) Nachrichten durch drahtlosen Rundspruch, TU seit dem 3. Mai. Vom 1. Juni an strahlten beide Agenturen einen regelmäßigen Dienst aus, für den Gebühren bezahlt werden mußten. Über die 10-Kilowatt-Sendeanlage in Königswusterhausen wurden die Nachrichten ab Oktober 1924 zu bestimmten Zeiten ausgestrahlt - vorher hatte man einen provisorischen Sender in Eberswalde benutzt.

Aufgrund der begrenzten Reichweite und der Zunahme von Störungen bei wachsender Entfernung war man bemüht, auch in einzelnen Ländern Rundspruchdienste einzurichten. Erstes Unternehmen dieser Art war der im Juni 1924 gegründete Bayerische Preßrundfunk, eine Arbeitsgemeinschaft zwischen dem Süddeutschen Korrespondenzbüro (WTB-Vermittlungsstelle) und der Hauptstelle München der TU.

Über den innerdeutschen Presserundspruch durften die Agenturen ihr Material nur an Nachrichtenbüros und Zeitungen zur Veröffentlichung im redaktionellen

[87] Geschäftsbericht der Deutschen Reichspost für das Wirtschaftsjahr 1924. Berlin o. J. S. 45.

Teil verbreiten, private Kunden (zum Beispiel Banken und Verbände) durften nicht beliefert werden. Gesprochen wurden die zu verbreitenden Nachrichten von einem Mitarbeiter der jeweiligen Gesellschaft in den eigenen Betriebsräumen. Die Kunden erhielten die Meldungen und Berichte über eine Empfangsanlage in ihrem Haus, die sie von der Gesellschaft mieten mußten. Seit 1925 konnten auch ausländische Zeitungen und Agenturen auf diese Weise mit Nachrichten versorgt werden.

Beschleunigung und Verbilligung waren die Vorteile des Presserundspruchs, da alle Zeitungen gleichzeitig von einem Mitarbeiter bedient werden konnten. Natürlich hatte diese Technik auch Nachteile: Der Nachrichtendienst konnte nicht auf spezielle Bedürfnisse einzelner Zeitungen eingehen. Rückfragen waren nicht möglich, außerdem konnte eine immer sichere Übermittlung nicht gewährleistet werden. Daher wandte man sich Ende der zwanziger Jahren wieder mehr der drahtlosen Telegraphie zu, allerdings unter der Prämisse einer automatischen Niederschrift der ankommenden Signale, um so neben der nicht immer sicheren Übermittlung einen weiteren Nachteil des Pressefunks, die begrenzten Möglichkeiten der aufnehmenden Schreibkräfte, auszuschalten. 1932 setzte WTB erstmals den Hellschreiber ein, einen Vorläufer des modernen Funkfernschreibers.[88]

Die WTB und TU gleichzeitig erteilte Konzession, Nachrichten durch drahtlosen Rundspruch verbreiten zu dürfen, war ein großer Erfolg für die zum Hugenberg-Konzern gehörende Nachrichtenagentur, war sie doch nun auf diesem Gebiet dem halbamtlichen Büro gleichgestellt. Ein Grund dafür war sicherlich der große Aufschwung der TU. Die zuständigen Stellen der Regierung konnten das Unternehmen nicht einfach übergehen, da es inzwischen zu einer starken Konkurrenzagentur von WTB geworden war. Auch bei der Verbreitung amtlicher Meldungen zeichneten sich in dieser Zeit weitere Verbesserungen für die TU ab, obwohl die Presseabteilung der Reichsregierung keine generellen Bindungen einging.

---

88 Vgl. Hans-Jochen Bräuer: Die Entwicklung des Nachrichtenverkehrs. Diss. Nürnberg 1957. S. 253.- Otto Groth: Die Zeitung. Band 1. S. 571ff.- Herta Stohl a. a. O. S. 77.

5.2. Schwerpunkt Ausland

Nach der Inflation bemühte sich die Telegraphen-Union besonders um die Erweiterung ihrer Auslandsberichterstattung. Man maß einem direkten Nachrichtendienst von Deutschland ins Ausland und umgekehrt große Bedeutung bei. Da die TU nicht zu den Kartellagenturen gehörte, konnte sie sich überall in der Welt frei bewegen. Dabei nutzte sie zwei Wege: Zum einen schloß man mit anderen Nachrichtenunternehmen Verträge, zum anderen baute man sich ein eigenes Filial- und Korrespondentennetz auf.

Mit anderen Agenturen Verträge abzuschließen, war schwierig, da es in den meisten Ländern nur eine Agentur gab und diese oft bereits mit einer der Kartellagenturen zusammenarbeitete. In Amerika allerdings war das nicht so. Mit United Press (UP) schloß die TU ein bilaterales Austauschabkommen ab. Eine solche Zusammenarbeit, die auch WTB damals praktizierte, wurde von der TU auch mit der nach Reuter zweiten englischen Nachrichtenagentur Exchange Telegraph vereinbart. Dieses 1872 gegründete Unternehmen war ein Handelsdepeschenbüro, das Wirtschafts- und Börsennachrichten verbreitete. Die Telegraphen-Union soll weiter auch über International News Service (INS) Nachrichten nach Amerika geliefert haben.[89]

Durch ihre Zusammenarbeit und ihr Eindringen in die Gebiete der Kartellagenturen entwickelten sich die ringfreien Nachrichtenunternehmen bald zu einer fühlbaren Konkurrenz für die "etablierten Büros". Der gegenseitige Nachrichtenaustausch, der notwendig war, um mit WTB konkurrieren zu können, ließ in dieser Zeit die Bedeutung der TU weiter steigen.

---

89 Dr. Christophel: Deutsche Nachrichtenbüros seit 1900. In: Zeitungs-Verlag 89 (1953) S. 54; INS war eine 1909 in New York von William Randolph Hearst (1863-1951) gegründete Nachrichtenagentur, die zunächst nur für Blätter der Hearst-Zeitungsgruppe arbeitete; 1958 wurde sie mit der United Press Association zur United Press International (UPI) vereinigt. Vgl,. Handbuch der Deutschen Tagespresse. Berlin 1932. S. 391f.- Winfried B. Lerg: Die Publizistik der Weimarer Republik. In: Hanno Hardt / Elke Hilscher / Winfried B. Lerg (Hrsg.): Presse im Exil. Beiträge zur Kommunikationsgeschichte des deutschen Exils 1933-1945. München, New York, London, Paris 1979. S. 92. Nach Otto Mejer: Die Geschichte des deutschen Nachrichtendienstes. Ein Rückblick von 1849 bis 1945. In: ZV + ZV (1954) S. 318, hatte die TU im Ausland "mehr als 30 Plätze hauptamtlich besetzt", während WTB laut Handbuch der Deutschen Tagespresse, a. a. O. S. 389, zu der Zeit in rund 34 ausländischen Städten vertreten gewesen sein soll.

Die zweite Möglichkeit, um Nachrichten im Ausland zu sammeln und eigene deutsche dort zu verbreiten, war der Aufbau eines eigenen Mitarbeiternetzes. Gefördert durch den Pressefunk richtete die Agentur in allen europäischen Hauptstädten und in wichtigen Städten anderer Länder eigene Filialen und Korrespondentenplätze ein, an denen rund 40 Auslandsvertreter arbeiteten. Schwerpunkt waren dabei Ost- und Mitteleuropa, der Balkan sowie überseeische Länder.[90]

1924/25 wollte die Telegraphen-Union in Südamerika eigene Niederlassungen gründen. Man versprach sich davon insbesondere auf die deutsche Wirtschaft positive Auswirkungen. Ein Sonderfunkdienst mit eigenen Empfangsanlagen in Argentinien, Brasilien und Chile sollte eingerichtet werden.[91] Die Presseabteilung der Reichsregierung bejahte im Januar 1925 zwar ein allgemeines Reichsinteresse an diesem Vorhaben, betonte aber gleichzeitig, daß sie selbst nicht besonders daran interessiert sei, da sie auf die Abfassung des Dienstes keinen Einfluß habe und auch keine laufende Kenntnis möglich sei. Das Reichspostministerium stand der Sache positiv gegenüber und stellte die Aufnahme des Dienstes zum 1. April 1925 in Aussicht. Auch die deutsche Gesandtschaft in Buenos Aires begrüßte die Einrichtung eines solchen Dienstes, da die Stimmung gegenüber Deutschland "nicht ungünstig" sei. Es wäre bedauerlich, wenn der Plan nicht in die Tat umgesetzt werden könnte, "weil die Telunion, vielleicht aus innenpolitischen Gründen, nicht unterstützt werden kann, Transocean aber versagt", schrieb man nach Berlin.[92] Offensichtlich plante Transocean zu dieser Zeit auch einen Südamerika-Dienst.[93]

Vermutlich nachdem die Telegraphen-Union den Dienst aufgenommen hatte, bat sie im Januar 1927 aufgrund der unklaren Kostenfrage um eine Besprechung. Wahrscheinlich wollte sie Unterstützungszahlungen der Presseabteilung, die sich aber nicht in der Lage sah, "der Tel.-Union eine Reichssubvention für einen Nachrichtendienst nach Südamerika in Wettbewerb mit dem offiziösen Transocean-Dienst zu verschaffen".[94] Man habe weisungsgemäß (?) keine ablehnende

90 Vgl. PolA: Deutschland 6. Telegraphen-Union. Band 1.

91 Ebd.

92 Deutsche Gesandtschaft Buenos Aires an PA vom 15.4.1925. In: PolA: Deutschland 6. Telegraphen-Union. Bd. 2.

93 Vgl. auch Cornelius Klee: Die Transocean GmbH, im vorliegenden Band S. 177ff.

94 PA-Aufzeichnung vom 16.4.1928. In: PolA: Deutschland 6. Telegraphen-Union. Band 2.

Haltung gegenüber dem Plan, der Reichssubventionen von 750.000 Mark für das erste Jahr vorsehe, eingenommen, obwohl ein so hoher Betrag nicht in Frage komme, da der Plan technisch noch nicht ausgereift sei, heißt es in den Aufzeichnungen. Außerdem habe sich Transocean inzwischen günstig entwickelt, speziell in Brasilien und Uruguay, und auch WTB dürfe seit kurzem Spezialdienste nach Südamerika senden.

Trotz dieser Diskussionen, die aufgrund unvollständiger Aktenlage nicht zufriedenstellend nachgezeichnet werden können, scheint sicher zu sein, daß ein Südamerika-Dienst eingerichtet wurde, und daß somit die Behauptungen in der Literatur,[95] der Südamerika-Plan der TU sei am Widerstand des Auswärtigen Amtes gescheitert, nicht stimmen. Unterstützt wird diese Feststellung durch Heidrun Holzbach,[96] die in ihrer Auflistung der Dienste der Telegraphen-Union (Stichjahr 1929) auch einen Südamerika-Dienst nennt.

5.3. Die Struktur im Inland

Die Einführung des Pressefunks entlastete die Filialen der Nachrichtenagentur. Sie hatten nicht mehr in dem Maße wie zuvor Verbreitungsfunktion wahrzunehmen, da viele Zeitungen nun direkt von der Zentrale ihr Material erhielten. Da aber nicht alle Zeitungen Pressefunkempfänger waren, mußten die Filialen auch weiterhin ankommende Nachrichten vervielfältigen, verbreiten und weiterleiten. Hatte die Telegraphen-Union nach eigenen Angaben 1921 noch 18 Filialen,[97] so waren es 1924 schon 24 Zweigstellen.[98] Die Zahl kletterte über 28[99] im Jahre 1926 auf 31 Filialen im Jahre 1932.[100] Die Agentur bemühte sich beim Ausbau ihres Filialnetzes um eine gut gestaffelte Struktur, zum einen um die Beschaffung von Nachrichten aus ganz Deutschland noch mehr zu vervollständigen, zum anderen aber auch um der dezentralen deutschen Presselandschaft mit ihren vielen Lokalblättern Rechnung zu tragen, die man möglichst alle

95 Hansjoachim Höhne a. a. O. S. 111.- Peter de Mendelssohn a. a. O. S. 282.

96 Heidrun Holzbach a. a. O. S. 283f.

97 TU-Anzeige in Zeitungs-Verlag 22 (1921) Nr. 16. Sp. 439f.

98 TU-Anzeige in Zeitungs-Verlag 25 (1924) Nr. 36. Sp. 1469f.

99 Adreßbuch der Deutschen Pressedienste. Wissen (Sieg) 1926. S. 81.

100 Handbuch der Deutschen Tagespresse a. a. O. S. 390f.

erreichen wollte. Deshalb gaben etwas zwei Drittel der Filialen auch eigene Landesdienste heraus.

80 Redakteure hatte die TU nach eigenen Angaben 1924, während es Ende der 20er Jahre etwa 90 waren.[101] Nach Wolff hatte die TU in der zweiten Hälfte der zwanziger Jahre etwa 250 Korrespondenten im Inland, außerdem arbeiteten etwa 2500 Mitarbeiter "an allen großen, mittleren und kleineren Plätzen" für diese Agentur.[102] Beherrschende Figur im redaktionellen Bereich der TU war seit dem 1. April 1922 Heinrich Gesell. Bis zum 30. September 1930 leitete er als Chefredakteur die politischen Nachrichtendienste der TU.

Zur Verbreitung der Nachrichten wurde seit 1924 neben Pressefunk, Telefon und Brief häufig der Siemens-Schnelltelegraph benutzt. "Außerdem wurde für die größeren Nachrichtenbüros ein besonderer Pressedienst auf Siemens-Leitungen eingeführt. Hierbei geben die Nachrichtenbüros die Telegramme nicht mehr in Urschrift auf, sondern als selbstgefertigte Siemens-Lochstreifen, für deren Beförderung eine nach Metern festgesetzte Gebühr zu entrichten ist."[103] Umfangreiche personelle Veränderungen auf der Ebene der Geschäftsführung wie auch im Bereich der Redaktion, die hier allerdings nicht alle dargestellt werden können, prägten die Mitte der zwanziger Jahre bei der Telegraphen-Union. Nachdem Anfang 1924 Carl Cremer und Wilhelm Lausch als Geschäftsführer aus der Direktion ausgeschieden waren, gaben im Herbst 1924 auch einige Redakteure ihre Arbeit bei dieser Agentur auf. Ihr Ausscheiden entfachte eine breite Diskussion über die Haltung der TU und ihrer Redaktionsführung.[104] Die ausgeschiedenen Redakteure warfen der TU eine einseitige, starke Rechtsorientierung vor, die von Mitarbeitern und Leitung dementiert wurde. Man müsse nicht nur das veröffentlichte Material betrachten, sondern auch das, was im Papierkorb lande, meinten die ehemaligen Redakteure.

---

101 Deutsche Presse 10 (1924) Nr. 47. S. 4.- Ludwig Bernhard a. a. O. S. 90.- Winfried B. Lerg: Die Publizistik der Weimarer Republik a. a. O. S. 92.- Bernhard und Lerg nennen weiterhin die Zahl von 600 TU-Angestellten (ebd.).

102 Hellmuth Wolff: Einführung in die Zeitungskunde. Berlin 1928. S. 97.- Pressa: Internationale Presse-Ausstellung Köln 1928. Amtlicher Katalog. Berlin. Köln 1928. S. 129.

103 Geschäftsbericht der Deutschen Reichspost für das Wirtschaftsjahr 1924 a. a. O. S. 33.

104 Vgl. Deutsche Presse 10 (1924) Nr. 5. S. 4.- Deutsche Presse 11 (1925) Nr. 47. S. 4-6.- Nr. 48 S. 8f.- Nr. 49. S. 21f und Nr. 50. S. 6.- Deutsche Presse 11 (1925) Nr. 11. S. 8.

Die enge Zusammenarbeit der TU mit rechten Kreisen wird auch in der Literatur immer wieder betont. "Hugenbergs Unternehmen arbeiteten eng mit der Deutschnationalen Volkspartei zusammen", schreibt Kurt Koszyk.[105] Otto Groth[106] stellt dazu fest: "Der enge Konnex zwischen der Deutschnationalen Volkspartei und der Telegraphen-Union geht auch daraus unzweideutig hervor, daß der deutschnationale Tägliche Dienst für nationale Zeitungen von dem Patria-Verlag übernommen und als parteioffiziöse Korrespondenz von diesem herausgegeben wird." Ludwig Bernhard[107] geht von der Voraussetzung aus, jedes Nachrichtenbüro betreibe Nachrichtenpolitik. Dies müsse so ein, weil Provinzzeitungen manchmal die Bedeutung von Nachrichten und Ereignissen gar nicht richtig einschätzen könnten. Bernhard zieht daraus den Schluß, daß die TU genauso Nachrichtenpolitik betreibe wie andere Agenturen, daß aber durch den Aufstieg der TU das WTB-Monopol aufgehoben worden sei und beide Büros jetzt stark konkurrierten. Bernhard übersieht allerdings zwei Dinge, die bei der Nachrichtenpolitik der TU zumindest nachdenklich stimmen. Zum einen konnten sich die meisten Zeitungen seinerzeit nicht die Dienste beider Agenturen leisten, um so Material unterschiedlicher Provenienz zu bekommen, zum anderen waren vor allem Provinzzeitungen infolge ihrer schlechten Lage und der Zusammenarbeit mit anderen Hugenberg-Unternehmen oft gezwungen, TU-Dienste zu abonnieren.

Zu erwähnen ist in diesem Zusammenhang, daß Alfred Hugenberg um 1925 seine Haltung änderte. Er entschloß sich, selbst eine politische Machtstellung anzustreben. Gestützt auf eine stabile nationale Gefolgschaft wollte er sein "politisches Grundsatzziel der Systemveränderung"[108] verwirklichen. In diesem Sinne wurden in der Folgezeit Gelder und Pressekonzern eingesetzt, so daß wahrscheinlich die rechtsgerichtete Haltung der TU und der angeschlossenen Verlage noch deutlicher zum Vorschein kam. Unterstützt wurde der Konzern damals noch immer von der Schwerindustrie, da es Vergleichbares nicht gab. Wenn auch die kurzfristigen Tagesinteressen der rheinisch-westfälischen Schwerindustrie den langfristigen Hugenbergs oft widersprachen, so "kann aber

---

105 Kurt Koszyk: Deutsche Presse 1914-1945 S. 232.

106 Otto Groth: Die Zeitung. Band 2. S. 607.

107 Ludwig Bernhard a. a. O. S. 89f.

108 Heidrun Holzbach a. a. O. S. 256.

kaum davon gesprochen werden, daß Hugenberg kein Repräsentant der Schwerindustrie war".[109]

5.4. Dienste und Abnehmer

Nicht alle TU-Dienste und Korrespondenzen waren als solche kenntlich. Aus Tarnungsgründen erschienen einige im Patria- und im Dammert-Verlag. Diese beiden Verlage übten keine geschäftliche Tätigkeit mehr aus und waren nur formell für einige (TU-)Produkte verantwortlich.

Wichtige Dienste in der Berichterstattung aus der deutschen Hauptstadt waren der Parlamentsdienst, der Berliner Dienst und die Berliner Vertretung (für Provinzzeitungen). Der Berliner Dienst erschien in vier Fassungen für Blätter unterschiedlicher Parteiorientierung: in einer Fassung für Blätter der DVP, in einer für unpolitische Zeitungen des Typs Generalanzeiger, in einer für nationale katholische Blätter und in einer für deutschnationale Zeitungen.[110] Die Tatsache, daß ein Dienst in vier parteipolitisch verschiedenen Fassungen herausgebracht wurde, zeigt, wie sehr sich die TU bewußt war, Nachrichtenpolitik (für verschiedene Adressaten) zu betreiben. Ob zutrifft, daß die politischen Dienste der TU ziemlich gleich in Tendenz und Stellung zur rechtskonservativen Opposition von Weimar waren, später auch nationalsozialistisches Gedankengut vertreten haben, wäre nur am Material selbst zu belegen. "Wenige Jahre später freilich war auch der Unterschied zwischen Deutschnationalen und Nationalsozialisten verschwunden, nicht nur auf dem Land. Auch das hatten die TU-Dienste zuwege gebracht."[111]

Die Telegraphen-Union bemüht sich ständig, ihr Angebot zu erweitern (Gerichtsdienst, Bilderdienst). So versuchte man 1926 zu erreichen, daß der Deutsche Handelsdienst die Zahlen des Statistischen Reichsamtes veröffentlichen durfte. Nachdem das Ende 1926 gelungen war, wollte die TU auch die Außenhandelsziffern dieses Amtes verbreiten. Dieser TU-Antrag wurde allerdings von der Presseabteilung der Reichsregierung mit der Begründung abge-

---

109 Ebd.

110 Peter de Mendelssohn a. a. O. S. 283 und Heidrun Holzbach a. a. O. S. 283f.

111 Peter de Mendelssohn a. a. O. S. 283.

lehnt, WTB müsse als Entschädigung für seinen halbamtlichen Status die Alleinverbreitung einiger Meldungen zugestanden werden. Die TU arrangierte sich jedoch mit dem Reichswirtschaftsministerium und erhielt diese Zahlen einige Zeit später als WTB zur Veröffentlichung.

Ähnlich, allerdings wesentlich komplizierter, war die Lage, als sich die TU zwischen 1925 und 1927 um eine Konzession für die Lieferung von Wirtschaftsnachrichten auch an Nicht-Zeitungen bemühte, um einen Wirtschaftsfunk einzurichten.[112] Die Funkkonzession von 1924 gestattete nur die Lieferung von Wirtschaftsnachrichten an Zeitungen und Nachrichtenbüros. Das Reichspostministerium lehnte daher 1925 auch einen entsprechenden TU-Antrag mit dem Hinweis ab, eine solche Konzession gefährde die Existenz der Eildienst-GmbH. Ein erneuter Antrag ein Jahr später hatte ebenfalls keinen Erfolg. Im Juli 1927 änderte dann das Reichspostministerium seine Meinung und war bereit, die Genehmigung zu erteilen. (Es wäre noch zu untersuchen, ob dieser Sinneswandel damit zusammenhing, daß seit 1927 die DNVP an der Regierung beteiligt war.) Zu einem für die TU positiven Abschluß scheint es dennoch nicht gekommen zu sein, denn dieser hätte in der Literatur sicherlich Beachtung gefunden. Die Lieferung von Wirtschaftsnachrichten auch an Banken, Industrie- und Interessenverbände hätte der TU-Arbeit einen neuen, nicht unwesentlichen Akzent gegeben.

Abnehmer hatte die Telegraphen-Union nicht nur in großen Städten, vielmehr belieferte die Agentur besonders viele Lokalblätter in der Provinz, begünstigt durch das weitverzweigte Filialnetz mit den vielen Landesdiensten. Von den Gesamtabnehmern (1928 rund 1600 Zeitungen) bezogen allein 600 Zeitungen den Parlamentsdienst der TU.[113]

Auch etliche Zeitungen im Ausland, speziell in Osteuropa hatten Dienste und Korrespondenzen der TU abonniert. Beispielsweise bezogen 1933 zeitweise 23 Zeitungen in der Tschechoslowakei das TU-Funkmaterial, obwohl nur 13 Zeitungen eine Genehmigung besaßen. Aber nicht deswegen wurde die generelle Genehmigung vom Ministerium für Post und Telegraphenwesen in Prag widerrufen, sondern weil die damalige Tendenz der Telegraphen-Union "nicht

112 Vgl. Schriftverkehr in PolA: Deutschland 6. Telegraphen-Union. Band 2.

113 TU an Presseabteilung der Reichsregierung vom 28. Dezember 1926. In: PolA: Deutschland 6. Telegraphen-Union. Band 1.

erwünscht" war.[114] Zu den Abnehmern zählten auch auslandsdeutsche Zeitungen, für die der Pressefunk eine besondere Bedeutung hatte.

Insgesamt gesehen kann festgestellt werden, daß am Ende des zweiten Jahrzehnts der TU-Geschichte die Hälfte (ca. 1600) aller deutschen Tageszeitungen Dienste und Korrespondenzen der Telegraphen-Union erhielt. 250 Zeitungen waren gleichzeitig Bezieher von WTB-Material. Diese Agentur hatte damals etwa 1300 Abnehmer. An diesen Zahlen wird der harte Konkurrenzkampf Ende der zwanziger Jahre deutlich, der sich besonders finanziell auf WTB nachteilig auswirkte.[115]

5.5. Die wirtschaftliche Lage

Aus der Zeit nach 1924, als Alfred Hugenberg mindestens vom 8. Juli 1925 bis zum 23. September 1930 Vorsitzender des Aufsichtsrates der TU war und mit seinen Freunden über 90 Prozent des Stammkapitals des Unternehmens kontrollierte, liegen Informationen zur wirtschaftlichen Lage der TU kaum vor. Zum einen wird diese Dekade in der Literatur nahezu nicht behandelt, zum anderen gibt es keine Geschäftsakten mehr, so daß hier - gestützt auf bruchstückhafte Einzelhinweise - nur einige Randbemerkungen gemacht werden können.

Den mehrfachen Erhöhungen des Stammkapitals ist nicht nur die Ausweitung des Geschäftsbetriebes zu entnehmen, vielmehr scheinen darin auch Hinweise auf eine nicht unbedingt positive Geschäftsentwicklung zu liegen. Daß Barkapital benötigt wurde, ist besonders aus der 1925 erfolgten Kapitalerhöhung von 1.000.000 auf 1.325.000 Reichsmark abzulesen (am 30. August 1924 waren die inflationsbedingten 12.000.000 auf 1.000.000 Reichsmark umgestellt worden). Die neuen Anteile mußten zu einem Viertel sofort bar eingezahlt werden. Diese Bedingung erfüllte die Ostdeutsche Privatbank, indem sie 50.000 der übernommenen 200.000 Reichsmark Anteile bar einzahlte. Die August Scherl GmbH dagegen zahlte ihre 125.000 Reichsmark Anteile sofort zu 100 Prozent bar ein.

---

114 TU an Presseabteilung der Reichsregierung vom 12. August 1933. In: PolA: Deutschland 6. Telegraphen-Union. Band 3.

115 Kurt Koszyk: Deutsche Presse 1914-1945 S. 133.- Hansjoachim Höhne a. a. O. S. 144.- Dieter Basse a. a. O. S. 232ff.

In diesem Zusammenhang sind zwei Schreiben des Reichspostministeriums zu erwähnen, in denen die TU bei Androhung der Einstellung des Sendebetriebes aufgefordert wird, unverzüglich die säumigen Gebühren für den innerdeutschen drahtlosen Presserundspruchdienst zu entrichten. 1924 waren für einige Monate noch 33.700 und 1927 für die Monate April und Mai noch 42.278 Reichsmark zu bezahlen.[116] Diese Schreiben mögen ebenso als Hinweise auf die schlechte wirtschaftliche Lage gewertet werden, wie die Tatsache, daß die TU 1931 und 1932 nicht mehr durch Anzeigen im "Zeitungs-Verlag", der Zeitschrift des Vereins Deutscher Zeitungsverleger, warb. In den Jahren zuvor hatte die Agentur (fast) wöchentlich mit ganzseitigen Inseraten auf sich und ihre Produkte aufmerksam gemacht.

Daß die allgemeine Wirtschaftskrise über das Pressewesen auch das Nachrichtenwesen ergriff, ist klar. Daneben spielte aber auch der harte Konkurrenzkampf zwischen WTB und TU eine Rolle. Während über Auswirkungen auf die zum Hugenberg-Konzern gehörige Nachrichtenagentur nichts überliefert ist, befand sich WTB damals in einer schweren Krise. "Jedenfalls war die finanzielle Lage des WTB 1932 so gespannt, daß sich die Aktionäre entschlossen, ihre seit Gründung der Gesellschaft gehaltenen Aktien an die Reichsregierung abzutreten, um dieser die weitere finanzielle Bürde zu überlassen."[117] Bürgermeister a. D. Max Winkler kaufte WTB-Aktien im Nominalwert von 404.000 Reichsmark zum Preis von 1.440.000 Reichsmark für das Reich auf.[118] Diese Transaktion wurde nach außen hin geheimgehalten, um dem WTB-Ansehen nicht noch mehr Schaden zuzufügen.

6. Das Ende der TU

Die Machtübernahme durch die Nationalsozialisten 1933 veränderte die Lage der Telegraphen-Union sehr schnell. Hugenberg, dessen DNVP sich schon 1931 mit der NSDAP und dem Bund der Frontsoldaten "Stahlhelm" zur nationalen

---

116 Reichspostministerium an TU vom 3. November 1924. In: PolA: Deutschland 6. Telegraphen-Union. Band 1. P 10092.- Reichspostministerium an TU vom 20. Juni 1927. In: Ebd. Band 2. P 5638.

117 Otto Mejer: Die Geschichte des deutschen Nachrichtendienstes a. a. O. S. 318.

118 Vgl. Dieter Basse a. a. O. S. 247ff.

Opposition gegen die Weimarer Republik zur sogenannten "Harzburger Front", zusammengeschlossen hatte, gehörte zwar zunächst dem Kabinett Hitler als Wirtschaftsminister an. Doch schied er bereits im Juni 1933 aus der Regierung aus. Die Selbstauflösung seiner Partei erfolgte kurz darauf. Hugenberg wurde mit Drohungen und Versprechungen kaltgestellt. Als Hitler drohte, ihm neben der politischen auch die wirtschaftliche Macht ganz zu entziehen,[119] traf Hugenberg mit diesem eine Vereinbarung, derzufolge er den Scherl-Verlag behalten konnte, die TU und die ALA jedoch an die Regierung abzutreten hatte.[120] Für die Abtretung der TU wurde der Begriff "Entziehung" kreiert, da Hugenberg für die Anteile an der Agentur zwar Geld erhielt und somit keine Enteignung vorlag, der Verkauf aber unter Zwang erfolgte und für die TU weit weniger gezahlt wurde, als das Unternehmen tatsächlich wert war.[121]

Als Käufer der TU trat wiederum die Cautio Treuhandgesellschaft in Erscheinung. Am 26. Oktober 1933 ging die TU in deren Hände über. Abermals war Max Winkler mit der Abwicklung des Kaufs befaßt, handelte aber im Auftrag des Reichsministers für Volksaufklärung und Propaganda, Joseph Goebbels, und des Reichsleiters für die Presse der NSDAP, Max Amann. Der Kaufvertrag legte den Preis für sämtliche Geschäftsanteile an der TU in Höhe von nominal 1.230.360.-- RM auf 1,4 Millionen Reichsmark fest. Neben dem Hugenberg-Konzern war noch die Ostdeutsche Privatbank Aktiengesellschaft (Opriba) an der TU beteiligt. Auch sie trat mit diesem Vertrag ihre Aktien an die Cautio ab. Mit einem zweiten Vertrag mit demselben Datum wurde dem Scherl-Verlag auf die Dauer von fünf Jahren ein Sonderrabatt von 50 Prozent auf die von der neuen Nachrichtenagentur zu leistenden Dienste eingeräumt.[122] Sämtliche Vermögenswerte der TU erstand die Cautio zum Kaufpreis von 200.000.-- Reichsmark.[123]

Mit der Liquidierung der TU war der Weg frei für den Aufbau eines den nationalsozialistischen Vorstellungen entsprechenden Nachrichtenwesens. Dazu wurden das Wolff'sche Telegraphen-Bureau und die Telegraphen-Union zum

---

119 Vgl. Kurt Koszyk: Deutsche Presse 1914-1945 S. 237.

120 Vgl. Peter de Mendelssohn a. a. O. S. 330.

121 Ebd.

122 Vgl. BA. R 55, 278, Bl. 5.

123 Vgl. BA. R 55, 827, Bl. 6.

Deutschen Nachrichtenbüro (DNB) zusammengelegt, das seine Tätigkeit am 1. Januar 1934 aufnahm.[124]

---

124 Vgl. dazu Jürgen Reitz: Das Deutsche Nachrichtenbüro, im vorliegenden Band S. 213ff.

Die Transocean GmbH

Von Cornelius Klee

1. Interessenlagen und Vorgeschichte

Im Jahre 1915 publizierte Rudolf Rotheit, Redakteur der "Vossischen Zeitung" in Berlin, eine Schrift, deren Untertitel - "Los von Reuter und Havas!" - eine in Deutschland schon länger grassierende, seit Ausbruch des Krieges sich noch zuspitzende Stimmungslage im Kern traf.[1] Für die Unzufriedenheit mit dem Wolff'schen Telegraphischen Bureau führte Rotheit eine ganze Reihe von kritischen Stimmen an. Der Verein Deutscher Zeitungsverleger hatte schon 1912 bemängelt, daß das WTB aufgrund der Kartellverträge deutsche Zeitungen mit "direkt deutschfeindlich zurechtgestutzten Meldungen aus dem Ausland beliefere"[2] und es mangels anderen Materials zu dem "unglaublichen Ergebnis" komme, daß dieses unwidersprochen in Deutschland verbreitet werde. Auf der anderen Seite ging die Kritik von Kreisen der Wirtschaft aus. In einer Mitteilung an die Presse beklagte 1913 der Bund der Industriellen (BdI) "die einseitige Beeinflussung der ausländischen Presse durch bestimmte französische und englische Nachrichtenbüros".[3] Dem BdI ging es dabei vor allem um seine überseeischen Geschäftsverbindungen und den Absatz deutscher Erzeugnisse im Ausland. Man befürchtete, daß deutsche Wirtschaftskraft und deutsche Leistungsfähigkeit durch die Filter der englischen und französischen Nachrichtenagenturen beeinträchtigt würden.

Von welcher Seite man das Problem damals auch betrachtete, das Ergebnis der Überlegungen war bei allen Stimmen das gleiche: Man sah die deutschen Interessen im internationalen Nachrichtenwesen zu wenig bzw. überhaupt nicht vertreten. Hinter dieser Auffassung steckte eine Haltung, die schon im Streben des Deutschen Reiches nach einem "Platz an der Sonne" neben den etablierten

1 Vgl. Rudolf Rotheit: Die Friedensbedingungen der deutschen Presse. Los von Reuter und Havas! Berlin 1915.

2 Zit. nach ebd. S. 14.

3 Zit. nach ebd. S. 13.

Großmächten Frankreich und England in anderen Bereichen - bei Kolonialpolitik und Flottenrüstung - zum Ausdruck gekommen war. Die daraus folgende Forderung erklang unisono: ein großes, mächtiges deutsches Nachrichtenbüro, das international unabhängig arbeitet und Reuter und Havas Paroli bieten kann. Das WTB war dazu durch seine Bindung an die Kartellverträge nicht in der Lage. Außerdem wiesen seine Direktoren den Aufbau eines eigenständigen Weltnachrichtendienstes als finanziell untragbar zurück.[4] So kam nur die Gründung eines weiteren Nachrichtenbüros, das weltweit operieren sollte, in Frage.

Die Vorstellungen hinsichtlich der Realisation gingen allerdings auseinander. Während Vertreter der Presse über einen durch alle Zeitungen anteilsmäßig getragenen selbständigen Nachrichtendienst nachdachten,[5] der sich an der amerikanischen AP orientieren sollte,[6] setzten Handel und Industrie auf ihre eigene Finanzkraft und die Unterstützung der Regierung.[7]

Die Presse kam bei ihren Bemühungen nie über das Nachdenken hinaus. Zwar hat die Leitung des Vereins Deutscher Zeitungsverleger sich 1906 mit der "Einrichtung eines unabhängigen telegraphischen Dienstes für die Presse"[8] beschäftigt, doch im Ergebnis blieb man in Vorarbeiten stecken. Daß der Reichsverband der Deutschen Presse (RDP) noch im Juni 1914 - als einige Dinge schon ins Rollen kamen - die Hinzuziehung des RDP, des Vereins Deutscher Zeitungsverleger (VDZ) sowie der Leiter des Wolff-Büros bei der Gründung einer internationalen Nachrichtenagentur forderte,[9] zeigt deutlich, daß die Presse wieder außen vor blieb.

Auch die Ansätze der deutschen Industrie- und Handelskapitäne waren zunächst bescheiden. Der Versuch der Handelskreise, auf die ausländische Presse Einfluß zu nehmen und - vor allem wirtschaftspolitische - Meldungen aus dem Ausland zu verbreiten, wurde zunächst über die doppelstaatlichen Verbände gemacht.[10] Doch diese Nachrichtendienste offerierten nur Zufallsprodukte und

---

4 Vgl. dazu Dieter Basse: Wolff's Telegraphisches Bureau 1849 bis 1933. Agenturpublizistik zwischen Politik und Wirtschaft. München, London, New York, Paris 1991.

5 Vgl. Rudolf Rotheit a. a. O. S. 18.

6 Ebd. S. 44f. Siehe auch Ernst Heerdegen a. a. O. S. 90ff.

7 Vgl. Rudolf Rotheit a. a. O. S. 14f.

8 Friedrich Fuchs a. a. O. S. 204.

9 Vgl. Rudolf Rotheit a. a. O. S. 24.

10 Vgl. dazu Theodor Schuchart: Die deutsche Außenhandelsförderung. Berlin 1918. S. 99ff.

auf Sonderinteressen abgestellte Mitteilungen, die noch nicht einmal den Gesamtquerschnitt des wirtschaftlichen Fachinteresses befriedigen konnten, geschweige denn das Informationsbedürfnis der Presse.

Den ersten ernsthaften Versuch, einen unabhängigen politischen und wirtschaftlichen Überseedienst zu schaffen, stellte die Errichtung der 'Deutschen Kabelgrammgesellschaft' im Jahre 1906 dar.[11] Dieses vom Bankhaus Ascher gegründete Unternehmen, das sich vor allem den handelspolitisch interessanten Bereichen Südamerika und Ostasien widmete, konnte sich aber nicht durchsetzen.

Der Drang deutscher Industrie-, Handels- und Bankenkreise, sich zumindest in ihren wichtigsten Exportpartnerländern in Südamerika und Ostasien eigene Nachrichtenverbindungen aufzubauen, wurde um 1914 jedoch immer spürbarer. Statt aber den Versuch einer Zusammenarbeit mit den Zeitungsverlegern zu machen, richtete man sein Augenmerk auf die Reichsregierung, namentlich auf die Pressestelle des Auswärtigen Amtes (AA).

Die wichtigsten amtlichen Pressestellen vor dem Krieg waren die Büros des AA und des Reichsmarineamtes (RMA).[12] Diese unterhielten eigene Verbindungen zur Presse und betrieben eine ausgedehnte Nachrichtenpolitik. Der Stellenwert des Pressereferates des AA ist dabei besonders hervorzuheben; zum einen, weil es für die deutsche und vor allem internationale Presse die ergiebigste und umfangreichste amtliche Informationsquelle darstellte, zum anderen, weil sich in der Person Otto Hammanns, der dieses Referat seit 1894 leitete, eine für die Entstehung der Transocean GmbH eminent wichtige Einflußgröße herauskristallisierte. Hammann war die treibende Kraft der Transocean-Entstehung. Der Mann an der Spitze des Pressereferates war ein geschulter Journalist. Vor seiner Berufung zum Pressechef des AA hatte er sich als Mitarbeiter der "Schlesischen Zei-

---

11 Vgl. Christine Wunderlich: Deutsche telegraphische Nachrichtenbüros bis zum Ersten Weltkrieg, im vorliegenden Band S. 53ff.

12 Vgl. dazu Walter Vogel: Die Organisation der amtlichen Presse- und Propagandapolitik des Deutschen Reiches. Berlin 1941 (auch Sonderheft Zeitungswissenschaft 16/1941 Nr. 8/9).- Isolde Rieger: Die Wilhelminische Presse im Überblick 1888-1918. München 1957.- Gerhard Hesse: Kommunikationsobservanz in Wilhelminischer Zeit (1890-1914). In: Heinz-Dietrich Fischer (Hrsg.): Deutsche Kommunikationskontrolle des 15. bis 20. Jahrhunderts. München, New York, London, Paris 1982. S. 153-184.- Wilhelm Deist: Flottenpolitik und Flottenpropaganda. Das Nachrichtenbüro des Reichsmarineamtes 1897-1914. Stuttgart 1976.

tung", des "Hamburgischen Correspondenten" und der "Münchner Allgemeinen Zeitung" einen Namen gemacht. Unter seiner Regie trat die innenpolitische Pressearbeit in den Hintergrund. Mit der Kolonial- und Großmachtpolitik des Deutschen Reiches erhielt die Beobachtung und Nachrichtenversorgung der ausländischen Presse Vorrang.[13]

Schon früh erkannte Hammann die Notwendigkeit eines unabhängigen Depeschendienstes nach Übersee und baute diesen konsequent aus: "In Erkenntnis der nachteiligen Wirkungen, die im Auslande dadurch hervorgerufen werden, daß dieses über deutsche Verhältnisse hauptsächlich durch die Depeschenbüros Reuter und Havas unterrichtet wurde, hatte das Auswärtige Amt schon zu Beginn des Jahrhunderts einen Depeschendienst nach Ostasien eingerichtet und dann im Jahre 1908 das "Transatlantische Büro" zu dem Zwecke gegründet, die überseeische Presse mit Telegrammen über Deutschland zu versehen. Das Büro hat durch Anbahnung von Beziehungen zu großen Zeitungsunternehmungen in Argentinien, Chile, Brasilien und anderen südamerikanischen Ländern sowie in Australien und Südafrika beträchtliche Erfolge erzielt."[14] Dieses von Hammann betriebene "Transatlantische Büro", das wenig später nach außen als privates Unternehmen mit dem Namen "Transocean Gesellschaft" auftrat, bildete die Keimzelle des 1913 gegründeten "Syndikats Deutscher Überseedienst".[15]

2. Das Syndikat Deutscher Überseedienst als Vorläufer

Mit der Gründung der Transocean Gesellschaft hatte Hammann zielstrebig einen überseeischen Nachrichtendienst aufgebaut, der das Deutsche Reich aus der nachrichtenpolitischen Isolation führen sollte. Doch dieser Dienst reichte bei weitem noch nicht aus. Zum einen, weil die zur Verfügung stehenden Reichsmittel zum Aufbau einer Reuter und Havas ebenbürtigen Konkurrenz nicht genügten, und zum anderen, weil ein gänzlich in Reichsbesitz befindliches Nachrichtenbüro auf dem Weltmarkt keine Chance hatte, da es bei Bekanntwer-

---

13 Vgl. Kurt Koszyk: Deutsche Presse im 19. Jahrhundert. Berlin 1966. S. 255f.

14 DZA. AA Nr. 57.870, Transocean-Gesellschaft Allgemeines, Bd. 3 (Hammann an den Direktor der Rheinischen Creditbank in Mannheim, Ludwig Janzer, vom 15.12.1916).- Vgl. Dieter Basse a. a. O. S. 170ff.

15 Maju Russländer a. a. O. S. 107.

den dieses Zusammenhangs sofort seine Glaubwürdigkeit im Ausland verlieren würde. Um endlich den großen Wurf im Bereich des internationalen Nachrichtenaustausches zu tun, bedurfte es der Hilfe der deutschen Wirtschaft. Die aber konnte sich zunächst auf kein gemeinsames Konzept einigen und verhedderte sich in zahllosen Korrespondenzen und doppelstaatlichen Wirtschaftsvereinen: "Innerhalb der Kreise, die das Bedürfnis (nach einem großen internationalen Nachrichtenbüro; Anm. d. Verf.) grundsätzlich anerkannten, aber entstand der in Deutschland übliche unfruchtbare Kampf um die Art der Ausführung."[16]

Dank Hammanns Bemühungen fanden die interessierten Kreise dann doch noch zueinander: "Endlich gelang es im Jahre 1913, Kreise der Industrie, des Handels, der Schiffahrt und der Großbanken für die Mitarbeit an jener großen nationalen Aufgabe zu gewinnen. Es wurde das Syndikat 'Deutscher Überseedienst' gegründet."[17] In ihm gingen Ende März 1914 verschiedene Agenturen auf, die bislang selbständig, aber mit viel zu geringen Mitteln Depeschendienste nach Südamerika, China, Australien und in den Nahen Osten betrieben hatten. Es waren dies: die Weltkorrespondenz, die Kabelkorrespondenz, die allgemeine Korrespondenz, die Transocean-Gesellschaft und die Deutsche Kabelgramm GmbH.[18]

Ziel des Syndikats, welches das magere Ergebnis einer geplanten Welthandelsgesellschaft darstellte,[19] war laut Vertrag:

"1. die bestehenden deutschen Depeschendienste nach Südamerika, Australien, Südafrika und dem Nahen und Fernen Osten zu übernehmen, zu erweitern und auf andere Länder auszudehnen;

2. diese Depeschendienste für die Interessen von Handel und Industrie durch enge Verbindung mit den Wirtschaftskreisen wirksamer zu gestalten;

3. die deutschen Inseratenaufträge nach dem Auslande in der Richtung der Förderung der deutschen Interessen nutzbar zu machen;

4. schnelle Information aus dem Auslande für die Wirtschaftskreise im Inlande zu vermitteln."[20]

---

16 Ebd. S. 82.

17 Hammann an Janzer 15.12.1916, vgl. Anm. 14.

18 Vgl. Dankwart Guratzsch: Macht durch Organisation. Die Grundlegung des Hugenbergschen Presseimperiums. Düsseldorf 1974. S. 232f.- Christine Wunderlich a. a. O. S. 53ff.

19 Vgl. dazu Rudolf Rotheit a. a. O. S. 32 und S. 35f. Ferner Dankwart Guratzsch a. a. O. S. 232.

20 Zitiert nach § 1 des Syndikatsvertrages, Anlage zu: Der deutsche Überseedienst und seine Bedeu-

Diese Zielsetzungen trugen unverkennbar die Handschrift der exportorientierten deutschen Industrie. Daß der Erwartungshorizont - zumindest bei den amtlichen Stellen - deutlich höher geschraubt war, als die vergleichsweise bescheidenen Formulierungen des Vertragstextes zum Ausdruck bringen, zeigt die Äußerung Hammanns vom Dezember 1916: "Dies Syndikat sollte den Kampf gegen die Monopole der genannten (Reuter und Havas; Anm. d. Verf.) ausländischen Depeschenagenturen in verstärktem Maße aufnehmen..."[21]

Die Struktur des Unternehmens war vorläufig noch sehr locker. Das Syndikat bestand aus einem zwanglosen Zusammenschluß von - nach einigen Monaten Anlaufzeit - rund 300 Firmen, die Jahresbeiträge, garantiert zunächst auf drei Jahre zeichneten. Der jährliche Mindestbeitrag betrug dabei 1.000 Mark. Alles in allem beliefen sich die Jahresbeiträge auf 500.000 Mark; hinzu kam ein jährlicher Reichszuschuß aus dem Geheimfonds des AA von 250.000 Mark und eine Summe von 500.000 Mark, die die beteiligten Firmen aus anderen Auslandsaktivitäten abzogen.[22] Die konzertierte Aktion von AA und Wirtschaft verschaffte der neuen Organisation mithin feste jährliche Einkünfte von rund 1.250.000 Mark; damit verfügte das Syndikat über erhebliche Geldmittel, die weit über denen vergleichbarer Korrespondenzen lagen.[23]

Die hinter dem Syndikat stehenden Interessengruppen personifizierten sich vor allem in dem dreiköpfigen Direktorium und der Position des Geschäftsführers. Hjalmar Schacht, Direktor bei der Deutschen Bank, als Vertreter der

---

tung für Deutschlands Handel, Industrie und Verkehr. Gedruckte Werbeschrift des DÜD vom Januar 1917. Mannesmann Aktiengesellschaft Archiv (im folgenden M): P 1/26/45 Bd. 1.

21 Vgl. Anm. 14.

22 Die Angaben stammen aus dem Bericht des englischen Botschafters Sir Edward Goschen an die britische Regierung vom 27.2.1914, d. h. noch einen Monat vor der offiziellen Gründung des Syndikates. Die Briefe Goschens wurden im September 1914 als: 'Berichte des Königl. Botschafters in Berlin über eine spezielle Deutsche Organisation zur Beeinflussung der Presse anderer Länder, vorgelegt beiden Häusern des Parlaments auf königlichen Befehl' in einer Sondersammlung dem Parlament vorgelegt. Sie sind abgedruckt bei Rudolf Rotheit a. a. O. S. 35ff. Die von Goschen angegebenen Beträge bestätigt eine Aufzeichnung der Transocean-Geschäftsleitung, die im Institut für Zeitungsforschung der Stadt Dortmund vorliegt: Die Transocean, Aufzeichnungen der Geschäftsleitung, Berlin 1950, I AK 67/1169.

23 Die ebenfalls 1914 gegründete Telegraphen Union hatte ein Stammkapital von 257.000 Reichsmark und mit Außenständen einen Verlagswert von rund 433.000 Reichsmark. Vgl. dazu Martin Neitemeier: Die Telegraphen-Union, im vorliegenden Band.

Großbanken; Conrad v. Borsig von der Maschinenbauanstalt A. Borsig in Berlin als Vertreter der Maschinenbau- und Fertigwarenindustrie; und Max Rötger, ehemaliger Krupp-Manager und Vorsitzender des Centralverbandes der Industriellen (CDI) als Vertreter der Schwerindustrie, saßen im Direktorium. Leitender Geschäftsführer wurde mit Ludwig Asch ein Vertrauensmann des AA.[24] Vertreter des BDI und des Hansabundes für Gewerbe, Handel und Industrie saßen im Verwaltungsrat des Syndikates.

Nun schwammen die konkurrierenden Wirtschaftsverbände (BDI und Hansabund vs. CDI) samt den offiziellen Stellen (Presseabteilung AA) in einem Boot, die Presse hingegen ließ trotz flammender Proteste keiner an Bord. Im folgenden Jahr hob das Tauziehen um die beherrschenden Positionen innerhalb der neuen Organisation an. Insbesondere Alfred Hugenberg versuchte über den CDI und die eilige Gründung der Ausland GmbH, Einfluß auf den neu entstehenden Nachrichtenbetrieb zu gewinnen.[25] Er brachte so das anfängliche Gleichgewicht der wirtschaftlichen Kräfte innerhalb des DÜD ins Wanken.

Der Kriegsausbruch 1914 spielte innerhalb des Syndikats dann alle Trümpfe in die Hand des Reiches. Zum einen durch die sogleich verhängte Zensur aller Nachrichtendienste bei den militärischen Ressorts (Oberste Heeresleitung, Presseabteilungen der Generalkommandos, Oberkommando in den Marken) und beim Kriegspresseamt, zum anderen durch die dem Reich unterstellte Großfunk-

---

24 Vgl. Deutsche Export Revue vom 5. Juni 1914, abgedruckt bei Rudolf Rotheit a. a. O. S. 32ff (bei Rotheit ist ein Druckfehler unterlaufen, die "Deutsche Export Revue" erscheint dort fälschlich unter dem Datum 5. Juni 1904). Vgl. auch Dankwart Guratzsch a. a. O. S. 233 und S. 396. Asch war offensichtlich Hammanns Statthalter in der neuen Organisation. Dr. Georg Irmer, Wirklicher Geheimer Legationsrat, Generalkonsul a. D., ein einflußreicher Konservativer (Mitglied des Preußischen Abgeordnetenhauses) bezeichnet Asch in einem Brief an Hugenberg vom 11.7.1914 als "lediglich eine Kreatur des Geheimrat H(ammann D. G.)" Zit. nach Guratzsch a. a. O. S. 233. Rötger, der von 1909 bis 1919 Präsident des CDI war, befand sich "ganz in der Hand von Hugenberg" (Carl Friedrich von Siemens an Natalis am 20.1.1915). Zit. nach ebd. S. 100.

25 Vgl. dazu Dankwart Guratzsch a. a. O. S. 114ff und 232ff.

station Nauen,[26] über die der gesamte überseeische Nachrichtenverkehr während des Krieges lief.

Neben politischen Gründen (Kontinentalpolitik) hatte die vergleichsweise bescheidene Stellung des deutschen Nachrichtenwesens gegenüber den Ententemächten auch eine technisch-organisatorische Ursache, die in der englischen Kabelmacht begründet lag. Kurz nach Kriegsausbruch hatte England rund 54 Prozent, d. h. 281.828 km des Weltkabelnetzes in der Hand, die (bis 1917 neutralen) USA 20 Prozent, d.h. 100.831 km, Frankreich etwas über 8 Prozent, d.h. 43.680 km, und Deutschland etwas weniger mit 43.294 km.[27] Dies war nicht bedenklich, solange kein Konflikt ausbrach, da man ausländische Kabel zur Übermittlung deutscher Nachrichten in Anspruch nehmen konnte. So war es auch vom Syndikat DÜD zunächst geplant gewesen.

Schon in der Julikrise 1914 weigerten sich die Ententemächte jedoch, deutsche Telegramme in chiffrierter Form zu übermitteln und nahmen generell keine Telegramme mehr in deutscher Sprache an. Noch während die Kriegserklärungen zwischen Deutschland, Rußland, Frankreich und England ausgetauscht wurden, meldete das Haupttelegraphenamt in Berlin am 2.8.1914: "die ... Leitungen nach Petersburg, Moskau, Warschau, Paris und London sind seit heute morgen auf russischer, französischer und englischer Seite unterbrochen."[28] Auch die neutralen und deutschen Kabel standen dem Reich dort, wo sie das geschlossene Territorium der Mittelmächte verließen, bald nicht mehr zur Verfügung. Die letzte noch bestehende Verbindung Deutschlands nach Nordamerika, über die Azoren auf den Kabeln der deutsch-atlantischen Gesellschaft, unterband die

---

26 Die Versuchsstation Nauen wurde schon 1906 von Telefunken dem Reich zur Verfügung gestellt und arbeitete mit starker Unterstützung aus Reichsmitteln an dem überseeischen Nachrichtenaustausch. Während des Krieges gingen die Großfunkstationen (Nauen, Eilvese und Königswusterhausen) gänzlich in die Hände des Heeres und der Marine über. Einzelheiten dazu sind festgehalten in einer "Denkschrift des Reichs-Postamtes über die Entwickelung und umfassende Ausgestaltung der drahtlosen Telegraphie für den allgemeinen Nachrichtenverkehr" vom Januar 1919. Die Denkschrift ist zugänglich im Bundesarchiv, Koblenz (im folgenden BA) R 85/756.

27 Angaben des "Internationalen Bureaus des Welttelegraphenvereins" in Bern, in: Kölnische Volkszeitung vom 23.11.1914 ('Das Weltkabelnetz und die englische Kabelherrschaft').- Vgl. auch Hans Pieper: Die englischen Bemühungen vor dem Ersten Weltkrieg um ein weltweites Kabel- und Funkmonopol. In: Archiv für deutsche Postgeschichte H. 1/1975 S. 79-95.

28 BA. R 85/850 (Mitteilung des Haupttelegraphenamtes, Berlin an das AA v. 2.8.1914).

portugiesische Regierung auf Druck der Engländer am 9.12.1914.[29] Gut zwei Wochen vorher hatten die Engländer das einzige Transatlantikkabel der Deutschen nach Südamerika, das im brasilianischen Pernambuco endete, durchschnitten.[30]

Ein überseeischer Verkehr via Kabel, den das Syndikat gerade aufzubauen gedachte, war mithin unmöglich geworden. So lag es auf der Hand, eine schon im Ausbau begriffene, noch relativ neue Technologie zu nutzen - die Funkentelegraphie. Diese durch Kriegsnotwendigkeiten bedingte Hinwendung des Syndikates - und damit auch der Transocean GmbH - zum Funk war eine Lebensentscheidung des Unternehmens. Der Nachrichtendienst über Funk wurde und blieb das Markenzeichen des Transocean-Dienstes. Wenn später Abhandlungen, Artikel oder Aufsätze über den 'drahtlosen Nachrichtendienst' in Deutschland erschienen, so war dieser Begriff ein Synonym für Transocean.

Der 'Transoceandienst' (nach der Telegrammadresse des Syndikates DÜD benannt), der in den ersten Wochen und Monaten des Krieges noch gelegentlich und in unregelmäßigen Abständen Nachrichten aussendete, entwickelte sich zu einem regelmäßig sendenden Funkdienst. Von der Großfunkstation Nauen aus (zu einem geringen Teil auch von der Funkstation Eilvese), damals im Besitz der Telefunkentochtergesellschaft Transradio AG für drahtlosen Überseeverkehr, wurde der Transoceandienst - sehr zum Ärger der Ententemächte - über die ganze Welt verbreitet.

Bereits vor Ausbruch des Krieges hatte sich das Absatzgebiet des Syndikatsdienstes erweitert. Neben den bereits bestehenden Diensten nach Südamerika, Ostasien, Australien und in den Nahen Osten tauchten die Transocean-Meldungen jetzt auch in Mittelamerika und Spanien auf. Nach dem Kriegsausbruch waren diese Gebiete auf den aufgebauten Funkdienst, teilweise kombiniert mit dem Drahtweg, angewiesen. Mit Drahtnachrichten wurden seit Beginn des Krieges noch Bulgarien, Rumänien und Griechenland versorgt.[31]

Der Weg der überseeischen Nachrichten wurde mit der Sperrung etlicher ausländischer und der Durchschneidung aller deutschen Kabel kompliziert, aber er führte zu allen Plätzen der Welt. Die von Nauen gesendeten Telegramme wurden

---

29 BA. R 85/851 (Telegramm des Internationalen Bureaus des Welttelegraphenvereins, Bern an das AA v. 9.12.1914).

30 Ebd. (Mitteilung des Reichspostamtes (RPA) an das AA v. 23.11.1914).

31 M: P/1/26/45 Bd. 1 (Werbeblatt des DÜD v. Mai 1915).

in den USA von den beiden Telefunkenstationen Sayville und Tuckerton aufgenommen. Von dort aus wurden die Meldungen - insbesondere der deutsche Heeresbericht - an die nordamerikanischen Zeitungen verteilt. Auf dem Drahtwege wurde dann Mittel- und Südamerika versorgt, da diese Gebiete von der drahtlosen Telegraphie noch nicht erreicht werden konnten. Über Mexiko ging die Nachricht nach Guatemala, von dort an die Nachbarländer Costa Rica, Nicaragua, Honduras und El Salvador, um über Kolumbien und Chile nach Argentinien zu gelangen. Dort erschien dann die in Sayville (USA) aufgenommene Meldung in den Spalten der in Buenos Aires erscheinenden Tageszeitung 'La Union', die den TO-Dienst besonders eifrig nachdruckte. Von Valparaiso, Chile, aus, gingen die Nachrichten nach Lima in Peru, und von Buenos Aires aus wurde Brasilien, wo das tote deutsche Kabel landete, als letzter südamerikanischer Staat versorgt.[32]

Ebenfalls über die USA lief die Versorgung Ostasiens. Über das amerikanische Kabel Guam - Manila - Shanghai gelangte der TO-Dienst an den "Ostasiatischen Lloyd", der die Nachrichten an eine ganze Reihe chinesischer Blätter weitergab. Die Abonnenten des Ostasiatischen Lloyd[33] erhielten so monatlich einen Dienst von rund 25.000 Wörtern, ein mit dem dortigen Reuter-Dienst vergleichbarer Umfang. Von Shanghai aus wurden die Nachrichten nach Japan gekabelt, und nach Bangkok richtete der Lloyd - mangels Kabel - sogar einen Botendienst ein, der allerdings 6 Tage mit seinen brandaktuellen Meldungen unterwegs war.[34] Neben den Funk- (1000 Worte TO-Funkspruch und 400 Worte-Dienst) und Kabeldiensten (zwei nach Konstantinopel an Agence Milli

32 Vgl. Die Transocean. Aufzeichnungen der Geschäftsleitung. S. 8.

33 Der "Ostasiatische Lloyd" verbreitete seit 1899 Nachrichten aus Deutschland in Ostasien. Der damalige Chefredakteur dieser Gesellschaft berichtete, daß nach dem Abbruch der direkten Kabelverbindung von Berlin ab November 1914 die regelmäßige Telegrammversorgung über die USA sichergestellt war. Vgl. dazu Wilhelm Schwedler: Die Nachricht im Weltverkehr. Berlin 1922. S. 81. Einzelheiten der Übermittlung der TO-Telegramme von Sayville nach Südamerika sind in einem Bericht der Gesellschaft für Drahtlose Telegraphie m. B. H. (Telefunken) vom März 1917 enthalten. Der Bericht schildert die Bemühungen der amerikanischen Transocean-Agenten um die Aufrechterhaltung des TO-Dienstes in Mittel- und Südamerika nach dem Abbruch der diplomatischen Beziehungen zwischen den USA und Deutschland im Februar 1917. Diese scheiterten endgültig mit der Kriegserklärung der USA vom 6.4.1917. Vgl. BA. R 85/754 (Telefunken an AA, März 1917).

34 Vgl. Die Transocean. Aufzeichnungen ... S. 8.

und Osmanischer Lloyd), die direkt unter amtlicher Regie geführt wurden, verbreitete das Syndikat noch einen brieflichen und einen Bilderdienst.

Daß alle diese TO-Dienste, ebenso wie z. B. der vom WTB redigierte Königswusterhausener Funkspruch, im Sinne einer deutschfreundlichen Berichterstattung, vor allem im neutralen Ausland, arbeiteten, liegt auf der Hand und wurde von den verantwortlichen Journalisten auch nie in Frage gestellt.[35]

3. Die Gründung der Transocean GmbH

Schon bei der 1914 beschlossenen Syndikatsgründung gehörte die Überführung des losen Syndikatsverbandes in eine handelsrechtlich verbindliche Form zu den Kernpunkten. Man wollte dem neuen Nachrichtendienst jedoch zunächst eine dreijährige Probezeit zubilligen, nach deren Ablauf man sich über die Notwendigkeit und die Modalitäten einer anderen Gesellschaft schlüssig zu werden hoffte. Der Krieg und die damit verbundenen Anforderungen, die den TO-Dienst plötzlich zu Deutschlands - die Nachrichtenblockade durchbrechende - Stimme in der Welt machten, "... ließen es zweckmäßig erscheinen, mit Rücksicht auf die sehr viel größeren Mittel, die der Dienst erfordern wird, ihm eine Form zu geben, die dazu zwingt, nach streng kaufmännischen Grundsätzen zu verfahren und den handelsrechtlichen Bestimmungen im weitesten Maße Rechnung zu tragen. Aus diesem Grunde wurde die Transocean GmbH schon jetzt begründet".[36]

Der Beschluß zur Gründung einer Gesellschaft unter dem Namen "Transocean" mit einem Stammkapital von 1 Million Mark wurde in der Syndikatsversammlung vom 19. April 1915 gefaßt. Die Wahl des Namens begründete das Syndikat mit dem weltweiten Bekanntheitsgrad des "Schlüsselwortes Transocean" (was nicht ganz stimmt, da die TO-Meldungen in weiten Teilen der Welt unter dem Begriff "Nauen-press" bzw. "the german wireless" firmierten) und mit

---

35 Der spätere Chefredakteur der TO, Wilhelm Schwedler, betont, daß "dieser Dienst, mit ganz offenem Visier arbeitend, im Reichsinteresse wirken sollte" und sieht die wohlwollende Neutralität insbesondere Spaniens und Griechenlands nicht zuletzt in den Nachrichten der TO-Funkdienste begründet. Vgl. Wilhelm Schwedler: Die Nachricht im Weltverkehr a. a. O. S. 79f.

36 Zit.: M: P 1/26/45 Bd. 1 (Grundlagen und Ziele des DÜD, Werbeschrift der TO GmbH v. Juni 1915).

dem Hinweis, daß "diese Bezeichnung in sprachlicher Hinsicht dem Ausländer keine Schwierigkeit" bereite.[37]

Die Gesellschafter der Transocean waren identisch mit den Mitgliedern des Syndikates, ihre Beiträge wurden in Geschäftsanteile der Transocean GmbH umgewandelt. Sie wurden auf zwei Fünftel der - auf fünf Jahre berechneten - gezeichneten Gesamtbeiträge bemessen. Die restlichen drei Fünftel sollten der TO-Gesellschaft später als Aufgeld zufließen.[38] Die Syndikatsbeiträge verwandelten sich so automatisch in einen Geschäftsanteil der TO GmbH, dies galt nicht für den Reichszuschuß durch das AA,[39] der jedoch in unveränderter Höhe erhalten blieb. Eine offenkundige Beteiligung des Reiches wollte man aus naheliegenden Gründen vermeiden. Statt dessen entsandte man einen Vertrauensmann des Reichskanzlers in die Gesellschaft, der dort den Regierungsinteressen den nötigen Nachdruck verleihen sollte. Außerdem forderte die Regierung eine "neutrale wirtschaftlich-kaufmännische Geschäftsleitung".[40] Hier lag von Anfang an Zündstoff in der Luft, da die Montan-Industrie unter Hugenbergs Federführung die Gesellschaft von Beginn an majorisieren wollte.

Die Gründung der Gesellschaft erfolgte am 10.5.1915, ihre Eintragung in das Handelsregister datiert vom 15.9. des gleichen Jahres. Der Aufsichtsrat bestand aus den gleichen Vertretern, die vorher den Verwaltungsrat des Syndikates gebildet hatten. Zu Geschäftsführern wurden Theodor Schuchart und Günther

---

37 Ebd.

38 M: P 1/26/45 Bd. 1 (Protokoll der Mitgliederversammlung des Syndikats v. 19.4.1915).

39 Dies nimmt Guratzsch fälschlicherweise an. Er setzt den Zuschuß des AA von 250.000 RM mit einem Mitgliedsbeitrag an das Syndikat gleich. Dies ist nicht korrekt. Vgl. dazu Dankwart Guratzsch a. a. O. S. 236 und S. 406.

40 "Hauptbedingung war die Errichtung einer politisch-literarischen Oberleitung durch seinen (des Reichskanzlers; Anm. d. Verf.) Vertrauensmann und einer wirtschaftlich-kaufmännischen Oberleitung durch ein neutrales, keiner der beiden Interessengruppen Großindustrie und Exportkaufmannschaft angehörendes Mitglied des Aufsichtsrates." (Hammann an Janzer 15.12.1916) vgl. Anm. 14.

Thomas benannt.[41] Das Syndikat selbst löste sich jedoch nicht auf, sondern blieb mit der Zielsetzung, weiterhin neue Mitglieder anzuwerben, erhalten.[42]

4. Die Trennung zwischen Transocean und Deutschem Überseedienst

Zwei gegensätzliche Interessengruppen, die nur mühsam zueinander gefunden hatten, gaben dem Syndikat und der aus ihm hervorgegangenen Transocean-Gesellschaft von Anfang an ein Janusgesicht, das hinter dem gerade in Schwung kommenden Depeschendienst immer deutlicher zu Tage trat: Das Reich, dessen hervorragendster Exponent Otto Hammann war, und die Wirtschaft - insbesondere die von Hugenberg in diesem Konflikt gelenkte Montanindustrie. Hugenberg war von Beginn an bemüht, die neuentstehende Nachrichtenorganisation zu majorisieren und den entscheidenden Einfluß auf sie zu erringen.

Genau dies, die beherrschende Stellung einer Wirtschaftsgruppe, wollte die Reichsregierung vermeiden. Als sich bereits bei der Syndikatsgründung eine solche Entwicklung abzeichnete (über den CDI flossen 100.000 Mark p. a. und über die Ausland GmbH noch einmal 80.000 Mark aus der Schwerindustrie in das Syndikat), verlangte die Regierung eine Erweiterung des Gesellschafterkreises um ausschließlich "freihändlerische" bzw. "gemäßigt schutzzöllnerische" Wirtschaftsgruppen, deren Interessen in weiten Bereichen denen der Schwerindustrie entgegenstanden.[43]

Hinter diesem Ansinnen und der wenig später erfolgenden Publikation des Programms der Gesellschaft in der "Berliner Export Revue" vermutete Hugenberg Otto Hammann als "Quelle entstandener Schwierigkeiten" und traute ihm -

---

41 Theodor Schuchart war ein Vertrauenskandidat der Industrie. Nachdem er sechs Jahre bei einem industriellen Großbetrieb gearbeitet hatte, ging er 1914 zum Kriegsausschuß der deutschen Industrie (KDI). Nach dem Krieg berief ihn die TH Braunschweig zum ordentlichen Professor für Wirtschaftswissenschaften und Auslandskunde. Günther Thomas, Vorstandsmitglied der Berliner Ortsgruppe des Deutschen Schriftsteller-Verbandes, hatte im November 1914 Leitsätze über "Deutschland und die öffentliche Meinung des Auslandes" publiziert und eine selbständige Organisation der deutschen Tagespresse für den Auslandsnachrichtendienst sowie telegraphische Verbindungen mit dem gesamten Ausland gefordert. Vgl. dazu Dankwart Guratzsch a. a. O. S. 236.

42 M: P 1/26/45 Bd. 1 (Werbeschrift des Syndikats DÜD v. Juni 1915).

43 Vgl. Dankwart Guratzsch a. a. O. S. 115f.

wohl zu Recht - zu, daß er "seine Kreise zu stören geneigt sei".[44] Mit ihrem Beharren auf dem gleichmäßigen Einfluß aller Zweige von Industrie und Handel setzte sich die Regierung zunächst durch.[45]

Doch Hugenberg steckte so schnell nicht auf. Sein wichtigstes Machtinstrument war die Ausland GmbH. Diese erwarb bei der Gründung der Transocean GmbH sofort Anteile im Wert von 160.000 Mark, die mit Abstand größten in der Liste der Anteilszeichner. Hinzu kamen die Einzelzeichnungen der Schwerindustrie (z. B. Krupp mit 100.000 Mark), die der Hugenberg-Gruppe rund 40 Prozent des Gesellschaftskapitals sicherten.[46] Die ursprüngliche Absicht des Syndikats, mit freibleibenden Anteilsscheinen weitere Gesellschafter, insbesondere aus Kreisen des BDI anzuwerben, war durchkreuzt worden, einem stärkeren Einfluß der Montanindustrie der Boden bereitet. Hinzu kam, daß der anfangs von der Regierung protegierte "mobile Besitz" mittlerweile in seiner Loyalität zu derselben gespalten war; die verarbeitende Industrie hatte sich durch das Einschwenken in die Kriegszielbewegung, in der sich der Gegensatz zwischen Regierung und Schwerindustrie manifestiert hatte, bewußt in Opposition zur Reichsleitung begeben.[47] Die Position der Regierung innerhalb der Transocean wurde immer wackliger.

In dieser Situation wandte sich der Reichskanzler mit einem Brief an die erste Mitgliederversammlung der TO GmbH am 13.12.1915: "Die Transocean GmbH soll das dringende Bedürfnis einer wirksamen Auslandspropaganda durch Depeschen und briefliche Dienste für die überseeische Presse unter gleichmäßigem Einfluß aller Zweige von Industrie und Handel erfüllen helfen. Für andere Zwecke, insbesondere der Einwirkung auf innere politische und wirtschaftliche Verhältnisse, kann der Reichszuschuß nicht gegeben werden. Deshalb erscheint es mir erforderlich, daß abgesehen von der neutralen Oberleitung des wirtschaftlich-kaufmännischen Teils ... der Aufsichtsrat und der Arbeitsausschuß der Gesellschaft nicht nach der Kapitalbeteiligung der einzelnen Wirtschaftsgruppen, sondern unter gleichmäßiger Berücksichtigung aller Gruppen der Industrie,

---

44 Ebd. zitiert Guratzsch Hugenberg in einem Brief an Irmer v. 27.6.1914.

45 Vgl. Ludwig Bernhard: Der Hugenberg-Konzern. Psychologie und Technik einer Großorganisation der Presse. Berlin 1928. S. 63.

46 M: P 1/26/45 Bd. 1 (Grundlagen und Ziele des DÜD, Juni 1915).- Dankwart Guratzsch a. a. O. S. 236 und S. 406.

47 Vgl. Dankwart Guratzsch a. a. O. S. 236f.

des Handels usw. zusammengesetzt wird."[48] Des weiteren führte der Reichskanzler aus, daß auch der eingehende Dienst, der ohnehin von der Regierung erst in zweiter Präferenz gewünscht war, ein "Zeitungsdienst" d. h. "ein für die Presse bestimmter Dienst" sein solle.

Der Brief Bethmann-Hollwegs ließ die Gegensätze offen ausbrechen. Der Syndikus Wilhelm Hirsch konterte für die Schwerindustrie, daß der Kapitalbeteiligung nach die schwächsten Gruppen die meisten Mandate besäßen; Banken, Handel und Schiffahrt übten ein gänzlich unberechtigtes Übergewicht in den Gremien aus, und das, obwohl die Schwerindustrie mit ihrer großen wirtschaftlichen Bedeutung eine weit überlegene Kapitalbeteiligung habe.

Der zweite Streitpunkt war die Behandlung des durch Transocean eingehenden Materials. Bislang wurde es als "vertrauliches Material" lediglich den TO-Gesellschaftern geliefert. Die Forderung der Regierung, es als allgemein zugänglichen Zeitungsdienst[49] allen Interessenten zu offerieren, empfanden die Gesellschafter als Zumutung, hofften sie doch, durch spezielle Informationen Marktvorteile zu erringen. In diesem Zusammenhang spielten auch die zwischenstaatlichen Wirtschaftsverbände, die ihre Pfründe durch einen wirtschaftlichen Überseedienst bedroht sahen, eine Rolle. Vor allem die Schwerindustrie hoffte, durch direkte Auslandsinformationen die Mitwirkung dieser Verbände umgehen zu können. Zu diesem Punkt hatte Bethmann-Hollweg explizit Stellung genommen: "Aus dem Arbeitsprogramm der Transocean ist alles fernzuhalten, was in den Tätigkeitsbereich der wirtschaftlichen Verbände gehört und was die Unterstützung namentlich der zwischenstaatlichen Verbände, ..., gefährden

---

48 Zit. nach Maju Russländer a. a. O. S. 108f. Zu den folgenden Ausführungen vgl. ebd. S. 108-112. Ferner Dankwart Guratzsch a. a. O. S. 237ff.

49 Was die Schwerindustrie von einer Beteiligung der Presse hielt - nämlich nichts - zeigt ein Werbebrief des "Kriegsausschusses der deutschen Industrie (KDI)" für den DÜD und die Ausland-Anzeigen GmbH (ALA) vom 17.4.1915. Darin heißt es unter Bezugnahme auf den geplanten Auslandsnachrichtendienst: "Der Kriegsausschuß der deutschen Industrie glaubt sich der Hoffnung hingeben zu dürfen, daß, auch ohne daß die Tagespresse mit diesen bedeutungsvollen Ansätzen zu einer wirksamen Ergänzung unseres wirtschaftlichen Rüstzeuges in gegenwärtiger ernster Zeit befaßt wird, diese Mitteilungen in den weitesten Kreisen des deutschen Wirtschaftslebens Verbreitung und Würdigung finden werden." Der KDI wurde von der Schwerindustrie beherrscht, im Vorstand saßen u. a. auch Hugenberg, Rötger und Beukenberg (alle auch Aufsichtsratmitglieder der TO). Vgl. dazu und zu obigem Zitat M: P 1/26/25 Bd. 1.

könnte."[50] Die Regierung hatte allen Grund, auf die zwischenstaatlichen Verbände Rücksicht zu nehmen, denn nicht zuletzt deren Vertreter in Übersee sorgten für die Verbreitung der TO-Depeschen und damit der amtlichen Auslandspropaganda. Doch diese war der Industrie gar nicht so wichtig.

Als das AA der Ausland GmbH auch noch das Inseratengeschäft in der Auslandspresse nehmen und diesen Geschäftszweig in TO-eigener Regie führen wollte, trieb die Auseinandersetzung auf ihren Höhepunkt zu. Während die verunsicherte Geschäftsführung der TO sich noch fragte, "ob die Transocean GmbH als ein selbständiges privatwirtschaftliches Unternehmen ... anzusehen ist" oder ob sie "den amtlichen Stellen lediglich zur Kulisse dienen soll",[51] holte Hugenberg über die Allgemeine Anzeigen GmbH (ALA) zum Gegenschlag aus.

Zur Schlichtung der Streitigkeiten hatte der vom Aufsichtsrat eingesetzte Arbeitsausschuß dessen Einberufung beschlossen. Da die Schwerindustrie in diesem Gremium - im Gegensatz zu ihrer Kapitalbeteiligung - recht schwach vertreten war, schien eine Durchsetzung ihrer Interessen dort fragwürdig. Hugenberg vereitelte die anberaumte Sitzung durch den Antrag der in der ALA vereinten Gesellschafter,[52] zuerst eine Gesellschafterversammlung stattfinden zu lassen, in dieser Zuwahlen zum Aufsichtsrat vorzunehmen und den so neugebildeten Aufsichtsrat über die oben erwähnten grundsätzlichen Streitpunkte entscheiden zu lassen.

Hugenbergs Taktik ging auf und in dem auf 66 Mitglieder angewachsenen Aufsichtsrat dominierte nun die ALA GmbH. Einer Umgestaltung des Dienstes im Sinne der Schwerindustrie stand nun nichts mehr im Wege. Das konnten die amtlichen Stellen nicht hinnehmen. Im Juni 1915 unterbreitete Dr. Karl Helfferich, Staatsminister des Innern, im Namen des Reichskanzlers die Bedingungen für die weitere Gewährung des Reichszuschusses. Bethmann-Hollweg forderte:[53]

---

50 Zit. nach Maju Russländer a. a. O. S. 109f.

51 M: P 1/26/45 Bd. 1 (Schuchart an Rötger 18.2.1916).

52 Die einzelnen Gesellschafter aus der Schwerindustrie ließen sich auch für ihre zusätzlichen Anteile durch die ALA vertreten. Vgl. M: P 1/26/45 Bd. 1 (Ausland GmbH an Beukenberg, Direktor der Phoenix, 3.12.1915; Vollmacht der Phoenix AG für die ALA GmbH vom 4.12.1915).

53 Die folgenden Angaben und Zitate sind dem Protokoll der Aufsichtsratsitzung vom 30.6.1916 und den an die Mitglieder verschickten Vorschlägen Bethmann Hollwegs entnommen. Vgl. M:

1. Die Herstellung einer gleichmäßigen Verteilung des Kapitals der Gesellschaft unter die vier Wirtschaftsgruppen Montanindustrie, Fertigindustrie, Handel und Schiffahrt, Banken durch Erhöhung des Stammkapitals auf 1.600.000 bis 2.000.000 Mark, bei Ausschluß von weiteren Erwerbungen durch die Montanindustrie.
2. Die gleichmäßige Vertretung dieser vier Wirtschaftsgruppen im Aufsichtsrat und die Erhöhung der Mitgliederzahl des Arbeitsausschusses auf 30. Fünf davon bestimmt der Reichskanzler "die übrigen werden aus Vertretern von Fertigindustrie, Handel und Schiffahrt sowie Banken nach Benehmen mit dem Reichskanzler gewählt".
3. Aus diesem Arbeitsausschuß wird ein sechsköpfiger geschäftsführender Ausschuß gebildet, der sich aus je einem Vertreter der vier Wirtschaftsgruppen, einem der fünf vom Reichskanzler in den Arbeitsausschuß entsandten Mitglieder und einem "Vertrauensmann des Kanzlers" zusammensetzt.
4. Der Vertrauensmann des Kanzlers übernimmt den Vorsitz im geschäftsführenden Ausschuß.
5. Der Vertrauensmann des Kanzlers hat das Vetorecht.

Diese ultimativen Forderungen konnten nur noch den Zerfall des Syndikats nach sich ziehen. Mit dem ersten Punkt offerierte Bethmann-Hollweg dem "mobilen Besitz" (Banken, Handel und Fertigindustrie) zwar eine Stärkung innerhalb der TO, aber die folgenden Punkte, insbesondere der letzte, einte die Industriellen in einer klar ablehnenden Haltung; denn die Schuchartsche Fragestellung, ob es sich um eine Kulissenanordnung für amtliche Nachrichtenpolitik handeln solle, war damit beantwortet.

Die Transocean GmbH, die im inländischen Geschäftsverkehr unter dem Namen "Deutscher Überseedienst Transocean GmbH" firmierte,[54] zerfiel entsprechend ihrer Namensbestandteile. Der Beschluß, eine eigene, den Zwecken der Wirtschaft entsprechende Gesellschaft neben der Transoecean GmbH zu gründen, erging auf der Aufsichtsratssitzung vom 30.6.1916.[55] Am 5.9.1916

1/26/45 Bd. 1.

[54] Punkt 6 der Mitgliederversammlung vom 19.4.1915 "Im Inlande hat die Geschäftsführung die Worte 'Deutscher Überseedienst' der Firma der GmbH voranzusetzen". Vgl. M: P 1/26/45 Bd. 1.

[55] Ebd. (TO-Mitteilung an die Gesellschafter vom 18.8.1916).

kam es zur "schiedlichen friedlichen Trennung"[56] in zwei neue Gesellschaften: die Transocean GmbH und die Deutsche Überseedienst GmbH.

Die Aufgabenteilung, die die beiden Organisationen vornahmen, spiegelt die unterschiedliche Interessenlage wider. Die TO sollte einen anderen Nachrichtenagenturen vergleichbaren Depeschen- und Bilderdienst nach Übersee unterhalten, mit klarer politischer Zielsetzung als Begleitinstrument außenpolitischer Ambitionen, und nebenbei Exportindustrie und -handel fördern. Sie nahm die vom Reichskanzler gestellten Bedingungen an und erhielt weiterhin den Reichszuschuß. Dem DÜD oblag die wirtschaftliche Auslandsberichterstattung, einen politischen Depeschendienst durfte er weder betreiben noch sich an einem solchen beteiligen. Reichszuschüsse standen dem DÜD nicht zu. Bis auf die Ausland GmbH, die aus der TO ausschied und ihre Anteile an nicht der Montanindustrie zugehörige Wirtschaftsgruppen abtrat, waren die Mitglieder der beiden Gesellschaften identisch.

An der fortan regierungsabhängigen TO arbeitete die Wirtschaft jedoch nur noch mit geringem Interesse mit. Das Stammkapital der TO von einer Million Mark blieb erhalten, dafür verzichtete die TO auf das noch ausstehende Aufgeld der Syndikatsmitglieder in Höhe von rund 1,5 Millionen Mark, das den Grundstock für das Gesellschaftskapital des DÜD bildete. Der im Geschäftsjahr 1914/1915 entstandene Verlust des Syndikats in Höhe von 123.926,72 Mark ging auf die TO über. Für die neuen Gesellschafter des DÜD entstanden somit keinerlei zusätzliche Zahlungen. Nach dem Trennungsabkommen blieben alle Mitarbeiter von TO, die sich unmittelbar mit den Depeschendiensten befaßten, bei der TO, die übrigen sollten zum DÜD wechseln.

Gemäß diesem Abkommen erklärten Dr. Theodor Schuchart und Günter Thomas bei der TO ihren Rücktritt und traten zum DÜD über. Karl Schulte hingegen lehnte dies aus persönlichen und sachlichen Gründen ab und wurde in der Gesellschafterversammlung der TO vom 6.10.1916 zum alleinigen Geschäftsführer der TO gewählt.[57] Zum Hauptschriftleiter wurde Dr. Albert Haas, vorher beim Berliner "Börsen-Courier", ernannt. An die Stelle des Aufsichtsrates trat

---

56 Vgl. Dankwart Guratzsch a. a. O. S. 239.

57 Er blieb bis 1943 auf diesem Posten. Danach übernahm er den Aufsichtsratsvorsitz in der neugegründeten 'Transocean-Europapress'. Vgl. dazu BA R 55/288 (Fusionsvertrag TO-EP und Übernahme durch Telos GmbH v. 26. März 1943). Vgl. ferner Zeitungswissenschaft 15 (1940) S. 353 ('25 Jahre Transocean').

bei der TO der vom Kanzler geforderte Beirat, dem neben den je fünf Vertretern der vier Wirtschaftsgruppen fünf Vertreter der großen Reichtagsparteien angehörten. Dieser parlamentarische Beirat, dessen Mitglieder "bei Ausübung ihrer Funktionen an keinerlei Direktive gebunden" sein sollten, hatte die Aufgabe, "den innenpolitisch-neutralen Charakter der Transocean-Gesellschaft zu sichern".[58] Dennoch sicherte die Ernennung des Beiratsvorsitzenden dem Reichskanzler durch dessen weitreichende Kompetenzen erhebliche Einflußmöglichkeiten auf die Gestaltung des TO-Dienstes. Der Mann, dem Bethmann-Hollweg diese Vertrauensposition einräumte, war Otto Hammann.[59] Auf dessen Stelle in der Presseabteilung des AA rückte Major Erhard Deutelmoser, der Gründer des Pressereferats im Kriegsministerium, nach.

Reich und Wirtschaft hatten sich, kaum daß sie zwei Jahre auf dem Gebiet des Auslandsnachrichtendienstes zusammengearbeitet hatten, wieder getrennt. Zu unterschiedlich war die jeweilige Interessenlage. Für den Transocean-Dienst bedeutete dies das vorläufige Ende des "großen Wurfes" im Nachrichtenwesen. Zurückgeworfen auf das Vorkriegsniveau als bloßer Regierungsdienst verkürzte sich seine Perspektive auf ein dem englischen Regierungsdienst Rugby vergleichbares Unternehmen. Doch während dieser in England als relativ nebensächliches Beiwerk im Angesicht des mächtigen Reuter-Büros lief, bildete Transocean für die deutschen Stellen nach wie vor die einzige Hoffnung auf einen eigenen Weltnachrichtendienst und wurde auch in Zukunft mit hochgespannten Erwartungen überfrachtet, die ihn immer wieder in der Konkurrenz zu Reuters und Havas maßen.

---

58 Hammann an Janzer 15.12.1916, vgl. Anm. 14. Dem ersten Beirat gehörten die Abgeordneten Graf Westarp, Südekum, Erzberger, Riesser und Stresemann an. Kuno Graf von Westarp war Mitglied der Freisinnigen Vereinigung und Mitarbeiter der konservativen "Kreuzzeitung". Dr. Albert Oskar Wilhelm Südekum war Mitarbeiter und Redakteur beim "Vorwärts", der "Leipziger Volkszeitung" und der Fränkischen Tagespost, bevor er Chefredakteur der "Sächsischen Arbeiterzeitung" (1900-1903) wurde. Danach wurde er preußischer Staats- und Finanzminister. Dr. Jacob Riesser, Mitglied des Zentralvorstandes der Nationalliberalen Partei, später der Deutschen Volkspartei, war ein Mann der Wirtschaft. Er war Präsident des Zentralverbandes des Deutschen Bank- und Bankiersgewerbes, Begründer des Hansabundes und Präsident desselben bis 1920. Vgl. Herrmann A. L. Degener (Hrsg.): Wer ist's. VIII. Ausgabe. Leipzig 1922.

59 Außerdem wurde Hammann Vorsitzender der "Deutschen Vermögensverwaltung", die neben einigen Zeitungen auch die Transocean GmbH subventionierte.

Der Deutsche Überseedienst, in den die Wirtschaftskreise nun verstärkt Kapital und Energie investierten, dehnte sein Tätigkeitsfeld sehr schnell aus. Die Angliederung der von Wilhelm Merton in Frankfurt am Main gegründeten Gesellschaft für wirtschaftliche Ausbildung und die in den nächsten Jahren folgenden Zusammenschlüsse mit der Hamburger Seedienst AG, der Deutschen Lichtbild e. V., aus der die Deulig Film-Gesellschaft mbH hervorging und der Auslandverlag GmbH, stellten die Aktivitäten des DÜD Konzerns auf eine breite Grundlage. Der DÜD-Dienst, der den wöchentlich erscheinenden "Überseedienst", einen täglichen "Schnelldienst" und besondere "Länderdienste" umfaßte, blieb jedoch ein exklusiver Service für die Abonnenten und trat im Inland so gut wie gar nicht an die Öffentlichkeit.[60]

5. Transocean im Dienste des Reiches: Eine Zweigstelle des AA

Mit der 1916 vollzogenen Trennung vom Syndikat DÜD verwandelte sich die TO GmbH von einem staatlich subventionierten, doch prinzipiell finanziell unabhängigen Betrieb zu einem reinen Staatsunternehmen, einer Propagandazweigstelle der Reichsregierung. Eigene Einnahmen hatte die TO - bis auf die Zinsen auf das nicht gebundene Gesellschaftskapital - nicht, da niemand bereit war, für die offensichtlich amtlich inspirierten Meldungen Abonnementsverträge abzuschließen.

So war sie ganz auf den Reichszuschuß angewiesen. Obwohl Hammann geltend machte, daß nicht der volle Zuschuß von einer Million Mark in Anspruch genommen worden sei, sondern lediglich 529.018 Mark, müssen vom Reich enorme Summen an TO geflossen ein. In den Akten findet sich eine Anweisung des Reichsschatzamtes an die Reichshauptkasse, "dem Auswärtigen Amt zur nachträglichen Erstattung von Depeschenkosten an die Transocean Gesellschaft für die Jahre 1915 und 1916 bei Kapitel 6 der Ausgaben des außerordentlichen

60 Vgl. Fritz Runkel: Die Einrichtung des deutschen Außenhandelsnachrichtendienstes. In: Stahl und Eisen 41 (1921). S. 1690ff. Siehe dazu auch die Darstellungen bei Dankwart Guratzsch: a. a. O. S. 240ff.- Maju Russländer a. a. O. S. 112ff.- Bernhard Müller-Hagen: Der wirtschaftliche Auslandsnachrichtendienst in Deutschland. Leipzig 1925. S. 11ff.

Etats unter Abschnitt II den Betrag von 800.000 bzw. 1.700.000 M. ..."[61] bereitzustellen. Die Gesamtsumme von rund 2,2 Millionen Mark für 1916 korrespondiert mit den von Hammann für 1916 angegebenen hohen Wortkosten, "die Verbreitung jedes Wortes kostet etwa 6 Mark",[62] wenn man den 1 000 Wortedienst zu Grunde legt.[63]

Nicht nur finanziell war die Abhängigkeit der Transocean vom AA offenkundig, auch in der arbeitstechnischen Organisation zeigt sich, daß die TO de facto eine Zweigstelle des AA darstellte. So wurden die TO-Pressedienste in der Nachrichtenabteilung des AA redigiert und der TO-Chefredakteur Haas, saß - ebenso wie die ihm unterstellten Redakteure - direkt im Gebäude des AA.[64] Eine Nachzensur der aufbereiteten Meldungen wurde somit hinfällig, da der TO-Redaktion ohnehin "vorheriges Einvernehmen" mit den amtlichen politischen und militärischen Stellen im AA zur Pflicht gemacht wurde.[65] Letztendlich verantwortlich für die Funkspruchdienste der TO war der Direktor der Nachrichtenabteilung des Auswärtigen Amtes, Oberstleutnant Erhard Deutelmoser.

Dieser hatte im Dezember 1918 Hammann von seinem Posten als Nachrichtenchef abgelöst. Deutelmoser, vormals Chef des Kriegspresseamtes, arbeitete eng mit Hammann, dem der Kanzler die "politisch-literarische Oberleitung" der

---

61 Vgl. Dieter Basse a. a. O. S. 184f.

62 Politisches Archiv des Auswärtigen Amtes (im folgenden PolA): A. N. 16203 (Aufzeichnung Hammanns über den Transocean- und den Tausendwortedienst vom 8.12.1916).

63 Die tatsächlichen Kosten und damit Zuschüsse dürften noch höher gewesen sein, da neben dem Tausendworte- auch noch der 400-Wortedienst und andere Dienste von Transocean betrieben wurden. Eine der Geldquellen nennt Magnus von Braun (1917 Pressechef des Reichskanzlers) in seinen Memoiren. Die "Deutsche Vermögensverwaltung", die aus Kriegsfonds einfach ein Kapital von 60 Millionen Mark "gespart hat, um daraus auch später Zeitungen zu kaufen und damit gleichzeitig den Transocean zu alimentieren". Magnus von Braun: Von Ostpreußen bis Texas. Stollhamm 1955. S. 143. Zur Deutschen Vermögensverwaltung vgl. auch Kurt Koszyk: Deutsche Pressepolitik im Ersten Weltkrieg. Düsseldorf 1968. S. 26.

64 Hammann bat die militärischen Stellen, der TO möglichst schnell Nachrichtenmaterial zuzuleiten "und zwar am besten telefonisch direkt an Chefredakteur Dr. Haas im Auswärtigen Amt (Zentrum 10530) Zimmer 108". PolA: P 7a Bd. 1 (A. N. 16203, Aufzeichnung Hammann v. 6.12.1916). Siehe auch ebd. P 7 Bd. 1 (Chef des Admiralsstabes der Marine an Staatssekretär des AA v. 7.7.1916). Darin bemängelt der Marinechef Umfang und Inhalt des "von der Nachrichtenabteilung des Auswärtigen Amtes" redigierten Tausend-Worte-Dienstes.

65 Die Pflicht der TO-Redakteure zur vorherigen Einvernahme mit den amtlichen Stellen ist in dem geheimen Vermerk A. N. 12342 vom 12.10.1916 festgehalten (PolA: P 7a Bd. 1).

TO übertragen hatte, zusammen und legte den Schwerpunkt seiner Arbeit auf die Auslandspropaganda. Sowohl die tägliche Arbeit als auch die langfristige Planung für die TO wurde, nach dem Rückzug der Wirtschaft,[66] eindeutig vom AA bestimmt. Unter Deutelmosers Leitung wurden die verschiedenen TO-Dienste (mehrere Funk- und Kabeldienste) ausgebaut und untereinander und mit anderen Diensten (z. B. Erzberger Dienst) koordiniert. Am Ende des ersten Weltkrieges unterhielt TO 14 Dienste:

1. Den überseeischen Funkdienst in englischer Sprache, der 1918 weltweit zu empfangen war.
2. Den Tausend-Worte-Dienst, der insbesondere auf Spanien zugeschnitten war, aber auch in der Türkei, Bulgarien und Rumänien aufgenommen und abgedruckt wurde.
3. Den Funkdienst nach Petersburg.
4. Den Funkdienst nach der Ukraine.
5. Einen Kabeldienst nach Bukarest (Leitung der dortigen Vertretung durch Rudolf Dammert).
6. Einen speziellen Dienst an die rumänische Zeitung 'Lumina'.
7. Einen Dienst nach Sofia für die deutsche Balkanzeitung und Ergänzungsdienst für die Agence Bulgare.
8. Einen Dienst nach Sofia für den Verlag Domianow, der mehrere Zeitungen herausgab.
9. Einen Dienst nach Konstantinopel für den Osmanischen Lloyd (Leiter Kristian Kraus).
10. Einen Spezialdienst für die türkische Zeitung "Asti".
11. Einen Handelsdienst für das "Hollandsch Nieuwsbureau" sowie nach Sofia, Konstantinopel und Bukarest.
12. Einen Dienst nach Serbien an die vom Militärkommando herausgegebenen Blätter.
13. Einen Dienst nach Skandinavien mit einer Vertretung in Stockholm (Leiter Hendrik Kjeller) und einer Zweigvertretung in Malmö.
14. Einen täglichen Depeschendienst mit deutschen Pressenachrichten für das Oberkommando Ost.

---

[66] Bezeichnend für das Desinteresse der Wirtschaft ist, daß Beukenberg von der Phönix AG , die Gesellschafter der TO geblieben war, erst nach mehrjährigem Ausbleiben fehlende Geschäftsberichte der TO monierte. Vgl. M: P 1/26/45 Bd. 2 (Phönix an Ausland GmbH 6.2.1929).

Auch an der Anzahl der übermittelten Wörter läßt sich der rapide Ausbau des TO-Dienstes insbesondere im letzten Kriegsjahr veranschaulichen:

1916	1,8 Millionen Wörter
1917	2,1 Millionen Wörter
1918	5,0 Millionen Wörter

Im Hintergrund dieses Ausbaus der nachrichtentechnischen Propagandamaschine TO stand Hammanns Credo, "daß das wirksamste Mittel, die deutschen Interessen in der Auslandspropaganda erfolgreich zu machen, der Vertrieb täglicher Depeschen ist";[67] dafür war innerhalb des AA die TO hauptsächlich verantwortlich.

Gleichzeitig mit dem Ausbau der TO GmbH versuchte das AA, über diese Einfluß auf andere Nachrichtenbüros zu gewinnen. Neben kleineren Büros wie dem 1916 in Frankfurt von Max Fleischer gegründeten Nachrichtendienst für die Länder spanischer und portugiesischer Zunge und dem Hollandsch Nieuwsbureau visierte Hammann dabei insbesondere das WTB an. Nachdem er dem WTB 1916 eine Beteiligung an der TO empfohlen hatte, offenkundig in der Absicht, so für die TO an das reichhaltige Material des WTB zu gelangen, kehrte er wegen dessen ablehnender Haltung Anfang 1917 den Spieß um und forderte eine Beteiligung der TO am WTB, wobei die TO-Stimme in strittigen Fragen den Ausschlag geben sollte. Dies hätte de facto eine Regierungsbeteiligung und -kontrolle des WTB bedeutet, der sich der Inhaber des Bankhauses Bleichröder, das die Aktienmehrheit des WTB hielt, Paul von Schwabach, energisch widersetzte.[68]

Die Verhandlungen zwischen Hammann für die TO, Deutelmoser für das AA einerseits und Paul von Schwabach für das WTB andererseits zogen sich bis April 1918 hin und endeten mit einem nahezu vollständigen Sieg des Geschäftsmanns von Schwabach. Von einer Beteiligung der TO am WTB und einem gemeinsamen Beirat war keine Rede mehr: statt dessen schlossen beide Gesellschaften am 15./16. April lediglich ein Kooperationsabkommen. Danach gehörten Europa und Nordamerika zum Geschäftsgebiet des WTB, das sich ver-

---

[67] Vgl. Anm. 14.

[68] Vgl. dazu auch die Darstellung bei Dieter Basse a. a. O. S. 170ff.

pflichtete, keine weitergehenden Einflußregionen mehr anzustreben. Die TO durfte mit eigenem Material in Europa und den USA als Konkurrent auftreten, konnte dabei aber nicht auf WTB-Material zurückgreifen. Das Reich war ausschließliches Geschäftsgebiet des WTB, TO verpflichtete sich, keinen Dienst mit deutschen Nachrichten für deutsche Zeitungen aufzubauen. Die WTB-Auslandskorrespondenten hatten ihr Material direkt an TO zur Verbreitung an Übersee weiterzugeben.

Für dieses Material und deutsche WTB-Nachrichten, die TO nach Übersee verbreitete, zahlte TO 10.000 Mark jährlich an das WTB, wobei innerhalb von drei Jahren eine Steigerung auf 30.000 Mark p. a. vorgesehen war. Entscheidender Punkt der Abmachung: Die TO verzichtete vollständig auf einen eigenen kommerziellen Dienst mit Börsenkursen, Produktnotierungen u. ä., wodurch unter normalen politischen Bedingungen, d. h. nach dem Ende des Krieges, die geschäftliche Basis des WTB gesichert schien. Auf der anderen Seite stempelte dieser Verzicht TO zum immerwährenden Subventionsempfänger, denn ohne einen wirtschaftlichen Dienst fehlte dem Nachrichtenbetrieb völlig die kommerzielle Ausgangsbasis. Die amtliche Einflußnahme auf die TO wurde damit auch für die Zeit nach dem Kriege festgeschrieben.

Das Schwergewicht der propagandistischen Tätigkeit Transoceans lag für die amtlichen Stellen auf der überseeischen Nachrichtengebung der Gesellschaft. Innerhalb Europas behielt lediglich der Funkdienst nach Spanien bis Kriegsende entscheidende Bedeutung, die restlichen europäischen Länder, außer den Ententemächten, waren seit der Einnahme Serbiens und Rumäniens bis hinunter in die Türkei ab 1915/1916 auch auf dem Drahtwege erreichbar und die TO-Nachrichten stellten lediglich eine unter mehreren deutschen Nachrichtenquellen für sie dar.[69]

---

69 Reichhaltiges Aktenmaterial zur Verteilung der Nachrichtenpropaganda in Europa findet sich im PolA in P 7a (Nachrichtenabteilung, "Kabel- und Funkspruchverbindungen 9.1913 - 31.12.1917"). Speziell über die Akzeptanz des TO-Dienstes vefaßte Berichte von den deutschen Botschaften, Gesandtschaften und Konsulaten sind vorhanden für: Serbien, Norwegen, Schweiz, Dänemark, Schweden, Niederlande, Bulgarien, Türkei, Rumänien, Spanien, Griechenland und für den Nahen Osten. Die Berichte lassen sich in der Faustregel zusammenfassen: Je größer die Entfernung von Deutschland und je schlechter ausgebildet der Drahtweg war, umso eher waren die TO-Berichte in der ausländischen Presse unterzubringen.

Die Aufnahme der TO-Funkdienste geschah in der Regel durch die deutschen diplomatischen Vertretungen, die das Material dann an Zeitungen oder ortsansässige Agenturen weiterleiteten. Daß diese Weiterleitung an die Presse des jeweiligen Landes mit Schwierigkeiten verbunden war, zeigt exemplarisch die Korrespondenz des spanischen Botschafters Ratibor mit dem AA. Die TO-Telegramme wurden zwar von der spanischen Regierungsstation Aranjuez aufgenommen, aber nicht an die Presse weitergegeben. Um die deutschen Funksprüche unterzubringen, bedurfte es der Vermittlung einer landeseigenen Gesellschaft, die auch schon englische und französische "Radiogramme" verbreitete. Nachdem Botschafter Ratibor zu der "Compania Sin Hilos", die auch schon andere ausländische Dienste vertrieb, Verbindungen geknüpft hatte, mußte er zunächst einmal das AA um Geld angehen. Dies war ein durchaus typischer Vorgang, der ein bezeichnendes Schlaglicht auf das Dilemma des deutschen Nachrichtenwesens wirft. Eine originäre Nachfrage nach TO-Material - und dies sollte sich auch später kaum ändern - war im Ausland nicht vorhanden, und so war man gezwungen, mit Geld, wirtschaftlichem Druck oder über Tarnorganisationen TO-Nachrichten in der ausländischen Presse unterzubringen. In Spanien funktionierte es schließlich mit Geld: 3.000 Pesos kassierte die "Compania Sin Hilos" im Monat von der deutschen Botschaft und übernahm dafür ab dem 26.12.1915 den TO-Dienst.[70]

Dort, wo keine eigene Presseinfrastruktur vorhanden war, wie in einigen Kolonien in Übersee, wurden die TO-Funkmeldungen in sogenannten "Radio-Bulletins" oder "Extrablättern"[71] abgedruckt, um insbesondere die begierig auf Kriegsnachrichten wartenden Auslandsdeutschen mit Meldungen aus der Heimat zu versorgen.[72]

---

70 PolA: P 7a (Telegramm Ratibor an AA vom 16.12.1915 und vom 26.12.1915).

71 Zum Beispiel in den Extrablättern der "Deutschen Samoazeitung". Vgl. Hans Savade: Meine Kriegserlebnisse in Deutsch-Samoa von August 1914 bis Januar 1916. In: Deutsche Kolonialzeitung. Nr. 4/1916. S. 52 (BA. R 85/769). Auch in den niederländischen Kolonien wurde der TO-Dienst aufgenommen und abgedruckt. Auf der Antilleninsel Curacao wurden gegen Ende des Krieges zweimal täglich ein "Boletin Radio Telegráfico" herausgegeben, in dem unter der Überschrift "Fuente Alemana" (Deutsche Quelle) die aus Nauen gefunkten Meldungen abgedruckt wurden (BA. R 85/755, Bl. 63ff).

72 Hierzu muß angemerkt werden, daß die pressepolitische und propagandistische Bedeutung dieser Funkdienste nach den Kolonien, so wichtig sie für die dort lebenden Deutschen auch sein mochten (vgl. dazu Cissy Willich: Was wir in Südwest vom europäischen Kriege hörten, in: Berliner

Die Organisation der Verbreitung des TO-Dienstes in Südamerika oblag dem deutschen Konsul in Rio de Janeiro, Will. In Zusammenarbeit mit deutschen Geschäftsleuten und den deutschen Auslandszeitungen versuchte er, dem TO-Dienst den Weg in die Presse Südamerikas zu ebnen. Will erkannte die Schwächen, die sich aus dem Mangel an Geld und vor allem an ausgebildeten Journalisten vor Ort ergaben.

Mochten die deutschen Kaufleute durch gezielten Einsatz ihrer wirtschaftlichen Macht[73] auch durchaus der Sache dienlich sein, so blieben sie in journalistischer Hinsicht doch Dilettanten, die oftmals mehr zerschlugen, denn aufbauten,[74] wenn sie sich in das für sie ungewohnte Metier begaben. Will forderte daher den "Sachverständigen Beirat" der deutschen Presse und die Zusammenarbeit zumindest der großen deutschen Zeitungen mit TO, um "sobald als möglich eine eigene Agentur mit einem gut vorgebildeten und gut bezahlten Fachmann an der Spitze einzurichten".[75]

Diese Einschätzung wurde sowohl im Kanzleramt als auch im AA geteilt, doch fehlte es für eine Realisation an finanziellen Mitteln. Zudem zeigten die deutschen Zeitungen keinerlei Interesse an TO. Also machte man einfach weiter und verteilte den in Buenos Aires ankommenden TO-Dienst so gut es ging. Nutznießer des kostenlosen Dienstes wurden zunächst die deutschsprachigen Zeitungen. Eine zentrale Stellung nahm dabei die "Deutsche La Plata Zeitung" von Hermann Tjarks ein, die den TO-Dienst als erste aufnahm und dann weiterleitete. Bis auf einige kleinere Blätter blieben Tjarks Zeitungen - neben der "La Plata Zeitung" gründete er Anfang 1916 noch eine Nachmittagszeitung namens "La Union" - in Argentinien jedoch die einzigen Blätter mit TO-Nachrichten.

Lokalanzeiger vom 30.1.1916, BA. R 85/769), relativ gering war. Seine propagandistische Wirkung sollte der TO-Dienst durch die Beeinflussung der ausländischen Presse erzielen.

73 So sperrte z. B. der Großkaufmann Waldemar Bromberg, Chef von Bromberg & Cie in Porto Alegre, der deutschfeindlichen Provinzpresse kurzerhand die Papierlieferungen und zwang die betroffenen Zeitungen, die auf seine Papierstocks angewiesen waren, zur Aufnahme des TO-Dienstes. Vgl. PolA: Brasilien 14 Bd. 7 (Aktennotiz v. Mumm vom 23.4.1815 zu A. 10078).

74 Will zitiert dazu in einem Bericht an den Reichskanzler vom 29.12.1915 einige Beispiele von Firmenvertretern, die sich in Südamerika von einem Fettnäpfchen zum nächsten bewegten und rät von diesem "Vertrauensmännerprinzip" zugunsten journalistischer Fachleute generell ab. Vgl. PolA: Deutschland 6b Brasilien Bd. 1.

75 Will im Bericht an Bethmann-Hollweg vom 29.12.1915, ebd.

Die führenden Zeitungen Argentiniens druckten den Dienst aus unterschiedlichen Gründen nicht ab.

In Brasilien sollte der Vertrieb der TO-Nachrichten über die Agencia Americana laufen. Diese von dem Brasilianer Carvalhor de Azevedo gegründete Agentur hatte vor dem Krieg durch Unterstützung der deutschen Gesandtschaft und der deutschen Kolonie in Brasilien mit dem Vertrieb vornehmlich aus Deutschland stammender Nachrichten einen kleinen Aufschwung genommen, der jedoch mit dem Abbruch der Kabelverbindungen ein abruptes Ende nahm. In der "kabellosen Zeit" hatte sich Azevedo anscheinend mangels echter Nachrichten mit Phantasiemeldungen über Wasser gehalten, denn in brasilianischen Journalistenkreisen wurden die Anfangsbuchstaben der Agentur als Kürzel für "Arranjado Aqui" (hier fabriziert) gehandelt. Als nun nach Jahresfrist via Funkverbindung New York wieder deutsche Nachrichten nach Südamerika gelangten, war der Ruf der Agentur so miserabel und die finanzielle Lage dermaßen desolat, daß die deutschen Stellen, obwohl sie dringend einen Verteiler für die TO-Nachrichten suchten, befürchteten, mit der Agencia Americana "vom Regen in die Traufe" zu kommen.[76]

Die Anregung des brasilianischen Ministers Lauro Müller, der gute Kontakte zur deutschen Gesandtschaft hielt, die Agencia Americana aufzukaufen und als deutsche Tarnorganisation aufzubauen, griff man denn auch nicht auf. Konsequenz war, daß die TO-Meldungen in Brasilien keinen eigenen Vertrieb fanden, sondern direkt von Buenos Aires und der Gesandtschaft Rio de Janeiro versucht wurde, sie in brasilianische Zeitungen zu bringen. Tjarks nahm dabei schon eine Selektion der Meldungen vor, die er nach Rio weiterkabelte. Die drei brasilianischen Südstaaten versorgte er via Porto Alegre auf direktem Wege, der Rest Brasiliens lief über Rio. Siebzehn bis achtzehn Zeitungen, vornehmlich deutschsprachige in den Provinzen, druckten die TO-Meldungen in Brasilien ab. In die anderen südamerikanischen Länder gelangten die TO-Nachrichten vor allem über die argentinischen Zeitungen.[77] Lediglich in Kolumbien und Chile wurde der Dienst noch direkt aufgenommen.

---

76 PolA: Deutschland 6b Brasilien Bd. 1 (Aktennotiz zu A. N. 1706 vom 7.1.1916).

77 Zu den vorangegangenen Ausführungen vgl. PolA: Deutschland 6b Brasilien Bd. 1: Brief der deutschen Gesandtschaft in Brasilien an das AA vom 7.1.1916, Bericht des Konsuls Will an Bethmann-Hollweg vom 29.12.1915, Bericht von W. Bromberg an das AA vom 17.12.1915, und die folgende interne Aufzeichnung dazu vom 14.1.1916.

Zur Wirkung und Qualität des Dienstes äußerte sich Will in einem Brief an Bethmann-Hollweg zwiespältig. Auf der einen Seite begrüßte er das "bloße Vorhandensein" der TO-Telegramme, da die anderen Nachrichtenagenturen allein dadurch zu einer eingehenderen und wahrheitsgetreueren Berichterstattung über Deutschland gezwungen seien. Ein Aspekt, der sicherlich die wesentliche Leistung der Transocean beleuchtet - die schlichte Durchbrechung der Nachrichtenblockade. Auf der anderen Seite bedauert Will, daß TO "zwei der wichtigsten Erfordernisse eines Telegrammdienstes, Schnelligkeit und Regelmässigkeit, nicht erfüllen kann".[78] Dies hing zum einen mit der Unzuverlässigkeit des Funkdienstes (bei bestimmten Wetterlagen konnten die TO-Funksprüche gar nicht oder nur verstümmelt empfangen werden) und zum anderen mit dem komplizierten Kabelweg über etliche neutrale Länder zusammen. Hinzu kam, daß die Abfassung der Telegramme oft zu plump propagandistisch[79] und fast immer zu langatmig, gespickt mit unwesentlichen Einzelheiten, ausfiel. Sowohl technische als auch redaktionelle Mängel reduzierten somit die Bedeutung der TO im wesentlichen auf seine Funktion als amtliches deutsches Nachrichtenorgan, und es war "vorläufig nicht daran zu denken, ihn gegen Bezahlung unterzubringen".[80]

Am eindrucksvollsten erhellt die mangelhafte journalistische Qualität des Dienstes ein Bericht, den das AA 1916 über die Wirksamkeit des deutschen Nachrichtendienstes in dem für Deutschlands Auslandspropaganda fraglos wichtigsten neutralen Land der Erde, den USA, anfertigen ließ.[81] Seitdem der amerikanische Zeitungszar Hearst Mitte 1915 sein Interesse an den deutschen Überseenachrichten deutlich zum Ausdruck gebracht hatte,[82] hatte TO den Sprung in die amerikanische Presse vollzogen. Nicht nur INS (International News Service; Hearst) sondern auch die Agenturen AP (Associated Press) und UPI (United Press International) nahmen TO-Meldungen auf und verteilten sie an die gesamte amerikanische Presse.[83] Ein beeindruckender Erfolg, auf den der

---

78 Bericht Will an Bethmann-Hollweg v. 29.12.1915, ebd.

79 "Auch tritt die Absicht, die öffentliche Meinung zu beeinflussen, häufig zu deutlich hervor. Dies ist ein großes Hindernis bei der Unterbringung der Nachrichten." Ebd.

80 Vgl. ebd.

81 Vgl. Dieter Basse a. a. O. S. 175f.

82 Vgl. BA. R 85/766, Bl. 209.

83 Die TO selbst gibt die regelmäßige Veröffentlichung "in etwa 2000 amerikanischen Zeitungen"

Bericht Führs auch eingangs verwies, doch mußte er feststellen, daß sich dieser feste Platz der TO in der amerikanischen Publizistik nur auf die amtlichen deutschen Kriegsnachrichten bezog. Diese wurden häufig als Vergleichsmaterial zu den Heeresberichten der Entente herangezogen und fanden so in der Presse Verwendung. Der Name "Transocean" war dabei den wenigsten Redaktionen ein Begriff, da TO selten als Quelle genannt wurde und die Meldungen zumeist mit "Berlin, (Datum) by wireless to Sayville" oder "The Overseas News Agency..." überschrieben waren.

Für das Nachrichtenmaterial, das über die amtlichen Meldungen hinausging, mußte Führ jedoch eine niederschmetternde Beurteilung durch amerikanische Presseleute übermitteln. Sie bescheinigten TO, daß seinen Meldungen "vielfach kein Nachrichtenwert innewohne" und rügten, "daß sie zu polemisierend und propagandistisch gehalten, gelegentlich auch zu einseitig militärischen Charakters sind". Besonderen Anstoß nahmen die US-Journalisten an der Verbreitung umfangreicher Passagen aus der "Norddeutschen Allgemeinen Zeitung", Polemik duldeten sie allenfalls einmal in der Form eines Interviews bekannter Journalisten mit namhaften Politikern.

Das prinzipielle Unverständnis der deutschen Nachrichtenpolitik gegenüber den Strukturen der amerikanischen Publizistik zeigt sich insbesondere in dem Bekenntnis Führs, daß es ihm "trotz langjährigen Studiums nicht gelungen war, erschöpfend festzustellen, welche Vorstellungen der amerikanische Presseagent und 'news editor' mit dem Begriff 'news value' verbindet". Ziemlich konsterniert stand er vor der Tatsache, "daß der uns freundlich gesinnte International News Service bei dem eingehenden Transocean-Material fast immer den gleichen Ausscheidungsprozess vornahm, wie die auf den Schein der Unparteilichkeit bedachte Associated Press und die deutschfeindliche United Press". Eine von der politischen Richtung unabhängige Nachrichtenselektion - das war für die amtlichen Propagandastellen schwer zu begreifen und so bekannte man in Berlin freimütig "die Unkenntnis dessen, was im gegebenen Augenblick die amerikanische Öffentlichkeit interessiert und was deshalb im Nachrichtendienst bevorzugt werden müßte ...".[84]

---

an. Vgl. Die Transocean ... a. a. O. S. 8.

84 Vgl. Dieter Basse a. a. O.

Eine erfolgreiche Informationspolitik der TO scheiterte mithin schon aus handwerklichen Gründen. Man war bei den deutschen Stellen, selbst dort, wo man einmal ein feed back auf den eigenen Nachrichtendienst bekam, nicht in der Lage, sich darauf einzustellen. Daran ändern auch die begeisterten Kommentare auslandsdeutscher TO-Bezieher nichts, bei denen die amtliche Propaganda natürlich auf weit offene Ohren stieß. Doch im Sinne der Beeinflussung einer fremden Öffentlichkeit, wie der nordamerikanischen, zeigte der TO-Dienst kaum Wirkung,[85] wobei mit einigem Recht gefragt werden kann, ob ein optimal gestalteter deutscher Nachrichtendienst angesichts der unterschiedlichen politischen Systeme des Deutschen Reiches und der Vereinigten Staaten Aussicht auf Erfolg gehabt hätte. Der autoritär-obrigkeitsstaatliche Umgang der deutschen Regierung mit der heimischen Presse und insbesondere Methoden wie Nachrichtenunterdrückung und strenge Zensur wirkten auf die amerikanische Publizistik eher abstoßend.

Dennoch nahmen die Ententemächte den TO-Funkdienst sehr ernst, unterbanden ihn, wo es in ihrer Macht stand und versuchten, wenn dies nicht gelang, seine Glaubwürdigkeit zu erschüttern.[86] Diese - im nachhinein als Überbewertung zu betrachtende - Einschätzung der TO spiegelt sich auch in den Bestimmungen des Versailler Friedensvertrags wieder.

6. Transocean und Versailles

Zwar existierte nach dem Abbruch der diplomatischen Beziehungen zu den USA und deren Kriegserklärung sowie der von Japan, China und Brasilien in den ursprünglich ins Auge gefaßten Arbeitsgebieten - Ostasien, Nord- und Südamerika - kein TO-Nachrichtenvertrieb mehr, doch empfangen werden konnte

---

[85] Gegenteiliges berichtet z. B. Schwedler für den Nahen Osten. Vgl. Wilhelm Schwedler: Die Nachricht im Weltverkehr a. a. O. S. 80. Doch dürfte der deutsche Erfolg in Ländern wie Ägypten mit der Oppositionshaltung einheimischer Journalisten gegen die englischen Okkupatoren zusammengehangen haben.

[86] Zum Beispiel in Ostasien, wo die englische und französische Presse behaupteten, daß die vom "Ostasiatischen Lloyd" verbreiteten TO-Nachrichten erfunden seien, da Deutschland keine Möglichkeit mehr habe, Nachrichten nach Übersee zu senden. Vgl. ebd. S. 81. Vgl. auch ebd. S. 82 für die USA.

Nauen im letzten Kriegsjahr noch weltweit. Diese Möglichkeit Deutschlands war den alliierten Siegermächten, insbesondere Frankreich und England, die von Beginn des Krieges an Deutschland in die nachrichtenpolitische Isolation drängen wollten, offensichtlich ein Dorn im Auge. In den am 7.5.1919 übergebenen Friedensbedingungen formulierten sie in Artikel 197 ein weitgehendes Nachrichtensendeverbot für Deutschland von den drei großen überseeischen Funkstationen Nauen, Hannover (Eilvese) und Berlin (Königswusterhausen)[87] für eine Frist von drei Monaten nach Friedensschluß.

Der Schlag, den die Annahme dieses Artikels der deutschen Nachrichtenpolitik versetzen würde, wurde im AA als außerordentlich schwerwiegend empfunden.[88] Man sah im Funkdienst "das Rückgrat unserer ganzen Presse- und Propaganda-Tätigkeit nach dem Auslande" und hielt ihn "gerade während der drei Monate nach Abschluss des Friedens" für besonders wichtig, da nach dem Verlust der militärischen Machtmittel die öffentliche Meinung des Auslandes dem Reich als einzige Instanz bliebe, vor der es seine Rechte verteidigen und über angetanes Unrecht Beschwerde führen könne. Zudem vermutete man in Verbindung mit Artikel 284 Abs. 2 der Friedensbedingungen "die Absicht der Entente ..., die in Artikel 197 nur für 3 Monate nach Friedensschluss vorgesehenen Verbote zu verewigen und möglicherweise dahin zu verschärfen, daß eine gänzliche Abschließung Deutschlands vom Überseeverkehr erreicht wird". Diese Gefahr sah man in der Möglichkeit der Entente, für Deutschland in einem neuen internationalen radiotelegraphischen Abkommen ungenügende und ungeeignete Wellenlängen festzusetzen.

Die Gutachterkommission des AA kam einhellig zu dem - freilich völlig irrelevanten, da nicht durchsetzbaren - Entschluß, daß sowohl Artikel 197 als auch Artikel 284 der Friedensbedingungen abzulehnen seien. Beide Artikel jedoch

---

87 Vgl. BA. R 85/756, Bl. 303.

88 Sowohl im AA als auch bei TO wurde der Artikel 197 (der ja auch die deutsche Wirtschaft und Diplomatie durch Überwachung der Telegramme betraf) als hauptsächlich gegen den Pressefunkdienst gerichtet aufgefaßt. Diese - und die im folgenden zitierten - Einschätzungen sind einem Gutachten der handelspolitischen Abteilung des AA vom Mai 1919 entnommen. BA. R 85/756, Bl. 265ff (Gutachten der Untergruppe E zu den Artikeln 197 und 284 der Friedensbedingungen). Artikel 284 sah im übrigen das Wiederinkrafttreten des internationalen radiotelegraphischen Abkommens vom 5. Juli 1912 vor. Für Deutschland jedoch nur unter der Bedingung, daß es a) vorläufige Bestimmungen der Entente beachtet, und b) ein etwaiges neues Abkommen selbst dann anerkenne, wenn es an der Ausarbeitung nicht teilgenommen oder es nicht unterzeichnet hat.

blieben in dem am 28.6.1919 im Spiegelsaal des Versailler Schlosses unterzeichneten und am 10.1.1920 in Kraft tretenden Vertrag unverändert erhalten.

Für die Arbeit der TO-Redaktion in Berlin änderten diese Bestimmungen kaum etwas, da ihre Überseenachrichten vom 20.1.1920 bis 20.4.1920 über die Hauptfunkstelle Norddeich weiterhin verbreitet wurden. Das AA hatte gegen diese Umgehung der Versailler Bestimmungen keine Bedenken, da erstens die Station Norddeich in Artikel 197 nicht ausdrücklich genannt wurde und zweitens der Inhalt der Meldungen "nicht so sehr politisch gefärbt" sein solle und daher nicht das Mißfallen der Alliierten erregen werde.[89]

7. Transocean in der Weimarer Republik

7.1. Ansätze zum Auf- und Ausbau nach 1918

Von den politischen Umwälzungen 1918/19 blieb Transocean weitgehend unberührt. Personell blieb im wesentlichen alles beim alten, Karl Schulte blieb Geschäftsführer und Otto Hammann weiterhin Vorsitzender des Beirates. Lediglich in der Hauptschriftleitung gab es eine Umbesetzung. Dr. Haas räumte seinen Posten und ging als Generalvertreter der TO nach Buenos Aires, um dort eine Vertriebsorganisation für Südamerika aufzubauen. An seine Stelle in der Berliner Zentrale trat der bisherige stellvertretende Hauptschriftleiter Wilhelm Schwedler. Dieser blieb bis zu seinem Tod im Mai 1936 TO-Chefredakteur.[90]

Novemberrevolution und Versailler Vertrag beeinträchtigten den redaktionellen und sendetechnischen Ablauf in keiner Weise. Erstere manifestierte sich für TO in dem Besuch einer dreiköpfigen Kommission, die nach einem kurzen

89 Vgl. dazu PolA: P 7c Bd. 2, Bl. 26ff (Niederschrift der Besprechung vom 15.1.1920 über Artikel 197 des Friedensvertrages). Daß die Einschaltung der Station Norddeich schon länger in Aussicht genommen worden war, zeigt das Protokoll der 16. Sitzung der Reichsfunkkommission vom 16.9.1919 (BA. R 85/756), insbesondere Punkt 7 der Tagesordnung, wo es heißt: "Es seien Maßnahmen getroffen, daß eine Aushilfsstation bereit stehe, den bisher von Großstationen wahrgenommenen Nachrichtendienst, soweit er zulässig bleibe, mit geringerem Wirkungsbereich auszusenden." Ebd. Bl. 314.

90 Vgl. 25 Jahre Transocean. In: Zeitungswissenschaft (1940) S. 353. Ferner: Die Transocean ... a. a. O. S. 13.

Gespräch wieder verschwand[91] und letzterer führte lediglich zu einem kurzfristigen Ausweichen auf den Sender Norddeich. Wichtiger für TO war die Aufhebung der politischen und militärischen Zensur durch Verordnung der Reichsregierung vom 15. November 1918[92] und die mit dem Umzug in die Budapester-Straße verbundene räumliche und personelle Trennung vom AA (und auch vom Zeitungsviertel). Dieser sollte die Umstellung auf den Friedensbetrieb und den nichtamtlichen, privaten Charakter der TO hervorheben.

Dem offiziellen Bemühen der TO-Leitung, "das Propagandaodium abzustreifen" und zu beweisen, "daß TO ein unabhängiges geschäftliches Unternehmen geblieben war",[93] stand von Beginn an die tatsächliche Staatsabhängigkeit entgegen. Finanziell - und dies bestätigt auch Schwedler[94] - konnte die TO nicht aus eigener Kraft existieren. Eine Ausgangsposition, die die ideologisch geforderte Staatsferne von vornherein ausschloß. Während mit dem Ende des Ersten Weltkrieges nach außen die Fahne der Unabhängigkeit gehißt wurde, trat Schwedler, mit Unterstützung der Presseabteilung der Reichsregierung, Gebührenforderungen der Reichspost energisch entgegen und argumentierte, daß "der Dienst überhaupt nur aus rein politischen Gründen aufrechterhalten wird"[95] und eine Zahlung daher nicht in Frage komme.

Doch trotz der finanziellen Abhängigkeit, eine pure Propagandastelle sollte TO nicht mehr sein. Den Wandel in der Aufgabenstellung der TO kann man am ehesten mit dem Schlagwort "Von der Propaganda zur Informationspolitik" umschreiben. Die leidvolle Erfahrung des völligen Versagens der deutschen Propaganda im Ersten Weltkrieg hatte Auswirkungen auf die künftige Nachrichtengestaltung des Dienstes. Der "dickaufgetragenenen Propagandatendenz" sollte die "geschickte Auswahl der Nachrichten" folgen.[96] In den Vordergrund rückte die "blosse Meldung einer Tatsache"[97] und die Forderung nach einem

---

91 Vgl. Wilhelm Schwedler: Das Nachrichtenwesen a. a. O. S. 208. Ferner derselbe: Die Nachricht im Weltverkehr Berlin 1922. S. 95f.

92 PolA: P 7c Bd. 2 (Bredow, RPM, an AA 19.4.1920).

93 Die Transocean ... a. a. O. S. 11.

94 Vgl. Wilhelm Schwedler: Die Nachricht im Weltverkehr a. a. O. S. 87.

95 PolA: P 7c Bd. 2 (Schwedler an Schmidt-Elskop am 14. Februar 1920).

96 Der Pressechef der Preußischen Staatsregierung, Rein, in seinem "Entwurf zu einer Organisation des deutschen Auslandsnachrichtendienstes für politische und wirtschaftliche Einwirkung" vom 20.9.1919. BA. R 43 I 2529, Bl. 267ff.

97 Ebd.

Nachrichtendienst "ohne tendenzpolitischen Anstrich".[98] Der Anspruch, dabei in einer Reihe mit den großen Nachrichtenagenturen der Welt zu stehen, kommt zum Ausdruck, wenn Schwedler TO in einem Atemzug mit Reuter, Havas, AP und UP nennt.[99] Als gleichsam utopische Zielvorstellung entwickelt er das Bild "eines zweiten großen Kartells von unabhängigen Nachrichtenbureaus", das neben dem "Kartell offiziöser Büros" die Welt mit Nachrichten anderer Art versorgen solle.[100]

Doch solche Vorstellungen waren vorläufig bloße Wunschträume. Um auf den Weltnachrichtenmarkt zu gelangen, blieb TO nichts anderes übrig, als weiterhin an die zaghaft geschaffenen Verbreitungsgebiete des Ersten Weltkrieges anzuknüpfen. Das bedeutete, daß die Schwerpunkte der Arbeit zunächst in Südamerika und Ostasien lagen, wo man schon Ansätze einer Vertriebsorganisation geschaffen hatte. Neben dem Vertrieb der Nachrichten in Übersee sah TO sich vor die Aufgabe gestellt, eine Nachrichtenbeschaffungsorganisation für Europa aufzubauen, da die Geschäftsführung davon ausging, daß "ein internationaler Nachrichtendienst, wie es der TO Dienst sein sollte, niemals allein mit Nachrichten aus Deutschland unterhalten werden kann".[101] Diese beiden Vorgaben, der Absatz in Übersee und die Beschaffung in Europa, prägten das Gesicht der TO in der Weimarer Republik.

7.2. Aktivitäten auf dem europäischen Nachrichtenmarkt

Um eine eigene Nachrichtenbeschaffungsorganisation für Europa aufzubauen, mußte TO entweder bei Null beginnen und eine völlig neue Nachrichtenorganisation errichten oder, jenseits der beherrschenden Kartellbüros, mit einer Handvoll zweitrangiger europäischer Büros zusammenarbeiten bzw. diese aufkaufen und vor den eigenen Karren spannen. TO entschied sich für die zweite Möglichkeit. Ein dem AA nahestehendes europaweit arbeitendes Büro bot sich für diese Zielsetzungen an: das Büro Fleischer in Frankfurt am Main mit seinen Beziehungen nach Holland, Skandinavien und in die Schweiz.

---

98 Wilhelm Schwedler: Die Nachricht im Weltverkehr a. a. O. S. 97.

99 Ebd. S. 96.

100 Ebd. S. 101.

101 Die Transocean ... a. a. O. S. 13.

7.2.1. Europapress, Frankfurt

Das Depeschenbüro Europapress GmbH, Frankfurt a. M., das von Arno Meyer nach WTB und TU "als drittes großes deutsches Nachrichtenbüro"[102] aufgeführt wird, ging aus dem 1916 gegründeten "Auslands-Pressedienst (Bureau Fleischer)" hervor. Max Fleischer, damaliger Frankfurter Korrespondent der Kölnischen Zeitung, rief das Büro auf Veranlassung und mit Mitteln militärischer Stellen ins Leben. Seine Aufgabe war es, Nachrichten an den neutralen Umschlagplätzen Schweiz und Niederlande zu lancieren. Zu diesem Zweck subventionierte Fleischer mit Mitteln des AA ausländische Büros.[103] Mit dem Auslands-Pressedienst sollte eine glaubwürdigere Nachrichtenübermittlung ins neutrale Ausland gelingen, die man amtlicherseits dem offiziösen WTB-Dienst nicht zutraute. Mit der militärischen Entwicklung im Jahr 1918 stand das Büro vor dem Zusammenbruch. Fleischers Bemühungen um Mittel zur Weiterführung der Agentur bei amtlichen Stellen blieben erfolglos. Statt dessen trat die TO Ende 1918 als Geldgeber auf und führte mit Fleischer Verkaufsverhandlungen.

Auf Wunsch der TO wurde das Büro zunächst in eine GmbH umgewandelt. Am 2. Dezember 1918 wurde die Firma "Ausland-Pressedienst (Depeschenbüro Europapress) GmbH, Frankfurt am Main" mit einem Gesellschaftskapital von 20.000 Mark gegründet. Geschäftsführer wurde Max Fleischer, der sein Büro unter Einschluß aller Verträge in die GmbH einbrachte. Die Verträge waren für TO besonders wichtig, da man durch diese auf dem europäischen Nachrichtenmarkt problemlos Fuß fassen konnte.[104]

Das Geld zur Gründung der GmbH stammte von der TO und Fleischer verpflichtete sich, im Gegenzug "sämtliche Anteile des 'Ausland Pressedienstes GmbH' an die Transocean GmbH zum Preise von Mk. 55.000,-- (Fünfundfünfzigtausend Mark) zu übertragen gegen sofortige Auszahlung dieses Betrages in Mk. 20.000,-- (Zwanzigtausend Mark) Reichskriegsanleihe ...".[105] Der Aus-

---

102 Vgl. Arno Meyer a. a. O. S. 82.

103 PolA: Niederlande 6 Bd. 1 (Aktennotiz vom 6. Dezember 1917, "Zu den Abmachungen mit dem Redakteur Fleischer in Frankfurt a. M.").

104 EP hatte Verbindungen zu: Schweizer Press Telegraph, Zürich, Raae's Telegrammbureau, Kopenhagen, Hollandsch Nieuws Bureau, Den Haag, Nordisk Telegram Byra, Stockholm. Vgl. dazu und zu den vorangegangenen Ausführungen, Die Transocean ... a. a. O. S. 13f.

105 BA. R 55/286, Bl. 88ff (Notarielles Protokoll vom 9. Januar 1919, Nr. 9 des Justizrates Dr. Max

lands-Pressedienst wurde durch diese Transaktion zu einer Tochtergesellschaft der TO. Um dies zu verschleiern, übertrug TO jedoch sämtliche Geschäftsanteile in notarieller Verhandlung am 29. Oktober 1919 wiederum Fleischer als Treuhänder. Damit war Fleischer in der Lage, "... im Handelsregister nachzuweisen, daß er der alleinige Gesellschafter der Ausland-Pressedienst GmbH ist".[106]

Mit der Übernahme des Ausland-Pressedienstes hatte TO den ersten Schritt zu einer eigenen Nachrichtenbeschaffungsorganisation in Europa getan. Nun mußten der als unabhängig firmierende Ausland-Pressedienst und seine - wiederum offiziell unabhängigen - Tochtergesellschaften im Ausland zu konkurrenzfähigen Nachrichtenagenturen ausgebaut werden. Dazu flossen reichlich amtliche Mittel. Die Beträge, 1922 insgesamt 11.768.400 Mark, wurden teilweise über die jeweiligen deutschen Gesandtschaften, teilweise über die EP-Zentrale in Frankfurt gezahlt.[107]

Der Ausland-Pressedienst selbst baute, nachdem die Firma 1926 in das Depeschenbureau Europapress GmbH (EP) umgeändert worden war,[108] neben den Verbindungen mit ausländischen Tarnbüros auch ein eigenes Korrespondentennetz in Europa auf. Nimmt man Zweigstellen und eigene Vertretungen zusammen, so war EP 1928 in so gut wie allen europäischen Ländern präsent.[109] Die Besetzung der Korrespondentenposten geschah dabei im Einvernehmen mit

---

Rhode, Berlin).

106 Ebd. (Protokoll der notariellen Verhandlung vor dem Notar Dr. Karl Recken, Berlin vom 26. September 1919).

107 PolA: P 7c Bd. 3, Bl. 281 (Abrechnung der Telegrammdienste vom November 1922).

108 Vgl. BA. R 55/286, Bl. 94 (Schulte an Fleischer 3. Februar 1927). Laut notariellem Protokoll vom 5. Februar 1926 wurde die neue Firma Depeschenbureau Europapress GmbH mit einem Grundkapital von 5.000 Reichsmark ausgestattet, das nominell von Max Fleischer gehalten wurde. Die numerische Verringerung des Kapitals war dabei eine tatsächliche Erhöhung, da die neugeschaffene Währungseinheit Reichsmark (RM) an den Goldkurs gekoppelt war (Bankgesetz v. 1924, eine RM entsprach 1/2790 kg Feingold) und die inflationär in Billionen gehandelte Papiermark ablöste. Veranlaßt durch den o. a. Brief gab Fleischer eine neuerliche Abtrittserklärung seiner sämtlichen Geschäftsanteile an der EP an die TO ab. Vgl. Notarielle Verhandlung vom 31. Mai 1927, ebd., Bl. 96.

109 Nach Otto Groth in: Paris, London, Wien, Mailand, Basel, Zürich, Genf, Budapest, Belgrad, Prag, den Haag, Rom, Danzig, Warschau und Reval. Vgl. Otto Groth: Die Zeitung Bd. 1. S. 521. Gleichlautend bei Arno Meyer a. a. O. S. 83. Hinzu kamen noch: Kopenhagen, Bukarest, Bern und Stockholm. Vgl. Wilhelm Schwedler: Die Nachrichtenversorgung der Presse a. a. O. S. 168. Vgl. ferner Die Transocean ... a. a. O. S. 14.

der TO, die den Korrespondenten auch direkte Anweisungen über das an sie zu liefernde Material gab und somit über eine eigene, von anderen Agenturen unabhängige Nachrichtenbeschaffung in Europa verfügte. EP selbst vertrieb dabei deutsche Nachrichten ins europäische Ausland und ausländische Nachrichten nach Deutschland, trat also ebenso wie die - vertraglich dazu verpflichtete - TO innerhalb Deutschlands nicht in Konkurrenz zu WTB.

7.2.2. Das Hollandsch Nieuwsbureau

Ebenso wie der Ausland-Pressedienst wurde auch das Hollandsch Nieuwsbureau (HNB) während des Krieges mit amtlichen deutschen Mitteln gegründet. Über den vorgeschobenen Vertrauensmann der deutschen Gesandtschaft in Holland, Paul Scheffer, den späteren Chrfredakteur des "Berliner Tageblatts", flossen 125.000 Fl (Gulden) vom AA in das Stammkapital von 150.000 Fl ein. Die restlichen 25.000 Gulden stammten vom Gründer und Chefredakteur des HNB, Wilhelm Nevens. Nevens, ein fähiger Journalist und nüchtern kalkulierender Kaufmann, war vorher Handelsredakteur beim "Nieuwe Rotterdamsche Courant", von wo er im Streit mit dem Besitzer geschieden war. Der NRC sollte denn auch das letzte Blatt in Holland sein, das die Meldungen des HNB abonnierte, bei den anderen Zeitungen erfreuten sich die Nachrichten aus Nevens' Redaktion dagegen schnell wachsender Beliebtheit.[110]

Der Erfolg des HNB beruhte in erster Linie auf dem neutralen Eindruck, den das Büro bei holländischen Zeitungen hinterließ. Neben zahlreichen Meldungen aus Deutschland brachte das Büro auch ebensolche aus Ländern der Entente. Die Zusammenarbeit mit dem "Daily Chronicle", London, und der französischen "Agence Radio" ließ sogar bei deutschen Beobachtern den Eindruck eines neutralen Büros aufkommen. So äußerte Günther Thomas vom DÜD 1917 Bedenken, "dass die Gefahr des Überwiegens französischen und englischen Einflusses

110 PolA: Presseabteilung Niederlande 6 Bd. 1 (Streng vertrauliche Aufzeichnung von Günther Thomas vom 1. Mai 1917). "Es (das HNB; Anm. d. Verf.) hat, wie ich mich überzeugen konnte, Eingang in den größten Teil der holländischen Presse gefunden, vorläufig mit Ausnahme des Nieuwe Rotterdamsche Courant, dessen auf persönlichen Gründen beruhenden Widerstand man in der nächsten Zeit ebenfalls zu überwinden hofft."

immer stärker sich geltend machen könnte".[111] Eine ganz unbegründete Befürchtung, die die Nachrichtenstrategen im AA frohlocken ließ, da sie bewies, "dass er (G. Thomas; Anm. d. Verf.) von den finanziellen Beziehungen nichts weiss".[112]

Die für das neutrale Renommé HNB's wichtigen ausländischen Dienste produzierten in dessen Etat monatliche Verluste von rund 1.000 Fl., die die deutsche Gesandtschaft mit Geldern aus dem Patria Fonds ausglich.[113] Größere Subventionsbeträge liefen über das Büro Fleischer. Fleischer, der auch als HNB-Vertreter in Deutschland fungierte, diente als Schaltstelle, die die vom AA an fremde Büros ausgesetzten Subventionen vermittelte und somit dem AA eine indirekte Kontrolle über das HNB und andere Büros sicherte, ohne einen direkten finanziell offensichtlichen Zusammenhang herzustellen.

Durch diese Subventionen und eine Vielzahl wechselseitiger Verträge, Abmachungen und Beteiligungen wurden die ausländischen Büros und das Europapress-Büro miteinander verbunden. Dabei wurden auch die Interessensphären der jeweiligen Agenturen abgesteckt. So schlug ein zwischen dem Schweizer-Press-Telegraph (SPT) und dem HNB abgeschlossener Vertrag dem HNB Holland, England, die USA, Österreich-Ungarn, die Balkanländer und die Türkei zu, während umgekehrt ausschließliches Revier des SPT die Schweiz, Frankreich, Italien, Skandinavien und Rußland waren. Beide vereinbarten auch, sich ihr gesamtes Nachrichtenmaterial über EP gegenseitig unentgeltlich zur Verfügung zu stellen.[114]

In dieses von amtlicher Seite inspirierte feine Netz nachrichtendienstlicher Verbindungen ließ man sich nicht hineinpfuschen. Der DÜD, der sich kurz nach der Trennung von TO um einen Einstieg in das HNB bemühte und es mit einem wirtschaftlichen Depeschendienst von etwa 70 Worten pro Tag versorgen wollte,

---

111 PolA: Presseabteilung Niederlande 6 Bd. 1 (Streng vertrauliche Aufzeichnung von Günther Thomas vom 1. Mai 1917).

112 Ebd. (Legationsrat von Stumm, Gesandtschaft den Haag, an Radowitz, 18. Mai 1917).

113 Ebd.

114 Ebd. (Vertrag vom 9. September 1917 abgeschlossen bis 1.1.1923, unterzeichnet von Nevens und Fleischer). Der Vertrag sah auch die Eröffnung eines SPT-Büros in Frankfurt und eines HNB-Büros in Berlin vor. Letzteres wurde aus Kostengründen später wieder geschlossen. Vgl. dazu O. Groth: Die Zeitung. Bd. 1. S. 522.

wurde von amtlicher Seite schnell ausgebootet. Nicht ganz unberechtigt fürchtete man im AA, daß "der Überseedienst mit seinen reichen Mitteln uns aus dem Unternehmen herauszudrängen versuchen würde".[115] Nach den Majorisierungsversuchen der Schwerindustrie innerhalb der TO-GmbH war man im AA empfindlich geworden und veranlaßte Nevens, "... dem Überseedienst mitzuteilen, dass das H. N. B. von der in Aussicht genommenen Geschäftsverbindung Abstand nimmt".[116] Um Nevens die Ablehnung zu versüßen, bot man ihm gleichzeitig einen wirtschaftlichen Depeschendienst durch die TO an. Nevens übernahm den Dienst der TO und hatte so schon einen direkten Draht zu ihr, bevor sie später über die EP sein Büro subventionieren mußte. Der TO-GmbH wurde das HNB später zu kostspielig, so daß es die Verbindung 1929 löste und ein eigenes EP-Büro in Amsterdamm eröffnete.[117]

7.2.3. Der Schweizer-Press-Telegraph

Im Gegensatz zur HNB wurde die Geschäftsverbindung mit dem Schweizer-Press-Telegraph nie gelöst. Dieser wurde bis weit in den Zweiten Weltkrieg hinein erhalten und später zum Abgabebüro für viele andere neutrale Länder ausgebaut. Der SPT, der neben der Schweizerischen Depeschenagentur den größten Nachrichtendienst der Schweiz bildete, war ebenfalls im Ersten Weltkrieg mit Mitteln des AA, die über den Ausland-Pressedienst liefen, gegründet worden. Direktor des SPT war Hans Schulthess, ein Schweizer Journalist. Er war gesetzlicher Vertreter des SPT, der als Genossenschaft nach Schweizer Recht eingetragen war. Nach altbewährter Verschleierungstaktik fungierte Schulthess als Treuhänder des Europapress-Dienstes und hielt nominal 117 von 171 Genossenschaftsanteilen.[118]

Vertreter des SPT in Deutschland war Max Fleischer, der das Material des SPT an die deutsche Presse weiterleitete und das deutsche Material demselben kostenlos zur Verbreitung in Schweizer Blättern weitergab. Genaue Zahlen über

---

115 Ebd. (Geheimer Legationsrat von Radowitz, Nachrichtenabteilung, an Ferdinand von Stumm, 12. Mai 1917).

116 Ebd. (Radowitz an Stumm, 12. Mai 1917).

117 Vgl. Die Transocean ... a. a. O. S. 15.

118 BA: R 55/286, Bl. 236ff (Notarielle Abschrift vom 10. September 1935).

den Eingang des SPT-Materials in die Schweizer Presse liegen erst für 1940 vor,[119] doch angesichts der Tatsache, daß Groth den SPT als einzigen Schweizer Pressedienst erwähnenswert findet,[120] kann man davon ausgehen, daß er eine etablierte Position auf dem Nachrichtenmarkt hatte. Diese Position konnte er nur auf Grund erheblicher Subventionen durch TO, vor allem in den Jahren 1919 und 1920, erlangen und festigen.[121]

7.2.4. Büros in Skandinavien und Österreich

In Skandinavien arbeitete Europapress mit Raae's-Telegrammbureau, Kopenhagen, und dem Nordisk-Telegram-Byra, Stockholm, zusammen. Was deren Gründungsgeschichte angeht, kann man von einer ähnlichen Konstruktion wie bei SPT und HNB ausgehen. EP beendete die Zusammenarbeit mit diesen beiden Büros, die laut TO-Geschäftsleitung "auf die Dauer zu kostspielig wurden",[122] Ende der zwanziger Jahre. Zehn Jahre später, 1940, tauchen dann drei andere EP-Tarnbüros in Skandinavien auf.[123]

In Wien gründeten Fleischer und Schulthess 1927 die "Telegraphen-Compagnie GmbH", und übernahmen die verantwortliche Geschäftsführung. Beide fungierten wiederum als Treuhänder für die Transocean GmbH, die damit neben bzw. über Europapress fünf europäische Nachrichtenbüros majorisierte.[124]

---

119 Nach einem Rückgang durch die aggressive Kriegspolitik Hitlers lag die SPT-Verbreitung immer noch bei 90 Schweizer Tageszeitungen mit täglich bis zu 65 Meldungen pro Zeitung. Vgl. BA: R 55/286, Bl. 268 (Bericht Noesgen 15.10.1940).

120 Vgl. Otto Groth: Die Zeitung. Bd. 1. S. 521.

121 Vgl. Die Transocean ... a. a. O. S. 14.

122 Ebd. S. 15

123 Büro Gilbert, Kopenhagen; Büro Lönnegren, Stockholm; Büro Medboe, Oslo; alle drei waren als Niederlassungen des 'neutralen' SPT getarnt. Vgl. BA: R 55/282 (Büro Fleischer an RMVP, Haushaltsabteilung am 10. Juli 1940).

124 BA: R 55/286, Bl. 293 (Abtretungserklärung von Hans Schulthess für die Telegraphen-Compagnie GmbH, Wien, vom 29. Februar 1940 an Amtsgericht zugunsten von Rudolf Noesgen).- Ebd., Bl. 294 (Abtretungserklärung von Max Fleischer für die Telegraphen-Compagnie, Wien, (TC) vom 29.2.1940 an Amtsgericht Wien zugunsten von Rudolf Noesgen).- Vgl. außerdem ebd., Bl. 329f (Schreiben EP an RMVP vom 2. März 1940). Dort wird die 1927 beginnende Treuhänderfunktion Fleischers für die TO erwähnt. Rudolf Noesgen ist ab Februar

7.3. Entwicklungen bei Transocean in Technik und Verbreitung

Die Nachrichtenbeschaffungsorganisation in Europa war für TO nur Mittel zum Zweck. Dieser lag nach wie vor im Aufbau eines Weltnachrichtendienstes, dessen erste Aufgabe in der weltweiten Verbreitung von deutschen - im Sinne von Deutschen redigierten - Meldungen lag. Alle weitgesponnenen Nachrichtenfäden der Europapress liefen nach Berlin in die von Schwedler geleitete TO-Zentrale und von dort über Nauen nach Übersee. Die Möglichkeiten der TO GmbH, dabei auch ein geregeltes Nachrichtengeschäft aufzubauen, waren stark abhängig von der Entwicklung der Funktechnik, auf die man ausschließlich setzte.

Neben den ohnehin vorhandenen juristischen Problemen auf internationaler Ebene[125] kam noch hinzu, daß z. B. die Unzuverlässigkeit bei der Übermittlung durch lange Wellen in Südamerika jahrelang zu Schwierigkeiten bei Abschluß von Abonnementsverträgen führte. So läßt sich denn der Erfolg von TO in der Zeit der Weimarer Republik auch wieder in enger Beziehung zu den vorhandenen technischen Möglichkeiten sehen. Danach läßt sich die TO-Entwicklung in zwei Perioden unterteilen: In die Zeit von 1916 bis 1929, als die TO-Meldungen noch mit langen Wellen über Nauen befördert wurden, und in die Periode ab 1929, als die Umstellung der Dienste auf Kurzwellen vollzogen wurde.

Das erste Geschäftsjahr nur auf Kurzwelle (1930) brachte eine enorme Steigerung der Telegrammabonnementseinnahmen von 108.122,45 Mark (1929) auf 195.697,40 Mark (1930) bei gleichbleibender Anzahl der gesendeten Dienste.[126] Mit der Kurzwellentechnik war TO endlich der entscheidende Schritt zu einer zuverlässigen Nachrichtenübermittlung gelungen.

Den größten Erfolg hatte Transocean in Südostasien, später in Südamerika, und vor allem auf Dampfern zu verzeichnen. In langen und wechselhaften Verhandlungen mit Radio-Holland und der niederländischen Agentur Aneta hatte Transocean schon früh, ab 1922, auf den holländischen Schiffen und in Niederländisch-Indien, dem heutigen Indonesien, Fuß gefaßt.[127] Der Erfolg bei den

---

1940 Herausgeber von Europapress und tritt seine sämtlichen Geschäftsanteile an EP und TC an "eine vom RMVP zu bestimmende Stelle ab".

125 Vgl. Wihelm Schwedler: Die Nachricht im Weltverkehr a. a. O. S. 85ff.

126 M: P 1/26/45 Bd. 2 (Bericht Daub vom 30.6.1930 und 5.5.1931).

127 Vgl. Die Transocean ... a. a. O., S. 17. Dies bestätigen auch die Berichte von den TO-Gesellschafterversammlungen vom 30. Juni 1925 und 7. Juni 1926 in M: P 1/26/45 Bd. 2.

Schiffahrtslinien, auch anderer Nationalitäten, beruhte zum einen auf dem funktechnischen Vorsprung der Deutschen und zum anderen auf der redaktionellen Bearbeitung des Dienstes, der, mit Überschriftzeilen versehen, in druckfertiger Sprache gesendet wurde, so daß jede Bearbeitung an Bord entfiel.[128] Der Weg nach Südamerika konnte, wie bereits erwähnt, erst nach 1929 befriedigend genutzt werden, da zuvor die technischen Schwierigkeiten bei der Übermittlung zu groß waren, um eine regelmäßige und zuverlässige Depeschenversorgung zu gewährleisten.[129]

Anzahl und Umfang der TO-Dienste wurden in den zwanziger Jahren stetig ausgebaut. Für das Geschäftsjahr 1924 führt die TO je einen täglichen Dienst in englischer, deutscher und spanischer Sprache an.[130] 1925 sendete TO die gleichen Dienste mit größerer Wortzahl und häufiger.[131] Für 1926 und 1927 liegen keine Angaben vor, da keine Geschäftsberichte erstellt wurden.[132] Daß die an der TO beteiligte Phönix AG erst 1929 die Berichte vermißt und eine diesbezügliche Anfrage an die Ausland GmbH richtet,[133] zeigt deutlich das Desinteresse der deutschen Industrie an TO nach der Abtrennung des DÜD. Der nächste, am 30.6.1930 von Dr. Erwin Daub im Auftrag der Phönix AG verfaßte Bericht enthielt neben dem Hinweis auf die zwei neuen Kurzwellensender in Nauen, die mit 15 bzw. 30 Metern arbeiteten, eine detaillierte Aufzeichnung der ausgebauten TO-Dienste.

---

128 Ebd. Bl. 317ff (Bericht des Bevollmächtigten der Phönix AG, Dr. Erwin Daub, über die Gesellschafterversammlung vom 5.5.1931). Siehe auch ebd. "Die Transocean GmbH, Berlin, ihre Aufgaben und ihre Tätigkeit", vertrauliche Mitteilung vom Juni 1933, Bl. 343ff. Vgl. auch Wilhelm Schwedler: Die Nachricht im Weltverkehr a. a. O. S. 97ff.

129 Dies moniert die Ausland GmbH in ihrem Bericht an die Phönix AG vom 8. Juli 1925, gleichzeitig berichtet sie von einem verstärkten TO-Absatz in Japan. Vgl. M: P 1/26/45 Bd. 2. Die Ausland GmbH hatte für etliche der an TO beteiligten Firmen eine Vertretungsvollmacht in TO-Gesellschafterversammlungen.

130 Ebd.(Bericht Ausland GmbH über Gesellschafterversammlung vom 30. Juni 1925).

131 Ebd. (Bericht Ausland GmbH über Gesellschafterversammlung vom 7. Juni 1926).

132 Dazu ist zu bemerken, daß die vorherigen auch nur mündlich gegeben wurden und nur in Form von Notizen der Ausland GmbH überliefert sind.

133 Ebd. (Brief Phönix an Ausland GmbH vom 6.2.1929).

Im Juni 1930 sendete TO:

- Einen deutschen Dienst für Schiffe
- einen deutschen Dienst für deutsche Auslandszeitungen
- drei englische Dienste
- zwei französische Dienste
- einen spanischen Dienst.[134]

Unter den neuen Ländern, die jetzt mit dem TO-Dienst versorgt wurden, tauchen auch die USA auf, doch mußte man hierbei eingestehen, daß die englischsprachigen amerikanischen Zeitungen kein Interesse an TO hatten und der Dienst nur in den deutschsprachigen Blättern abgedruckt wurde. Das Eindringen TO's in den wichtigen amerikanischen Pressemarkt war also auch 1930 noch nicht gelungen, und es blieb TO auch bis zum Ende versagt. Bessere Entwicklungsmöglichkeiten fand TO jedoch in Südamerika und Südostasien, ihren angestammten überseeischen Nachrichtenplätzen.

7.4. Ausbau einer Vertriebsorganisation in Übersee

7.4.1. Südamerika

Die von der Nachrichtenabteilung des AA zusammen mit der TO-Leitung festgelegten Schwerpunkte in Südamerika lagen in Argentinien und Brasilien. Doch zunächst tat sich dort nicht viel. Das Fehlen einer leistungsfähigen Funkempfangsanlage zwang dazu, die TO-Meldungen von Mexiko aus per Kabel zu befördern, was den Dienst zu teuer machte, und ein Vertriebsnetz für Argentinien und Brasilien war noch nicht einmal in Ansätzen vorhanden, sieht man von den beiden Zeitungen Hermann Tjarks (s. o.) einmal ab.

Die meisten Probleme gab es in Brasilien, wo der deutsche Gesandte in Rio de Janeiro, Plehn, den Dienst 1921 einfach eingehen ließ und auf der anderen Seite vorschlug, eine eigene Agentur zu errichten, mit der die gesamte brasilianische

134 Ebd. (Daub an Phönix 30.6.1930). Insgesamt hatten 1930 weltweit 110 Zeitungen aus 20 Ländern TO abonniert.

Presse versorgt werden solle.[135] Plehns Bericht stieß im AA auf völliges Unverständnis, da man natürlich über den Aufbau einer Agentur mit ihm einer Meinung war, aber in dem noch bescheidenen TO-Dienst jenen Anfang dazu sah, den Plehn nun leichtfertig aufs Spiel setzte.[136]

Doch wenn man im AA auch noch hinter Transocean stand, so gab man sich doch keinen Illusionen über die Qualität des Dienstes hin. In internen Stellungnahmen hieß es, der Dienst habe nichts "wirklich Wertvolles zu bieten", es sei daher gar nicht daran zu denken, Geld dafür zu nehmen[137] und überhaupt sei er zu dilettantisch aufgezogen und auf fachfremde Leute im Ausland angewiesen.

Über Argentinien berichtet Zechlin, daß von sechs Funksprüchen in der Woche nur einer bis zwei überhaupt aufgenommen werden könnten und diese zum größten Teil auch noch verstümmelt seien. Die Aufnahme in der argentinischen Presse gehe ebenfalls gegen Null. Eine Prüfung der Zeitungen "Prensa" und "Union" für den Zeitraum 1. Februar bis 4. März 1921 durch das spanische Lektorat der Presseabteilung ergab, daß nur ein einziges TO-Telegramm in der "Union" vom 14. Februar abgedruckt wurde.[138] Zechlins resigniertes Fazit: "Wie die Verhältnisse jetzt liegen, muß eben ein großer Teil unserer Propaganda durch das Auslandsdeutschtum selbst besorgt werden".[139]

Nachdem Anfang 1924 der Dienst auf Langwelle zum ersten Mal in der neuen Funkstation, Buenos Aires, aufgenommen wurde, trat man direkt an argentinische Zeitungen heran. Die wertvollste Verbindung glückte TO am 16. Oktober 1924. Die größte argentinische Tageszeitung, "La Prensa", schloß einen Vertrag über die Abnahme von 10.000 Worten zum Preis von 1.000 Pesos (1.780 Mark) monatlich ab. Der Dienst an die "Prensa" war in spanischer Sprache und - im Gegensatz zu den ebenfalls nach Südamerika gesendeten deutschen und englischen Diensten - nur für den Maschinenempfänger lesbar. Zwar traten bis zum

135 Der TO-Dienst lief über die deutschen auswärtigen Vertretungen, d. h. Gelder, z. B. für Telegrammkosten, stammten aus dem jeweiligen Pressefonds der Gesandtschaften und diese waren auch die Empfangs- und Verteilstationen. Plehn teilte dem AA mit, daß er "... die Gesandtschaft in Buenos Aires um einstweilige Einstellung der Übermittlung der Transocean-Telegramme gebeten" habe. PolA: Deutschland 6b Brasilien Bd. 1 (Plehn an AA, 16.11.1921).

136 PolA: Deutschland 6b Brasilien Bd. 1 (Aktennotiz des späteren Pressechefs Walter Zechlin zu P 14617 vom 29.11.1921).

137 Ebd. (Stellungnahme des Legationsrats Will vom 31.12.1921 zu P 14617).

138 Ebd. (Aktennotiz von Zechlin vom 29.11.1921 und vom 14.4.1921)

139 Ebd. (Aktennotiz Zechlin v. 29.11.1921).

endgültigen Übergang auf Kurzwelle im Jahre 1929 noch des öfteren Schwierigkeiten in der funktechnischen Übermittlung des Dienstes auf,[140] aber durch die Publikation in der auflagenstärksten argentinischen Zeitung, der sich auch wenig später das zweite bedeutende Blatt Argentiniens, "La Razon", anschloß, hatte Transocean den Sprung in die südamerikanische Presse vollzogen.[141]

Durch die argentinischen Blätter gelangten die TO-Meldungen auch nach Brasilien, da dortige Zeitungen die Prensa-Nachrichten "gerne und bevorzugt" abdruckten.[142] 1928 wurde der spanische Dienst TO's in "Prensa-Dienst" und "Brasilien- oder allgemeiner Dienst" aufgeteilt, um spezifischen brasilianischen Bedürfnissen besser nachkommen zu können. Zwei Jahre zuvor noch hatte die in Mexiko ansässige "Agencia Duems", ein DÜD-Ableger, dem AA einen Spezialkabeldienst nach Brasilien angeboten, "bis die Schwierigkeiten für Transocean überwunden sind", und nicht ohne Häme hinzugefügt: "nach unserer Meinung wird das nie der Fall sein".[143] Es war dann mit der Umstellung auf Kurzwelle doch der Fall, und nun konnte TO daran gehen, auch in Brasilien stärker in den von Havas und UP beherrschten Pressemarkt einzudringen.

Im Gegensatz zum Vorgehen in Argentinien beschloß man in Brasilien, nach europäischem EP-Muster mit einer Tarnagentur zu arbeiten. 1928 gründete die TO die "Agencia Brasileira" (A. B.), an der sie 60 Prozent der Aktien hielt, und schickte als deutschen Vertrauensmann Johannes Geyer in den Aufsichtsrat der Gesellschaft.[144] Über die A. B. wurde der TO-Dienst regelmäßig in der brasilianischen Presse aufgenommen. Auslandsdeutschen Beobachtern blieb der Zusammenhang zwischen TO und A. B. verschlossen. So beklagt 1933 ein in Brasilien ansässiger Geschäftsmann (Egon Köhn) in einer Denkschrift das völ-

---

140 Am 2. August 1927 berichtete Schwedler der Presseabteilung der Reichsregierung, daß die "Prensa" seit drei Tagen TO nicht mehr empfange. Er weist auf das wiederholte Vorkommen solcher Aussetzer hin und fordert "die Aufstellung eines eigenen Senders für uns, damit wir nicht von Zufälligkeiten im Betriebe der Post und Transradio abhängen". Transradio hatte in diesem Fall, ohne vorherige Benachrichtigung TO's und der "Prensa", Sendezeit und Wellenlänge geändert. Vgl. PolA: P 7103 (Schwedler an Presseabteilung der Reichsregierung, 2.8.1927).

141 Zum Dienst nach Argentinien vgl. "Die Entwicklung des spanischen Transoceandienstes", Bericht von Felix Bagel vom 2. März 1928 in: PolA: Deutschland 6b Brasilien Bd. 1.

142 Ebd.

143 Ebd. (Agencia Duems an Zechlin am 10. September 1926)

144 Ebd. (Aktennotiz Schwedlers vom 25. Juli 1928 und Mitteilung Schultes an die Presseabteilung der Reichsregierung vom 2. Oktober 1928).

lige Fehlen des TO-Dienstes in Brasilien und stellt fest, daß die Nachrichtenszene von Havas und dem "nationalen Büro, Agencia Brasileira" beherrscht wird.[145] Dabei wäre die Vermutung, daß die A. B. unter deutschem Einfluß stand, durchaus naheliegend gewesen, denn zum einen saß mit Geyer als einzigem Ausländer ein Deutscher mit den brasilianischen Journalisten und Rechtsanwälten im Direktorium der Gesellschaft und zum anderen war der Nachrichtenanteil aus Deutschland im A. B.-Material unverhältnismäßig hoch.[146]

Mit der Etablierung der Agencia Brasileira hatte die TO die zwei wesentlichen Zielgruppen in Südamerika erreicht: die Presse Argentiniens und Brasiliens. Die Wirkung des Dienstes wurde 1929 intern positiv beurteilt, vor allem stellte man eine starke indirekte Wirkung auf die anderen Agenturen (UP und Havas) fest, die ihre Berichterstattung über Deutschland aufgrund der drohenden Konkurrenz erweiterten.[147] Außer in Argentinien und Brasilien wurde der spanische TO-Dienst gegen Ende der Weimarer Republik in Lateinamerika noch in Uruguay, Chile, Kolumbien, Venezuela und Mexiko abgedruckt.[148]

7.4.2. Asien

In Asien konzentrierte sich der TO-Dienst auf den ostasiatischen Raum. Vier hauptsächliche Verbreitungsgebiete sind dabei auszumachen: 1. Die Straits Settlements, bis 1946 britische Kronkolonie (heute Malaysia und Singapur); 2. Niederländisch Indien, seit 1949 souveräner Staat (heute Indonesien); 3. China; 4. Japan. Der Schwerpunkt der TO-Bemühungen lag dabei anfangs in Niederländisch Indien, Batavia, verschob sich aber 1926 bis 1928 zunehmend in Richtung

---

145 Ebd. (Schwedler an die Presseabteilung der Reichsregierung am 5. Dezember 1933).

146 1929 bemängelte die deutsche Gesandtschaft in Rio de Janeiro, daß der an A. B. gefunkte Dienst zu sehr als "rein deutscher Ergänzungsdienst aufgezogen" sei. Vgl. ebd. (Deutsche Gesandtschaft Rio an Presseabteilung, 5. Januar 1929).

147 Ebd. (Aufzeichnung der Presseabteilung über den TO-Dienst in Südamerika vom September 1929).

148 M: 1/26/45 Bd. 2, Bl. 343ff (Vertrauliche Aufzeichnung "Die Transocean GmbH, Berlin, ihre Aufgabe und ihre Tätigkeit", Juni 1933). Zu Chile ist anzumerken, daß der TO-Dienst dort nur in der "Deutschen Zeitung" abgedruckt wurde, da die chilenischen Blätter an UP gebunden waren, die die Nachrichtenszene dort monopolartig beherrschte. Vgl. PolA: Presseabteilung P 19 Beiakte I Bd. 2 (P 3019 Aktennotiz von Kaufmann 22. Juni 1931).

China und Japan. Der Einführung des Kurzwellenfunks kam dabei nicht die hohe Bedeutung zu, die er für Südamerika (Brasilien) hatte, da die asiatischen Gebiete auch mit Langwelle relativ zuverlässig und regelmäßig versorgt werden konnten.

Bereits Anfang 1922 hatte Transocean in Niederländisch Indien über Radio-Holland und die niederländische Agentur Aneta (Algemeen Nieuws- en Telegraaf Agentschap) den Fuß in den Türen der dortigen Zeitungsredaktionen. Diese vertraglichen Bindungen wurden, bis auf ein mehrmonatiges Intermezzo im Jahr 1926, immer wieder erneuert und weiter ausgestaltet.[149] Doch obwohl der Dienst so über eine holländische Agentur verbreitet wurde, war das Propagandaodium schwer abzustreifen. Noch 1927, lange nachdem TO das Kürzel "Transocean Copyright" statt "Nauen Press" verwendete, bezeichnete die in Batavia ansässige Zeitung "Locomotief" TO als "den offiziösen deutschen Nauendienst".[150]

Erfolgreicher verlief anscheinend die Imagepflege in den Straits Settlements, wo bei den Zeitungsverlegern "die Überzeugung geschaffen werden konnte, daß man es mit einer nichtamtlichen geschäftlich aufgezogenen und leistungsfähigen Depeschenagentur zu tun habe".[151] Dennoch war der Abdruck der TO-Meldungen auch in Niederländisch Indien zufriedenstellend. Bis 1934 hielt man einen Standard von 30 bis 40 Telegrammen, die täglich in den dortigen Zeitungsspalten auftauchten.[152] Aufgrund der NS-Herrschaft in Deutschland (Pressegleichschaltung, Judenverfolgung usw.) waren die TO-Meldungen dort jedoch später nicht mehr gefragt und ihr Abdruck ging 1935 gegen Null.[153]

---

149 PolA: Deutschland 6b Straits Settlements Bd. 1 (Aufzeichnung über eine Besprechung in der Presseabteilung am 15. November 1926 über die Nachrichtenübermittlung von Deutschland nach Ostasien und umgekehrt. Hauptaktionär der ANETA - zumindest 1935 - war die deutsche Firma "Nederlandsche Handel Maatsschappig". Vgl. dazu PolA: Niederlande 8 Bd. 2 (Generalkonsulat Batavia an AA 4. Juni 1935). Vgl. ferner Wilhelm Schwedler: Das Nachrichtensystem der Weltpresse. In: Zeitungswissenschaft 9 (1934) S. 280ff, insbes. S. 285. Außerdem Die Transocean ... a. a. O. S. 17.

150 PolA: Niederlande 8 Bd. 2 (Zeitungsausschnitt vom 22. Juli 1927).

151 PolA: Deutschland 6b Straits Settlements Bd. 1 ("Bemerkungen zu dem Abkommen Transocean/ Singapore Kartell", November 1926).

152 PolA: Niederlande 8 Bd. 2 (TO an Presseabteilung 17. Oktober 1934).

153 Ebd. (Generalkonsulat Batavia an AA, 14.10.1935).

In den Straits Settlements[154] lief das Nachrichtengeschäft für TO, wie bereits angedeutet, ganz gut. Im November 1926 schloß TO ein Abkommen mit rund einem Dutzend Zeitungen, die sich zum "Singapore Kartell" zusammengeschlossen hatten und den gesamten Pressemarkt der Straits Settlements abdeckten. Empfänger der TO-Depeschen war die in Singapore in Japanisch erscheinende Zeitung "Nanyonichinichi", die als Verteiler und TO-Agentur fungierte. Der Grundpreis betrug 75 Strait Dollars im Monat für ca. 870 Worte über "chiefly Continental European matters" für jede angeschlossene Zeitung. Ein verblüffend hoher Preis, wenn man bedenkt, daß der englische Rugby-Dienst zur gleichen Zeit für 16.000 Worte monatlich nur 25 S. Dollars mehr, also 100 A. Dollars, forderte und der wesentlich umfangreichere und vor allem weltumfassende "general service" von Reuter bei 300 S. Dollars monatlich lag. Im Vergleich zu den etablierten Agenturen war TO hier immer noch ein Nachrichtenzwerg, der allenfalls als Ergänzungsdienst wirksam werden konnte. In dieser Funktion allerdings war TO durch die EP-Agenturen durchaus in der Lage, Lücken in der Mitteleuropa-Berichterstattung auszufüllen.

In China hatte TO durch das Angebot, im Gegenzug chinesische Nachrichten über WTB in Deutschland zu verbreiten, Erfolg. J. Plaut, ein deutscher Journalist, der in China als Vertreter des WTB, Transoceans und EP's fungierte, unterzeichnete am 3. Oktober 1928 ein Abkommen mit dem chinesischen Auswärtigen Amt, das TO den Nachrichtenmarkt in China öffnete.[155] Der Vertrag sah im wesentlichen folgendes vor: 1. Die Verteilung chinesischer Nachrichten durch die deutschen Agenturen (TO, EP, WTB) in Europa, 2. die Aufstellung und Inbetriebnahme eines Langwellenempfängers und sobald als möglich eines Kurzwellenempfängers in Shanghai zum Empfang TO's, 3. die Übersetzung ins Chinesische und Verteilung der TO-Meldungen durch die Nachrichtenagentur Ta Chung. Ta Chung, eine dem chinesischen AA nahestehende Neugründung[156] sollte, sobald ein Kurzwellensender zur Verfügung stand, von Shanghai aus den TO-Dienst auf Kurzwelle über ganz China verbreiten, um lokale Zeitungen und

---

154 Die folgenden Angaben und Zitate sind den "Bemerkungen zu dem Abkommen Transocean/ Singapore Kartell" vom November 1926 entnommen. PolA: Presseabteilung Deutschland 6b Straits Settlements Bd. 1.

155 Eine Abschrift des Vertrages befindet sich in: PolA: Deutschland 6b Ostasien Bd. 1 (Transocean-Dienst nach Ostasien, Geheim, P 9521).

156 Laut Plaut "praktisch eines seiner Organe". Ebd. (Plaut an TO, Berlin am 7. Oktober 1928).

andere Abonnenten schnell und effektiv zu erreichen. Während Ta Chung für die Sender selbst aufkommen sollte, sollten die Empfänger in Shanghai von TO gestellt werden; alle anderen Kosten innerhalb Chinas (Bedienungsmannschaften, Wartung, Übersetzer) trug Ta Chung. Das für die Chinesen Verlockende an der ganzen Sache war der Dienst nach Deutschland, dessen Kosten vom WTB getragen wurden. Damit stellte TO der neuen Nankinger Regierung den ersten eigenen Nachrichtenweg nach Europa zur Verfügung, der nicht von den Kartellbüros kontrolliert wurde.

Gerade die Kartellverträge brachten WTB jetzt auch in Bedrängnis, denn der von Plaut eigenmächtig abgeschlossene Vertrag hatte eine Trennung zwischen den Aufgaben der TO und des WTB nicht hervorgehoben. Dies war aber durchaus notwendig, da WTB zwar berechtigt war, chinesische Nachrichten in Deutschland zu verbreiten, aber nach den Verträgen mit Reuter kein Recht hatte, Nachrichten in China anzubieten. Eine Stellungnahme der Direktoren Mantler und Diez vom WTB zu dem Plaut'schen Abkommen sah denn auch zwar inhaltlich gleichbleibende, aber getrennt ausgefertigte Verträge zwischen WTB-Nankingregierung einerseits und TO-Nankingregierung andererseits vor.[157] Zusätzlich vereinbarte das WTB mit der Presseabteilung der Reichsregierung die Erstattung der über die WTB-Einnahmen hinausgehenden Telegrammgebühren durch das Reich.[158]

Die getrennten Verträge für WTB und TO/EP wurden am 15. Dezember 1928 vom Pressechef der Nanking-Regierung in Shanghai unterzeichnet. Die einzige Änderung betraf die für die Verteilung und Bearbeitung des TO-Materials vorgesehene Agentur. In Peking und Tientsin sollte dies die Asiatic News Agency und im restlichen China die Kuomin News Agency besorgen.[159] Diese von Plaut geschaffenen Verbindungen unter der Protektion und starken Förderung der chinesischen Regierung bewährten sich hervorragend, und 1930 meldete Plaut aus Peking: "Fast immer haben wir zahlenmäßig mehr, oft sehr viel mehr Telegramme in einem Blatt als Reuter, und hinsichtlich des Umfangs unserer Meldungen schlagen wir die anderen Dienste fast immer, ...".[160]

157 Ebd. (Stellungnahme Heinrich Mantler und Hermann Diez vom 3. November 1928).

158 Ebd. (Presseabteilung an WTB, 5. Dezember 1928).

159 Die beiden Verträge befinden sich ebd.

160 Ebd. (Plaut an TO, Berlin, 1 Juni 1930). Die starke Stellung des TO-Dienstes in China bestätigt auch der deutsche Generalkonsul in Shanghai, Behrend. Ebd. (Behrend an AA, 30.8.1930).

Nach Japan gelangte TO über Shanghai. Anfang September 1929 hatte Plaut in Tokio mit der japanischen Agentur Rengo ein Abkommen getroffen, demzufolge der in Shanghai aufgenommene TO-Dienst durch den dortigen Rengo-Vertreter für Japan redigiert und auf Rengos Kosten nach Tokio weitertelegraphiert wurde. Eine Direktaufnahme des TO-Dienstes in Japan war aufgrund eines Verbotes über die Aufnahme fremder Rundfunkdienste durch das japanische AA nicht möglich.[161] Doch die direkte Verbindung mit dem offiziösen "Nippon Shimbun Rengo" sorgte dafür, daß, wenn auch noch in relativ geringem Umfang, der TO-Dienst an fast die gesamte japanische Presse (Rengo versorgte rund 80 Blätter, darunter die größten des Landes)[162] gelangte. Die Meldungen erschienen dort unter der Herkunftsbezeichnung "Rengo", so daß die TO-Präsenz auf dem japanischen Markt, im Gegensatz zu dem chinesischen, wo die Meldungen unter dem Kürzel "Transocean-Kuomin" abgedruckt wurden, verdeckt war. Der Umfang des Dienstes war mit 40.000 Worten monatlich respektabel und stand den großen Agenturen, vor allem Reuter, in Ostasien kaum nach. Außer nach Südamerika und Asien, den Hauptätigkeitsfeldern, gelangten TO-Meldungen am Ende der Weimarer Republik noch nach Südafrika, Australien, Neufundland, Trinidad, Persien und in den Irak.[163]

7.5. Transocean am Ende der Weimarer Republik: Eine Rückschau

Während die Weimarer Republik von großer Instabilität gekennzeichnet war - allein elfmal wechselte der Reichskanzler zwischen 1920 und 1930 - und nach vielen innenpolitischen Krisen unter Hindenburgs präsidialen Notverordnungen der Agonie entgegensteuerte, zeichnete die TO sich durch eine bemerkenswerte Kontinuität aus. Bemerkenswert deshalb, weil die TO GmbH trotz anderslautender Selbstdarstellung nach wie vor eine Zweigstelle des AA geblieben war und

161 Iwanaga, der Direktor von Rengo, stand jedoch mit dem Direktor der Presseabteilung des japanischen Außenministeriums, Saito, auf "sehr vertrautem Fuße" und verpflichtete sich in dem Abkommen mit Plaut, für eine Aufhebung des Funkempfangsverbotes zu arbeiten. Ebd. (Deutsche Botschaft Tokio an AA, 14. September 1929).

162 Ebd. (Plaut Bericht an Botschaft Tokio, 13. August 1931).

163 M: P1/26/45 Bd. 2, Bl. 337ff (Geschäftsbericht für 1932).- Vgl. auch Wilhelm Schwedler: Das Nachrichtensystem der Weltpresse a. a. O.

somit personelle Umbesetzungen infolge von Regierungs- und Machtwechseln durchaus im Bereich des Denkbaren lagen.

Finanziert wurde TO durch die im August 1919 gegründete "Vereinigte Presseabteilung der Reichsregierung",[164] deren Pressechefs bis Ende 1926 regelmäßig mit dem Kanzler wechselten.[165] Der Grund dafür war in der finanztechnisch-organisatorischen Isolierung des Pressechefs zu suchen, der im Etat der Reichskanzlei geführt wurde und somit dem direkten Zugriff des Kanzlers unterworfen war. Der gesamte restliche Personal- und Sachaufwand der Presseabteilung lief über den Etat des Auswärtigen Amtes, und somit war TO dem direkten Zugriff des Kanzlers entzogen. Hinzu kam, daß Transocean durch die Beschränkung auf Auslandsnachrichten (d. h. TO-Meldungen über Deutschland erschienen nur im Ausland) von innenpolitischen Querelen völlig fern und damit auch von ihnen verschont blieb.

Die Kontinuität der TO zeigte sich zum einen im personellen Bereich, wo die beiden wichtigsten Positionen innerhalb der Gesellschaft, die des Chefredakteurs und des Geschäftsführers, über die gesamte Zeit der Weimarer Republik von denselben zwei Leuten gehalten wurden - erstere von Wilhelm Schwedler und letztere von Karl Schulte -, zum anderen in der Struktur der Gesellschaft, die sich im wesentlichen nicht geändert hatte. Die Gesellschafter waren immer noch die gleichen Firmen wie bei der Trennung vom DÜD 1916, der Beirat existierte

---

164 Arbeitsverträge für TO-Mitarbeiter wurden von der Presseabteilung ausgefertigt und in doppelter Ausführung (einer für TO, einer für die Presseabteilung) unterzeichnet. Vgl. z. B. PolA: Deutschland 6b Ostasien Bd. 1 (Vertrag Plaut vom 26.4.1930). Die Zahlungen an Plaut wurden über die diplomatischen Vertretungen in China bzw. Japan abgewickelt. Vgl. ebd. Abrechnungsmäßig erschienen sie im "Transocean Fonds für China" des AA. Vgl. ebd. (Plaut an TO, Berlin 1912.1929). Die Gelder für China wurden also zusätzlich zu bestehenden Zuschüssen an TO locker gemacht. Vgl. ebd. (Schwedler an Presseabteilung 28.4.1930). Solche Beispiele lassen sich auch für Südamerika häufig anführen. Z. B. mußte die Presseabteilung außer der Reihe einen Kurzwellenempfänger für San Leopoldo bezahlen. Vgl. dazu PolA: Deutschland 6b Brasilien Bd. 1 (TO an Presseabteilung 19.7.1928). Ohne weitere Einzelbeispiele anzuführen, sei auf eine interne Notiz des AA verwiesen, wo es kurz und bündig heißt: "Transocean wird ... aus Reichsmitteln vollkommen bezahlt." Vgl. ebd. (Aktennotiz zu P 5840 vom September 1929).

165 Vgl. dazu die Liste von Walter Vogel a. a. O. S. 75f. Erst ab 1926 trat mit Walter Zechlin eine gewisse Kontinuität ein (er blieb bis 1932).

nach wie vor und setzte sich weiterhin aus fünf Reichstagsabgeordneten, als Vertretern der großen Parteien, zusammen.[166]

Zwar gab es seit dem Ausscheiden Otto Hammanns, der dem Beirat bis zum 3. Juli 1924 angehört hatte, keinen eigens entsandten Vertrauensmann des Reichskanzlers mehr dort, aber nach wie vor wurden die Vorschläge für die Beiratszuwahl "Namens des Herrn Reichskanzlers"[167] gemacht. Die laufenden Mittel zur Aufrechterhaltung und zum Ausbau des Dienstes stammten nach wie vor vom Reich, und von einem Nachrichtengeschäft konnte auch 1932 keine Rede sein. Doch die Staatsabhängigkeit kann man TO kaum zum Vorwurf machen, denn schließlich war dies weltweit bei vielen Nachrichtenagenturen der Fall. Weder Wolff in Deutschland, noch Havas in Frankreich, noch Reuter in England konnten ohne staatliche Subventionen überleben und gingen den Weg in die "Offiziösität".

Was sich geändert hatte, waren Quantität, Qualität und - technisch bedingte - Zuverlässigkeit des Dienstes. Hinzu kam noch der Ausbau des Nachrichtenapparates in Europa und Übersee. Seit 1924 waren zu den vier Omnibus-Diensten in Englisch, Französisch, Spanisch und Deutsch noch drei englische, ein französischer und ein deutscher Dienst hinzugekommen, die bis zu einem gewissen Grad auf verschiedene Interessengebiete spezialisiert waren.[168] Wortzahl und Sendungen der Dienste stiegen kontinuierlich an. Die häufigeren Sendungen führten zu einer, vor allem in Übersee dringend gewünschten, größeren Aktualität der TO-Meldungen. Qualitativ hatte TO sich zweifelsohne verbessert. Das angestrebte Ziel, statt plumper Propaganda, wie im Ersten Weltkrieg, Nachrichten zu senden, die - zumindest meistens - keine Propagandatendenz hatten, war weitgehend erreicht. Dies beweisen zum einen zahllose Urteile ausländischer

---

166 1931 waren dies: Dr. Ernst von Simson, Vorsitzender; Dr. Hermann Bücher, stellv. Vors.; Dr. Oskar Hergt, Dr. Paul Moldenhauer und Dr. Fritz Meyer. BA: R 43 I/2468, Bl. 122ff. Von Simson war Vorstandsmitglied der IG Farben, Bücher im Vorstand der AEG und saß von 1925 bis 1927 im wirtschaftlichen Beirat der IG Farben. Hergt war M. d. R. für die DNVP, Moldenhauer für die DVP und Meyer für die Demokraten.

167 Ebd.

168 M: P 1/26/45 Bd. 1, Bl. 317ff (Geschäftsbericht für 1931).

Beobachter[169] und zum anderen der gesteigerte Abdruck in der überseeischen Presse.

Alles in allem - nimmt man noch die Einführung des Kurzwellenfunks hinzu - eine hoffnungsvolle Bilanz. Aber mehr auch nicht, denn das ursprüngliche Ziel, einen zweiten Kartellring neben dem bestehenden aufzubauen, war nicht erreicht worden. Die Ansätze dazu in China - immerhin hatte man dort Reuter teilweise überflügelt - wurden noch einmal durch die innenpolitischen Unruhen und den Krieg mit Japan erschüttert. Andernorts wie in Brasilien hatte man erst gar keine Vertragsagentur gefunden, sondern mußte sich mit einer zu bezuschussenden Tarnagentur behelfen. Trotzdem: Aus einem "blind" hinausfunkenden Propagandadienst war eine Agentur mit eigenem Vertriebsnetz und mit einem für viele ausländische Zeitungen interessanten Nachrichtenstoff geworden.

8. Transocean im Nationalsozialismus

8.1. Die Machtergreifung und ihre Folgen für Transocean

Am 30. Januar 1933 vereidigte Reichspräsident von Hindenburg Adolf Hitler als Reichskanzler auf die Weimarer Verfassung. Eine Verfassung, die Hitler möglichst schnell außer Kraft zu setzen trachtete. Schon am 13. März 1933 ernannte er Joseph Goebbels zum Reichsminister für Volksaufklärung und Propaganda. Das neugeschaffene Ministerium (RMVP) übernahm den bisherigen Aufgabenbereich der Presseabteilung der Reichsregierung, die durch Erlaß des Reichspräsidenten vom 15. März 1933 aufgelöst wurde. De facto bedeutete dies, daß die Presseabteilung und mit ihr die Auslandspressereferate verwaltungsmäßig vom Auswärtigen Amt auf das RMVP übergingen. Damit fiel auch der Transoceandienst in den Verantwortungsbereich des RMVP.[170]

---

169 Schwedler führt eine Reihe solcher Stimmen an. Vgl. z. B. Wilhelm Schwedler: Das Nachrichtenwesen, a. a. O. S. 212. Ebenso die TO selbst. Vgl. M: P 1/26/45 Bd. 2, Bl. 345ff. Aber auch die Akten des PolA spiegeln die Tendenz deutlich wider. Vgl. dort z. B. Deutschland 6b Straits Settlements Bd. 1 (Stellungnahme der Zeitung Nichinichi, Singapore vom 15.11.1926) oder Deutschland 6b Ostasien Bd. 1 (Stellungnahme Behrend vom 30.8.1930).

170 Vgl. Walter Vogel a. a. O. S. 77f.

Die Transocean GmbH reagierte auf die veränderten Machtverhältnisse mit einer Selbstdarstellung als "nationale Depeschenagentur", deren Zweck "die Versorgung der ausländischen Presse mit telegraphischen Nachrichten ..., deren Verbreitung im Interesse der deutschen auswärtigen Politik liegt", sein sollte. Gleichzeitig richtete man einen neuen Dienst von reinem Propagandacharakter, den DND (Deutscher Nachrichtendienst) ein.[171]

Es war klar, daß nach der Selbstentmachtung des Reichstages vom 24. März 1933 die Zusammensetzung des TO-Beirates aus fünf Vertretern der Parteien sinnlos geworden war, zumal das Verbot und die Auflösung anderer Parteien als der NSDAP nur eine Frage der Zeit waren. Die TO-Gesellschafterversammlung wählte daher am 20.4.1933 Peter Ernst Eiffe, hamburgischer Gesandter in Berlin, zum neuen Beiratsvorsitzenden und ermächtigte ihn "mit den vorgesetzten Behörden sowie dem Reichsverband der deutschen Industrie den Beirat neu zu bilden".[172] Der neue Beirat hatte weder die alte Zusammensetzung noch die gleiche Stärke. Nach der Darstellung vom Juni 1933 bestand er nunmehr aus "20 Herren" und war nach "denselben Grundsätzen zusammengesetzt ... wie das Gesellschaftskapital".[173] Daß die neue Zusammensetzung den Vorstellungen des Propagandaministeriums nicht zuwiderlief, dafür sorgte schon "die Abstimmung mit der vorgesetzten Behörde". Die dritte Änderung betraf den Gesellschaftsvertrag. Dort kündigte sich die neue Zeit in dem § 4 hinzugefügten Satz "Die Aufsichtsratsmitglieder, Geschäftsführer und Prokuristen müssen Deutsche sein", an.[174] Seitens der Nationalsozialisten war für TO ein weitergehender Auf- und Ausbau mit gleichzeitiger strenger Zensur zu erwarten. Bei dem Gewicht, das Hitler und Goebbels auf die öffentliche Meinung und ihre Beeinflussung durch Propaganda legten, lag es auf der Hand, daß der drittgrößte deutsche Nachrichtendienst nach WTB und TU, der ohnehin schon vom Reich bezahlt wurde, zu Zwecken der Auslandspropaganda genutzt werden mußte. Von der Funktion

---

171 M: P 1/26/45 Bd. 2, Bl.343ff (TO Selbstdarstellung vom Juni 1933). Im Bericht über die Gesellschafterversammlung vom 20.4.1933 heißt es zu dem neuen Dienst: "Wegen der Anpassung an die politische Entwicklung in Deutschland habe man einen besonderen Funkdienst eingerichtet." Es wurden 300 Worte in doppelter Sendung gefunkt. Ebd. Bl. 336ff.

172 M: P 1/26/45 Bd. 2, Bl. 340.

173 Ebd. Bl. 343. De facto war der Politikerbeirat damit erledigt und statt dessen ein neuer Aufsichtsrat etabliert worden.

174 Vgl. BA: R 55/284, Bl. 80f (Gesellschaftsvertrag gültig 1938).

her hatte sich damit für Transocean gar nicht so viel geändert, sie sollte nach wie vor den Interessen der deutschen auswärtigen Politik dienen. Nur die Methode war wieder ein Rückschritt. Kaum hatte man das lästige und einengende Propagandakleid abgestreift, um Tatsachen zu melden, mußte man es schon wieder anziehen und kräftig zuknöpfen. TO hatte es dabei im Vergleich zu anderen Agenturen oder Zeitungen noch einfach, da die TO-Meldungen aus Deutschland nicht am nächsten Morgen in den Spalten der deutschen Tageszeitungen erschienen und so im Führerhauptquartier gleich einer Kritik unterzogen werden konnten.[175]

8.2. Finanzierung und Ausbau

Finanziell gesehen brach für die Transocean mit dem Nationalsozialismus und der Einrichtung des RMVP eine goldene Zeit an. Völlig unbeeinflußt von den eigenen Einnahmen stieg der Gesamthaushalt der Transocean GmbH in astronomische Höhen. Die nachfolgenden Zahlen belegen deutlich, welchen Wert die Machthaber ihrem Nachrichten- und Propagandaapparat zumaßen (Tabelle 1).[176]

---

175 Die TO-Redaktion wurde offener und besser informiert als ein Großteil der deutschen Presse. Darauf weist der "Zeitungsverlag" unter der Überschrift "Nachrichtendienst Transocean war im Bilde" hin. Auch ein kleiner Teil der deutschen Schriftleiter erhielt - nur zur Information - TO-Material. Vgl. Zeitungsverlag 47 (1950) Nr. 11/12, S. 8.

176 BA: R 55/285, Bl. 5ff (Jahresabschlußprüfung des TO-Haushaltes 1941 durch die Neue Revisions- und Treuhandgesellschaft mbH).

Tabelle 1: TO-Haushalt von 1933-1941 (Beträge absolut in Reichsmark)

Jahr	Gesamtausgaben	Eigene Einnahmen	Erstattungen und Zuschüsse
1933	489.874,62	163.130,--	326.744,62
1934	496.811,47	148.650,--	348.161,87
1935	547.094,06	134.260,--	412.834,06
1936	754.461,50	132.720,--	621.741,50
1937	1.814.446,27	138.776,--	1.675.670,27
1938	2.333.864,06	136.250,--	2.197.614,06
1939	3.229.571,84	103.810,--	3.125.761,84
1940	4.282.829,52	319.480,--	3.963.349,52
1941	5.876.932,88	265.445,--	5.611.487,05

Bei den Ausgabenposten fällt vor allem die Steigerung von 1937 ins Auge; prozentual entsprach sie einem Anstieg von 140 Prozent gegenüber 1936, was gleichzeitig eine Erhöhung der Zuschüsse um 170 Prozent bedeutete. Die Ursachen dafür sind zum einen in dem vermehrten Ausbau von Auslandsstellen und zum anderen in der Inbetriebnahme der neuen TO-Großfunkstation Rehmate im Jahr 1936 zu sehen.

Die Einrichtung dieser Station ging auf Planungen aus dem Jahr 1934 zurück. Zwar war erst 1929 für die TO ein Kurzwellendoppelsender in Nauen errichtet worden, dessen Finanzierung das AA übernommen hatte, doch diese Anlage war fünf Jahre später bereits veraltet. Zum einen hatten die zwei 20 KW Sender - nach Einschätzung des RMVP - nicht die notwendige Reichweite und Durchschlagskraft, zum anderen dauerte die Umschaltung der Sender auf andere Frequenzen Stunden, so daß währenddessen Teile des Auslands keine Sendungen erhalten konnten. Geplant wurde eine 100 KW starke Sendeanlage mit moderner Umschaltmöglichkeit innerhalb einiger Minuten, deren Finanzierung diesmal das RMVP übernahm.[177] Noch rechtzeitig zu den Olympischen Spielen 1936 in

177 Der Kostenvoranschlag belief sich auf 1,6 Millionen Reichsmark. Formal lief die Finanzierung so ab, daß das Reichspostministerium der TO GmbH ein Darlehen über 1,6 Millionen Reichsmark einräumte, für das RMVP eine Bürgschaft (Haushaltstitel Kap. V a, 2 Titel 3) leistete. Aus den Bürgschaftsmitteln wurde dann wiederum das Darlehen abbezahlt. Vgl. dazu

Berlin konnte die Sendeanlage im Sommer 1936 in Betrieb genommen werden. Neben dem geplanten 100 KW Sender waren noch vier zusätzliche errichtet worden, zwei 50 KW und zwei 80 KW Kurzwellensender.[178] Damit waren die technischen Voraussetzungen für weitere zusätzliche Dienste und einen 24-Stunden Betrieb geschaffen.

Ab 1938 bis zum Kriegsausbruch sendete Transocean täglich 38,5 Stunden auf verschiedenen Diensten. Diese waren ausgebaut worden zu 6 deutschen, 7 englischen und 2 spanischen Diensten unter zusätzlicher Beibehaltung des deutschen Schiffsdienstes, des CQ-Funkspruchs "An Alle" (DND) und des - auf einen zurückgestutzten - französischen Dienstes. Nach dem Kriegsausbruch im September 1939 steigerte sich die TO-Sendezeit auf 55, 1940 auf 66 und 1941 auf 70 Stunden täglich. Am stärksten ausgebaut wurde der englische Dienst, ganz zum Erliegen kam hingegen der französische. Im einzelnen schlüsseln sich die Sendezeiten nach Sprachen gegliedert folgendermaßen auf (Angaben in Stunden):[179]

Dienste	Vor Kriegs-ausbruch	Nach Kriegs-ausbruch	1940	1941
Deutsch	9,5 h	11 h	14 h	16 h
Englisch	9 h	24 h	25 h	22 h
Französich	2 h	-	-	-
Spanisch	18 h	20 h	27 h	32 h

Die weitere Steigerung der Sendetätigkeit der TO war nur aufgrund des Aufbaus weiterer zusätzlicher Sender möglich. Zu den 1936 in Betrieb gegangenen Sendern kamen im April und Mai 1940 noch zwei Kurzwellensender hinzu.[180]

und zu den vorhergehenden Angaben BA: R 2/4902. (RMVP an Reichsfinanzministerium, RFM, 1. August 1934 betreffs Sendeanlage für Transocean GmbH), (Preußische Staatsbank an Transocean 20. Juli 1934 betreffs Darlehen für TO), (Aufzeichnung der Besprechung vom 2. Mai 1934 im RMVP betreffs Sendeanlage für TO), (Vermerk des RFM vom 10. August 1934).

178 Vgl. Die Transocean ... a. a. O. S. 16f. Ferner: 25 Jahre Transocean. In: Zeitungswissenschaft 15 (1940) S. 353f.

179 Vgl. BA: R 55/285, Bl. 5ff.

180 BA: R 55/284, Bl. 88ff (Geschäftsbericht für 1939 vom 25. Mai 1940).

Bemerkenswert ist der schon vor dem Kriegsausbruch 1939 relativ hohe Anteil des spanischen Dienstes. Dieser läßt - neben der Versorgung Spaniens - auf einen starken Ausbau der TO-Dienste in Südamerika schließen. Ebenso zeigt sich, daß der zweite überseeische Schwerpunkt TO's, Ostasien - insbesondere China, das in englischer Sprache bedient wurde - gezielt weiterhin bearbeitet wurde. Das Eingehen des französischen Dienstes kann nicht weiter überraschen, wenn man bedenkt, daß dieser bis dahin lediglich einzelne Abonnenten im Nahen Osten erreicht hatte.

Mit dem Ausbau der technischen Möglichkeiten erfolgte ein enormer personeller Ausbau. Zwar existieren für die frühen dreißiger Jahre keine Angaben über die Redaktionsstärke in der Berliner TO-Zentrale, aber aus den Finanzen lassen sich einige Schlüsse ziehen. 1940 beschäftigte Transocean allein in der Berliner Zentrale 45 Schriftleiter, hinzu kamen Pressestenographen, Archivare, Techniker, Verwaltungskräfte u. a.[181] Die laufenden Ausgaben für die TO-Zentrale wurden damals mit 1.239.600 RM (bei einem TO-Gesamtetat von 5.123.800 RM) jährlich veranschlagt.[182] Berücksichtigt man, daß die TO im Geschäftsjahr 1930 Gesamtausgaben von 230.000 RM hatte,[183] von denen schätzungsweise ebenfalls ein Fünftel auf die Berliner Zentrale entfiel, so läßt sich in etwa ermessen, wie stark die Gesellschaft ausgebaut worden war.

Auch im Ausland wurde eine starke Expansion betrieben. Schlug sich 1930 noch ein Mann (J. Plaut) als TO-Vertreter in China durch, so tummelten sich dort mittlerweile (1940) an 11 Orten 36 Schriftleiter für den Transoceandienst.[184] In Europa hatte Transocean 1939 eigene Vertretungen in London, Paris, Madrid, Rom, Mailand, Budapest, Prag, Warschau, Brüssel, Amsterdam, Hamburg, Danzig und Wien. Mit den Geldern des RMVP im Rücken konnte TO es sich jetzt auch leisten, zu den jeweiligen Brennpunkten der Weltpolitik eigene Sonderberichterstatter zu entsenden (z. B. zur Panamerikanischen Konferenz in Lima 1938, in die Tschechoslowakei und die Sudeten, nach Palästina, usw.).

Außerhalb Europas unterhielt TO - neben den Vertretungen in Lateinamerika und Fernost - noch ein eigenes Büro in Kairo und seit 1938 ein Büro in New

---

181 BA: R 55/681, Bl. 118ff (Liste der TO Gefolgschaftsmitglieder, Stand März 1940)

182 Ebd. Bl. 111 (Voranschlag für 1940/41).

183 Vgl. M: P 1/26/45 Bd. 2 (Bericht Daub an Phönix über TO Gesellschafterversammlung vom 5.5.1931).

184 BA: R 55/681, Bl. 62f (Personal in den Auslandsstellen der TO GmbH, Stand 1940).

York, das der Berichterstattung über Nordamerika diente. Die New Yorker Meldungen wurden über Funk nach Rio de Janeiro, Buenos Aires und Santiago de Chile gegeben. Damit sollte vor allem den amerikanischen Agenturen in Südamerika Konkurrenz gemacht werden, da TO jetzt nicht mehr nur einen Ergänzungsdienst mit deutschen und europäischen Nachrichten offerierte, sondern auch aktuell aus Nordamerika berichten konnte. Bemühungen des New Yorker Büros, TO-Meldungen in die nordamerikanische Presse zu bringen, scheiterten.

In Australien, das auf Seiten seines Mutterlandes England stand, wurde TO seit Beginn des Krieges nicht mehr aufgenommen. Gleiches galt für die Straits Settlements. Abgedruckt wurde TO hingegen noch in Südwest- und Südafrika. In Südwestafrika praktisch lückenlos von der deutschen "Allgemeinen Zeitung" in Windhuk und in Südafrika in fast allen größeren Blättern des Landes. Pikanterweise lief die TO-Verbreitung dort über ein durch die großen südafrikanischen Zeitungen erweitertes Reuters-Büro, das unter dem Namen "The South African Press Association" firmierte.[185]

8.3. Die europäischen Auslandsstellen im Zweiten Weltkrieg

Die europäischen Auslandsstellen TO's waren vor allem als "Nachrichtenzubringer-Organisation" gedacht. Entgegen der noch in der Weimarer Republik verfolgten strikten Arbeitstrennung zwischen TO (Verbreitung Übersee) und EP (Beschaffung Europa), wurde nun unter der Regie des RMVP devisenverschlingend nebeneinanderhergearbeitet. Beide Agenturen unterhielten nun einen selbständigen Weltnachrichtensammelapparat mit dem Unterschied, daß TO die so gewonnenen Meldungen - mit Ausnahmen (Irland, Spanien) - nur für Übersee verwertete, während EP sie nur für Europa nutzte. Hierin zeigt sich, nimmt man nun noch den deutschen Hauptnachrichtendienst - das Deutsche Nachrichtenbüro (DNB) - hinzu, auch auf dem Gebiet des Nachrichtenwesens das für die nationalsozialistische Herrschaft typische Nebeneinander verschiedener Organisationen zur Erledigung der gleichen Aufgaben.[186]

---

185 Vgl. dazu ebd. Bl. 85ff (Geschäftsbericht v. 26.5.1939).

186 Das fiel auch Ministerialrat Brauweiler im RMVP auf, der 1941 feststellte, "... dass es wohl auf die Dauer für das Grossdeutsche Reich zu luxuriös ist, drei bestens arbeitende Weltdienste ... aus öffentlichen Mitteln zu finanzieren". BA: R 55/826, Bl. 27. Konsequenzen daraus wurden aller-

Zu den bereits bis 1939 aufgebauten TO-Auslandsvertretungen kamen 1940 noch Büros in Bern, Lissabon, Ankara, Sofia, Vichy und Oslo, 1941 in Stockholm und Budapest, außerdem Korrespondenten in Agram, Pressburg, Belgrad, Athen und Kopenhagen hinzu.[187] Die TO-Büros folgten dabei einerseits der deutschen Armee in besetzte Gebiete, andererseits wurden sie in Ländern eröffnet, die von der deutschen Diktatur tolerierte Regierungen hatten und sich mit den (noch) siegreichen Großdeutschen Reich verbündeten. Ein kleinerer, aber wichtigerer Teil befand sich in neutralen Staaten. Lissabon, als Tummelplatz für Journalisten, Diplomaten und Geheimdienste, war ein Nachrichtenumschlagplatz ersten Ranges, wie überhaupt nur neutrale Länder als Nachrichtenrelaisstationen zwischen den Feindmächten in Frage kamen. In Stockholm sollten vor allem Nachrichten aus England gesammelt werden. In London war TO seit dem Kriegsausbruch nicht mehr präsent und das Büro Amsterdam, das als Basis für die Berichterstattung aus England gedacht war, war nach der Besetzung durch deutsche Truppen für diese Aufgabe nicht mehr geeignet. Das Büro in Ankara diente vor allem als Nachrichtenrelaisstation für die Berichterstattung aus Syrien, Palästina und dem Nahen Osten.

Diese Neueinrichtungen steigerten die Ausgaben für Auslandsstellen enorm: Von 417.600 RM 1939 stiegen sie bis 1940 auf 1.138.066 RM und erreichten 1941 1.728.021 RM.[188] Neben den zahlreichen Zubringerdiensten unterhielt TO in Europa auch noch zwei Abgabedienste. Der eine war - schon traditionell - in Spanien, wo die TO-Meldungen unter dem Kürzel SET (Servicio Especial Transocean) von der amtlichen Agentur Efe an die spanische Presse gegeben wurden. Dieser Dienst basierte auf einem Abkommen, das schon vor dem für Franco siegreichen Ende des spanischen Bürgerkrieges zwischen TO und Efe geschlossen wurde.[189] Der zweite Abgabedienst wurde mit der Besetzung in Frankreich etabliert, wo die Pariser Presse direkt über das dortige TO-Büro und die Provinzpresse über die französische Agentur Interfrance, einem Zusammenschluß französischer Zeitungen, beliefert wurde. Hier offenbart sich bereits die

---

dings erst später, als die erhofften Blitzsiege ausblieben und die finanziellen Mittel weniger wurden, gezogen.- Zum Nebeneinander im nationalsozialistischen Mediensystem vgl. Karl-Dietrich Abel: Presselenkung im NS-Staat. Berlin 1968.

187 BA: R 55/284, Bl. 157ff (Geschäftsbericht für 1941).

188 Vgl. ebd. Bl. 8 und BA: R 55/285, Bl. 28f.

189 BA: R 55/285, Bl. 62f.

Abhängigkeit des TO-Absatzes von den politisch-militärischen Machtverhältnissen während des Krieges.

8.4. Transocean in Übersee

8.4.1. Transocean in Fernost

Außer in Japan, das Arbeitsgebiet des DNB in Zusammenarbeit mit der japanischen Agentur Domei war,[190] arbeitete TO grundsätzlich im gesamten Fernen Osten. Die Situation in Fernost war bestimmt von den dortigen militärischen Verhältnissen. Bevor die Japaner 1942 Südostasien bis auf Teile Neu-Guineas besetzten, hatte TO über die niederländische Agentur Aneta einen Abgabedienst in Niederländisch Indien, und auf den Philippinen nahmen die spanischen Nationalisten den in ihrer Sprache gesendeten Hellschreiberdienst auf.[191] Nach der Okkupation fielen diese Abgabedienste weg, weil die Japaner diese Gebiete gegen jedweden ausländischen Einfluß hermetisch abriegelten. In China, dem hauptsächlichen TO-Verbreitungsgebiet in Asien seit den erfolgreichen Verhandlungen Plauts Ende der zwanziger Jahre, war der Effekt umgekehrt. Zwar stand TO dort auch schon vor der Einsetzung der japanfreundlichen Regierung unter Wang Tsching Wei in Nanking gut da, aber der rapide Ausbau des TO-Dienstes in China begann erst danach.

Hauptstützpunkt der TO in China war die Generalvertretung in Shanghai. Dort saßen mit Edmund Fürholzer und Julius Eigner seit 1933 zwei deutsche Schriftleiter,[192] die das englischsprachige TO-Material redigierten und an die chinesische Kuo-Min News Agency weitergaben. Unter der Regie des RMVP, das zunächst einmal den Einfluß des AA auf TO zurückdrängte,[193] begann die "Reorganisation" des Dienstes in China. 1934 wurden eine TO-Filiale in Peking und 1936 eine weitere in Nanking gegründet.[194] Bis zum Sommer 1939 kamen

---

190 Dennoch stammten rund 90 Prozent des DNB-Materials für Japan von TO. Vgl. ebd., Bl. 132.

191 BA: R 55/284, Bl. 88ff (Geschäftsbericht 1939).

192 Vgl. BA: R 55/283, Bl. 107ff (Abrechnung über TO-Dienst vom 17.2.1936).

193 Vgl. dazu ebd. Bl. 282ff, insbes. Bl. 289.

194 Ebd. Bl. 23f und 277.

noch Vertretungen in Hongkong,[195] Kanton und Hankow hinzu, die allerdings pure Abgabedienste ohne eigene deutsche Schriftleiter waren.[196] Insgesamt erreichte TO damit 44 Zeitungen und den Rundfunk in China auf direktem Wege, d. h. diese hatten TO direkt abonniert.

Über die chinesischen Agenturen Kuo-Min News Agency und Central News Agency erreichte man indirekt die gesamte chinesische Presse. Der Abdruck war dabei recht erfolgreich. Der Geschäftsbericht für 1939 legt dazu Vergleichsmaterial mit Reuter, Havas und UP vor. Danach lag TO in der zweiten Jahreshälfte 1939 bei den meisten chinesischen Zeitungen, sowohl englisch- als auch chinesischsprachigen, gleichauf mit bzw. vor Reuter an der Spitze der abgedruckten Agenturen, während Havas und UP erst auf dem dritten und vierten Platz landeten.[197]

Die Konkurrenzfähigkeit mit den großen Agenturen war mithin in China nicht nur erreicht, sondern man hatte diese gar überflügelt. Der Preis dafür waren immer höher steigende Subventionen durch das Reich, da die Einnahmen, wenn überhaupt welche erzielt wurden, noch nicht einmal zur Deckung der Personalkosten der jeweiligen Vertretung ausreichten.

Ab 1940, insbesondere nachdem Reuters und UP ihre Dienste in dem von der Nankingregierung beherrschten China schließen mußten, wurde Transocean zum führenden Nachrichtenbüro Chinas. Neben Transocean und Domei war als dritte ausländische Agentur nur noch die aus dem besetzten Frankreich operierende Havas auf dem chinesischen Nachrichtenmarkt vertreten. Deren Abdruck in der chinesischen Presse war Ende 1942 kaum noch der Rede wert.[198] Die Transocean, die noch 1939 nur zwei Schriftleiter in Shanghai und je einen in Nanking und Peking hatte, verfügte mittlerweile in der Shanghaier Zentrale über 10, in Nanking über 3 und in Peking über 4 Schriftleiter. Hinzu kamen noch Verwaltungskräfte, Funker und Boten. Außerdem hatte TO jetzt ausgebaute Vertretungen in Hankai (3 Schriftleiter), Tientsin (5 Schriftleiter), Tsingtao (2 Schriftleiter), Chungking (4 Schriftleiter) und Kunming (1 Schriftleiter). Nimmt man noch die drei Vertretungen in Mandschukuo mit insgesamt 4 Schriftleitern hinzu, so

---

195 Die allerdings mit Kriegsausbruch wieder geschlossen werden mußte. Vgl. BA: R 55/284, Bl. 101ff.

196 Vgl. ebd. Bl. 8 (Auslandsstellen 1938/39).

197 Vgl. ebd. Bl. 88ff (Geschäftsbericht für 1939 vom 25. Mai 1940).

198 Vgl. dazu die Tabellen BA: R 55/285, Bl. 65.

erreicht man die Zahl von 36 TO-Schriftleitern in China. Eine für die TO immens hohe Zahl, die sich aber relativiert, wenn man weiß, daß Reuters vor seiner Schließung allein in Shanghai 30 Redakteure beschäftigte.[199] Außer in China unterhielt TO noch Vertretungen in Bangkok und Japan, die aber von untergeordneter Bedeutung waren.

8.4.2. Transocean in Südamerika

In Südamerika konnte TO an die gegen Ende der 20er Jahre geschaffenen Verbindungen, vor allem in Argentinien und Brasilien, anknüpfen. In Argentinien baute man in Zusammenarbeit mit Hermann Tjarks eine eigene Vertretung auf. Zunächst war Tjarks als einziger Schriftleiter für die Verteilung der TO-Meldungen in Argentinien zuständig. Als TO-Angestellter erhielt er dafür 500 Pesos im Monat, als Besitzer der "Deutschen La Plata Zeitung" zahlte er genau diese 500 Pesos wiederum für ein TO-Abonnement seiner Zeitung.

Dieses Modell funktionierte bis 1938 - neben Tjarks wurde der TO-Dienst noch von den Hauptstadtzeitungen "Rázon" und "Prensa" abgenommen. Dann leitete Friedrich von Homeyer, der dem 1936 gestorbenen Wilhelm Schwedler als Chefredakteur gefolgt war, im März 1938 eine neue Entwicklung ein. Auf seiner Südamerikareise im Frühjahr desselben Jahres knüpfte er Kontakte zu der argentinischen Agentur ANDI. Tjarks, ein Kenner der argentinischen Presseszene, hatte ihm dazu geraten, weil die argentinischen Zeitungen für einen Dienst, der auch nationale Nachrichten anbiete, wesentlich empfänglicher seien als für einen reinen Auslandsdienst.[200] Die Kooperation mit ANDI brachte TO einen "inneramerikanischen Dienst", der die Konkurrenzfähigkeit gegenüber United Press und Havas entscheidend erhöhte.

Parallel dazu wurde das Büro in Buenos Aires ausgebaut: Der Personalbestand wurde auf 31 Beschäftigte aufgestockt, und auch in anderen lateinamerikanischen Ländern wurden bestehende Vertretungen ausgebaut bzw. neue gegründet.[201] Die Zahl der Auslandsbüros in Lateinamerika erhöhte sich von vier TO-

---

199 Vgl. BA: R 55/681, Bl. 62ff und 168.

200 Vgl. PolA: Deutschland 6b Brasilien Bd. 1 (v. Homeyer, Buenos Aires an TO, Berlin 3. März 1938).

201 Ausgebaut wurden 1938 die Vertretungen in Mexiko und Santiago de Chile. Neugründungen gab

Vertretungen 1938 auf 12 Ende 1939. Schwerpunkt und ab 1940 auch Generalvertretung war Buenos Aires. Von dort wurden 1939 dreißig argentinische Zeitungen bedient. Im gleichen Jahr nahmen in Chile 22, in Peru 20, in Mexiko 10, in Guatemala vier und in Kuba eine Zeitung den TO-Dienst auf.[202]

Diese Absatzzahlen konnten 1940 noch weiter gesteigert werden.[203] Aber in Peru deutete sich schon eine Entwicklung an, die später ganz Südamerika erfaßte. Das TO-Büro in Lima wurde mit der Begründung "daß Transocean Nachrichten verbreite, die geeignet seien, die demokratischen Einrichtungen zu schädigen" von der peruanischen Regierung im März 1940 geschlossen.[204] Nicht besser erging es den Büros in Kuba (1940 geschlossen), Mexiko, Ekuador und Kolumbien (alle im Dezember 1941 geschlossen) und 1942 dann auch denen in Brasilien, Bolivien und Uruguay. Die Regierungen der drei letztgenannten Länder hatten erst noch die Beschlüsse der Panamerikanischen Konferenz in Rio de Janeiro abgewartet. Der dort beschlossene Abbruch der diplomatischen Beziehungen zu den Achsenmächten und der Kriegseintritt auf Seiten der Alliierten, dem sich bis auf Argentinien und Chile alle lateinamerikanischen Staaten anschlossen, machte die weitere Arbeit von TO-Vertretern in diesen Ländern unmöglich.[205]

Gerade in Brasilien, wo TO seit den zwanziger Jahren kontinuierliche Aufbauarbeit geleistet hatte, war der Verlust besonders schmerzhaft. Dort hatte man, zunächst noch über die Agencia Brasileira, später dann über eine von J. Geyer geleitete offene TO-Agentur,[206] einen kräftigen Propagandaerfolg zu verzeich-

---

es in Guatemala, von wo aus ganz Mittelamerika bedient wurde, und auf Kuba. Vgl. dazu BA: R 55/681, Bl. 85ff (Geschäftsbericht für 1938 vom 26.5.1939). 1939 kamen noch TO-Vertretungen in Uruguay, Peru, Kolumbien, Bolivien, Ekuador und Venezuela hinzu. Vgl. ebd., Bl. 98ff (TO an RMVP 19.10.1939) (TO an RMVP 27.11.1939) (Ministerialrat Dr. Getzlaff an Goebbels 31.10.1939).

202 Vgl. BA: R 55/284, Bl. 88ff. Vgl. ferner PolA: Presseabteilung 498/1 (Bericht über die Transocean-Tätigkeit vom 1.10.1939 bis 15.11.1939).

203 Vgl. BA: R 55/284, Bl. 119ff (Geschäftsbericht für 1940).

204 Ebd. Bl. 127f.

205 Vgl. dazu ebd., Bl. 156ff (Geschäftsbericht 1941) und die TO-Meldungen vom 22.12.1941 (Bogota), 16.12.1941 (Quito), 16.12.1941 (Rio de Janeiro), 30.12.1941 (Montevideo). In: BA: ZSG 116/2024.

206 Zu diesem Schritt war TO durch eine Neuregelung der brasilianischen Handelsgesetzgebung gezwungen, die zum Auftreten unter eigenem Namen verpflichtete. Vgl. BA: R 55/284, Bl. 93.

nen. Mit einem Abdruck von 30.000 Meldungen monatlich in 79 brasilianischen Zeitungen und der Belieferung von 20 Radiostationen war Brasilien 1940 ein Paradepferd des TO-Auslandsdienstes.[207] Nachdem Chile Ende Januar 1943 das dortige TO-Büro ebenfalls geschlossen hatte,[208] blieb als einziges Verbreitungsgebiet in Lateinamerika nur noch Argentinien. Dort allerdings arbeitete TO noch äußerst erfolgreich.[209] Argentinien war - neben China - auch das einzige Land, aus dem des öfteren TO-Exklusivmeldungen kamen. Offensichtlich hatten die dortigen TO-Vertreter einen direkten Draht zu Regierungskreisen.[210] Doch auch dort mußte TO, bzw. deren Nachfolgeorganisation Transocean-Europapress (TO-EP) gegen Ende des Krieges, als die deutsche Niederlage offensichtlich war, die Arbeit einstellen.[211]

Das mit erheblichem Aufwand ausgebaute Vertriebs- und Zubringernetz in Lateinamerika verschlang - einschließlich des New Yorker Büros - 1940 von den 1.138.066,-- RM, die an Reichszuschüssen für den TO-Auslandsdienst geleistet wurden, 816.331,-- RM[212] und erwies sich durch die politischen Verhältnisse als Verschwendung. Anfang 1942 bereits waren fast alle gerade errichteten oder ausgebauten Büros wieder geschlossen und die TO-Schriftleiter tummelten sich gemeinsam mit den ausgewiesenen deutschen Diplomaten auf Frachtern und Dampfern gen Europa.

---

207 Ebd. Bl. 126f (Geschäftsbericht für 1940).

208 Vgl. BA: R 55/288, Bl. 196 (TO-EP an RMVP am 22. November 1944).

209 Laut Geschäftsbericht für 1941 bediente TO dort 315 Zeitungen. Ebd. Bl. 161. Für 1942 gibt der Geschäftsbericht einen unverminderten Abdruck an. Vgl. BA: R 55/285, Bl. 60ff. Das Auslandsbüro Buenos Aires wurde noch im Etat 1944/45 aufgeführt. Vgl. BA: R 55/681, Bl. 30ff.

210 Vgl. BA: ZSG 116/2012 (z. B. Meldung Nr. 38 vom 22. November 1941).

211 In der ersten Devisenabrechnung von TO-EP vom Januar 1945 für den Monat Dezember 1944 taucht das Auslandsbüro Buenos Aires nicht mehr auf. Vgl. BA: R 55/290. Im März 1945 erklärte dann auch Argentinien dem Deutschen Reich den Krieg.

212 Vgl. BA: R 55/285, Bl. 28.

8.5. Transocean und das Reichsministerium für Volksaufklärung und Propaganda

Transocean war, wie auch die anderen Nachrichtenbüros, im wesentlichen der Einflußsphäre zweier NS-Führer unterworfen. Auf der einen Seite dem Propagandaminister Joseph Goebbels und auf der anderen dem "Reichspressechef" Otto Dietrich. Dietrich, der im Range eines Reichsleiters auf Parteiebene mit Goebbels gleichgestellt war, wurde von Hitler 1937 als Nachfolger Walter Funks zum "Pressechef der Reichsregierung" ernannt. Als solcher leitete er die Presseabteilung im Propagandaministerium, die die ausschließliche Verantwortung für die Freigabe bzw. Sperrung von Nachrichtenmaterial durch die Agenturen innehatte.

Zwar war Dietrich im Range eines Staatssekretärs innerhalb des RMVP Goebbels unterstellt, aber seine Position als Reichsleiter und der enge Kontakt zu Hitler ließen ihn zu einem Goebbels gleichwertigen Konkurrenten werden.[213] Innerhalb der Presseabteilung der Reichsregierung war Ministerialrat Ernst Brauweiler als Leiter der Abteilung "Auslandspresse" für die TO zuständig.[214] Über seinen Schreibtisch liefen sämtliche Unterlagen zu Fragen der Organisation und Zusammenarbeit von EP, TO, DNB und anderen amtlichen Agenturen. Die Stellung der TO innerhalb der deutschen Agenturen definierte Brauweiler so: "TO liefert ... einen offen als deutsch deklarierten Sondernachrichtendienst in Europa oder Übersee, wo DNB als Lieferant nicht in Erscheinung tritt, um die Nachfrage der ausländischen Presse nach unmittelbar geliefertem deutschen Dienst befriedigen zu können."[215] Die Aktivitäten TO's hatten sich demzufolge an DNB als dem "Hauptbüro" auszurichten und sollten als Ergänzung des internationalen DNB-Dienstes wirken.

Die Zusammenarbeit zwischen TO und dem RMVP funktionierte bestens. Nur ganz am Anfang der NS-Ära, noch unter der Ägide des langjährigen Chefredak-

---

213 Zu dem Konflikt Goebbels vs. Dietrich vgl. Karl-Dietrich Abel a. a. O., insbes. S. 11ff und 51ff.

214 Brauweiler nahm die Position seit 1941 ein. Sein Vorgänger Bömer war 1941 wegen Äußerungen über einen bevorstehenden Angriff auf die Sowjetunion im Kreise einiger Auslandsjournalisten verhaftet worden. Die Abteilung Auslandspresse innerhalb der Presseabteilung wurde 1938 durch Dietrich ins Leben gerufen. Vgl. Karl-Dietrich Abel a. a. O. S. 109, ferner Walter Hagemann: Publizistik im Dritten Reich. Hamburg 1948. S. 324.

215 Ebd. Bl. 9f.

teurs Schwedler, kam es zu offen ausgetragenen Kontroversen zwischen den Propagandapolitikern und dem Nachrichtenfachmann. Gerade Wilhelm Schwedler, der in der Weimarer Republik nicht müde wurde, die Wichtigkeit der bloßen, möglichst tendenzfreien Nachricht als oberste Pflicht der Agentur zu betonen, muß die NS-Propagandapolitik und die damit verbundene propagandistische Ausrichtung des Dienstes hart angekommen sein.

So lehnte er sich entschieden gegen das vom RMVP verordnete Schweigen zu den Vorgängen des 30. Juni 1934, dem sogenannten Röhm-Putsch, auf. Sein "lebhaftes Bemühen um die rasche Freigabe von möglichst vielen Nachrichten", insbesondere der sogenannten "Verlustliste" (d. h. eine Liste der Ermordeten), scheiterte jedoch. Auch später noch versuchte er seine Forderung nach Freigabe aller Nachrichten aufrechtzuerhalten. Er argumentierte dabei in einem durchaus propagandistischen Sinne, wenn er betonte, daß "das beste Mittel zur Verhütung des Aufkommens von Greuelnachrichten immer die möglichst schnelle Bekanntgabe der Tatsachen und Vorgänge in einer ruhigen und sachlichen Form"[216] sei und hervorhob, daß eine unfreundliche Kritik des Auslands an der Regierung immer noch besser sei als wenn Transocean den "unwahren oder halbwahren Nachrichten" anderer Agenturen den Vorsprung ließe.[217]

Schwedlers Nachfolgern Friedrich von Homeyer (TO-Hauptschriftleiter von 1936-1942) und Erich Schneyder lag die tendenzfreie Nachricht nicht so am Herzen. Bereits zu Homeyers Zeiten hielt die EP "die Diktion der TO Korrespondenz für zu propagandistisch".[218] Und Homeyers Nachfolger, Erich Schneyder, der persona grata bei Dietrich war, hatte mit der NS-Propaganda ohnehin keine Schwierigkeiten. Er kam von der "Essener Nationalzeitung", einem NS-Kampfblatt, das der Gauleiter Joseph Terboven - ein enger Freund Görings - gegründet hatte.[219]

---

216 PolA: Deutschland 6b Brasilien Bd. 1 (Schwedler an RMVP 6. September 1934).

217 Vgl. ebd. Zu Schwedlers Biographie siehe den Nachruf in: Zeitungswissenschaft 11 (1936) S. 295. Zu Schwedlers Einstellung gegen die Politisierung und Militarisierung des Nachrichtenwesens und den aufkommenden Nationalstolz vgl. Wilhelm Schwedler: Das Nachrichtensystem der Weltpresse. In: Zeitungswissenschaft 9 (1934) S. 280ff.

218 BA: R 55/826. Bl. 28 (EP Einschätzung nach Bericht Brauweilers vom 20.4.1941). Von Homeyer war bis 1936 als Landesgruppenleiter der NSDAP in Ägypten, wo er seit 1933 Pressebeirat der Deutschen Gesandtschaft war. Vgl. dazu "Friedrich von Homeyer gefallen". In: Zeitungswissenschaft 17 (1942) S. 414f.

219 Vgl. dazu Die Transocean ... a. a. O., S. 19.- Ferner Kurt Koszyk: Deutsche Presse 1914-1945. S.

8.6. Die Entwicklung von Europapress

Ebenso wie Transocean wurde auch Europapress unter der Regie des RMVP kontinuierlich ausgebaut. Die Reichszuschüsse stiegen unter der NS-Herrschaft von 274.000 RM im Jahr 1936 bis auf knapp eine Million Reichsmark 1939. Den größten Subventionssprung gab es auch bei EP mit dem Beginn des Zweiten Weltkrieges: Für 1940 betrug der Zuschuß 1.850.000 RM.[220] Mit diesem erheblichen finanziellen Aufwand ging eine Änderung in Selbstverständnis und Aufgabenstellung der Agentur einher. Noch 1936 hatte Fleischer in einer Jubiläumsschrift darauf hingewiesen, daß "der vermessene Gedanke", eine Konkurrenzunternehmung gegen Reuter, Havas, Wolff oder Stefani ins Leben zu rufen, nie in der Absicht der Gründer gelegen habe. 1941 dagegen peilte die EP-Führung einen gegenüber DNB völlig selbständigen Deutschland-Weltdienst an, der an Zeitungen in sämtlichen Ländern Europas geliefert werden sollte.[221]

Die Erweiterung der EP in großem Maßstab begann mit der notariellen Übernahme sämtlicher Geschäftsanteile der Europapress GmbH und dem gleichzeitigen Eintritt des Hauptschriftleiters Rudolf Noesgen - als zweitem alleinvertretungsberechtigtem Geschäftsführer neben Max Fleischer - am 4. August 1937.[222] Das In- und Auslandspersonal wurde systematisch verstärkt, der Abgabedienst erweitert und 1940 ein zusätzlicher wirtschaftspolitischer Dienst eingeführt. Kostenintensiv war dabei vor allem der Ausbau im Ausland und die Einrichtung des Europapress-Wirtschaftsdienstes (EPW). Im Inland war der Personalbedarf relativ bescheiden: In der Berliner Redaktion saßen 1941 acht und in der Frankfurter nur fünf Schriftleiter.[223]

In Frankfurt ging im wesentlichen das Nachrichtenmaterial der Korrespondenten aus der Schweiz, Italien, Frankreich, Spanien, Übersee (Buenos Aires, Tokio, New York, Washington), Belgien, Holland (später Portugal) und dem Südosten Europas (Budapest, Belgrad, Agram, Athen, Sofia, Istanbul und Buka-

361 und 384.

220 Vgl. BA: R 55/289, Bl. 2ff (Gutachten des Rechnungshofes über EP von 1940).

221 Vgl. BA: R 55/826, Bl. 24ff (Bericht Brauweilers vom 20.4.1941).

222 Vgl. BA: R 55/286, Bl. 97f (Notarielle Abschriften Nr. 144 und Nr. 145). Am 8. November 1939 wurde Fleischer ganz ausgebootet und nur noch formal als Geschäftsführer weitergeführt. Ebd. Bl. 120f.

223 Vgl. ebd. Bl. 31.

rest) ein. Außerdem erfolgte dort die Abgabe des in Berlin redigierten politischen Dienstes nach der Schweiz, Holland, Belgien, dem Südosten Europa und an die deutschen Zeitungen. Die Berliner Redaktion versorgte die Amtsstellen mit dem Gesamtdienst und den sogenannten "Sonder-Informationen" (vergleichbar den "Vertraulichen Informationen" des DNB und der TO). Sie hatte die Pressekonferenzen wahr- und die Zensuranordnungen des RMVP entgegenzunehmen, und war verantwortlich für die Gestaltung und Abgabe des deutschen Dienstes für die ausländischen Büros. Hier befand sich auch die Hauptschriftleitung sowie der Gebe- und Nehmedienst für die EPW-Meldungen. Nebenbei diente sie noch als Relaisstelle von und nach den Plätzen, die von Berlin aus besser zu erreichen waren (Kopenhagen, Oslo, Stockholm, Helsinki, Paris, Lissabon) als von Frankfurt.[224]

Das weitgespannte Korrespondentennetz von EP zeigt deutliche Doppelbesetzungen mit TO. Vor allem das Vordringen EP's nach Übersee (Tokio, New York, Washington und Buenos Aires), aber auch das Ausgreifen auf die iberische Halbinsel (Madrid, Lissabon) widersprachen völlig der früheren Aufgabentrennung der beiden Agenturen. Umgekehrt hatte auch TO vor allem seinen Nachrichtenzubringerdienst mit den Mitteln des RMVP auf Europa ausgedehnt und so Doppelbesetzungen etabliert. Das konnten die amtlichen Stellen natürlich nicht lange hinnehmen. So rügte denn auch der Präsident des Rechnungshofes des Deutschen Reiches diese Doppelausgaben und wies darauf hin, "daß diese verschiedenen Gesellschaften, deren Geschäftsbetrieb ganz überwiegend vom Reich unterhalten wird, nicht neben- und gegeneinander arbeiten" sollten.[225]

Mit zunehmender Kriegsdauer wurde diese Belastung des Reichshaushaltes immer untragbarer. Weniger der finanzielle Aspekt als vielmehr der Mangel an qualifizierten Schriftleitern und Nachwuchsleuten, die in steigender Zahl zum Wehrdienst einberufen wurden, machte dem RMVP zu schaffen. Bereits 1940 hatte die TO zur Selbsthilfe gegriffen und "den Mangel an brauchbaren Schriftleitern" durch eigene "Schriftleiter-Nachwuchskurse" für junge Angestellte aus dem Bereich der Wirtschaft und Industrie weitgehend behoben.[226] Zwei Jahre

224 Vgl. BA: R 55/289, Bl. 2ff. Zur Entwicklung EP's im Allgemeinen vgl. "20 Jahre Depeschenbureau Europapress". In: Zeitungswissenschaft 12 (1937) S. 124ff.

225 BA: R 55/289, Bl. 5.

226 BA: R 55/284, Bl. 136 (Geschäftsbericht TO für 1940).

später regte das RMVP von sich aus den Ersatz reichsdeutscher Schriftleiter durch ausländische Arbeitskräfte, insbesondere bei den Nachrichtenagenturen, an.[227]

Immer deutlicher standen das Wort Brauweilers vom "Luxus dreier Weltnachrichtenagenturen", die sich das Deutsche Reich aus amtlichen Mitteln auf die Dauer nicht leisten könne, und die Mahnung des Rechnungshofes, daß "geplante Ausweitungen des bisherigen Geschäftsbereiches der einzelnen Gesellschaften verhindert und Mittel und Wege gesucht werden (müssen; Anm. d. Verf.), um Organisation und Aufgabenbereich dieser Gesellschaften aufeinander abzustimmen und zu vereinfachen", im Raum.[228]

8.7. Die Telos GmbH

Der umfassende Einfluß, den die NS-Bürokratie auf die TO und andere Nachrichtenagenturen hatte, war den verantwortlichen Stellen immer noch zu wenig. Ebenso wie Max Amann das gesamte Verlagswesen für die NSDAP unter Kontrolle brachte, indem er die Partei - vor allem über den Eher-Verlag - zum Eigentümer von vier Fünftel aller deutschen Zeitungsverlage machte, bemühte sich Otto Dietrich über die Telos Verwaltungsgesellschaft mbH., das gesamte Nachrichtenwesen vollends in den Griff zu bekommen.

Am 29.6.1942 wurde auf Initiative Dietrichs die Telos in Berlin mit dem gesetzlich vorgeschriebenen Mindestkapital von 20.000 RM gegründet. Gegenstand des Unternehmens war "der Betrieb aller Zweige des Nachrichtenwesens im In- und Ausland (...), Beteiligung an anderen Unternehmen und Errichtung neuer Unternehmen, die dem Gesellschaftszweck dienen".[229] Die Zielrichtung war klar: Majorisierung aller bestehenden Nachrichtenagenturen im Deutschen Reich. Gesellschafter der Telos waren der Wiener Journalist Max du Prel mit 15.000 RM und der Berliner Kaufmann Hans Konau mit 5.000 RM. Die "neue Revisions- und Treuhandgesellschaft mbH", so hieß es, teilt uns dazu mit: "Beide halten die Anteile treuhänderisch für einen Dritten".[230] Der dritte Mann

227 Vgl. BA: R 55/205, Bl. 94 und 105.

228 BA: R 55/289, Bl. 11.

229 BA: R 55/287, Bl. 14.

230 Ebd.

war Reichspressechef Dietrich, der sich mit der Telos "eine Machtposition in seinen Auseinandersetzungen und Rivalitäten mit Dr. Goebbels verschaffen wollte".[231]

Im September 1942 veranlaßte Dietrich den TO-Geschäftsführer Schulte zur Einberufung einer Gesellschafterversammlung. Auf dieser wurde eine Kapitalerhöhung von 24.000 RM auf 300.000 RM beschlossen. Die neuen Anteile zu je 69.000 RM übernahmen die Dresdner Bank, die I. G. Farbenindustrie Aktiengesellschaft, die Allgemeine Electricitäts Gesellschaft (AEG) und die Stahlverein GmbH für Bergbau und Industriewerte (alle Berlin). Die vier neuen TO-Gesellschafter traten ihre Anteile am 18.9.1942 zu notariellem Protokoll an die Telos ab, die damit einen TO-Anteil von 276.000 RM hielt.[232] Mit der gleichen Vorgehensweise hatte Dietrich bereits am Gründungstag der Telos die Europapress GmbH übernommen. Nachdem das Gesellschaftskapital der EP von 5.000 auf 100.000 RM erhöht worden war, traten die neuen Anteilseigner ihren Gesamtanteil von 95.000 RM am 29. Juni 1942 an die Telos ab, die restlichen 5.000 RM hielt nach wie vor die TO GmbH.[233] Das über die Cautio GmbH des Reichstreuhänders Max Winkler ohnehin im Reichsbesitz befindliche DNB schluckte die Telos ebenfalls am 29.6.1942.[234]

Für die TO bedeutete die Telos-Beteiligung das Ende ihres privatwirtschaftlichen Mäntelchens, mit dem sie sich Zeit ihrer Existenz geschmückt hatte. De facto hatte die Industrie seit TO's Trennung vom DÜD kein Interesse mehr an der Gesellschaft gezeigt, aber im Ausland machte es sich für die TO-Vertreter immer gut, auf die rein privatwirtschaftliche Struktur ihrer Agentur hinzuweisen. Diese Zeiten waren nun endgültig vorbei. Aber angesichts des NS-Regimes gab es im Ausland ohnehin keinen Ruf mehr zu verteidigen, und ob eine vom RMVP zensierte und finanzierte Agentur nun auch noch in den Besitz des Ministeriums überging oder nicht, war nur noch eine Formfrage. Dabei ist es durchaus noch

---

231 Ministerialdirigent Dr. Ott, Leiter der Haushaltsabteilung des RMVP, zitiert nach: Die Transocean ... a. a. O. S. 20.

232 Vgl. BA: R 55/287, Bl. 19.- BA: R 55/284, Bl. 152.- BA: R 55/285, Bl. 5f.

233 Vgl. BA: R 55/286, Bl. 358ff. Die abtretenden Anteilseigner waren: 1. Die Frankfurter Societätsdruckerei GmbH (15.000 RM), 2. Der Verlag M. DuMont Schauberg, Köln (15.000 RM), 3. Die Münchner Zeitungsverlag KG (15.000 RM), 4. Die Dresdner Neuesten Nachrichten (15.000 RM), 5. Der Verlag I. I. Arndt, Leipzig (15.000 RM), 6. Die AEG, Berlin (20.000 RM).

234 Vgl. Jürgen Reitz: Das Deutsche Nachrichtenbüro, im vorliegenden Band.

fraglich, ob die Anteile von der Telos überhaupt jemals valutiert worden sind oder ob die gesamten Transaktionen nicht nur ein Possenspiel für das Registergericht waren.[235]

8.8. Die Gründung und Entwicklung von Transocean-Europapress

Die erste überlieferte Meldung mit dem Stempel Transocean-Europapress datiert vom 4.10.1943.[236] Die Fusion der beiden Agenturen, die ohnehin schon in einer Hand waren, erfolgte jedoch bereits ein halbes Jahr früher, am 26. März 1943.[237] Die Initiative zur Zusammenlegung der beiden Nachrichtenbüros war wiederum von Reichspressechef Dietrich ausgegangen. Bereits im September 1942 erteilte er dem TO-Direktor und Hauptschriftleiter Schneyder den Auftrag, die Fusion zwischen TO und EP zum 1. Januar oder 1. April 1943 vorzubereiten.[238] Ende November 1942 legte Schneyder dem RMVP einen Fusionsentwurf vor. Dieser sah die Gründung einer Dachgesellschaft Transocean-Europapress (TO-EP) vor, an der sich beide Gesellschaften mit je 200.000 RM beteiligen sollten. Die bisherigen Geschäftsführer der beiden Gesellschaften, Schneyder und Noesgen, sollten gleichzeitig Geschäftsführer dieser neuen GmbH werden, wobei Schneyder tonangebend sein sollte. Die neu gegründete TO-EP übernahm die laufenden verwaltungstechnischen Verträge (Dienstverträge, Mietverträge usw.) und auf sie ging die gesamte Pressearbeit über. Die alte TO GmbH blieb erhalten und beschränkte sich fortan auf die Verwaltung ihrer Grundstücke und Häuser.[239]

Für den Vertrieb wurden Richtlinien aufgestellt, die der früheren Aufgabentrennung der beiden Agenturen entsprachen: "Auf neuen Märkten, die sich das Unternehmen erschließt, soll zunächst für Kriegsdauer in Übersee Transocean, in Europa Europapress tätig sein; die Dienste sollen entsprechend signiert werden."[240] Das bedeutete, daß die beiden Gesellschaften nach wie vor unter dem

235 Vgl. dazu Die Transocean ... a. a. O. S. 20f (Stellungnahme Ott zur Telos Transaktion).

236 Vgl. BA: ZSG 116/2039.

237 Vgl. BA: R 55/288, Bl. 106ff.

238 Vgl. ebd. Bl. 56f (Ott an Goebbels 16.9.1942).

239 Vgl. ebd. Bl. 76ff (Fusionsentwurf Schneyder vom 30.11.1942) ferner ebd. Bl. 120f (Stellungnahme Getzlaff, Haushaltsabteilung des RMVP vom 2. Juli 1943).

240 Ebd., Bl. 79.

alten Namen auftreten sollten. Nur "wenn es aus politischen Gründen gewünscht wird"[241] und an Orten, wo beide Gesellschaften parallel offene Abgabebüros unterhielten, sollte ein Auftreten des neuen Unternehmens erfolgen. Überall sonst, wo TO oder EP alleine am Ort waren, blieb es bei den alten Agenturbezeichnungen. Dies galt ebenso für die als "einheimische Büros" getarnten Tochtergesellschaften der Europapress in der Schweiz, Ungarn, Dänemark, Schweden, Finnland und den Niederlanden.[242]

Den von Schneyder vorgelegten Fusionsentwurf billigte Goebbels Anfang Februar 1943. Im RMVP erwartete man sich von der Zusammenlegung einen "größeren politischen Erfolg" und vor allem den "zweckmäßigen Einsatz der Mittel".[243] An einer nebensächlichen Frage, der Zusammensetzung des TO-EP Aufsichtsrates, entzündete sich noch einmal die Rivalität zwischen Dietrich und Goebbels. Goebbels, der als einer der wenigen täglich ein ungeschminktes Bild der militärischen Lage erhielt, sah anscheinend schon schwere Zeiten auf das Dritte Reich zukommen und forderte für "den Aufsichtsrat erprobte Nationalsozialisten ..., an deren Zuverlässigkeit auch im Falle von Krisen nicht der geringste Zweifel bestehe".[244] Dietrich hatte, in der Tarntradition der TO stehend, eine Reihe von Vorstandsmitgliedern aus der deutschen Wirtschaft vorgeschlagen, u. a. Dr. Hans Boden (AEG), Dr. Max Ilgner (I. G. Farben), Dr. Fritz Jessen (Siemens & Halske), Prof. Dr. E. H. Meyer (Dresdner Bank), und als Vorsitzenden Peter Ernst Eiffe beibehalten.[245] Dem Ende Mai 1943 erzielten Kompromiß fielen Ilgner und Jessen zum Opfer, statt dessen rückten vier zuver-

---

241 Ebd.

242 Vgl. ebd.

243 Vgl. ebd. Bl. 90f

244 Ebd. Bl. 113 (Aktennotiz Schneyder vom 19. April 1943).

245 Vgl. ebd. Bl. 101 (Dietrich an Goebbels 25.3.1943). Auf die Tarnung TO's als privates Nachrichtenbüro, im Gegensatz zum offiziell amtlichen DNB, war bis dato immer viel Wert gelegt worden. "Es ist deshalb als aussenpolitische Notwendigkeit anzusehen, wenn in Gross-Deutschland neben dem amtlichen Nachrichtenbüro eine Nachrichtenagentur besteht, die technisch in der Lage ist, weltweit zu wirken, privaten Charakter hat, trotzdem aber in jeder Weise der Reichspolitik als Propaganda-Organ zur Verfügung steht. ... Transocean ist also ein amtliches Instrument, dessen amtliche Leitung nicht erkennbar ist." Friedrich von Homeyer am 25. Juli 1939. PolA: Presseabteilung 498/1.

lässige Nationalsozialisten nach. Den Vorsitzenden Eiffe konnte Dietrich durchsetzen.[246]

Die neugegründete TO-EP Agentur arbeitete zu diesem Zeitpunkt schon fast zwei Monate, die alte TO GmbH hatte ihren Pressebetrieb offiziell zum 31.3.1943 eingestellt und beschränkte sich auf die Verwaltung ihrer Immobilien. Die letzte Gesellschafterversammlung der Transocean GmbH während des Krieges fand am 14. Oktober 1943 im Hauptgebäude der Dresdner Bank Berlin statt. Dort wurde die von der Geschäftsführung beschlossene Beteiligung an der Transocean-Europapress GmbH abgesegnet und - abredegemäß - Erich Schneyder sowie Rudolf Noesgen als alleinvertretungsberechtigte Geschäftsführer hinzugewählt.[247]

Nach der Zusammenlegung der beiden Agenturen erhoffte man sich im RMVP natürlich eine effizientere Arbeit und zuvörderst Einsparungen. Doch weit gefehlt! Ebenso wie das Ministerium selbst zu einem bürokratischen Moloch geworden war,[248] ließ sich auch das ihm untergeordnete Nachrichtenwesen in seinen bürokratischen Wucherungen nicht mehr bremsen. Die für 1942/43 genehmigten Zuschüsse betrugen für die TO 6.200.000 RM und für EP 3.200.000 RM, zusammen mithin 9.400.000 RM. Der Zuschußbedarf für das erste gemeinsame Jahr der beiden, 1943/44, lag noch einmal kräftig darüber bei 12.581.395 RM.[249]

---

246 Vgl. BA: R 55/288, Bl. 115f (Vorschlag Dietrichs vom 20.5.1943 und Einverständniserklärung Goebbels vom 24.5.1943). Die vier Nachrücker in den Aufsichtsrat waren: 1. Der Oberbürgermeister von Stuttgart, Strölin, 2. Der Generaldirektor der Hermann Göring- Werke, Pleiger, 3. Der Präsident der IHK, München, Pietzsch, 4. Der Pressereferent des Reichskommissars für die Seeschiffahrt, Hermann Okraß. Außerdem saßen noch zwei Beamte des RMVP im Aufsichtsrat: Ministerialdirigent Ernst Brauweiler und Ministerialrat Otto Getzlaff. Ferner noch der Berliner Schriftleiter Adolf Halfeld, der DNB-Direktor Dr. Gustav Albrecht und TO-Geschäftsführer Karl Schulte.

247 Vgl. BA: R 55/285, Bl. 73ff (Notarielles Protokoll der Gesellschafterversammlung vom 14.10.1943). Rudolf Noesgen war seit dem 15. Januar 1940 anstelle Fleischers offizieller Geschäftsführer der EP. Vgl. dazu BA: R 55/286, Bl. 284.

248 Vgl. Jürgen Hagemann: Die Presselenkung im Dritten Reich. Bonn 1970. S. 25f. Hagemann gibt für 1939 956, für 1940 1356 und für 1941 1902 Personen an, die in dem Büro- und Verwaltungsapparat RMVP arbeiteten.

249 Vgl. BA: R 55/288, Bl. 26ff (TO-EP Haushalt 1943/44).

Gründe für die permanenten Ausgabensteigerungen gab es viele,[250] doch dahinter stand vor allem immer die "politische Notwendigkeit, ein Höchstmaß an Auslandspropaganda zu entfalten, um den im fünften Kriegsjahr zum Endkampf gesteigerten Propagandaanstrengungen der Feindmächte wirksam begegnen zu können".[251] Gerade am Propagandaapparat konnten und wollten die NS-Führer nicht sparen, denn nicht zuletzt auf das Versagen der deutschen Kriegspropaganda hatte Hitler auch die Niederlage Deutschlands im 1. Weltkrieg zurückgeführt.

So wurde der TO-EP-Dienst, wo immer es noch ging, erweitert und ausgebaut. Die Redaktionen in Berlin wurden, vor allem für die Nachrichtenabgabe, vermehrt, weitere personelle Verstärkungen in der Zentrale und den Abgabebüros im Ausland genehmigt und ein neuer Abgabedienst in der Türkei eingerichtet.[252] Noch im Juli 1944 plante Noesgen "für die TO-EP nach dem Kriege ähnlich wie United Press ein geschlossenes Netz eigener offener Abgabebüros in Europa und Übersee" bei gleichzeitiger Beibehaltung und einem "starken Ausbau landeseigener Tarnbüros".[253] Mit den militärischen Mißerfolgen jedoch wurde der Charakter des Dienstes immer propagandistischer[254] und mit den deutschen Armeen traten auch die TO-EP Auslandsvertreter den Rückzug auf allen Fronten an. Von den im TO-EP-Haushaltsvoranschlag für 1944/45 angegebenen 23 Auslandsstellen blieben im Herbst 1944 nur zwei übrig.[255]

In Deutschland selbst schrumpfte der Dienst ebenfalls zusammen. Wirtschafts- und Kulturdienst wurden völlig eingestellt, der innerdeutsche Abgabe-

---

250 Zum Beispiel die kriegsbedingte Altersverschiebung nach oben und damit höhere Gehälter, die durch Personalmangel vermehrte Nacht- und Sonntagsarbeit, die Zuschüsse an Wehrmachtsangehörige usw. Vgl. ebd.

251 Vgl. ebd.

252 Vgl. ebd.

253 Ebd., Bl. 170 (Vertrauliche Denkschrift Noesgens vom 1. Juli 1944).

254 Vgl. BA: ZSG 116/2042. Selbst die "streng vertraulichen Informationen" für ausgewählte inländische Bezieher trieften Mitte 1944 vor Propaganda. Im TO-EP-Sonderdienst zur alliierten Invasion in der Normandie ist nur noch von einer deutschen Geheimwaffe die Rede, die den Gegner in Angst und Schrecken versetzte. An ausländischen Pressestimmen werden nur noch deutschfreundliche Stimmen zitiert, oder solche, die die These eines Auseinanderbrechens der Alliierten stützen sollen.

255 Vgl. BA: R 55/681, Bl. 24ff. TO-EP gibt mit Datum vom 31.10.1944 den Wegfall aller Auslandsstellen bis auf Sofia und Wien (Telegraphen-Compagnie) an.

dienst auf die "förmliche Belieferung" von 12 Zeitungen eingeschränkt, die Frankfurter Schriftleitung, die wegen Ausbombung zuvor schon nach Wiesbaden verlegt worden war, aufgegeben und die Berliner Schriftleitung personell ausgedünnt. Von 419 inländischen Beschäftigten im September 1943[256] verblieben ein Jahr später noch ganze 43 TO-EP Mitarbeiter. Der Rest war "im Zuge der Maßnahmen zur Durchführung des totalen Krieges" von der Arbeit freigestellt worden.[257] Übriggeblieben war eine Rumpfagentur ohne Auslandsnetz, die im gemeinsamen Untergang mit dem Dritten Reich begriffen war, dem sie Existenz wie Niedergang zu verdanken hatte.

9. Transocean nach dem Zweiten Weltkrieg

Formaljuristisch war die Transocean GmbH nach der Einstellung ihrer Pressearbeit 1943 erhalten geblieben. 1949 versuchten Erich Schneyder und der ehemalige Personalleiter der TO, Dr. Bruno Herrmann, an diesen Status anzuknüpfen. Zunächst ließen sie sich von dem Ministerialdirigenten a. D., Ott, bestätigen, daß der 1942 von der Telos GmbH erworbene Anteil von 276.000 RM nie bezahlt worden war, da weder die Telos über solche Mittel verfügt habe noch eine Zahlung durch das RMVP erfolgt sei.[258] Im Juni 1949 wurde daraufhin die Telos GmbH vor dem Registergericht rechtskräftig aus der Transocean GmbH ausgeschlossen.[259] Am 12. Mai 1951 fand die vorletzte Gesellschafterversammlung der Transocean GmbH statt. Auf ihr wurde das Stammkapital von 300.000 RM auf 50.000 DM, gemäß § 35 DMBG (D-Mark-Eröffnungsbilanzgesetz[260]), festgesetzt. Erich Schneyder wurde zum Geschäftsführer und Bruno Herrmann zum Prokuristen gewählt. Gegenstand des Unternehmens blieb, so wie es schon in dem 1916 beschlossenen Gesellschaftsvertrag formuliert worden war: "Die Unterhaltung und Ausgestaltung von Depeschen-, Kabel- und fun-

---

256 Vgl. BA: R 55/288, Bl. 31 (Personalbestand TO-EP September 1943).

257 Vgl. BA: R 55/681, Bl. 24ff.

258 Vgl. Die Transocean ... a. a. O. S. 21 (Ott war Leiter der Haushaltsabteilung des RMVP).

259 Vgl. ebd. S. 22.

260 Das Gesetz vom 21.8.1949 schrieb allen Kaufleuten der Bundesrepublik Deutschland vor, bis 30.6.1951 eine Bilanz aufzustellen, die mit der Umstellung von RM auf DM eine Neubewertung der Kapitalverhältnisse ermöglichte.

kentelegraphischen Diensten zwischen Deutschland und anderen Ländern, namentlich den überseeischen Gebieten, sowie der Versand von Bildern."[261]

Doch dieses Mal hatte die Firma trotz einer reichen Vergangenheit keine Zukunft mehr. Am 4. Juni 1952 trafen sich die Gesellschafter zum letzten Mal und beschlossen die Auflösung der Transocean. Zu Liquidatoren bestellten sie Erich Schneyder und Bruno Herrmann. Am 11. November 1957 trägt ein Beamter namens Paschke auf das Blatt mit der Firmennummer HRB 6813 ein: "Die Firma ist erloschen."[262]

Erst 1957 war die Geschichte Transoceans damit zu Ende. Die ersten Jahre der Bundesrepublik erlebte die Agentur zumindest noch auf dem Papier, und war folglich das einzige Nachrichtenbüro Deutschlands, das sich vom Kaiserreich über die Weimarer Republik und den Nationalsozialismus bis in die fünfziger Jahre hielt. Freilich hatte sie seit 1943 nicht mehr gesendet und ihr journalistisches Ende bereits mit dem Dritten Reich gefunden.

261 Zit. Amtsgericht Charlottenburg, Handelsregister Abt. B, 93 HRB 13830 (Eintragung vom 7. Juli 1951).

262 Ebd. HRB 6813.

Das Deutsche Nachrichtenbüro

Von Jürgen Reitz

Im Jahr 1933 geriet der internationale Nachrichtenmarkt in Bewegung. Die seit 1870 geltenden Kartellverträge zwischen den großen Nachrichtenagenturen waren abgelaufen und hätten der Verlängerung bedurft. Doch die Bewahrung der alten Verhältnisse erwies sich als nicht mehr möglich. Bereits seit einigen Jahren waren die Kartellvereinbarungen zunehmend unter Beschuß geraten. Vor allem diejenigen Agenturen, die sich bei der Aufteilung der Erde in Interessensphären durch Reuter und Havas benachteiligt fühlten, drängten auf eine Neugestaltung des Nachrichtenwesens.

Dies galt besonders für die amerikanische Agentur Associated Press (AP) und das Wolff'sche Telegraphen Bureau (WTB). Die AP wollte auf dem fernöstlichen Markt expandieren. Der Ferne Osten war jedoch nach den geltenden Verträgen der exklusive Nachrichtenmarkt von Reuter. Daher begann die AP gegen die Kartellabmachungen zu opponieren. Auch das WTB konnte mit den Zuständen zu Beginn der dreißiger Jahre nicht einverstanden sein. Ehemals Partner von Havas und Reuter, mußte das WTB nach dem Ende des Ersten Weltkriegs seine Interessensphäre an die Agenturen der Siegermächte abtreten und war seither weitgehend von der Auslandsberichterstattung von Reuter und Havas abhängig. AP und WTB erstrebten eine neue "Weltinformationsordnung", die jeder Agentur die freie Arbeitsmöglichkeit in jedem Land der Erde gestattete und zudem den Nachrichtenaustausch der Agenturen untereinander garantierte. Internationale Abkommen dieses Inhalts wurden im Laufe des Jahres 1934 unterzeichnet.

Auch in Deutschland befand sich das Nachrichtenwesen in einer Umbruchsphase. Mit dem 30. Januar 1933 gelangte das nationalsozialistische Gedankengut zur Herrschaft, dessen totalitärer Anspruch auch auf das Nachrichtenwesen abzielte. Wesentliche Vorstellungen zur damaligen Medienpolitik waren bereits seit 1925 aus Hitlers Buch "Mein Kampf" zu entnehmen.[1] Eugen Hadamovsky wies den Nachrichtenagenturen den Weg: "Ganz allein die entschlossen, zielbe-

[1] Vgl. Adolf Hitler: Mein Kampf. Zwei Bände in einem Band (ungekürzte Ausgabe). München 1936. S. 264.

wußt und mit allen Machtmitteln durchgeführte vollständige Zentralisation des Nachrichtendienstes gibt die Gewähr für eine Unterrichtung und Führung der öffentlichen Meinung in dem von der Regierung als notwendig erkannten Sinne".[2] Praktisches Ziel der Nationalsozialisten war die Zusammenlegung der beiden größten deutschen Nachrichtenagenturen, des WTB und der Telegraphen-Union (TU), zu einem staatlich kontrollierten Nachrichtenbüro.

Der Gründung des DNB unmittelbar voraus ging die Inbesitznahme von WTB und TU durch die neue Regierung. Am WTB hatte sich der Staat bereits 1931 eine Aktienmehrheit von 51 % gesichert.[3] Im Juli 1933 wurde das Bankhaus Delbrück, Schickler und Co., Besitzer der restlichen 49 % der Anteile am WTB, aufgefordert, seine Aktien an die Regierung abzutreten. Der Kaufvertrag vom 28. Juli vereinbarte die Übergabe des Aktienpaketes an die "Herold Verlagsanstalt GmbH", ein zum nationalsozialistischen Eher-Konzern gehörendes Unternehmen.[4] Die TU gehörte bis 1933 zum Presseimperium Alfred Hugenbergs. Auf den politischen Druck der Nationalsozialisten hin verkaufte er die TU an die Regierung, nachdem ihm versprochen worden war, daß er im Gegenzug den Scherl-Verlag behalten dürfe. Als Käufer der TU trat wiederum eine regierungseigene Tarnfirma, die "Cautio Treuhandgesellschaft", in Erscheinung. Der Kaufvertrag wurde am 26. Oktober 1933 vom Hugenberg-Konzern und dem zweiten Anteilseigner an der TU, der "Ostdeutschen Privatbank Aktiengesellschaft", unterzeichnet.[5] Mit der Liquidierung der TU war der Weg frei für ein nationalsozialistischen Vorstellungen entsprechendes Nachrichtenwesen.

---

2 Eugen Hadamovsky: Propaganda und nationale Macht. Oldenburg 1933. S. 131.

3 Vgl. hierzu auch Dieter Basse: Wolff'sches Telegraphisches Bureau 1849 bis 1933. Agenturpublizistik zwischen Politik und Wirtschaft. München, London, New York, Paris 1991. S. 238ff., insbesondere S. 247ff.

4 Vgl. Bundesarchiv Koblenz (BA). R 55 (Reichspropagandaministerium). 827 (Nummer des Aktenbandes) Bl. 3ff.

5 Vgl. BA: R 55. 278. Bl. 5.- Vgl. auch Martin Neitemeier: Die Telegraphen-Union, im vorliegenden Band S. 132ff.

1. Die Gründungsphase

Bereits im Juli 1933 waren die Geschäftsleitungen von WTB und TU über die beabsichtigte Fusionierung der beiden Unternehmen unterrichtet worden.[6] Mit den organisatorischen Vorbereitungen beauftragte die Reichsregierung Max Winkler,[7] der bis November alle notwendigen Maßnahmen in die Wege geleitet hatte. Eine der letzten Meldungen, die das WTB im Dezember verbreitete, betraf seine eigene Auflösung: "Angesichts der wirtschaftlichen Entwicklung in der deutschen Presse haben sich die Inhaber der Continental Telegraphen-Compagnie Wolff's Telegraphisches Büro Aktiengesellschaft und die Gesellschafter der Telegraphen-Union Internationaler Nachrichtendienst m. b. H. dahingehend verständigt, daß die in Deutschland herausgegebenen Dienste der beiden Gesellschaften zusammengelegt werden. Zu diesem Zwecke wird eine neue Gesellschaft gegründet, die sich Deutsches Nachrichtenbüro Gesellschaft mit beschränkter Haftung nennt".[8]

Der Gesellschaftsvertrag[9] über den Zusammenschluß von WTB und TU wurde laut beglaubigter Abschrift 109 des Notariats-Registers Berlin am 5. Dezember 1933 verhandelt und am darauffolgenden Tag unterzeichnet. Der Vertrag besiegelte die Gründung des DNB mit einem Stammkapital von zwei Millionen Reichsmark. Als Gesellschafter der Firma traten sieben Personen bzw. Gesellschaften mit folgenden Einlagen auf:

1. Hugo Bruckmann	100.000,-- RM
2. Wilhelm Weiß	100.000,-- RM

---

[6] Vgl. BA: Kleine Erwerbungen (Kl. Erw.) 302-1. Bl. 18.

[7] Max Winkler galt als bester Kenner des Zeitungsgewerbes in der Weimarer Republik. Die Regierungen jener Zeit bedienten sich seiner als Unterhändler und Finanzierungsexperten dort, wo der Staat nicht selbst in Erscheinung treten wollte. 1933 wurde Winkler durch den Staatssekretär im Propagandaministerium, Walter Funk, Goebbels vorgestellt. Winkler erklärte sich bereit, seine Dienste den Nationalsozialisten zur Verfügung zu stellen (Vgl. Peter de Mendelssohn: Zeitungsstadt Berlin. Berlin 1959. S. 324ff.- Oron J. Hale: Presse in der Zwangsjacke 1933-1945. Düsseldorf 1965. S. 134.- Winfried B. Lerg: Max Winkler. Der Finanztechniker der Gleichschaltung. In: Zeitungs-Verlag und Zeitschriften-Verlag (ZV+ZV) 60 (1963) S. 610ff.

[8] Vgl. BA: R 43 I (Reichskanzlei). 2528. Bl. 19. Inhaber des WTB und Gesellschafter der TU waren zu diesem Zeitpunkt identisch: das Reich.

[9] Vgl. BA: Kl. Erw. 302-I. Bl. 84-88.

3. Rolf Rienhardt	100.000,-- RM
4. Paul Hamel	100.000,-- RM
5. Cautio Treuhandgesellschaft	1.040.000,-- RM
6. Herold Depeschen-Bureau Gesellschaft	360.000,-- RM
7. Zeitungsbedarf Gesellschaft	200.000,-- RM

Das DNB übernahm den halbamtlichen Charakter des WTB, d. h. es verpflichtete sich, Nachrichten amtlichen Inhalts auszugeben, die am Kopf der Meldung als solche gekennzeichnet waren. Im übrigen legte das DNB jedoch größten Wert darauf, sich als privatwirtschaftlich organisiertes Unternehmen zu präsentieren. Auch sämtliche allgemein zugängliche Quellen dieser Zeit stellten das DNB als einen journalistisch unabhängigen Nachrichtendienst dar.[10] Am 1. Januar 1934 nahm die Agentur ihre Tätigkeit auf. Grund zum Zweifel an der politischen Unabhängigkeit des DNB sah allenfalls die "Frankfurter Zeitung" (FZ), die die Gründung des DNB in folgender Weise kommentierte: "Nach dem politischen Umschwung kam das Bedürfnis nach verschiedenartiger Nuancierung des Nachrichtenmaterials in Fortfall und so mögen jetzt die im Wesen der Nachrichtenübermittlung liegenden Tendenzen einer Vereinheitlichung auch hier an Kraft gewonnen und den Anlaß zur Fusion gegeben haben. Das würde auch dem politischen Vereinheitlichungsstreben im nationalsozialistischen Staat entsprechen."[11] Daß die FZ mit ihren Bedenken bezüglich einer politisch ungebundenen Nachrichtenübermittlung durch das DNB recht behalten sollte, wurde im Verlauf der nächsten Jahre allzu deutlich sichtbar. Daß der Gesellschaftsvertrag selbst kaum das Papier wert war, auf dem er gedruckt worden war, wußten bis zum Ende der nationalsozialistischen Herrschaft die wenigsten.

Es war eine prinzipielle Überlegung der Nationalsozialisten, das wahre Ausmaß ihres Einflusses auf die Medien sowie die Methoden der Reglementierung öffentlich so wenig wie möglich bekannt werden zu lassen. Dies gilt auch für das DNB. Die Agentur befand sich vom ersten Tag an zu 100 Prozent im Besitz des

---

10 Vgl. Emil Dovifat: Zeitungslehre I. Erster Band. Berlin 1937. S. 77. Und vgl. Deutsches Institut für Zeitungskunde Berlin (Hrsg.): Handbuch der Deutschen Tagespresse. 5. Auflage. Berlin 1934. S. 292.- Otto Ritgen: Das Deutsche Nachrichtenbüro. In: Deutsche Presse 24 (1934) Nr. 16 S. 10-11. Hier S. 10.

11 Neugründung Deutsches Nachrichtenbüro. O. Verf. In: Frankfurter Zeitung. 77. Jg. vom 29.11.1933. S. 2.

Reiches.[12] Denn zunächst zahlten nur die Cautio und die Zeitungsbedarf GmbH Anteile am Stammkapital in Höhe von insgesamt 1.304.000,-- RM ein, und zwar überwies die Cautio 1.104.000,-- RM und die Zeitungsbedarf GmbH 200.000,-- RM.[13] Beide aber waren reichseigene Unternehmen.[14] Die Herold GmbH, Bruckmann, Weiß, Rienhardt und Hamel haben die Gelder für ihre angeblichen Geschäftsanteile am DNB niemals überwiesen. Das noch ausstehende Gesellschaftskapital in Höhe von 696.000,-- RM wurde im Juni 1938 von der Cautio eingezahlt; gleichzeitig übernahm die Cautio auch die Gesellschaftsanteile der Zeitungsbedarf GmbH am DNB und war damit alleiniger Gesellschafter.[15]

Auch bei der Besetzung des Aufsichtsrates des DNB war man darum bemüht, die wahren Verhältnisse zu vertuschen. Das hatte zur Konsequenz, daß von der Berufung hoher Repräsentanten aus Partei und Staat abgesehen wurde. Zunächst hatte Max Amann als Chef des Eher-Verlages Anspruch auf einen Sitz im aufsichtsführenden Gremium des DNB erhoben.[16] Doch mußte er sich mit der Berufung seines der Öffentlichkeit weniger bekannten Stellvertreters Rolf Rienhardt zufrieden geben. Als 1941 der damalige Aufsichtsratsvorsitzende Bruckmann verstarb, empfahl sich der Reichsfinanzminister Schwerin von Krosigk als dessen Nachfolger. In einem Schreiben vom Propagandaministerium wurde er gebeten, "hiervon abzusehen, damit die Unabhängigkeit des Deutschen Nachrichtenbüros von der Reichsregierung auch weiterhin nach außen hin gewahrt

---

12 Willi Boelcke hat mit seiner Feststellung, das DNB sei erst 1938 restlos in Reichsbesitz übergegangen Unrecht. Vgl. Willi Boelcke: Kriegspropaganda 1939-1941. Stuttgart 1966. S. 150f.

13 Vgl. BA: R. SS. 765. Bl 11ff.

14 Die Cautio wurde am 14. Januar 1929 von Max Winkler gegründet, befand sich vollständig in Reichsbesitz und diente als Treuhandgesellschaft für die "Verwaltung von Vermögen Dritter" Vgl.: Helga Wermuth: Dr. h. c. Max Winkler - Ein Gehilfe staatlicher Pressepolitik in der Weimarer Republik. Dissertation. München 1975. S. 36f. Die Zeitungsbedarf GmbH wurde am 17. März 1923 ebenfalls auf Initiative Winklers ins Leben gerufen und aus Mitteln des Reiches finanziert, das alle Gesellschaftsanteile in Besitz hatte. Gegenstand des Unternehmens war u. a. der "Erwerb und die Beteiligung an Zeitungen und ähnlichen Unternehmungen" (vgl. ebd. S. 41).

15 Vgl. BA: R 2 (Reichsfinanzministerium). 4954. Bl. 487.

16 Vgl. Oron J. Hale a. a. O. S. 143. Es ist jedoch unzutreffend, daß Amann dafür sorgte, "daß die so durchgeführte Monopolisierung der Nachrichtenbeschaffung für die Presse des Hitler-Staates in erster Linie den Blättern des Pressetrusts der NSDAP zunutze kam". Presse in Fesseln. Berlin 1947. S. 229). Amanns Einfluß auf das DNB wird hier überschätzt. Die Einflußnahme auf die Agentur ging ausschließlich vom Propagandaministerium aus.

erscheint".[17] Wie sehr die Form einer GmbH nur eine äußere privatrechtliche Fassade darstellte, geht besonders auch daraus hervor, daß die Angestellten des DNB sich bei Abschluß ihrer Arbeitsverträge ausdrücklich verpflichten mußten, das Eingriffsrecht des Propagandaministeriums in Belange der Agentur anzuerkennen.[18] Das DNB wurde stets als ein dem Propagandaministerium zugehöriger Teil behandelt. Seine Mitarbeiter wurden in vielerlei Hinsicht den Beamten gleichgestellt. Aufwandsentschädigungen und Spesenvergütungen waren den entsprechenden Sätzen der Reichsbeamten angeglichen. Zu Beginn des Zweiten Weltkrieges wurden sogar Rang- und Gehaltsklassen für den Fall festgelegt, daß die DNB-Angestellten offiziell in das Beamtenverhältnis versetzt werden sollten.[19] Ebenfalls aus Gründen der Tarnung wurde davon jedoch abgesehen.

Die personalpolitischen Überlegungen des Propagandaministeriums zur Besetzung des geschäftsführenden Vorstandes des DNB waren zunächst von der Erkenntnis gelenkt, daß es zum Aufbau einer neuen Nachrichtenagentur einer Reihe erfahrener und renommierter Journalisten bedurfte. Der Vorstand bestand zuerst aus vier, ab 1939 aus drei und ab 1940 aus zwei Mitgliedern. Auf Wunsch von Staatssekretär Walter Funk wurde Otto Mejer 1933 zum Vorsitzenden des Vorstandes bestellt. Zuvor war Mejer seit 1921 Geschäftsführer der TU gewesen und in dieser Eigenschaft maßgeblich am Ausbau der Agentur beteiligt. Darüber hinaus hatte er eine angesehene Stellung bei den führenden Persönlichkeiten der großen ausländischen Agenturen und erschien deshalb als der ideale Mann für die 1933/34 anstehenden Verhandlungen über die auslaufenden Kartellverträge mit Reuter und Havas.[20] Am 1. Februar 1939 wurde Mejer aus dem Vorstand entlassen und auf den Posten des stellvertretenden Aufsichtsratsvorsitzenden abgeschoben.[21] Mejer hatte zu keiner Zeit der NSDAP nahegestanden. Im Zusammenhang mit dem Attentat auf Hitler im Juli 1944 wurde er vorüber-

---

17 BA: R 2. 4955. Bl. 9.

18 Vgl. BA: Nachlaß (NL) Leverkuehn. 31. Schreiben der Interessengemeinschaft Deutsches Nachrichtenbüro E. V. zur Plenarsitzung am 2. Juli 1953. Dr. Paul Leverkuehn war im Dritten Reich Pressereferent im Oberkommando der Wehrmacht, nach Gründung der Bundesrepublik Deutschland Mitglied des Bundestages (CDU).

19 Vgl. BA: NL Leverkuehn. 31. Schreiben der Interessengemeinschaft Deutsches Nachrichtenbüro E. V. an das Bundeskanzleramt vom 12. Februar 1954.

20 Vgl. Maximilian Frhr. Besserer v. Thalfingen: In Memoriam Otto Mejer. In: Zeitungs-Verlag und Zeitschriften-Verlag (ZV + ZV) 56 (1959) S. 84-86. Hier S. 84.

21 Vgl. BA: Kl. Erw. 302-1. Bl. 66f.

gehend verhaftet. Nach dem Krieg war Otto Mejer Geschäftsführer des Deutschen Industrie-Instituts in Köln.[22]

Ebenfalls aus dem Vorstand der TU in den des DNB wurden Maximilian Frhr. Besserer v. Thalfingen und Dr. Erwin Reetz übernommen. Besserer war 1920 als Generalbevollmächtigter für Süddeutschland in die TU eingetreten und wurde 1930 in den Vorstand versetzt. Reetz war seit 1924 Mitarbeiter der TU und seit 1928 Vorstandsmitglied.[23] Reetz, der auch als engster Mitarbeiter Max Winklers galt, war wie Mejer bis 1939 im Vorstand des DNB. In jenem Jahr wurde die Zahl der Vorstandsmitglieder auf drei Personen reduziert.[24] Besserer gehörte bis 1940 dem Vorstand an, der von da ab nur noch aus zwei Personen bestand. Nach der Gründung der Deutschen Presse-Agentur (dpa) fungierte Besserer als deren Geschäftsführer.[25] Zum Stellvertretenden Vorsitzenden des Vorstandes des DNB wurde 1933 Dr. Gustav Albrecht ernannt. Erst im Juni desselben Jahres war er von Reichspressechef Dr. Otto Dietrich zum Direktor des WTB berufen worden. Zuvor war er von 1918 ab zunächst politischer Redakteur, später Verlagsdirektor und Hauptschriftleiter der "Rheinisch-Westfälischen Zeitung" in Essen.[26] Albrecht galt als politisch zuverlässiger als Mejer und nahm 1939 dessen Stelle als Geschäftsführer des DNB ein. Im selben Jahr stieg Dr. Hans Bollmann in den Vorstand der Agentur auf. Zuvor hatte Bollmann die Stellen des Personalchefs und Hauptschriftleiters des DNB-Sportdienstes bekleidet. Bollmann, der daneben noch Erster Vorsitzender des Deutschen Sportpresseverbandes war, arbeitete vor 1933 als Leiter des Sportdienstes beim WTB.[27] Nach dem Zusammenbruch

---

22 Vgl. Besserer v. Thalfingen. In Memoriam Otto Mejer a. a. O. S. 86.

23 Vgl. BA: R 34 (Deutsches Nachrichtenbüro). 415. Deutsches Nachrichtenbüro. Ein Werdegang. 9/1934.

24 Vgl. Neuordnung in der Leitung des DNB. O. Verf. In: Deutsche Presse 29 (1939) Nr. 3 S. 52.

25 Vgl. Maximilian Frhr. Besserer v. Thalfingen: Das deutsche Nachrichtenwesen nach 1945. In: Zeitungs-Verlag und Zeitschriftenverlag (ZV + ZV) 51 (1954) S. 319-323. Hier S. 319.

26 Vgl. Deutsches Nachrichtenbüro. O. Verf. In: Zeitungswissenschaft 9 (1934) S. 48. Vgl. Kurt Koszyk: Deutsche Presse 1914-1945. Berlin 1972. S. 171f. Die "Rheinisch-Westfälische Zeitung" gehörte zum Hugenberg-Konzern. Ihr Verleger war Reismann-Grone. Albrecht war dessen unehelicher Sohn. Dr. Otto Dietrich war der Schwiegersohn Reismann-Grones und Albrechts Schwager.

27 Vgl. Deutsches Institut für Zeitungskunde Berlin (Hrsg.): Handbuch der Deutschen Tagespresse. 4. Auflage. Berlin 1932. S. 388. - Institut für Zeitungswissenschaft an der Universität Berlin (Hrsg.): Handbuch der Deutschen Tagespresse. 6. Auflage. Leipzig / Frankfurt am Main 1937.

des Dritten Reiches wurde Albrecht von den Sowjets verhaftet und starb 1947 im Lager Landsberg a. d. Warthe. Bollmann entging der Verhaftung durch Selbstmord.[28]

Hatte man bei der Besetzung der Geschäftsführung des DNB noch zwischen journalistischer Erfahrung und politischer Zuverlässigkeit im nationalsozialistischen Sinne abwägen müssen, erfolgte die Berufung des Aufsichtsrates in erster Linie unter dem Gesichtspunkt der Loyalität dem Staat gegenüber. Das stete Bemühen, das DNB nach außen hin als staatsunabhängig zu präsentieren, verbot lediglich die Bestellung von der Öffentlichkeit allgemein bekannten Persönlichkeiten aus Partei und Staat. Zum Vorsitzenden des Aufsichtsrates wurde der Verleger Hugo Bruckmann aus München ernannt. In den zwanziger Jahren war Bruckmann in München Adolf Hitler begegnet. Es entwickelte sich eine Freundschaft, in deren Verlauf Hitler in der Villa des Verlegers die Bekanntschaft bedeutender Persönlichkeiten aus der Industrie machte.[29] 1933 erhielt Bruckmann für die Nationalsozialisten ein Reichstagsmandat. Er bekleidete die Stellung im DNB bis zu seinem Tod im Jahr 1941.[30]

Neben Bruckmann nahm Wilhelm Weiß als langjähriger Gefolgsmann Hitlers im Aufsichtsrat Platz. Nach der Verbüßung einer Haftstrafe wegen der Teilnahme an Hitlers Bürgerbräuputsch 1923 wurde Weiß im Januar 1927 Chef vom Dienst beim "Völkischen Beobachter", 1933 stellvertretender Chefredakteur und 1938 Hauptschriftleiter. Zudem hatte ihn Goebbels 1934 zum Leiter des Reichsverbandes der Deutschen Presse ernannt.[31] Als Vertreter des NS-Pressetrusts saß Rolf Rienhardt im Aufsichtsrat. Rienhardt war 1928 als Rechtsberater in den Eher-Verlag eingetreten und wurde 1933 persönlicher Stellvertreter des Reichsleiters für die Presse der NSDAP, Max Amann. Rienhardt war in dieser Stellung die treibende Kraft beim Ausbau des NS-Pressewesens.[32] Auch dem Presse-

---

S. 301.

28 Vgl. BA: NL Leverkuehn. 31. Schreiben der Interessengemeinschaft Deutsches Nachrichtenbüro E. V. an das Bundeskanzleramt. Ohne Datum.

29 Vgl. Adolf Hitlers Schleichwege. Ohne Verf. In: Mainzer Allgemeine Zeitung. Ausgabe v. 9./10. Januar 1988. S. 25.

30 Vgl. BA: R 55. 765. Bl. 19.

31 Vgl. Hale a. a. O. S. 43f. und vgl. Ernest K. Bramsted: Goebbels und die nationalsozialistische Propaganda 1925-1945. Frankfurt am Main 1971. S. 137.

32 Vgl. Hale a. a. O. S. 131 und vgl. Bramsted a. a. O. S. 172.

imperium Hugenbergs wurde mit einem Sitz im Aufsichtsrat Rechnung getragen. Die Stelle erhielt Ludwig Klitzsch, ein enger Freund Hugenbergs und Generaldirektor der Scherl GmbH.[33] Ferner gehörten dem Gremium Max Winkler (bis 1940) und der Bankier Paul Hamel an, über dessen Bank "Sponholz und Co. KG" dem DNB Gelder des Propagandaministeriums zuflossen.[34] Nach dem Ableben Bruckmanns wurde der Staatsrat Ernst Böpple zum Vorsitzenden des Aufsichtsrates berufen.[35]

Die Besetzung des Vorstandes und Aufsichtsrates des DNB im Überblick:

Vorstand:

1933-1939:	Otto Mejer (Vorsitzender) Gustav Albrecht (Stellvertreter) Maximilian Frhr. Besserer v. Thalfingen Erwin Reetz
1939-1940:	Gustav Albrecht (Vorsitzender) M. Besserer v. Thalfingen Hans Bollmann
1940-1945:	Gustav Albrecht (Vorsitzender) Hans Bollmann

Aufsichtsrat:

Vorsitzender:	Hugo Bruckmann (1933-1941) Staatsrat Böpple (1941-1945)
Mitglieder:	Wilhelm Weiß Rolf Rienhardt

33 Vgl. Koszyk a. a. O. S. 226.

34 Vgl. BA: R 55. 765. Bl. 10.

35 Vgl. ebd. Bl. 19.

Ludwig Klitzsch
Paul Hamel
Max Winkler (bis 1940)
Otto Mejer (ab 1939)

Nicht übersehen werden darf, daß die Gremien des staatlich kontrollierten DNB niemals so zur Entfaltung gelangten, wie dies bei vergleichbaren privaten Unternehmen der Fall ist. Tatsächlich wurden viele Entscheidungen über Vorstand und Aufsichtsrat hinweg vom Propagandaministerium gefällt, was den Mitgliedern der Gremien zuweilen das Gefühl vermittelte, "eine reine Null zu sein".[36]

2. Die Stellung des DNB im Staat

In der Staatsidee der Nationalsozialisten war Meinungsvielfalt nicht vorgesehen. Die Regierung erhob den Anspruch zu entscheiden, was die Bevölkerung zu erfahren hatte und wie sie es zu erfahren hatte. Daraus ergab sich für das deutsche Nachrichtenwesen die Notwendigkeit einer monopolistischen Zentralisation. Im Wissen um die Bedeutung der Nachrichtenauswahl und -fassung mußte diese Tätigkeit unter die Kontrolle des Staats gestellt werden. So konnte die meinungsbildende Funktion, die jede Nachricht in sich trägt, zur innenpolitischen Stabilisierung des Systems genutzt werden. Regierungsunabhängige Nachrichtenagenturen in demokratisch regierten Ländern übermitteln die Informationen nach deren Auswahl und Formulierung direkt an die Presse. Diese Regel galt weitestgehend nicht für das staatseigene DNB im Dritten Reich, dessen Nachrichtenübermittlungswege aufgrund regierungspolitischer Interessen umgeleitet wurden.

Die Umleitung des Nachrichtenflusses erfolgte durch die staatliche Einflußnahme auf institutioneller und inhaltlicher Ebene. Die institutionelle Ebene umfaßte die Überwachung und Kontrolle des DNB durch gesetzgeberische Maßnahmen wie das Reichskulturkammergesetz vom 22. September 1933 und das am 4. Oktober 1933 erlassene Schriftleitergesetz. Diese Gesetze legten allen

36 BA: Kl. Erw. 302-1. Bl. 61. Schreiben Hugo Bruckmanns an Max Winkler vom 26. Januar 1935.

Journalisten - auch den Mitarbeitern des DNB - die Wahrung der nationalen Interessen als oberstes Gebot auf. Zwangsläufig erhielt damit auch der Nachrichtenwert einer Information eine neue Definition, so daß von da an Meldungen, die den regierungspolitischen Interessen widersprachen, nicht mehr an die Presse gelangen durften. Die inhaltliche Einflußnahme auf das DNB erfolgte durch das Reichsministerium für Volksaufklärung und Propaganda und dessen Unterabteilung IV, die Pressestelle der Reichsregierung, der das DNB direkt unterstellt war.[37] Diese Institutionen entschieden größtenteils darüber, ob, wann und wie eine Meldung mit politischer Brisanz von der Agentur zu verbreiten war. Institutioneller und inhaltlicher Zwang drängten das DNB in eine Doppelrolle: Bewirkte ersterer eine aktive Beeinflussung des Pressewesens durch staatskonforme Nachrichtengestaltung, unterlag das DNB durch den zweiten selbst direkt der Steuerung durch den Staat.[38]

Oberste Kontrollinstanz des DNB war der Minister des am 13. März 1933 gegründeten Reichsministeriums für Volksaufklärung und Propaganda (RMVP), Joseph Goebbels. Im Gesetz über die Aufgaben des RMVP vom 30. Juni 1933 wurde dem Ministerium unter anderem die Ausrichtung der deutschen Presse aufgetragen.[39] Das Ziel dieser Ausrichtung gedachte man inhaltlich durch eine positive Nachrichtenpolitik zu erreichen, die Kurt Koszyk folgendermaßen definiert: "Die positive Nachrichtenpolitik beruht auf gelenkter Information. Der Apparat des Reichspropagandaministeriums diente in erster Linie diesem Ziel der Lenkung".[40] Zur Presselenkung benutzte Goebbels einerseits das DNB als direkten Weg, andererseits formulierte er aus dem täglich bei ihm eingehenden Material der deutschen Agenturen - neben dem DNB hauptsächlich die Transocean und Europapress - einen Teil der "Presseanweisungen".

Als der weniger sichere Weg erwies sich dabei das DNB. Da eine nochmalige und vollständige Durchsicht des politischen Nachrichtenmaterials aus arbeitstechnischen Gründen nicht möglich war, beschränkte man sich seitens der zuständigen ministeriellen Stellen auf die Kontrolle und Formulierung des Nach-

---

37 Vgl. Hans Bohrmann (Hrsg.): NS-Presseanweisungen der Vorkriegszeit. Bd. 1: 1933. München / New York / London / Paris 1984. S. 23f.

38 Vgl. Karl-Dietrich Abel: Presselenkung im NS-Staat. Berlin 1968. S. 55.

39 Vgl. Jürgen Hagemann: Die Presselenkung im Dritten Reich. Bonn 1970. S. 25.

40 Kurt Koszyk: Deutsche Presse 1914-1945. S. 370.

richtenstoffes mit großer politischer Brisanz. Welche Meldung aber als solche anzusehen war, blieb eine "von Fall zu Fall-Entscheidung" der Redakteure des DNB. Das als politisch unbedenklich angesehene Material konnte durchaus in Eigenverantwortlichkeit im allgemeinen "Politischen Nachrichtendienst", auch "Grüne Ausgabe" genannt, direkt an die Presse ausgeliefert werden.[41] Insofern war die Nachrichtengebung des DNB bis zu einem gewissen Grad nur durch die gesetzgeberischen Lenkungsmaßnahmen des NS-Staates reglementiert. Die Einflußnahme auf der inhaltlichen Ebene diente vor allem dazu, dem Ministerium selbst Arbeit abzunehmen.

Um das fehlerlose Arbeiten im Sinne der Presselenkung zu sichern, griff Goebbels mehrfach in die Personalpolitik des DNB ein. Bei der Stellenbesetzung oblag dem Minister die letzte Entscheidungsgewalt. Dies hatte zur Konsequenz, daß neue Redakteure, die das DNB nach rein fachlicher Qualifikation ausgewählt und dem Minister vorgeschlagen hatte, von ihm abgelehnt wurden. An deren Stelle wurden dann von Goebbels Journalisten eingesetzt, von denen er wußte, daß sie der Partei nahestanden.[42] Schließlich erging Ende des Jahres 1936 eine Entscheidung des Ministers, nach der das DNB zum 1. Januar 1937 drei Ministerialbeamte einzustellen hatte. Ihnen wurde der Auftrag erteilt, den politischen Dienst des DNB vor dessen Ausgabe "nach bestimmten Gesichtspunkten hin" zu überarbeiten.[43]

---

41 Vgl. BA: NL Leverkuehn. 31. Schreiben der Interessengemeinschaft Deutsches Nachrichtenbüro E. V. an das Bundeskanzleramt, ohne Datum. Vgl. auch Heinz Lorenz: Such is life. In: Inke Brodersen / Klaus Human / Susanne v. Paczensky (Hrsg.): 1933. Wie die Deutschen Hitler zur Macht verhalfen. Reinbek 1983. S. 235. Im Gegensatz dazu schreibt K.-D. Abel: "Die Freigabe des Nachrichtenmaterials durch die Agenturen für die deutsche Presse ... erfolgte ausschließlich durch die Presseabteilung im Propagandaministerium als Organ des 'Pressechefs der Reichsregierung'" (a. a. O. S. 55). Die oben genannten Quellen widersprechen dieser Auffassung. Zudem kann Abels Darstellung nicht zur Erklärung dienen, daß das DNB während der täglichen Pressekonferenzen häufig "scharf verwarnt" wurde und ihm "mehrfach erhebliche Verstöße" bei der Berichterstattung angelastet wurden.- Vgl. Jürgen Hagemann a. a. O. und darin: Anweisungen an die Presse. S. 63-118. Vgl. auch Hans Bohrmann (Hrsg.): NS-Presseanweisungen der Vorkriegszeit. Bd. 3/1: 1935. München / London / New York / Oxford / Paris 1987. S. 28. Wäre das gesamte DNB-Material in der Tat ausschließlich von der Presseabteilung freigegeben worden, hätte diese sich letztlich selbst rügen müssen, nicht aber die Agentur.

42 Vgl. BA: NL Leverkuehn. 31. Schreiben der Interessengemeinschaft Deutsches Nachrichtenbüro E. V. an das Bundeskanzleramt. Ohne Datum.

43 Vgl. BA: R 55. 827. Bl. 81.

Der zweite Weg der Goebbelsschen Einflußnahme auf die Nachrichtengebung lag in den von ihm verfaßten Presseanweisungen. Dazu erhielt er an jedem Morgen ca. 50 Seiten Nachrichtenmaterial, das ihm sein persönlicher Pressereferent vornehmlich aus Meldungen des DNB, der Transocean und der Europapress zusammengestellt hatte. Nach der Lektüre dieses Nachrichten-Konzentrats eröffnete Goebbels die tägliche Ministerkonferenz.[44] Diese fand seit Juli 1933 im Propagandaministerium statt. An ihr nahmen die Abteilungsleiter des Ministeriums, Verbindungsleute zu den oberen Reichsbehörden und gelegentlich Sonderberater teil. Auf den Konferenzen wurden die Tagesereignisse und Nachrichten besprochen, die Goebbels dann in einem abschließenden Votum zusammenfaßte, das der darauffolgenden Pressekonferenz der Reichsregierung als Richtschnur zur Nachrichtengebung diente.[45] Ab 1944 waren bei den Ministerkonferenzen auch Vertreter der Nachrichtenagenturen anwesend. Goebbels wollte damit zum einen seinen Einfluß auf die Nachrichtengestaltung noch weiter ausbauen, zum anderen gedachte er, so seine Position im ministeriumsinternen Machtkampf gegen den Reichspressechef Otto Dietrich zu stärken. Dietrich war der direkte Verbindungsmann zu Hitler und als Reichspressechef auch Leiter der Presseabteilung der Reichsregierung. Durch diese Funktionen nahm er auf die Presselenkung und die Pressekonferenzen einen ebenso maßgeblichen Einfluß wie Goebbels.[46]

Im Juli 1933 wurde die bereits in der Weimarer Republik übliche Pressekonferenz der Reichsregierung direkt dem Propagandaministerium eingegliedert. Formell unterstand sie der Presseabteilung der Reichsregierung, deren Aufgabe es war, der Presse "die Ausrichtung zu geben, die sie zu einem wirksamen Instrument in den Händen der Staatsführung macht".[47] Sie war die Abteilung IV des Propagandaministeriums. An der Spitze der Abteilung stand der Pressechef der Reichsregierung. Von 1933 bis 1937 bekleidete Walter Funk dieses Amt, danach bis 1945 Dr. Otto Dietrich. Funk und später Dietrich fungierten in ihrer

---

44 Vgl. Karl-Dietrich Abel a. a. O. S. 39f.

45 Vgl. Heinz Odermann: Die vertraulichen Presseanweisungen aus den Konferenzen des Nazi-Propagandaministerums. In: Zeitschrift für Geschichtswissenschaft 13 (1965) S. 1365-1377. Hier S. 1366. Vgl. auch Ernest K. Bramsted a. a. O. S. 168.

46 Vgl. Abel a. a. O. S. 56 und Bramsted a. a. O. S. 168.

47 Georg Wilhelm Müller: Das Reichsministerium für Volksaufklärung und Propaganda. Berlin 1940. S. 16.

Position als die Schaltzentralen für die Presselenkung. Dem Reichspressechef oder dessen Vertreter oblag die Leitung der täglich stattfindenden Pressekonferenz. Zugelassen zu diesen Pressekonferenzen war nur eine begrenzte Anzahl von Journalisten und die Vertreter der Nachrichtenagenturen, die für ihre Redaktionen mitschrieben, welche Nachrichten die Regierung verbreitet zu sehen wünschte und welche nicht. Dieser Lenkungsmaßnahme wurden die Bezeichnungen "Sprachregelungen" oder "Bestellungen", auch "Anweisungen" oder "Tagesparole" gegeben.[48] Neben den Presseanweisungen erfolgte auf den Konferenzen eine weitere Form der Nachrichtengebung, die als "Sonderinformationen" oder "Vertrauliche Informationen" bezeichnet wurden. Sie sollten den Journalisten ein verständnisvolleres Kommentieren von Tagesmeldungen im Regierungssinn ermöglichen. Die auf den Pressekonferenzen ausgegebenen Informationen wurden in drei verschiedene Formen untergliedert:

- Nachrichten zur direkten wörtlichen Verwendung
- Mitteilungen zur indirekten Verwendung von Kommentaren und
- Informationen für die Schriftleitungen mit streng vertraulichem Charakter, deren Veröffentlichung unter Androhung schwerer Strafen verboten war.[49]

Diese drei Formen von Mitteilungen konnten auf drei verschiedenen Wegen an die Schriftleitungen der Zeitungen gelangen. Entweder stammten sie von mitschreibenden Journalisten oder das Propagandaministerium besorgte selbst die Zustellung über die Reichspropagandaämter in den Gauen oder aber sie wurden durch das DNB verschickt.[50] Presseinstruktionen, deren Notwendigkeit sich erst nach Abschluß der Konferenzen ergab, wurden als "Sonderanweisungen" exklusiv vom DNB verbreitet.[51] Sie konnten sowohl von der Presseabteilung, also im Auftrag von Dietrich, als auch von Goebbels erteilt werden.

Über die Leitung der Pressekonferenzen hinaus erlangte die Presseabteilung ihren enormen Einfluß auf die Nachrichtengebung dadurch, daß sie als unmittelbares Kontrollorgan des DNB fungierte. Alle Meldungen, die das DNB nicht in

---

48 Nach Schätzungen belief sich die Gesamtzahl der Presseanweisungen im Dritten Reich auf 80.000 bis 100.000, davon waren mehr als 25 Prozent Schweigegebote (vgl. Gabriele Toepser-Ziegert: Einführung. In: Hans Bohrmann (Hrsg.): NS-Presseanweisungen aus der Vorkriegszeit. Bd. 1. S. 24. Und vgl. Walter Hagemann: Publizistik im Dritten Reich. Hamburg 1948. S. 167.

49 Vgl. Walter Hagemann a. a. O. S. 316.

50 Vgl. Müller a. a. O. S. 17 und Jürgen Hagemann a. a. O. S. 38.

51 Vgl. Walter Hagemann a. a. O. S. 318.

eigener Verantwortung verbreiten wollte, wurden der Presseabteilung übergeben. Nach der Bearbeitung des Materials ging es dann entweder direkt an das DNB zurück und war dann für die Presse freigegeben oder es wurde für die Pressekonferenzen bzw. als Informationsmaterial für Partei- und Regierungsstellen verwendet. Für die Kontrolle des für die deutsche Presse bestimmten Nachrichtenstoffes war die Abteilung "Deutsche Presse" der Presseabteilung verantwortlich. Diese Abteilung war in 13 Referate untergliedert. Das Referat 2 trug die Verantwortung für die politische Zensur und die Überwachung der Korrespondenzen und Nachrichtenagenturen. Referat 7 hatte die Aufgabe, Empfängerlisten für jenes Nachrichtenmaterial zusammenzustellen, das zur Information von Partei- und Regierungskreisen verwendet wurde.[52]

Die verschiedenen Wege der Nachrichtengebung und die Verschiedenartigkeit der vom DNB ausgegebenen Meldungen verdeutlicht Schaubild 1.

Auch bezüglich der Beaufsichtigung des DNB und der Handhabung seines Nachrichtenmaterials trifft Karl-Dietrich Abels Analyse des "kalkulierten Chaos in der Presselenkung im NS-Staat" zu.[53] Neben der begrenzten Entscheidungsbefugnis des DNB selbst übten Goebbels und Dietrich gleichzeitig Einfluß auf die Nachrichtengebung der Agentur aus. Darüber hinaus versuchte auch das Auswärtige Amt seinen Einfluß bei der Nachrichtengebung für das Ausland geltend zu machen. Mit Beginn des Zweiten Weltkrieges beanspruchte dann zudem auch das Oberkommando der Wehrmacht ein Mitspracherecht bei der den Krieg betreffenden Nachrichtengebung der Agentur. Diese "Multiplikation von Instanzen" gilt als von Hitler beabsichtigt, der darin ein Mittel sah, seine Schlüsselstellung als "Führer" zu stärken und zu festigen.[54] Alle Maßnahmen, die von verschiedenen Persönlichkeiten oder Regierungsstellen ergriffen wurden, um das DNB als Mittel zur Presselenkung zu nutzen, dürfen jedoch nicht die Tatsache in den Hintergrund drängen, daß das DNB in erster Linie ein Informationsorgan für Staat und Partei selbst war.

---

52 Vgl. Karl-Dietrich Abel a. a. O. S. 110f.

53 Vgl. ebd. S. 104.

54 Vgl. Hanna Arendt: Elemente und Ursprünge totaler Herrschaft. Frankfurt / Main 1955. S. 596.

Schaubild 1: Der Nachrichtenfluß des DNB-Materials

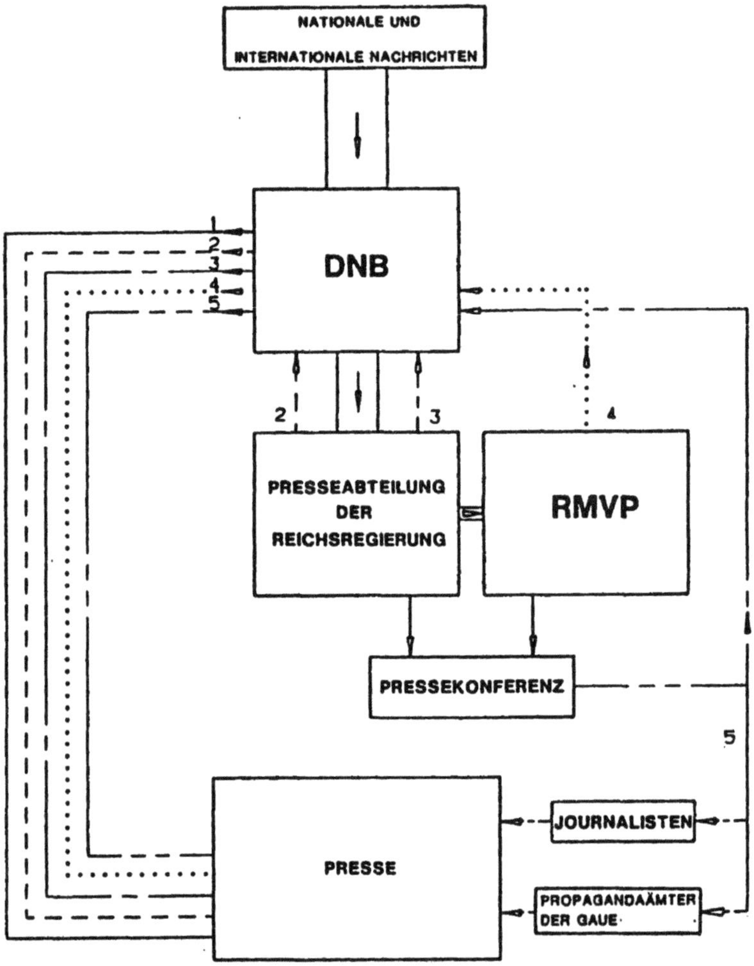

1: vom DNB in Eigenverantwortung verbreitete Nachrichten

2: von der Presseabteilung überarbeitetes Material (1 und 2 bildeten den allgemeinen "Politischen Nachrichtendienst" des DNB)

3: "Sonderanweisungen" der Presseabteilung

4: "Sonderanweisungen" von Goebbels

5: "Presseanweisungen" aus der Pressekonferenz

Welchen geringen Anteil des vom DNB zusammengestellten Nachrichtenmaterials die deutschen Zeitungen zu sehen bekamen, wurde vom Propagandaministerium selbst ermittelt. Zwischen 1934 und 1942 wurden jährlich Stichproben gezogen, bei denen die Anzahl aller vom DNB ausgewählten politischen Meldungen eines Tages gezählt wurden. Diese Summe verglich man mit der Anzahl der Meldungen, die im allgemeinen "Politischen Nachrichtendienst" der Agentur an die Presse übermittelt wurden. Aus den Erhebungen ergab sich, daß vor dem Krieg maximal 33 Prozent, während des Krieges nie mehr als 18 Prozent aller vom DNB ausgewählten Nachrichten mit politischem Inhalt an die Presse gelangten. Umgekehrt formuliert dienten bis 1939 also mindestens 67 Prozent, danach sogar 82 Prozent oder mehr aller politischen Meldungen ausschließlich dem Informationsbedürfnis von Regierung und Partei.[55]

Trotz dieser Informationsbeschränkung konnte es sich keine deutsche Zeitung leisten, auf die Dienste des DNB zu verzichten. Das lag vor allem daran, daß keine andere Agentur im Dritten Reich eine alle Lebensbereiche umfassende Nachrichtenlieferung anbot. Zudem fiel noch ins Gewicht, daß die Mehrzahl der Zeitungen in Ermangelung eigener Korrespondenten bei der Auslandsberichterstattung auf das DNB angewiesen war. Mit Sicherheit galt dies für alle Blätter mit einer Auflage von weniger als 10.000 Exemplaren, also für rund 84 Prozent der deutschen Tagespresse im Jahr 1934.[56] Praktisch von Beginn an zählten daher alle deutschen Zeitungen zu den unmittelbaren oder mittelbaren Abnehmern der DNB-Dienste. Unter unmittelbaren Kunden verstand man solche, die den allgemeinen "Politischen Nachrichtendienst" oder einen politischen Landesdienst abonniert hatten, als mittelbare Abnehmer galten solche, die mit Materndiensten bedient wurden. Von den Anfang 1935 bestehenden rund 2.800 deutschen Zeitungen zählten 1.700 zu den unmittelbaren und rund 1.300 zu den mittelbaren Abnehmern. Einige Blätter gehörten beiden Gruppen an.[57] Welche Verbreitung der allgemeine "Politische Nachrichtendienst" des DNB fand, wurde vom Propagandaministerium mittels des Verhältnisses der Gesamtauflagen aller Zeitungen zu der Auflagenziffer der Agenturkunden erhoben.

---

55 Vgl. BA: R 55. 685. Bl. 54f. Denkschrift über Finanzierung der öffentlichen Leistungen des DNB.

56 Vgl. Willi Weber: Die kommentierte Auslandsnachricht - eine Notwendigkeit für die Provinzpresse. In: Deutsche Presse 24 (1934) Nr. 25 S. 4.

57 Vgl. Nachricht und Nachrichtenwesen. O. Verf. In: Deutsche Presse 25 (1935) Nr. 43 S. 527. Vgl. auch Emil Dovifat: Zeitungslehre I. S. 77.

Tabelle 1: Die Verbreitung des allgemeinen "Politischen Nachrichtendienstes" des DNB (in 1.000 Stück).[58]

Jahr	Druckauflage aller Zeitungen pro Tag	davon Bezieher des allgemeinen "Politischen Nachrichtendienstes"
1935	16.368	14.618
1937	16.444	14.720

Der Anteil der Druckauflage von Zeitungen, deren Verlage unmittelbare Abnehmer dieses DNB-Dienstes waren, betrug damit in beiden Jahren rund 89 Prozent.

Das DNB-Material wurde von den Zeitungen in der Regel wörtlich übernommen; dies geschah während des Krieges häufiger als vorher.[59] Die Schriftleitungen entzogen sich so der Gefahr, den Unmut des Propagandaministeriums über ihre Berichterstattung auf sich zu ziehen. Die "Frankfurter Zeitung" (FZ) war das einzige Presseorgan im Dritten Reich, das DNB-Meldungen durchgängig als solche kennzeichnete. Alle anderen Zeitungen verzichteten teilweise oder gänzlich auf eine Herkunftsbezeichnung für ihre Nachrichten.[60] Eine Studie über die Nachrichtengebung im Dritten Reich geht davon aus, daß rund 50 Prozent aller Nachrichten in den deutschen Zeitungen vom DNB stammten.[61]

---

58 BA: R 55. 827. Bl. 76.

59 Vgl. Gabriele Toepser-Ziegert in: Hans Bohrmann (Hrsg.) Bd. 1 a. a. O. S 117. Und vgl. Das Handwerkszeug des Schriftleiters. O. Verf. In: Zeitungs-Verlag 42 (1941) Nr. 5 S. 47.

60 Vgl. Gabriele Toepser-Ziegert in: Hans Bohrmann (Hrsg.) Bd. 1 a. a. O. S. 122.

61 Vgl. Michael Balfour: Propaganda in War 1939-1945. London / Boston / Henley 1979. S. 24. Die nicht näher belegte Angabe Balfours wurde vom Verfasser anhand der FZ-Ausgaben eines beliebig ausgewählten Monats, des Mai 1934, überprüft. Ausgezählt wurde das Verhältnis der Gesamtzahl aller Meldungen auf den Seiten "Politik" (S. 1 und 2) zu dem Anteil der DNB-Meldungen. In dem betreffenden Monat gab die FZ 53 Ausgaben heraus; an den meisten Tagen erschienen ein erstes und ein zweites Morgenblatt. Die Gesamtzahl der politischen Meldungen darin belief sich auf 824, davon waren 310 als DNB-Meldungen gekennzeichnet (vgl. Frankfurter Zeitung, 78. Jg. Nr. 218-271 vom 1.-31. Mai 1934, S. 1 und 2). Dies ergibt einen Anteil von DNB-Meldungen von rund 38 Prozent. Die obigen Zahlen sind jedoch nur mit großen Vorbehalten zu interpretieren.

Die Weitergabe von brisanten politischen Meldungen an die Presse war dem DNB untersagt. Wenn der deutsche Zeitungsleser solche Meldungen überhaupt zu Gesicht bekam, dann waren sie zuvor im Propagandaministerium in die entsprechende Form gebracht worden. Die in Eigenverantwortung des DNB veröffentlichten Nachrichten wurden zusammen mit den von der Presseabteilung "redigierten" Informationen im allgemeinen "Politischen Nachrichtendienst" der Presse übergeben. Dieser Nachrichtendienst wurde auch als "Grüner Dienst" bezeichnet, da die Nachrichten auf grünem Papier gedruckt waren. Durch die Färbung des Papiers wurde der Charakter der DNB-Meldungen schon rein äußerlich gekennzeichnet. Grünes Papier signalisierte den Schriftleitungen, daß dieses Nachrichtenmaterial zur wörtlichen Veröffentlichung geeignet war. Zum allgemeinpolitischen DNB-Dienst zählten ferner Meldungen, die die Presseabteilung auf gelbes Papier drucken ließ. Diese Meldungen durften dann sinngemäß, aber nicht wörtlich verwendet werden.[62]

Das Gros der Meldungen wurde jedoch weder auf grünes noch auf gelbes Papier gedruckt. Mit Ausnahme solcher Informationen, deren Publikation im weiteren als Presseanweisung erzwungen wurde, blieben sie damit der Öffentlichkeit vorenthalten. Das nicht zur Veröffentlichung bestimmte Nachrichtenmaterial wurde von der Presseabteilung in weitere verschiedene Nachrichtendienste unterteilt. Das Kriterium, nach dem eine Nachricht einem bestimmten Dienst zugeordnet wurde, war die Brisanz einer Meldung. Je weniger der Inhalt einer Meldung mit den Ansichten der Regierung übereinstimmte, desto mehr Brisanz wurde ihr beigemessen und desto vertraulicher wurde sie behandelt. Der Grad der Vertraulichkeit korrespondierte mit der Anzahl der Personen, denen

---

Trotzdem könnte sich die Balfoursche Aussage durchaus als realistisch erweisen. In Betracht gezogen werden muß, daß die FZ nicht nur über ein umfangreiches eigenes Korrespondentennetz im In- und Ausland verfügte, sondern im Mai 1934 auch Kunde der Agenturen United Press (UP) und Europapress (EP) sowie mehrerer kleiner nationaler Agenturen war. (Nicht behandelt ist die Agentur-Nutzung bei Günther Gillessen: Auf verlorenem Posten. Die Frankfurter Zeitung im Dritten Reich. Berlin 1986.) Da sich kleinere Zeitungen diesen Luxus mit Sicherheit nicht leisten konnten, dürfte deren Anteil an DNB-Meldungen höher gewesen sein. Bei den Beziehern der DNB-Materndienste muß sogar davon ausgegangen werden, daß die Meldungen in diesen Zeitungen alle vom DNB stammten.

62 Vgl. Willi Boelcke: Presseabteilungen und Pressearchive des Auswärtigen Amtes 1871-1945. In: Archivmitteilungen 9 (1959) S. 43-48. Hier S. 47.

eine Nachricht zugeleitet wurde; der Kreis der Empfänger war umso kleiner, je höher der politische Zündstoff einer Nachricht eingeschätzt wurde.

Neben Nachrichten auf grünem und gelbem Papier gab es für die Schriftleiter noch rosa gefärbte Mitteilungen. Mit diesem Dienst erhielten die Journalisten Hintergrundinformationen speziell für die Kommentierung von Nachrichten mit innenpolitischem Inhalt. Der Dienst trug am Kopf jedes Blattes die Kennzeichnung "Nicht zur Veröffentlichung".[63] Nachrichten der nächst höhergelegenen Vertraulichkeitsstufe waren bis 1936 im "Blauen Dienst" zusammengefaßt. Seine Adressaten waren Hauptschriftleiter, Gauleitungen und die Reichspropagandaämter. Das blaue Material enthielt u. a. Meldungen der Auslandskorrespondenten und Radioabhördienste. Es trug die Überschrift "Eigentum des Deutschen Nachrichtenbüros - Rohmaterial - Nur zur streng persönlichen Kenntnisnahme des Empfängers (Ohne redaktionelle Verantwortung)".[64] Der Kreis der Empfänger dieses Dienstes erschien dem Propagandaministerium schon bald dem Grad der Vertraulichkeit, der diesen Meldungen beigemessen wurde, nicht mehr angemessen. In einem Schreiben des Ministeriums vom März 1936 hieß es: "Das DNB läßt von seinen Korrespondenten aus dem Ausland eingehendes Nachrichten-Rohmaterial zu Informationszwecken den direkt mit der Außenpolitik befaßten und beauftragten Stellen auf blauem Papier zugehen. Dieser sogenannte 'Blaue Dienst' ist lediglich als Arbeitsexemplar für die genannten Stellen gedacht. Er ist streng vertraulich, stellt keinen allgemeinen Informationsdienst dar und darf an niemand weitergereicht werden. Es hat sich in den letzten Monaten gezeigt, daß der Kreis der Bezieher des 'Blauen Dienstes' auf Persönlichkeiten ausgedehnt worden ist, die mit der Außenpolitik nicht befaßt sind. Aus diesen Gründen und zur Vermeidung der sich aus einer solchen lückenhaften Information ergebenden Gefahr einer falschen Meinungsbildung sehe ich mich auf ausdrücklichen Befehl des Führers veranlaßt, den Kreis der Bezieher des "Blauen Dienstes" auf einige wenige mit der Außenpolitik befaßten Regierungsstellen einschränken zu lassen."[65]

---

63 Vgl. BA: ZSg 116 (Pressedienst-Sammlung Deutsches Nachrichtenbüro). Nr. 1698-1702. In diesen Akten der Pressedienst-Sammlung des DNB sind Auszüge des gelben und rosa Nachrichtenmaterials zusammengetragen.

64 Vgl. Fritz Sänger: Politik der Täuschungen. Wien 1975. S. 339f.

65 BA: R 2. 4954. Bl. 69f. Vgl. auch Boelcke: Presseabteilungen und Pressearchive a. a. O. S. 48 und ders.: Kriegspropaganda 1939-1945 a. a. O. S. 272. Nur diese Quellen erwähnen die Funktion, die

In der Folge wurde daraufhin ein Teil der Meldungen aus dem "Blauen Dienst" herausgenommen und in einem neuen, sogenannten "Roten Dienst" zusammengestellt. Ab 1936 übernahm das rote Material die bisherige Funktion des "Blauen Dienstes" und ging fortan mit derselben Kennzeichnung, wie es bis dahin das blaue Material hatte, an die früheren Bezieher von "DNB-Blau".[66] Nachrichten der höchsten Vertraulichkeitsstufe waren im "Weißen Dienst" des DNB zusammengefaßt. Diese Meldungen waren durchweg ausländischen Medien entnommen und griffen die deutsche Regierungspolitik in scharfer Weise an. Der Dienst war noch einmal untergliedert in die Sonderklassen A, B und C. Klasse A war für Reichsleiter und Minister bestimmt, Klasse B nur für Minister und deren engste Mitarbeiter und Klasse C ging an einen Kreis von fünf bis sieben Personen, die namentlich genannt wurden. Der Empfang von "DNB-Weiß" mußte handschriftlich quittiert werden.[67]

Die obigen Ausführungen beschreiben zweierlei hierarchische Systeme, für deren optische Darstellung die Pyramidenform geeignet ist. Die eine Hierarchie erwuchs aus der Tatsache, daß es im Dritten Reich verschiedene DNB-Nachrichtendienste gab, die aufeinander aufbauten. Der unterste Nachrichtendienst enthielt niemals Meldungen, die im nächsthöheren enthalten waren; dagegen konnte ein höhergestellter Dienst durchaus das Wissen aus dem ihm untergeordneten Nachrichtenmaterial voraussetzen oder beinhalten. Die zweite Hierarchie ergab sich aus der ersten. Die verschiedenen Nachrichtendienste waren für die Versorgung unterschiedlich großer Personenkreise konzipiert. Eine zur untersten Gruppe zählende Person (der Zeitungsleser) konnte nur die Meldungen des untersten Nachrichtendienstes (die grüne Ausgabe) erreichen; dem nächst höher stehenden, kleineren Personenkreis war der nächst höhere, gleichzeitig aber auch der darunter liegende Nachrichtendienst zugänglich. Dies setzte sich fort bis zum

---

das "Blaue Material" ab 1936 erfüllte. Daß "DNB-Blau" im Jahr 1936 einen Funktionswandel erfuhr, wird in der übrigen Literatur übersehen. Entweder wird das blaue Material als durchgängiger Dienst zum Zweck der fundierten Auslandsberichterstattung der Presse charakterisiert (vgl. Koszyk: Deutsche Presse 1914-1945 a. a. O. S. 406 und Walter Hagemann a. a. O. S. 319) oder die Aufgaben des roten und blauen Materials werden verwechselt, so daß "DNB-Rot" als vertraulicher eingestuft wird als das blaue Material (vgl. Abel a. a. O. S. 57).

66 Vgl. BA: R 2. 4954. Bl. 72.

67 Vgl. BA: ZSg 116. Nr. 1-5. In dieser Pressedienst-Sammlung des DNB sind Auszüge des weißen Materials zusammengefaßt. Vgl. auch Curt Riess. Joseph Goebbels. Baden-Baden 1950. S. 342.

weißen DNB-Material, das nur sehr wenigen Personen zugänglich war. Nur diesem kleinen Personenkreis war es also möglich, von sämtlichen Vorgängen eines Tages zu erfahren. Andererseits verfügte die größte Gruppe, die Zeitungsleser, über die geringste Menge an Nachrichtenmaterial.

Schaubild 2: Die Informationspyramiden im NS-System.

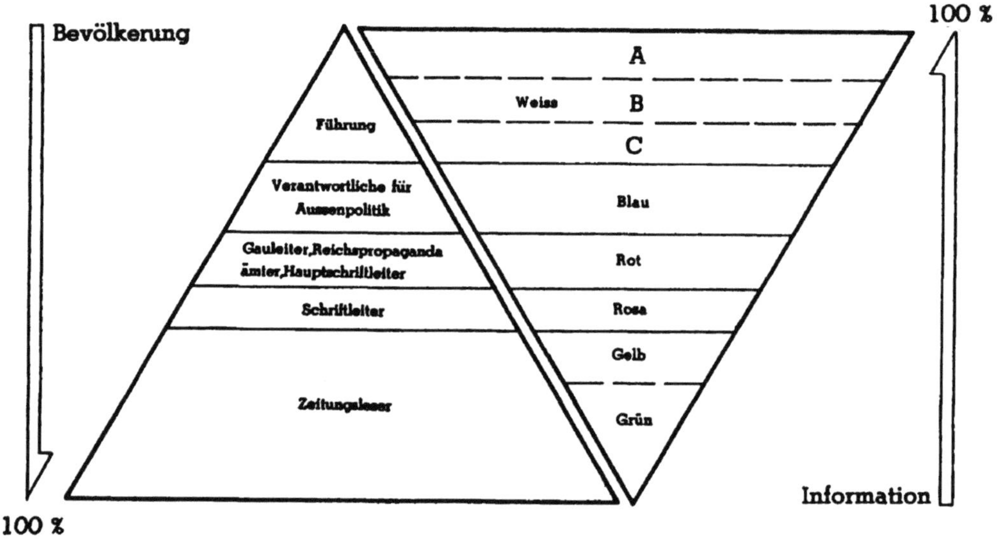

Über die inhaltiche Lenkung durch das Propagandaministerium hinaus war das DNB auch rechtlich und wirtschaftlich in den Staatsapparat eingebunden. Zur Tarnung der Besitzverhältnisse und zur Wirtschaftsprüfung der Agentur bediente man sich verschiedener Unternehmen, die wie das DNB nach außen als privatwirtschaftlich organisiert auftraten, sich jedoch allesamt in Staatsbesitz befanden. Von 1933 bis 1942 befand sich die Agentur formal im Besitz der "Cautio Treuhandgesellschaft mbH", einer reichseigenen Gesellschaft, die nach der nationalsozialistischen Machtübernahme direkt dem Propagandaministerium unterstellt wurde. Im Dezember 1933 übernahm Max Winkler die Geschäftsführung und treuhänderisch sämtliche Gesellschaftsanteile des Unternehmens. Von

1933 bis 1939 war die Cautio außerdem mit der jährlichen Wirtschaftsprüfung des DNB beauftragt.[68] Ab November 1939 war die Firma "Neue Revisions- und Treuhandgesellschaft" mit dieser Aufgabe betraut.[69]

Gegen Ende der dreißiger Jahre stieg der Geldbedarf des Propagandaministeriums für dessen Medienpolitik drastisch an. Die Gelder erhielt Goebbels vom Reichsfinanzministerium und durch die Rundfunkgebühr. Als Gegenleistung für die steigenden Ausgaben forderte der Finanzminister eine unmittelbare wirtschaftliche Kontrollbefugnis über die von ihm finanziell besonders stark unterstützten Unternehmen, zu denen auch das DNB zählte. Zu diesem Zweck entstand am 30. Dezember 1937 aus der Umwandlung der "Ostsee Handels- und Finanzgesellschaft mbH" die "Neue Revisions- und Treuhandgesellschaft mbH" (NRT) mit Sitz in Berlin. Im Gegensatz zur Cautio war die NRT nicht dem Propaganda-, sondern dem Finanzministerium unterstellt. Ihr Aufgabengebiet beschränkte sich auf Wirtschaftsprüfungen.[70] Wiederum war das Reich alleiniger Inhaber der Gesellschaftsanteile.[71] Die NRT behielt die formale wirtschaftliche Aufsicht über das DNB bis zum Zusammenbruch des Dritten Reichs.

Es kann als weiteres Indiz für die Kompetenzstreitigkeiten und Machtkämpfe innerhalb des Staatsapparates gelten, daß das DNB im Juni 1942 von der Cautio in den Besitz der "Telos Verwaltungsgesellschaft mbH" überging. Die Gründung der Telos erfolgte auf Veranlassung von Reichspressechef Otto Dietrich. Dieser beabsichtigte damit einerseits, seine Machtposition gegenüber Goebbels zu stärken, andererseits sollten die drei größten deutschen Nachrichtenagenturen - neben dem DNB noch die Transocean und Europapress - in einer Dachgesellschaft zusammengefaßt und damit eine weitere Optimierung bei der Lenkung des Nachrichtenwesens erreicht werden. So wurde der Gegenstand des Unternehmens definiert als "der Betrieb aller Zweige des Nachrichtenwesens im In- und Ausland, Bildung und Führung von Interessengemeinschaften angeschlossener Unternehmungen und Errichtung neuer Unternehmen, die dem Gesellschaftszweck dienen."[72] Zum Geschäftsführer der staatseigenen Telos wurde der

---

68 Vgl. BA: R 2. 4963. Bl. 142f.

69 Vgl. BA: R 55. 278. Bl. 12.

70 Vgl. BA: R 2. 4955. Bl. 17.

71 Vgl. BA: R 55. 489. Bl. 20 und 167.

72 BA: R 55. 287. Bl. 15.

persönliche Referent des Reichspressechefs, Werner Stephan, bestellt.[73] Ebenfalls noch im Juni 1942 gingen Transocean und Europapress in den Besitz der Telos über. Sowohl das DNB als auch die beiden anderen Agenturen blieben bis Kriegsende im Besitz der Telos.[74]

3. Die Organisation des DNB

Der Zeitraum zwischen der Gründung des DNB und dem Beginn seiner nachrichtendienstlichen Tätigkeit betrug weniger als einen Monat. Das war deshalb möglich, weil das DNB auf das Personal und die Einrichtungen der Vorgänger WTB und TU zurückgreifen konnte. Dabei wurden die ehemaligen Besitztümer der fusionierten Agenturen in völlig unterschiedlicher Weise verwendet. Während das DNB innerhalb Deutschlands die alte WTB-Organisation komplett übernahm und die TU-Vertretungen schloß, verhielt es sich beim Auslandsdienst genau umgekehrt. Außerhalb der deutschen Grenzen bediente sich das DNB der TU-Zweigstellen und die des WTB wurden aufgelöst. Der Anlaß zu dieser Vorgehensweise war ein praktischer Grund: Das WTB verfügte im Inland, die TU im Ausland über ein größeres und besser organisiertes Nachrichten-Sammelnetz. Für die Übernahme der TU-Filialen im Ausland sprachen aber auch politische Erwägungen. Das WTB war als regierungsabhängiges Unternehmen bekannt. Mit der Bevorzugung des TU-Apparates sollte dem Ausland ein weiteres Mal ein von staatlichen Interessen unabhängiges Nachrichtenwesen vorgetäuscht werden.

Die DNB-Zentrale war im ehemaligen WTB-Hauptgebäude in Berlin SW 68, Charlottenburger Str. 15 b, d. h. mitten im Berliner Zeitungsviertel, untergebracht. Auch alle anderen früheren Zweigstellen des WTB innerhalb Deutschlands wurden ausnahmslos in die DNB-Organisation überführt.[75] 1933 existier-

---

73 Vgl. ebd. Bl. 14. Zur Stellung Stephans im Propagandaministerium vgl. Karl-Dietrich Abel a. a. O. S. 111

74 Vgl. BA: R 55. 287. Bl. 16ff.- Vgl. auch Cornelius Klee: Die Transocean GmbH, im vorliegenden Band S. 204ff.

75 Vgl. BA: R 2. 4954. Bl. 85f. Die Quelle gibt eine Auflistung der DNB-Zweigstellen im Inland nach dem Stand vom Januar 1935. Im Vergleich dazu: Handbuch der Deutschen Tagespresse 1932 a. a. O. S. 388f. (WTB-Zweigstellen in den Ländern). Die Adressen von 1932 und 1935 waren identisch. Die erstgenannte Quelle erwähnt außerdem die Schließung der WTB-Filialen im

ten davon 42. Bedingt durch die deutsche Expansionspolitik erhöhte sich die Anzahl der innerdeutschen Zweigstellen bis 1939 auf den endgültigen Stand von 45. Die drei neuen Vertretungen wurden in den Gebieten errichtet, die in der Zwischenzeit dem Deutschen Reich angeschlossen worden waren: Im Saarland, in Österreich und in Böhmen / Mähren.[76] Die Zweigstellen selbst unterhielten wiederum Untervertretungen, deren Anzahl von der Größe des jeweiligen Landes abhing. Mit Ausnahme der Nachrichten mit rein örtlicher Bedeutung, deren Verbreitung die Zweigstellen selbst besorgten, wurden alle Meldungen der Berliner Zentrale übermittelt.[77] Eine weitere Art, innerhalb Deutschlands Nachrichten zu sammeln, war das Abhören ausländischer Nachrichtensendungen im Radio. Zu diesem Zweck unterhielt das DNB in seiner Zentrale einen eigenen Abhördienst, der Rundfunksendungen des Auslands mitschrieb.[78] Auch viele andere Dienststellen in Staat und Partei gebrauchten vor dem Krieg diese Form der Nachrichtenbeschaffung. Auf Regierungsanordnung stellten DNB und alle anderen Stellen diesen Dienst Mitte des Jahres 1940 ein. Statt dessen war auf Betreiben des Auswärtigen Amtes der "Sonderdienst Seehaus" ins Leben gerufen worden, in dem der Radioabhördienst seither zentralisiert war.[79]

Nachrichtensichtung und -auswahl erledigte die DNB-Zentrale in ununterbrochenem Tag- und Nachtdienst. In einem nächsten Arbeitsschritt ordnete man die einzelnen Meldungen einem der verschiedenen Nachrichtendienste und Korrespondenzen zu, die die Agentur ihren Kunden anbot. Die Anzahl der offerierten Dienstleistungen konnte bis 1942 beständig erweitert werden, wobei sich die Angebotserweiterung in der Aufbauphase des Inlandsdienstes bis 1936 schneller vollzog als in den darauffolgenden Jahren.

Ausland.

76 Vgl. Landesdienst Österreich des DNB. O. Verf. In: Zeitungs-Verlag 39 (1938) S. 288. Und vgl. Landesdienst Böhmen-Mähren des DNB. O. Verf. In: Deutsche Presse 29 (1939) S. 310.

77 Vgl. Emil Dovifat: Zeitungslehre I. Erster Band. a. a. O. S. 75.

78 Vgl. BA: ZSg 116. 728. Aufzeichnungen des DNB-Abhördienstes aus den Jahren 1938/39.

79 Vgl. Reimund Schnabel: Mißbrauchte Mikrophone. Wien 1975. S. 225f.

Tabelle 2: Die Anzahl der vom DNB angebotenen Dienste.[80]

Jahr	1934	1936	1937	1942
Dienste	95	150	156	168

Die 168 Dienstleistungen des Jahres 1942 untergliederten sich inhaltlich in:
- 46 politische Dienste
- 35 wirtschaftliche Dienste
- 50 Sportdienste
- 17 Korrespondenzen
- 7 Bilderdienste
- 13 Materndienste.[81]

Ein weiteres Differenzierungsmerkmal für die 1942 herausgegebenen Dienste war die Größe des potentiellen Abnehmerkreises. Demnach konnten die Dienstleistungen des DNB in drei Gruppen unterteilt werden:
- Dienste mit dem gemeinsamen Merkmal, daß sie aus einem allgemeinen Bereich stammten und für ein allgemeines Publikum bestimmt waren. Dieser Gruppe wurden 28 Dienstleistungen zugerechnet.
- Dienste aus einem regionalen Bereich, die einen regionalen Abnehmerkreis ansprachen. Die Anzahl dieser Dienste belief sich auf 106.
- Fach- und Spezialkorrespondenzen, in denen Mitteilungen aus einem fachlichen Bereich zusammengefaßt waren, die einen fachlichen Abnehmerkreis ansprachen. Zu dieser Kategorie wurden acht Dienste gezählt.

[80] Quellen: 1934: BA: R 34. 415. Deutsches Nachrichtenbüro. Ein Werdegang. Ohne Blattzahl.
1936: Emil Dovifat: Zeitungslehre I. Band 1. S. 76f.
1937: BA: R 34. 415. Verzeichnis der DNB-Dienste nach dem Stand vom 1. Juli 1937.
1942: Institut für Zeitungswissenschaft an der Universität Berlin (Hrsg.): Handbuch der Deutschen Tagespresse. 7. Auflage. Leipzig. 1944. S. 338f.

[81] Vgl. Handbuch der Deutschen Tagespresse [7]1944 a. a. O. S. 388f.

Die übrigen 26 Dienste (Redaktions-Hilfsmaterial, Bilderdienste und Matern) konnten bezüglich des Abnehmerkreises nicht eindeutig zugeordnet werden.[82] In den Besitz der Materngesellschaften war das DNB durch die Fusion von TU und WTB gelangt. Mit der TU waren deren Materngesellschaften "Mecklenburgischer Materndienst", "Rheinisch-Westfälischer Materndienst" und "Westdeutsche Zeitungsmater" im DNB aufgegangen. Darüber hinaus hielt die TU Pachtverträge mit den nicht in ihrem Besitz befindlichen Unternehmen "Westdeutsche Maternkorrespondenz" und "Bayer-Mater". Diese Verträge übernahm das DNB unverändert.[83]

Der bedeutendste Dienst des DNB war der allgemeine "Politische Nachrichtendienst". Er bot den Presseorganen die umfassendste Zusammenstellung in- und ausländischer Nachrichten, die im Dritten Reich zu erhalten war. Im Rahmen dieses Dienstes gingen bis Ende 1943 durchschnittlich 25 000 Wörter pro Tag an die Kunden. Dies entsprach ungefähr 26 Spalten Petit-Kompreßsatz des Zeitungsformates 48 x 32 cm.[84] Im Gegensatz zum allgemeinpolitischen Dienst enthielten die politischen Landesdienste mehr regionalpolitische Meldungen. Der Umfang der Landesdienste betrug zwischen 20 000 und 25 000 Wörter täglich.[85] Eine weitere Dienstleistung bot das DNB der deutschen Presse seit März 1940 an. Die Agentur besaß das exklusive Verkaufsrecht für ein drahtloses Fernschreibgerät, den Siemens-Hell-Schreiber, der nach Beendigung seiner Erprobungsphase zum Preis von 875,-- RM über das DNB zu beziehen war.[86]

Die Nachrichtenübertragung von der DNB-Zentrale bzw. den Zweigstellen an die deutschen Kunden erfolgte bis 1943 hauptsächlich durch den Sprechfunk. Daneben wurden, je nach Umfang des jeweiligen Nachrichtendienstes und der Größe und Erscheinungshäufigkeit der Blätter, auch Botendienste, Telefon, Eilbriefe und zur Verbindung mit den Zweigstellen die Telegraphie eingesetzt. Die meist genutzte Übermittlungsform war jedoch der Sprechfunk, auch Pressefunk genannt. Der Pressefunk wurde hauptsächlich für die innerdeutsche Nachrichtenübermittlung verwendet. Dieser Einrichtung hatten sich schon WTB und TU

[82] Vgl. ebd. S. 338-368.

[83] Vgl. BA: R 2. 4954. B. 85.

[84] Vgl. Emil Dovifat: Zeitungslehre I. Band 1 S. 77 und vgl. Presse in Fesseln a. a. O. S. 229.

[85] Vgl. BA: R 55. 685. Bl. 41.

[86] Vgl. BA: R 34. 585. Rundschreiben des DNB an die deutschen Zeitungen vom März 1940 ohne Blattzahl.

bedient, die seit 1924 über je eine Sendeanlage und Welle verfügten. Das DNB übernahm diese Anlagen von seinen Vorgängern. Seine besondere Bedeutung erhielt der Pressefunk dadurch, daß alle Zeitungen über eine Empfangsanlage verfügten und damit gleichzeitig erreicht werden konnten. Der Pressefunk sendete in einem den Rundfunkgeräten nicht zugänglichen Wellenbereich.[87]

Das DNB verbreitete so in erster Linie den allgemeinpolitischen Dienst. Von den täglich ca. 25 000 Wörtern dieses Dienstes wurden anfangs ewa 12 800, im Jahr 1942 sogar rund 14 000 Wörter über Sprechfunk verbreitet.[88] In den angeschlossenen Zweigstellen und Zeitungen wurde der Nachrichtenstoff, der mit einer Geschwindigkeit von etwa 40 Wörtern pro Minute verlesen wurde, mit der Schreibmaschine aufgenommen. Große Nachteile dieser Übermittlungstechnik waren ihre relativ hohe Anfälligkeit gegenüber atmosphärischen Störungen und die ständige Möglichkeit, daß der Empfänger sich verhörte. Als noch gravierender bemängelte man, daß durch den Pressefunk erhebliche Verzögerungen bei der Nachrichtendurchgabe entstanden.[89] Der Pressefunk des DNB wurde im Februar 1944 eingestellt.

Das restliche Nachrichtenmaterial der DNB-Dienste wurde über Fernschreiber von der Zentrale an die Zweigstellen übermittelt, die ihrerseits die Presse ihres Zuständigkeitsbereiches via Telefon, Boten oder Eilbrief bedienten. 1934 bestanden in Deutschland 64 feste Fernschreibverbindungen mit einer Leitungslänge von ca. 20 000 Kilometern, an das ungefähr 500 Teilnehmer angeschlossen waren. Das DNB hatte von der Reichspost ein Kabelnetz von etwa 3 000 km Länge gemietet; Zeitungen wurden auf diesem Weg nicht bedient.[90] Die Vorzüge des Fernschreibers lagen zum einen in seiner Übertragungsgeschwindigkeit von damals bis zu 80 Wörtern in der Minute, zum anderen konnte er in zwei Richtungen genutzt werden: In der Zentrale konnte man sowohl senden als auch empfangen. Außerdem war auf der Empfangsseite kein Personal nötig, da sich die Geräte einseitig auf Knopfdruck einschalten ließen. Über das gesamtdeutsche

---

87 Vgl. Ritgen a. a. O. S. 10.

88 Vgl. Emil Dovifat: Zeitungslehre I. Erster Band. S. 77 und ders.: Zeitungslehre I. Erster Band. ²1944 S. 78.

89 Vgl. Verbreitung des Nachrichtenmaterials. O. Verf. In: Zeitungs-Verlag 38 (1937) S. 783.

90 Vgl. BA: R 55. 685. Bl. 33.

Fernschreibnetz hinaus verfügte das DNB in Berlin noch über ein Ortsschreibnetz, dem eine Reihe Berliner Zeitungen und Banken angeschlossen waren.[91]

Die bedeutendste technische Neuerung im Bereich der Nachrichtenübermittlung stellte in den dreißiger Jahren der Siemens-Hell-Schreiber dar. Diese seit 1929 erprobte Erfindung des Siemens-Ingenieurs Rudolf Hell war bis 1934 soweit entwickelt, daß der Apparat vom DNB zu Testzwecken für die Verbindung mit den Zweigstellen im Ausland eingesetzt werden konnte.[92] Der Hell-Schreiber war ein drahtlos sendender Telegraphenapparat, dessen Funktionsweise dem Bildfunk entsprach. Die zu übermittelnden Zeichen wurden bei der Sendung in Impulse zerlegt und beim Empfang wieder zu den ursprünglichen Zeichen zusammengesetzt. Im Ausdruck des fertigen Textes durch den Hell-Schreiber lag dessen überragende Bedeutung.[93] Zur Übertragung der Impulse standen dem DNB je eine Lang- und Kurzwelle zur Verfügung. Mit dem Hell-Schreiber konnten pro Minute 300 Zeichen - das entspricht durchschnittlich 60 Wörtern - gesendet werden.[94] Seine weiteren Vorzüge lagen in der geringen Störanfälligkeit und der kostengünstigen Übertragung, da, anders als beim Fernschreiber, keine Mieten für Leitungsnetze zu entrichten waren. Der Hell-Schreiber löste ab Juli 1942 allmählich den Pressefunk ab. Als dieser Anfang 1944 eingestellt wurde, waren mehr als 700 der rund 980 deutschen Zeitungen mit einem Hell-Schreiber-Empfangsgerät ausgerüstet.[95] Bereits seit 1935 waren sämtliche DNB-Zweigstellen im Ausland durch den Hell-Schreiber mit der Berliner Zentrale verbunden. Für die Nachrichtenübermittlung von und nach Europa und Übersee standen außerdem zwei Kurzwellen-Funkanlagen zur Verfügung. Als 1942 in Folge des Krieges die Auslandspropaganda verstärkt wurde, stellte das Propagandaministerium zwei weitere Sendeanlagen zur Verfügung.[96]

Nachrichten aus dem Ausland beschaffte sich das DNB auf drei verschiedenen Wegen. Da waren zum einen die Austauschverträge mit den vier großen Agentu-

---

91 Vgl. Die Nachrichtenverarbeitung des DNB. O. Verf. In: Zeitungswissenschaft 13 (1938) S. 671-672. Hier S. 671.

92 Vgl. ebd. S. 672.

92 Vgl. Neue Stufe der Nachrichtenübermittlung. O. Verf. In: Zeitungs-Verlag 40 (1939) S. 261.

94 Vgl. Die Einführung des Hell-Schreibers vom DNB aus gesehen. In: Zeitungs-Verlag 42 (1941) S. 36

95 Vgl. BA: R 55. 685. Bl. 14

96 Vgl. ebd. Bl. 45.

ren AP, UP, Reuter und Havas sowie mit einer Vielzahl von nationalen Nachrichtenagenturen. Mit dem Ausbruch des Zweiten Weltkrieges wurden diese Verträge allerdings seitens der Alliierten zunächst von Reuter und Havas, Ende 1941 dann auch von AP und UP gekündigt.[97] Zum anderen entsendete das DNB zur Berichterstattung über einzelne Geschehnisse Korrespondenten. Als bedeutendstes Mittel zur Nachrichtenbeschaffung aber galten die eigenen Niederlassungen im Ausland. Sie dienten der Berichterstattung nach Berlin, dem Verkehr mit den ausländischen Nachrichtenbüros und in Einzelfällen der Ausgabe von Diensten des DNB an die Presse des betreffenden Landes. Im August 1939 hatte die Zahl der DNB-Vertretungen in Europa mit 31 Niederlassungen ihren Höchststand erreicht. Die Agentur unterhielt zu diesem Zeitpunkt Filialen in: Agram (Zagreb), Ankara, Athen, Barcelona, Belgrad, Bern, Brüssel, Budapest, Bukarest, Dublin, Genf, Den Haag, Helsinki, Istanbul, Kopenhagen, Lissabon, London, Madrid, Mailand, Moskau, Oslo, Paris, Pressburg, Rom, Reval, Riga, Rowno, Sofia, Stockholm und Vichy (vgl. zur Veranschaulichung Schaubild 3).[98]

Schaubild 3: DNB-Niederlassungen in Europa nach dem Stand vom August 1939.

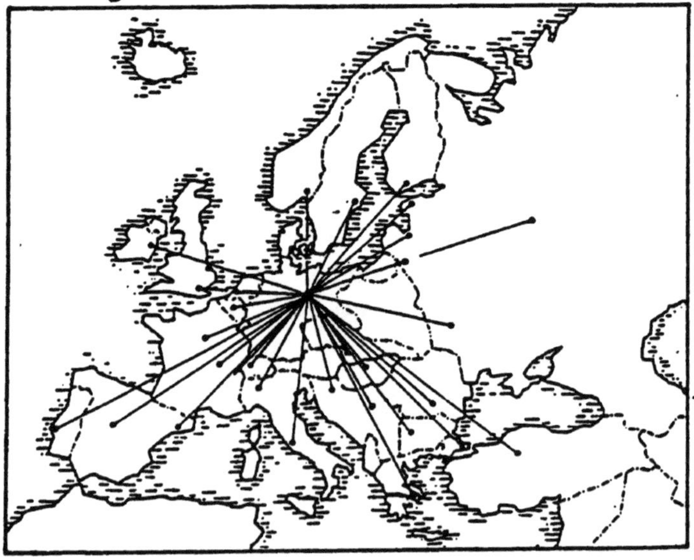

[97] Vgl. BA: R 55. 765. Bl. 21.

[98] Vgl. BA: R 55. 685. Bl. 40. Das kleinasiatische Ankara wird hier wegen der besonderen geographischen Lage der Türkei (z. T. europäisch) den Niederlassungen in Europa zugerechnet.

Da das DNB im Dezember 1933 die 29 europäischen Zweigstellen der TU übernommen hatte, mag der Ausbau des DNB-Netzes zunächst als unbedeutend erscheinen. Die tatsächlichen Veränderungen waren jedoch von größerem Ausmaß. Von den ehemaligen TU-Filialen existierten 1939 noch 18.[99] Neben den Niederlassungen im politisch unbedeutenden Luxemburg waren auch die in Österreich und Polen geschlossen worden. Das im März 1938 an das Reich angegliederte Österreich war zum deutschen Binnenland geworden. Die Schließung der polnischen Zweigstellen war eine Konsequenz des sich seit März 1939 anbahnenden Konflikts zwischen Polen und Deutschland. In anderen Ländern, wie den Niederlanden, der Tschechoslowakei und Frankreich, wurden Niederlassungen in andere Städte verlegt. Neue Vertretungen gründete das DNB in politisch neutralen oder schwachen Staaten wie der Schweiz, Türkei, in Irland, Finnland und Norwegen. Neugründungen erfolgten weiterhin in Spanien und Italien, deren Regierungen mit dem deutschen Regime sympathisierten. Mit fünf Niederlassungen war das DNB besonders stark in der Sowjetunion vertreten. Zwar war das politische System der UdSSR seit jeher ein Ziel der nationalsozialistischen Propaganda, die realpolitische Beziehung zwischen beiden Staaten ging jedoch bis 1941 andere Wege, wie der deutsch-sowjetische Nichtangriffspakt vom August 1939 zeigte.

Der Ausbruch des Zweiten Weltkrieges beeinträchtigte das europäische Zweigstellennetz des DNB zunächst nur unwesentlich. Die Filiale in London wurde zwar noch im September 1939 geschlossen und die technische Einrichtung beschlagnahmt. Die Schließung des DNB-Büros in Frankreich war nur von kurzer Dauer, da Paris bereits im Juni 1940 von den Deutschen besetzt wurde. Mit dem deutschen Überfall auf die Sowjetunion im Juni 1941 fiel dann erst die zweite Filiale des DNB in Moskau endgültig den Kriegsgeschehnissen zum Opfer.[100] Das Schicksal der übrigen 29 Auslandsvertretungen richtete sich im weiteren nach dem Kriegsverlauf. In den neutralen Staaten und im verbündeten Italien und Spanien konnte das DNB ohnehin ungestört weiterarbeiten. Daneben erfuhren die Zweigstellen in den neutralen Ländern, die sich im Krieg zunehmend zu Knotenpunkten des internationalen Nachrichtenwesens entwickelten,

---

99 Vgl. Handbuch der Deutschen Tagespresse 1932 a. a. O. S. 391f. Hier werden die TU-Filialen in Europa genannt.

100 Vgl. BA: R 55. 685. Bl. 40f.

eine wesentliche Personalverstärkung.[101] Erst als die deutschen Truppen ab 1944 von den Alliierten an allen Fronten zurückgedrängt wurden, legten die Siegermächte die DNB-Filialen nacheinander still. Im Januar 1945 waren schließlich nur noch die Büros in Spanien, Schweden, Portugal und der Schweiz im Nachrichtenagenturgewerbe tätig.[102]

Analog zur Entwicklung in Europa hatte das DNB auch in anderen Kontinenten im Jahr 1939 seine maximale Ausdehnung erreicht. Die Agentur hatte von ihrer Vorgängerin TU elf überseeische Vertretungen übernommen. Davon wurden neun Niederlassungen beibehalten; das Büro im chinesischen Tsingtao verlegte das DNB nach Peking. Geschlossen wurde lediglich die Filiale im südwestafrikanischen Windhuk, das nach dem Ersten Weltkrieg nicht mehr zum deutschen Interessengebiet zählte. Bis August 1939 hatte das DNB die Zahl seiner überseeischen Zweigstellen auf 23 erhöht. Sie hatten ihren Sitz in folgenden Städten: Ascuncion, Bangkok, Bombay, Buenos Aires, Hanoi, Hsingking, Jerusalem, Johannesburg, Kairo, Mexiko, Montevideo, Montreal, Nanking, New York, Peking, Rio de Janeiro, Santiago de Chile, Schanghai, Sydney, Tanger, Teheran, Tokio und Washington (zur Veranschaulichung vgl. Schaubild 4).[103]

Schaubild 4: Niederlassungen des DNB in Übersee nach dem Stand vom August 1939.

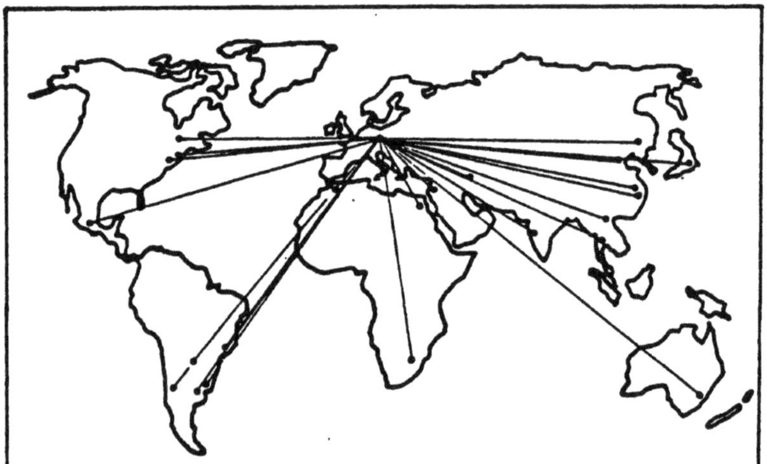

101 Vgl. BA: R 55. 765. Bl. 22.

102 Vgl. BA: R 55. 685. Bl. 42f.

103 Vgl. ebd. Bl. 40. Die sich dem Schaubild anschließenden Erläuterungen folgen ebd. Bl. 40f.

Die auffallend konzentrierte Präsenz des DNB in Südamerika und im Fernen Osten war durchaus kein Zufall. Vielmehr fand die Agentur dort die günstigsten politischen Umstände vor. In Argentinien und Brasilien herrschten Militärdiktaturen. Chile, Uruguay und Paraguay litten in Folge der Weltwirtschaftskrise noch immer an politischer Instabilität und die Regierungen wechselten häufig.

Im Fernen Osten unterhielt das DNB sieben Filialen. Neben Vertretungen in Tokio und Hanoi lagen alleine vier in China, das seit 1925 durch den Bürgerkrieg zwischen Nationalisten und Kommunisten zerrüttet wurde. Dazu brach im Jahr 1937 der chinesisch-japanische Krieg aus, der für den deutschen Verbündeten Japan so erfolgreich verlief, daß die Japaner bereits Ende 1937 all die Städte besetzt hatten, in denen Auslandsvertretungen des DNB ansässig waren. Auch die DNB-Vertretung in Bangkok konnte als sicherer Stützpunkt gelten, da Thailand mit Japan verbündet war. Die Niederlassungen im Fernen Osten waren seit Beginn des Jahres 1936 in Betrieb, das südamerikanische Netz wurde 1937 fertiggestellt.[104]

Der Ausbruch des Zweiten Weltkrieges machte sich für die überseeischen Vertretungen des DNB wesentlich schneller bemerkbar als für die europäischen. Der Grund dafür lag darin, daß die Weltmächte England, Frankreich und USA auf die Nationen außerhalb Europas einen starken Einfluß hatten. Als Folge waren bis Mitte des Jahres 1942 bereits 13 Filialen des DNB in Übersee auf Regierungsanordnungen geschlossen worden.[105] Die beiden Zweigstellen in den USA mußten ihre Tätigkeit einstellen, nachdem Deutschland im Dezember 1941 den Vereinigten Staaten den Krieg erklärt hatte. Auf wirtschaftlichen Druck der USA hin traten 1942 auch Mexiko und Brasilien auf Seiten der Alliierten in den Krieg ein, Paraguay und Uruguay konnten zumindest dazu bewegt werden, die Niederlassungen des DNB zu schließen. Auch die unter amerikanischem Einfluß stehende Regierung in Teheran entzog der Agentur die Arbeitserlaubnis. Die Machthaber in Bombay, Jerusalem, Johannesburg, Kairo, Montreal und Sydney standen auf der Seite Englands und wiesen deshalb die Vertreter des DNB aus. Zu Beginn des letzten Kriegsjahres trat auch das restliche Südamerika in den Krieg gegen Deutschland ein und das DNB mußte auch noch Chile räumen.

---

104 Vgl. Ostasiendienst des DNB. O. Verf. In: Deutsche Presse 26 (1936) S. 225.

105 Vgl. BA: R 55. 685. Bl. 39f.

Seither zählten nur noch die von Japan besetzten Territorien zum Interessengebiet des DNB in Übersee.[106]

4. Wirtschaftliche Aspekte

Die ökonomische Situation des DNB, so glaubte zumindest am Anfang das Propagandaministerium, hätte durch seine Exklusivstellung auf dem deutschen Nachrichtenmarkt gesichert sein müssen. Einen Wettbewerbskampf, wie ihn zuvor WTB und TU geführt hatten, mußte das DNB nicht befürchten. Zudem war es nicht als Erwerbsunternehmen gegründet worden, also nicht mit der Absicht, Gewinne zu erzielen. Das wirtschaftliche Ziel bestand lediglich darin, sicherzustellen, daß die Unkosten, die dem Unternehmen aus der Nachrichtenbeschaffung und -übermittlung entstanden, durch die Zahlungen der Kunden gedeckt wurden.[107] Als erste wirtschaftspolitische Maßnahme führte die Agentur eine einheitliche Bezugspreisregelung für ihre Dienste ein. Eine solche hatte zu Zeiten von WTB und TU nicht bestanden. Der Preis, der für eine Dienstleistung zu entrichten war, wurde zwischen den Agenturen und der einzelnen Zeitung individuell ausgehandelt. Im April 1934 begannen das DNB und der Reichsverband der deutschen Zeitungs-Verleger über eine einheitliche Grundlage für die Preisgestaltung der Agentur zu verhandeln.[108] Das Ergebnis der Verhandlungen war die Einigung auf eine verbindliche Preisregelung für den allgemeinen "Politischen Nachrichtendienst" und die politischen Landesdienste. Die Preise waren abhängig von der Auflagenstärke der Zeitung. Die neue Bezugspreisregelung trat zum 1. Januar 1935 in Kraft.[109] Diese Preise hatten noch 1944 Bestand, und das obwohl der Geschäftsbericht des Jahres 1943 feststellte, daß der allgemeinpolitische DNB-Dienst sowie die politischen Landesdienste nicht kostendeckend arbeiteten und nur etwa die Hälfte der Honorar-Gesamteinnahmen der Firma einbrachten. Geschäftlicher Nutzen konnte lediglich aus den Wirtschafts- und Sportdiensten gezogen werden. Die Vergütung dieser nicht von einer verbind-

---

106 Vgl. ebd. Bl. 40f.

107 Vgl. BA: R 55. 827. Bl. 4.

108 Vgl. Preise des Deutschen Nachrichtenbüros. O. Verf. In: Zeitungs-Verlag 35 (1934) S. 512-513. Hier S. 512.

109 Vgl. ebd. S. 513.

lichen Preisregelung erfaßten Dienste war außer von der Art der gewünschten Leistung noch von der Auflagenstärke der Zeitung und der Übermittlungsweise (Brief, Telefon usw.) abhängig.[110]

Die Geschäftsentwicklung des DNB war im ersten Jahr seiner Existenz noch überwiegend beeinflußt durch die verwaltungstechnischen Aufgaben, die sich aus der Zusammenlegung von WTB und TU ergaben. Daher war das Hauptaugenmwerk des Jahres 1934 darauf gerichtet, einen reibungslos arbeitenden Verwaltungsapparat zu schaffen. Das darauf folgende Jahr war dann in erster Linie dem Auf- und Ausbau der innerdeutschen Nachrichtenorganisation gewidmet. In den Jahren 1936/37 schließlich wurde der gezielte Ausbau des Nachrichtenapparates im Ausland in Angriff genommen.[111]

Das bedeutendste Vorkommnis des Jahres 1938 war der Erwerb der Materngesellschaften, die Hugenbergs Scherl-Verlag bis dahin noch besessen hatte. Zum 1. April 1938 übernahm das DNB folgende Geschäftsanteile:
- nominal 20.000,-- RM an der "Deutschen Matern-Verlag GmbH", Berlin
- nominal 20.000,-- RM an der "Wirtschaftsstelle der Provinz-Presse GmbH", Berlin
- nominal 20.000,-- RM an der "Central-Bureau für die Deutsche Presse GmbH", Berlin
- nominal 20.000,-- RM an der "Berliner Schell-Stereotypie Hermann Arendt's Verlag GmbH", Berlin.

Die oben genannten Geschäftsanteile stellten jeweils 100 Prozent des Stammkapitals der Unternehmen dar.[112] Durch den Erwerb der "Deutschen Matern-Verlag GmbH" wurde das DNB weiterhin Eigentümer bzw. Teilhaber von Gesellschaften, an denen die Materngesellschaft beteiligt gewesen war. In den Besitz des DNB gingen somit:
- sämtliche Geschäftsanteile von nominal 20.000,-- RM an der "Deutschen Provinz-Verlag GmbH", Berlin
- sämtliche Geschäftsanteile von nominal 20.000,-- RM an der "Bayer-Mater GmbH", München und

110 Vgl. BA: R 55. 685. Bl. 51.

111 Vgl. ebd. Bl. 44.

112 Vgl. BA: R 2. 4954. Bl. 85. Vgl. auch Valeska Dietrich: Alfred Hugenberg. Ein Manager der Publizistik. Diss. Berlin 1960. S. 117.

- 50 Prozent des Kapitals an der "Westdeutschen Maternkorrespondenz", Köln.[113]

Zwar trat das DNB als Käufer dieser Gesellschaften auf, aber es zahlte von dem Kaufpreis keinen Pfennig. Knapp ein Drittel des Preises wurde von der Cautio überwiesen, der Rest ging direkt vom Reichsfinanzministerium an den Scherl-Verlag.[114] Das DNB schloß mit den neu erworbenen Materngesellschaften Pachtverträge ab, d. h. die Unternehmen verkauften ab sofort nur noch DNB-Material, traten aber weiterhin unter ihrem alten Namen auf.[115]

Mit dem Erwerb der Materndienste war die organisatorische Aufbauphase des DNB weitgehend abgeschlossen. Mit dem ihm von da an zur Verfügung stehenden Nachrichtenapparat konnte die Agentur bis einschließlich 1943 den Umsatz beständig steigern.

---

113 Vgl. BA: R 2. 4954. Bl. 86.

114 Vgl. ebd. Bl. 485f.

115 Vgl. ebd. Bl. 491.

Tabelle 3: Ausgaben und Einnahmen des DNB von 1934 bis 1944 (in 1.000,-- RM).[116]

Jahr	Aufwendungen	Erträge	Differenz
1934	8.731	8.424	- 307
1935	8.762	8.754	- 8
1936	9.450	9.457	+ 7
1937	9.574	9.805	+ 231
1938	11.473	11.656	+ 219
1939	12.849	13.029	+ 180
1940	15.022	14.873	- 149
1941	17.851	17.843	- 8
1942	18.060	18.042	- 18
1943	21.620	21.478	- 142
1944	19.353	19.297	- 56

Der hohe Verlust des Jahres 1934 war Folge der aus der Zusammenlegung von WTB und TU entstandenen Kosten. Da man sich zunächst auf den Ausbau des Verwaltungsapparates konzentrierte, wurde im ersten Jahr auf eine der Nachfrage entsprechende Erweiterung des Dienstleistungsangebotes noch verzichtet. Nachdem dies in den beiden darauffolgenden Jahren nachgeholt worden war, überragten die Einnahmen 1936 erstmals die Ausgaben. Umsatzsteigernd wirkte sich auch die Wiedereingliederung des Saarlandes im Jahre 1935 aus, wodurch

116 Quellen: 1934: BA: R 2. 4954. Bl. 85.
1935-1939: BA: R 2. 4955. Bl. 51-58
1940: BA: R 55. 765. Bl. 30
1941/42 und 1944: BA: R 55. 685. Bl. 26-28
1943: BA: R 55. 281. Bl. 72

Die sich den Tabellen anschließenden Interpretationen des Zahlenmaterials folgen den Erläuterungen in den angegebenen Quellen.

die dort ansässigen Zeitungen zu sicheren Abonnenten der DNB-Dienste wurden. Ende 1936 war aber der damals bestehende Zeitungsmarkt gesättigt; durch ihn waren keine weiteren nennenswerten Ertragserhöhungen mehr zu erwarten. Daß 1937 trotzdem der Umsatz gesteigert werden konnte, lag hauptsächlich an dem erhöhten Honorar, das die Reichsrundfunkgesellschaft an das DNB zahlte. Mit dem Hinweis auf die rapide angewachsene Zahl der Rundfunkhörer hatte das DNB auf eine angemessene Vergütung gedrängt.

Die deutsche Expansionspolitik der Jahre 1938/39 eröffnete dem DNB wiederum einen erweiterten Kundenmarkt. Durch den Anschluß Österreichs im März 1938, des Sudetenlandes im Oktober desselben Jahres und des Protektorates Böhmen / Mähren im März 1939 wurden die Presseorgane dieser Gebiete zu neuen Kunden des DNB. Weiterhin wirkten sich die 1938 dem DNB eingegliederten Maternverlage umsatzsteigernd aus. Von 1936 bis 1939 erwirtschaftete das DNB positive Jahresbilanzen.

Von 1940 bis 1943 stieg der Umsatz des DNB zwar drastischer an als in der Vorkriegszeit, die erhöhten Kosten, die durch die veränderten Arbeitsbedingungen im Krieg vorwiegend im Ausland entstanden, konnten jedoch in keinem Jahr mehr durch die Einnahmen gedeckt werden. In geringem Maße ergaben sich neue Einnahmequellen aus den militärischen Erfolgen der deutschen Armeen. Mit der Erweiterung des deutschen Einflußgebietes konnte das DNB auch einige neue Absatzmärkte im europäischen Ausland "erobern". Etwas stärker schlug die sich steigernde Auflagenentwicklung im deutschen Zeitungswesen zu Buche, die vor allem durch die Blätter des parteieigenen Eher-Konzerns verursacht wurde. Den weitaus größten Anteil der wachsenden Erträge zahlte aber das Propagandaministerium. Von ihm wurde das DNB während des Krieges verstärkt zur Informationsbeschaffung für die Regierung und Auslandspropaganda eingesetzt und dementsprechend höher bezahlt als vor dem Krieg.

Den größten Anteil dessen, was das DNB unter Aufwendungen verbuchte, machten die Personalkosten aus. Mit dem Ausbau des Dienstleistungsangebotes ging ein ständig wachsender Bedarf an Arbeitskräften einher. Auch die veränderten Anforderungen, denen das DNB im Krieg genügen mußte, machte einen weiteren Personalausbau nötig.

Tabelle 4: Die Entwicklung des Personalbestandes (Angestellte) beim DNB.[117]

Jahr	Berlin	Zahl der Schriftleiter in Inlandszweigstellen	Ausland	insgesamt
1935	592	658	58	1298
1936	606	663	60	1329
1937	619	681	72	1372
1938	681	804	80	1565
1939	790	829	158	1777
1940	856	826	197	1881
1942	846	687	261	1794
1944	780	563	141	1484

Das sprunghafte Anwachsen des Personalbestandes in den Jahren 1938/39 ergab sich aus den neuerworbenen Materngesellschaften, deren Schriftleiter seither Angestellte des DNB waren und den Neueinstellungen nach der Vergrößerung des Reichsgebietes. Nach Kriegsbeginn wurde die Berliner Zentrale um weitere 50 Schriftleiter verstärkt. Besonders intensiv wurde der Personalausbau im Ausland seit 1939 betrieben. Für die Inlandsorganisation wurde im September 1941 ein Einstellungsstop erlassen. Bei den Angaben zu den Personalbeständen der Jahre 1942 und 1944 muß berücksichtigt werden, daß auch jene Schriftleiter mitgezählt wurden, die zu dieser Zeit Kriegsdienst leisteten. Deren Anteil betrug in beiden Jahren rund 20 Prozent.

Der Anteil der Personalausgaben an den Aufwendungen, die dem DNB insgesamt entstanden, betrug zwischen 50 und 60 Prozent. Die anfallenden Betriebs-

117 Quellen: 1935/36: BA: R 55. 827. Bl. 78
1937/38: BA: R 2. 4954. Bl. 483
1939/40: BA: R 2. 4955. Bl. 273
1942/43: BA: R 55. 685. Bl. 32f und 18f

Schriftleiter wurden beim DNB als Angestellte und Gehaltsempfänger geführt. Alle anderen Mitarbeiter waren Lohnempfänger.

kosten waren der Posten, der die zweitgrößte Menge an Geldern verschlang. Unter diesem Begriff waren die Kosten für die Gebühren, die dem DNB bei der Nachrichtenübermittlung entstanden, der Materialverbrauch und die Unkosten für Druckereien, Grundstücke u. ä. zusammengefaßt.

Tabelle 5: Die jährlichen Unkosten des DNB, untergliedert in einzelne Posten (in 1.000,-- RM).[118]

Jahr	Personal	Betrieb	Verwaltung	Sonstiges	insgesamt
1934	5.198	2.608	618	307	8.731
1935	5.352	2.353	625	432	8.762
1936	5.552	2.640	636	622	9.450
1937	5.853	2.786	765	170	9.574
1938	6.939	3.353	978	167	11.437
1939	7.547	3.554	1.292	456	12.849
1940	7.964	4.470	1.391	1.197	15.022
1943	10.188	6.749	2.279	2.404	21.620

Unter den Verwaltungskosten verbuchte das DNB Gelder, die in Form von Steuern und Zinsen an den Staat abzuführen waren. Die restlichen Ausgaben der Agentur wurden unter der Rubrik "Sonstiges" verbucht. Bis 1939 war dies ausschließlich die Abschreibung von Vermögenswerten, die der Abnutzung unterlagen. Ab 1941 wurden unter "Sonstiges" auch die Währungsausgleichs-Aufwendungen bilanziert. Mit diesen Geldern versuchte man, den Wert der Reichsmark im Ausland zu senken und damit die Exportchancen für die DNB-Dienste zu vergrößern. Die dafür verwendeten Summen - 1943 wurden 1,7 Millionen Reichsmark für den Währungsausgleich investiert - erstattete das Propagandaministerium der Agentur in vollem Umfang zurück.

118 Zu den Quellen der Zahlen siehe Fußnote 116 zu Tabelle 3. Für die Aufwendungen und Erträge der Jahre 1941/42 und 1944 lagen keine detaillierten Aufgliederungen vor.

Die größte Summe, die auf der Seite der Einnahmen verbucht werden konnte, stammte von den Honoraren. Kunden des DNB waren neben der Presse noch die Reichsrundfunkgesellschaft und Geschäftskreise, vor allem Banken. Für die Honorareinnahmen des Jahres 1941 in Höhe von 13.901.000,-- RM wurden als Debitoren anteilsmäßig ermittelt:
- Presseorgane mit 12.831,-- RM = 92,3 Prozent
- Reichsrundfunkgesellschaft mit 667.000,-- RM = 4,8 Prozent
- Geschäftskreise mit 403.000,-- RM = 2,9 Prozent.[119]

Eines der erklärten Ziele des Propagandaministeriums bei der Gründung des DNB war es, zu erreichen, daß die Agentur sich durch die Honorareinnahmen von privaten Kunden eigenständig finanzieren kann.

Tabelle 6: Das Verhältnis von Honorar- zu Gesamteinnahmen und Aufwendungen des DNB (in: 1.000,-- RM).[120]

Jahr	Honorare	Gesamt-einnahmen	Anteil der Honorare an den Gesamteinnahmen in Prozent	Differenz zwischen Honoraren und Aufwendungen
1934	7.519	8.424	89	- 1.212
1935	8.246	8.754	94	- 516
1936	8.766	9.457	92	- 684
1937	9.066	9.805	92	- 508
1938	10.849	11.656	93	- 588
1939	11.737	13.029	90	- 1.112
1940	12.440	14.873	83	- 2.582
1941	13.901	17.843	78	- 3.950
1942	14.013	18.042	77	- 4.047
1943	15.412	21.478	71	- 6.208
1944	14.200	19.297	73	- 5.153

119 Vgl. BA: R 55. 685. Bl. 52.

120 Zu den Quellen der Zahlen siehe Fußnote 115 zu Tabelle 3.

Das Ziel eines ausgeglichenen Verhältnisses zwischen Honorareinnahmen und Unkosten konnte das DNB zu keinem Zeitpunkt erreichen. Zwar erzielte die Agentur weitere Einnahmen durch die Vermietung von Immobilien ehemaliger TU-Besitztümer, die ihr jährlich rund 300.000,-- RM einbrachten[121], doch die Addition der Honorareinkünfte mit diesen Nebeneinnahmen ergab niemals die Summe der Gesamteinnahmen. Um die Bilanzen zu korrigieren, mußte dem DNB also eine dritte Einnahmequelle eröffnet werden. Diese war die Regierung selbst.

Mit dem WTB hatte den Regierungen schon vor 1933 ein Instrument zur Verfügung gestanden, mit dem die Nachrichtenpolitik in Deutschland beeinflußt werden konnte. Die schlechte wirtschaftliche Situation des Unternehmens hatte allerdings eine kontinuierliche staatliche Subventionierung erfordert. Die Machthaber im Dritten Reich wollten zwar keineswegs auf die Einflußnahme bei der Nachrichtenpolitik verzichten, wohl aber auf die finanzielle Unterstützung. Die wirtschaftliche Absicht, die mit zur Gründung des DNB geführt hatte, war die nachrichtenpolitische Einflußnahme zum Nulltarif. Angesichts der nicht kostendeckenden Honorareinnahmen muß dieses Vorhaben als gescheitert angesehen werden.

Daß die Kosten für die Leistungen, die das DNB für die Regierung zu erbringen hatte, nicht durch die Honorareinnahmen von der Presse gedeckt werden konnten, wurde schon Mitte des Jahres 1934 offensichtlich. Die Defizite der ersten Monate waren Anlaß für den Abschluß eines Dienstleistungsvertrages zwischen Propagandaministerium und DNB im Juli 1934. Darin garantierte die Agentur der Regierung die Lieferung von Sondernachrichtendiensten, und das Ministerium sicherte eine entsprechende Vergütung sowie finanzielle Unterstützung beim Ausbau der Auslandsorganisation zu.[122] Der Vertrag enthielt keine Regelung darüber, welche Leistungen wie bezahlt werden sollten und wie die Zahlungen vom DNB zu verbuchen waren. In der Folge wurden die Regierungsgelder nach nicht definierten Gesichtspunkten entweder bei den Honorareinnahmen oder eigenständig als "Auslagen - Erstattungen" bilanziert.

Da nach Kriegsausbruch eine verstärkte Inanspruchnahme des DNB durch die Regierung abzusehen war, schloß das Propagandaministerium mit der Agentur

---

121 Vgl. BA: R 2. 4955. Bl. 52 und vgl. BA: R 55. 765. Bl. 31.

122 Vgl. BA: R 55. 827. Bl. 24f.

Ende 1939 einen modifizierten Vertrag ab, der zum 1. Januar 1940 in Kraft trat. In diesem wurde festgestellt, daß in früheren Jahren die Kostenvergütung nur teilweise erfolgt sei und daß das DNB nun "die vollen tatsächlich entstandenen Unkosten ersetzt erhält".[123] Auch dieser Vertrag enthielt keinen festgelegten Preisschlüssel, jedoch wurde vereinbart, daß die Zahlungen von nun an in voller Höhe als "Erstattungen" zu kontieren seien.

Tabelle 7: Als "Erstattungen" bilanzierte Zahlungen der Regierung an das DNB (in 1.000,-- RM).[124]

Jahr	Erstattungen
1934	544
1935	124
1936	260
1937	332
1938	350
1939	756
1940	2.134
1941	3.603
1942	3.726
1943	3.953
1944	4.710

Die zwischen 1934 und 1939 als "Erstattungen" ausgewiesenen Beträge waren nur ein Teil dessen, was die Regierung an das DNB bezahlte. Da ein anderer Teil bei den Honorareinnahmen verrechnet wurde, läßt sich das tatsächliche Ausmaß der staatlichen Zahlungen für diesen Zeitraum nicht bestimmen. Der wahre Anteil, den die Regierungsgelder an den Erträgen der Agentur ausmachten, wird erst ab 1940 deutlich. Allerdings muß berücksichtigt werden, daß in Folge des

123 Vgl. BA: R 55. 765. Bl. 24.

124 Zu den Quellen der Zahlen siehe Fußnote 115 zu Tabelle 3.

Krieges seit 1939 eine ohnehin höhere Zahlung erfolgte als in den vorangegangenen Jahren.

Die Erstattungen setzten sich während des Krieges aus vier verschiedenen Dienstleistungsvergütungen zusammen.

Tabelle 8: Erstattungen des Propagandaministeriums, untergliedert nach der Art der Dienstleistung (in 1.000,-- RM).[125]

Jahr	Erstattungen für:				
	Informations-dienste	Auslands-dienste	Kleinere Leistungen	Sonstiges	insgesamt
1941	1.307	1.675	50	571	3.603
1942	1.498	2.008	50	170	3.726
1944	1.817	2.718	43	132	4.710

Unter dem ersten Posten wurden die Zahlungen für die Lieferung der besonderen Informationsdienste an die vorgeschriebenen Stellen verbucht. Die Erstattungen für die Auslandsdienste erfolgte für die Herstellung und Verbreitung "propagandistischer Nachrichtendienste an ausländische Stellen, für die eine wirtschaftliche Basis nach Lage der Dinge nicht gefunden werden konnte".[126] Für beide Dienstleistungsarten erhielt das DNB mit fortschreitender Kriegsdauer immer größere Beträge. Vergleichsweise geringe Kosten verursachten die kleineren Leistungen der Agentur, womit die Verbreitung der Presseanweisungen an die deutschen Zeitungen gemeint waren. Als "Sonstige Erstattungen" schließlich wurden Zahlungen bezeichnet, die für die Gründung und Inbetriebnahme von Tochtergesellschaften des DNB benötigt wurden. Solche Tochter-Nachrichtenagenturen unterhielt das DNB seit 1941 in einigen von deutschen Truppen besetzten Nachbarländern.[127]

---

125 Quellen: 1941/42: BA: R 55. 685. Bl. 45f.
1944: ebd. Bl. 27f.

125 BA: R 55. 685. Bl. 27.

127 Vgl. ebd. Bl. 28.

Über diese Erstattungen hinaus erhielt das DNB vom Propagandaministerium weitere Zahlungen, die in den Jahresbilanzen des Unternehmens nicht ausgewiesen wurden. Die Höhe dieser sogenannten außerordentlichen Investitionen in das DNB bezifferte ein ehemaliger Beamter des Reichsfinanzministeriums auf jährlich viereinhalb Millionen Reichsmark.[128] Zwar kann diese Angabe mit Hilfe des noch existierenden Aktenmaterials nicht mehr auf ihre Genauigkeit überprüft werden, sicher ist jedoch, daß das DNB tatsächlich weitaus höhere Subventionen erhielt, als dies aus den Jahresbilanzen ersichtlich ist:

- Zwischen Dezember 1933 und April 1934 überwies das Propagandaministerium verschieden große Beträge in Höhe von insgesamt 638.000,-- RM. Begründet wurden diese Zuwendungen mit den aus der Zusammenlegung von WTB und TU entstandenen Kosten. Die Geldmittel wurden dem DNB im Regierungsauftrag über das Bankhaus Sponholz des Aufsichtsratsmitgliedes Paul Hamel überwiesen.[129]
- Zu Beginn des Jahres 1940 erklärte sich das DNB außerstande, die Steuern in Höhe von 1,2 Millionen Reichsmark für das Jahr 1939 aufzubringen. Das Reichsfinanzministerium erließ daraufhin der Agentur die Steuerschulden.[130]
- 1940 wurden dem DNB 900.000,-- RM an außerordentlichen Mitteln für die Personalverstärkung in den Auslandsvertretungen zur Verfügung gestellt.[131]

Das Ausmaß, in dem das DNB der staatlichen Subventionierung bedurfte, beweist, daß das Unternehmen nach streng privatwirtschaftlichen Gesichtspunkten nicht überlebensfähig gewesen wäre. Daß die Agentur dennoch - zumindest im Hinblick auf die Umsatzentwicklung - bis 1943 ausgebaut werden konnte, war nur durch Regierungsgelder möglich. Die Schuld an der wirtschaftlichen Misere trug einzig und allein die nationalsozialistische Regierung selbst, die mit ihrer Pressepolitik dem DNB die Existenzgrundlage nach privatwirtschaftlichen Maßstäben zunehmend entzog. Die in- und ausländischen Absatz-

128 Vgl. Curt Riess: Joseph Goebbels. Baden-Baden 1950. S. 197. Riess interviewte einen ehemaligen Beamten des Reichsfinanzministeriums. Auch eine weitere Quelle erwähnt, daß dem DNB "laufend erhebliche Geldmittel zur Verfügung gestellt wurden" (BA: NL Leverkuehn. 31. Schreiben der Interessengemeinschaft Deutsches Nachrichtenbüro E. V. zur Plenarsitzung am 2. Juli 1953).

129 Vgl. BA: R 55. 827. Bl. 3.

130 Vgl. BA: R 55. 278. Bl. 6.

131 Vgl. BA: R 55. 765. Bl. 25.

märkte, die das DNB für seine Dienste vorfand, konnten der Agentur kein Auskommen sichern.

Die deutschen Presseorgane waren die Kunden, von denen sich das DNB die größten Einnahmen versprochen hatte. Die Anzahl der Tageszeitungen nahm jedoch während des Dritten Reiches kontinuierlich ab. Von den mehr als 4000 Zeitungen des Jahres 1932 existierten im Jahr 1944 noch 977. Noch bevor das DNB seine Arbeit überhaupt aufgenommen hatte, waren bereits 1272 Tageszeitungen von den Nationalsozialisten stillgelegt worden.[132] Über die Jahre waren dem DNB damit mehr als 75 Prozent seiner Zeitungskunden verlorengegangen. Daß die Honorareinnahmen dennoch bis 1943 gesteigert werden konnten, lag daran, daß die Auflagenentwicklung seit 1939 anders verlief als die Entwicklung der Zeitungsanzahl. Die Auflagenentwicklung zwischen 1933 und 1944 ist in zwei Phasen zu untergliedern. In der bis 1939 dauernden ersten waren die Auflagenzahlen rückläufig und in der zweiten Phase bis 1944 stiegen sie kräftig an. Innerhalb eines Jahres hatte sich die Gesamtauflage der deutschen Tageszeitungen bis 1934 in Folge der Stillegungen von 18,6 Millionen auf 16,4 Millionen Stück verringert. Sie erhöhte sich bis zum Jahr 1938 nur unwesentlich. Auch daran wird wiederum deutlich, daß die Faktoren, die in den dreißiger Jahren für das DNB honorarsteigernde Wirkung hatten, nicht in direktem Zusammenhang mit der Entwicklung des deutschen Zeitungswesens standen. Die enorme Auflagensteigerung zwischen 1938 und 1939 um 3,3 Millionen Exemplare hatte ihren Grund nicht in der Aufwärtsentwicklung des innerdeutschen Zeitungsmarktes, sondern in der Miteinbeziehung der Auflagen von Zeitungen, die in den Ländern erschienen, welche in diesem Zeitraum dem Reich angegliedert worden waren. Auch die Auflagensteigerung um mehr als 5,3 Millionen Stück zwischen 1939 und 1944 erklärt sich zum Teil dadurch, daß Auflagenzahlen aus angegliederten Ländern mitgerechnet wurden. Zum großen Teil war sie aber auch Folge einer tatsächlichen Auflagenerhöhung, die auf das gesteigerte Informationsbedürfnis der Bevölkerung während des Krieges zurückzuführen ist.[133] Die gestiegenen Auflagen der deutschen Tageszeitungen waren der Hauptgrund dafür, daß das DNB auch während des Krieges bis 1943 jährlich mehr Honorareinnahmen verbuchen konnte.

132 Vgl. Presse in Fesseln a. a. O. S. 159.

133 Vgl. ebd. S. 178f.

Seit Oktober 1944 machte sich dann eine weitere Entwicklung bemerkbar, die dem DNB nicht nur Honorareinbußen brachte, sondern schließlich sogar das Ende der Agentur bedeuten sollte. Waren das ganze Jahr über bereits alle Dienste in stark verkürztem Umfang erschienen, so teilte das DNB in einem Schreiben vom Oktober 1944 mit, daß aus "kriegsbedingten Gründen" 32 Nachrichtendienste und Korrespondenzen zum 1. Dezember 1944 eingestellt würden. Einen Monat später wurde über die Einstellung 18 weiterer Dienste informiert.[134] Die Weiterführung der übrigen Dienste bis in den März und April des Jahres 1945 hinein war dadurch ermöglicht worden, daß für die bei Luftangriffen zerstörten Zweigstellen immer wieder Ausweichstellen geschaffen wurden. Solche Notquartiere bezog das DNB dann vorwiegend in ländlichen Gegenden, wo die Gefahr einer Bombardierung nicht so groß war.[135] Endgültig geschlossen wurden die Zweigstellen erst mit dem Einmarsch der alliierten Truppen in Deutschland ab Februar 1945.

Innerhalb der deutschen Grenzen waren es macht- und pressepolitische Ursachen, die das DNB nicht erreichen ließen, was es angestrebt hatte. Bei dem Kampf um Absatzmärkte im Ausland kam als erschwerendes Moment noch die Konkurrenz anderer Nachrichtenagenturen hinzu. Hier hatte das DNB schon deswegen eine schlechte Ausgangsposition, weil im Ausland von Beginn an nur wenig Zweifel an dem totalitären Charakter des deutschen Regimes und der Art seiner Nachrichtenpolitik bestanden. Dieser Nachteil wäre nur dadurch auszugleichen gewesen, wenn das DNB ansonsten den wichtigsten Anforderungen, die an eine Nachrichtenagentur gestellt werden, gerecht geworden wäre: der Aktualität und der Universalität. Wegen seiner staatlichen Abhängigkeit konnte die Agentur diese Leistungen jedoch von Anfang an nicht erbringen. Die daraufhin ausbleibende Akzeptanz des DNB im Ausland war schon 1934 Anlaß für den Geschäftsführer Otto Mejer, "ganz grundsätzliche Bedenken zum Ausdruck zu bringen, wenn gerade bei bedeutungsvollen Angelegenheiten die Berichterstattung des DNB über ein gewisses, selbstverständliches Maß hinaus eingeengt oder beeinflußt wird. Schon jetzt sind an der Glaubwürdigkeit, Zuverlässigkeit

---

134 Vgl. BA: R 34. 429. Schreiben des DNB an die Presse vom 23. Oktober 1944 und vom 21. November 1944. Ohne Blattzahl.

135 Vgl. BA: R 55. 685. Bl. 22 und vgl. BA: R 34. 540. Schreiben des DNB an die Presse vom 5. Dezember 1944. Ohne Blattzahl.

und Leistungsfähigkeit des DNB-Dienstes im Ausland ganz erhebliche Zweifel entstanden".[136]

Trotz der sich anbahnenden Unrentabilität der DNB-Auslandsdienste wurde ihr Ausbau vorangetrieben. Im Ausland bot das DNB je einen deutschen, englischen, spanischen und französischen Dienst an. Zum einen wurden damit die ausländischen Nachrichtenagenturen beliefert, zum anderen gingen die Dienste über Hell-Schreiber an die Auslandszweigstellen, die dann die Weitergabe des Materials an die Kunden besorgten.

Tabelle 9: Der Umfang der DNB-Auslandsdienste
(in durchschnittlich pro Tag übermittelten Wörtern)[137]

Dienste	1937	1941
deutsch	4.000	8.000
englisch	8.000	12.000
spanisch	6.000	10.000
französisch	4.000	6.000
insgesamt	22.000	36.000

Im Propagandaministerium war man sich durchaus bewußt gewesen, daß der Konkurrenzkampf mit den Agenturen im Ausland eine andere Nachrichtengebung erforderte als im Inland. Daher erfolgte die Nachrichtenfreigabe für den ausländischen Markt auch nach anderen Kriterien als für die deutsche Presse, so daß das DNB im Ausland Nachrichten verbreitete, die den inländischen Zeitungen vorenthalten wurden.[138] Das Maß an Offenheit, zu dem man sich den ausländischen Kunden gegenüber bereit erklärte, reichte jedoch nicht aus, um mit

136 BA: Kl. Erw. 302-1. Bl. 44. Schreiben von Otto Mejer an den Staatssekretär Walter Funk vom 27. Juli 1934.

137 Quelle BA: R 55. 826. Bl. 5.

138 Vgl. Walter Hagemann a. a. O. S. 236 und Hansjoachim Höhne: Die Geschichte der Nachricht und ihrer Verbreiter. Baden-Baden 1977. S. 128.

den DNB-Auslandsdiensten ein wirtschaftlich befriedigendes Ergebnis erzielen zu können.

Tabelle 10: Die Honorareinnahmen des DNB im Ausland (in 1.000,-- RM).[139]

Jahr	Honorareinnahmen Ausland	Honorareinnahmen insgesamt	Anteil von Ausland an insges. in %
1938	207	10.849	1,9
1941	708	13.901	5,1
1942	691	14.013	4,9

Aufgrund der bescheidenen Ergebnisse, die die Auslandsdienste erzielten, machte man sich im Propagandaministerium auf die Suche nach den Schuldigen. Vorwürfe wurden gegen das Auswärtige Amt erhoben. Der Leiter der Abteilung Auslandspresse der Presseabteilung, Brauweiler, bemängelte, daß die Auslandsdienste des DNB durch die Nachrichtenverkehrs- und Verzögerungspraxis des Auswärtigen Amtes behindert würden und dadurch jede Konkurrenzfähigkeit verlorenginge. Diese Beschuldigung wurde mit einem praktischen Beispiel untermauert. Im Juni 1941 hatte die türkische Nachrichtenagentur das Abonnement des DNB-Dienstes gekündigt. Die Agentur begründete die Kündigung damit, daß sie bei der Berichterstattung über bedeutende Ereignisse entweder ganz im Stich gelassen oder aber aus anderen Quellen wesentlich früher informiert worden sei. Brauweiler zog den Schluß: "Auf diese Weise verliert der Auslandsdienst des DNB, der sowieso schon keinen Handelswert darstellt, immer mehr an Interesse, so daß auf Dauer nichts anderes übrig bleibt, als den Bezug des Dienstes künstlich zu stützen, da er einem natürlichen Nachrichtenbedürfnis nicht mehr entspricht und gerecht wird. Mit jedem Nachrichtenausfall

139 Quellen: 1938: BA: R 2. 4954. Bl. 790
1941/42: BA: R 55. 685. Bl. 29f.

verstärkt sich außerdem der Eindruck im Ausland, daß DNB eine Regierungsagentur ist, was das Bezugsinteresse weiter einschränkt.[140]

Die Mehreinnahmen nach Kriegsausbruch dürfen nicht auf eine gestiegene Akzeptanz des DNB im Ausland zurückgeführt werden. Die Besetzung großer Teile Europas während des Jahres 1940 gab dem DNB die Möglichkeit, in diesen Gebieten die führende Stelle einzunehmen. Nach der Besetzung Dänemarks, Norwegens und Hollands durch deutsche Truppen hielt das DNB die alten Verträge mit den Nachrichtenbüros dieser Länder zwar der Form nach aufrecht. Allerdings arbeiteten die Agenturen von da an unter deutscher Aufsicht, d. h. das DNB lieferte sein Nachrichtenmaterial an diese Büros und diese übernahmen wie bisher die Verteilung an die Presse. Tatsächlich verstärkte sich der DNB-Einfluß jedoch erheblich. Die Agenturen mußten nämlich die Dienste kündigen, die sie bisher von Reuter und Havas bezogen hatten. Sie benutzten seither fast ausschließlich DNB-Material.[141] In Belgien, Frankreich und Jugoslawien fand das DNB eine andere Situation vor. Die dortigen Agenturen waren vorher evakuiert worden, die nachrichtentechnischen Mittel waren entweder zerstört oder mitgenommen. In diesen Ländern gründete das DNB mit Regierungsgeldern Tochtergesellschaften, die die Nachrichtenübermittlung an die Presse übernahmen. Diese Tochtergesellschaften trugen nicht den Namen der deutschen Agentur; das belgische Büro z. B. erhielt den Namen Belgapress.[142] Alle Agenturen in den besetzten Ländern gaben die Nachrichten, die sie vom DNB erhielten, als eigenes Material und mit eigenem Zeichen an die Presse ab, so daß die wahre Nachrichtenquelle nicht ohne weiteres erkennbar war. Auf diese Tarnung wurde großen Wert gelegt. Um sie aufrechtzuerhalten, wurden in den besetzten Ländern auch die eigenen Vertretungen des DNB weitergeführt, während die ausländischen Agenturen ihrerseits wieder eigene Korrespondenten in Berlin hatten. Die Agenturen erhielten die DNB-Dienste zu verringerten Bezugspreisen, mit denen die dabei entstandenen Kosten nicht gedeckt werden konnten.[143] Wo die Verbreitung von Nachrichten reinen Propagandazwecken diente, wie beispielsweise beim 1942 in Betrieb genommenen "Soldatensender Calais", erfolgte die

140 BA: R 55. 826. Bl. 3f.

141 Vgl. BA: R 55. 765. Bl. 22.

142 Vgl. ebd. Bl. 23.

143 Vgl. BA: R 55. 289. Bl. 16.

Belieferung durch das DNB sogar kostenlos bzw. das Propagandaministerium kam für sämtliche Kosten auf.[144]

Hatte bereits der Zustand des deutschen Zeitungswesens das DNB vor finanzielle Schwierigkeiten gestellt, so bedeuteten die fast gänzlich ausbleibenden Gelder aus dem Ausland ein wirtschaftliches Debakel, zumal das DNB gerade in die Auslandsorganisation durch die Neugründung von Vertretungen und Personalverstärkungen erhebliche Beträge investiert hatte. Als Folge davon geriet das DNB zusätzlich zu der institutionellen und inhaltlichen auch noch in eine wirtschaftliche Abhängigkeit vom Staat. Angesichts der finanziellen Mißerfolge erscheint es umso unverständlicher, daß außer dem DNB zwei weitere deutsche Nachrichtenagenturen im Ausland Nachrichten beschafften und anboten. Während sich das Betätigungsfeld der Transocean GmbH auf Übersee erstreckte, war die Europapress GmbH im europäischen Ausland tätig.

Wie das DNB, so waren auch TO und EP im Propagandaministerium der Presseabteilung der Reichsregierung unterstellt. Hier legte man den Stellenwert fest, den TO und EP gegenüber dem DNB einzunehmen hatten. Danach hatte sich die "Tätigkeit der anderen deutschen Agenturen an DNB als dem Hauptbüro auszurichten" und das DNB hatte "bei gleichzeitiger Entwicklung der verschiedenen deutschen Nachrichtendienste ... das Primat bei der Einstellung neuer Kräfte und Einsatz technischer Hilfsmittel". Von der TO erwartete man, daß sie dort wirkte, "wo DNB als Lieferant nicht in Erscheinung tritt".[145] Auch TO und EP erhielten von der Regierung finanzielle Zuschüsse, mit denen sie ihr Zweigstellennetz ausbauten. Mit dem Ausbau ihrer Organisationen veränderte sich das Verhältnis der drei größten deutschen Agenturen zueinander. Waren TO und EP zur Unterstützung des DNB bestimmt, so arbeiteten die drei Agenturen spätestens seit 1939 kostspielig nebeneinander her.[146] Alle drei Agenturen erstrebten ein Höchstmaß an Unabhängigkeit durch die Ausdehnung und Vergrößerung ihrer Unternehmen. Als dies zu Beginn des Krieges erreicht war, wurde das Verhältnis, in dem die Agenturen zueinander stehen sollten, vom Propagandaministerium neu definiert. Aus dem Nebeneinander sollte sich ein Gegeneinander entwickeln. Nach dem Willen Goebbels sollte seit Juli 1940 "mehr als bisher DNB gegen Transocean ausgespielt werden, da die Konkurrenz der beiden Nachrich-

---

[144] Vgl. Michael Balfour: Propaganda in War 1939-1945. London / Boston / Henley 1979. S. 98.

[145] Vgl. BA: R 55. 826. Bl. 9f.

[146] Vgl. dazu Cornelius Klee: Die Transocean GmbH, im vorliegenden Band S. 200ff.

tenbüros die sicherste Gewähr dafür biete, daß sie in ihren Anstrengungen nicht nachließen".[147] Auch von der EP wurde seit 1940 der effektive Einsatz eines "vom DNB unabhängigen, selbständigen Weltnachrichtensammelapparates" verlangt.[148] Somit mußte das DNB während der letzten Jahre seiner Existenz sich noch gegen die Konkurrenz aus den eigenen Reihen behaupten.

5. Das Ende des DNB

Aufgrund der ab 1942 zunehmenden Luftangriffe auf Berlin ließ das Propagandaministerium für das DNB einen Ausweichbunker im Vorort Buckow errichten, um eine eventuelle Unterbrechung des Nachrichtendienstes zu verhindern. Der Bunker wurde im Februar 1943 fertiggestellt und übernahm von da an bei Luftangriffen den Dienst der Zentrale. Im Januar 1945 wurde eine weitere Ausweichstelle in Thüringen errichtet, die allerdings den Betrieb nicht mehr aufnahm.[149] Nachdem das schon vorher schwer beschädigte DNB-Hauptgebäude in Berlin am 3. Feburar 1945 unter Verlust des gesamten Inventars vernichtet worden war, vollzog sich die noch mögliche Arbeit im Bunker Buckow. Am 23. April mußte auch diese Unterkunft aufgegeben werden, da durch das Vordringen der Sowjets die Gefahr bestand, vom Regierungsbunker abgeschnitten zu werden. Der Rest des noch aktiven Personals - etwa 40 Personen - wurde zunächst im Gebäude des Propagandaministeriums untergebracht. Noch bevor mit den verbliebenen Gerätschaften der Betrieb wieder aufgenommen werden konnte, wurden die bezogenen Räume und sämtliches Material durch Artillerie-Beschuß völlig zerstört. Die Überlebenden hielten danach noch - zum Teil auf der Straße arbeitend - bis zum 30. April durch das Abhören fremder Sender einen kleinen örtlichen Nachrichtendienst aufrecht. Am 1. Mai wurde es dem Personal des DNB freigestellt, sich zu retten, und die Zentrale wurde aufgelöst.[150] Die letzte noch funktionsfä-

147 Anweisung aus der "1/2 11 h Konferenz vom 25. Juli 1940". In: Jürgen Hagemann a. a. O. S. 81.

148 Vgl. BA: R 55. 289. Bl. 10.

149 Vgl. Hansjoachim Höhne a. a. O. S. 131ff. Zu den Arbeitsbedingungen während der letzten Kriegsmonate interviewte der Autor mehrere ehemalige Angestellte des DNB.

150 Vgl. BA: NL Leverkuehn 31. Schreiben der Interessengemeinschaft Deutsches Nachrichtenbüro E. V. an das Bundeskanzleramt, ohne Datum. Vgl. auch: Max Frhr. Besserer v. Thalfingen: Das deutsche Nachrichtenwesen nach 1945 a. a. O. S. 319.

hige Zweigstelle war DNB-Hamburg. Von dort wurde bis zum 2. Mai 1945 ein stark eingeschränkter Dienst an die norddeutschen Zeitungen verbreitet. Dann hatte das DNB nach elf Jahren und vier Monaten nachrichtendienstlicher Tätigkeit aufgehört zu existieren.

Nach Einstellung des Betriebes des DNB und der Besetzung Deutschlands wurde das Vermögen des DNB von den Alliierten beschlagnahmt. Im Juni 1946 wurde bei der amerikanischen Militärregierung eine Entscheidung darüber beantragt, ob eine ordnungsgemäße Auflösung des Unternehmens nach handelsrechtlichen Gesichtspunkten durchzuführen sei.[151] Erst 1952 setzte man die Firma "Industriebeteiligungsgesellschaft mbH" als Liquidatorin des DNB ein. Die Liquidation wurde 1956 abgeschlossen.[152]

Die ehemaligen Angestellten des DNB wurden von den Besatzungsmächten als Staatsbeamte eingestuft. Dies hatte zur Folge, daß alle Personen, die für das Unternehmen tätig gewesen waren, einem Entnazifizierungsverfahren unterzogen wurden. In allen Verfahren stufte man die Beteiligten als "Mitläufer" oder "nicht betroffen" ein.[153]

Am 17. Februar 1953 wurde in Hamburg die "Interessengemeinschaft Deutsches Nachrichtenbüro E. V." von früheren Angestellten des DNB gegründet. Die Geschäftsführung des Vereins übernahm der ehemalige DNB-Vertreter in Peking, Dr. Herbert Müller. Der Zweck der Gründung war, "zu erreichen, daß Artikel 131 des Grundgesetzes (Rechtsverhältnisse ehemaliger Angehöriger des öffentlichen Rechts, d. Verf.) auch auf die Angestellten des DNB angewendet wird, da das DNB eine staatliche, allerdings als privatwirtschaftliches Unternehmen getarnte, Einrichtung war".[154] De facto erhob die Interessengemeinschaft den Anspruch auf Zahlung von Ruhegehältern für die im DNB abgeleistete Arbeitszeit. Das zuständige Bundesinnenministerium lehnte jedoch den Antrag auf Anerkennung des DNB als Institution des öffentlichen Rechts ab, da befürchtet wurde, daß man damit einer Anzahl weiterer Unternehmen ebenfalls

---

151 Vgl. BA: R 34. 540. Schreiben von Dr. Herbert Müller an die amerikanische Militärregierung. Ohne Blattzahl.

152 Vgl. BA: Kl. Erw. 302-1. Bl. 73.

153 Vgl. BA: NL Leverkuehn. 31. Schreiben der Interessengemeinschaft Deutsches Nachrichtenbüro E. V. an das Bundeskanzleramt. Ohne Datum.

154 Interessengemeinschaft der früheren Angestellten des DNB o. Verf. In: Zeitungs-Verlag 50 (1953) S. 182.

die Tür zum Artikel 131 GG hätte öffnen müssen. Darum wurde letztendlich ein anderer Weg gewählt. Das Ministerium erklärte sich bereit, an die Deutsche Presse-Agentur als der funktionellen Nachfolgergesellschaft des DNB Zahlungen in der Höhe zu leisten, in der der Agentur Unkosten bei der Übernahme der Versorgungspflichten der ehemaligen Angestellten entstehen würden.[155]

Das im Januar 1945 von Berlin nach Thüringen gebrachte nachrichtentechnische Material des DNB benutzten die Amerikaner zum Aufbau einer Nachrichtenagentur in ihrer Besatzungszone. Da Thüringen zwar von den Amerikanern eingenommen worden war, jedoch nach dem Teilungsplan der Alliierten zur sowjetischen Zone gehörte, wurden die Bestände noch im Mai 1945 nach Bad Nauheim gebracht. Dort nahm Ende Juni der "German News Service" seine Tätigkeit auf. Am 4. September 1945 begann von dieser Stelle die Übermittlung von Nachrichten in deutscher Sprache. Der Dienst wurde unter der Bezeichnung "Deutsche Allgemeine Nachrichtenagentur" (DANA) verbreitet. Aus dem Zusammenschluß von DANA mit den anderen westlichen Zonenagenturen ging schließlich am 1. September 1949 die Deutsche Presse-Agentur hervor.

155 Vgl. ebd. Interessengemeinschaft Deutsches Nachrichtenbüro E. V. Bericht über Besprechungen in Bonn 22.-24. November 1954.

Vom German News Service zur Deutschen Presse-Agentur

Von Andreas Kristionat

1. Alliierte Pläne für eine deutsche Nachkriegsagentur

1.1. Die "Stunde Null"

Mit dem Ende des Zweiten Weltkriegs in Europa breitete sich Anfang Mai 1945 über weiten Teilen Deutschlands das "große Schweigen" aus. Das DNB hatte seine letzten Durchhalteparolen verbreitet, und die gleichgeschaltete Presse war zusammengebrochen. Von den Alliierten herausgegebene Mitteilungsblätter oder Rundfunksendungen unterrichteten das deutsche Volk über die totale Niederlage der Wehrmacht. Maueranschläge der Alliierten verkündeten die Gebote und Verbote der Besatzungsmächte. Im übrigen war Deutschland ein Land ohne Informationen.

Bereits Anfang März 1944 wurden Mitarbeiter der dem gemeinsamen Oberkommando der britischen und amerikanischen Streitkräfte in Europa (SHAEF)[1] angegliederten Stabsabteilung für Psychologische Kriegsführung (PWD)[2] damit beauftragt, sich mit den Planungen für eine Presseagentur im Deutschland der Nachkriegszeit zu befassen. Das Ergebnis dieser Beratungen war der Vorschlag, eine gemeinsame Nachrichtenagentur einzurichten, die unter anglo-amerikanisch-russischer Leitung und Kontrolle stehen und ihren Sitz in Berlin haben sollte.[3]

---

[1] Supreme Headquarters, Allied Expeditionary Force.

[2] Psychological Warfare Division. Die PWD war 1942 aus einer kombinierten anglo-amerikanischen Einheit hervorgegangen und unterstand dem Hauptquartier der Alliierten Expeditionsstreitkräfte (SHAEF). PWD war der direkte Vorläufer der Information Control Division (ICD), die als Teil der Militärregierung nach Kriegsende für den Aufbau und die Kontrolle der deutschen Nachrichtenmedien in der amerikanischen und britischen Zone verantwortlich war.

[3] Vgl. SHAEF/PWD: Proposals for the Establishment of Tripartite Anglo-American-Russian Control over Information and Propaganda in Germany during the Occupation Period. Top secret. 24. April 1944, p. 1-5. In: Bundesarchiv Koblenz (BA), im folgenden nur noch BA und OMGUS/ISD-Bestandssignatur: 5/235-1/3.

Bis zum 3. Juli 1944 erstellten Angehörige der PWD unter dem Decknamen "Operation Talisman" ein detailliertes Konzept für die neu zu gründende Agentur. Darin wurden bereits deren Funktion, die zu benutzende technische Ausrüstung und die Rekrutierung des Personals bis in alle Einzelheiten aufgegliedert. Zu diesem Zeitpunkt war allerdings noch völlig unklar, ob sich die Sowjets den Vorschlägen der West-Alliierten anschließen würden. Doch auch für diesen Fall hatte PWD vorgesorgt: Sollte eine Zusammenarbeit mit der UdSSR nicht möglich sein, wollten Briten und Amerikaner "... unabhängig voneinander in verschiedenen deutschen Städten der anglo-amerikanischen Zone ..." eigene Pressedienste gründen.[4]

Die Grundzüge der westalliierten Presse- und Informationspolitik standen somit im Frühjahr 1944 fest: Das Deutsche Nachrichtenbüro sollte nach der Besetzung Berlins übernommen und in eine zentrale Presseagentur der Verbündeten umgewandelt werden. Man wollte sich der Einrichtungen des DNB bedienen, um das deutsche Volk von der Notwendigkeit der grundlegenden Abkehr vom Nationalsozialismus zu überzeugen.

Doch selbst wenige Tage vor Kriegsende konnten sich die Alliierten nicht auf eine befriedigende Lösung des neu zu installierenden Nachrichtenbüros einigen. Der Amerikaner Luther Conant, Chef der Presseabteilung bei PWD, hatte am 27. April 1945, vermutlich zum letzten Mal, ein mehrere Seiten umfassendes Konzept für eine unter Alliiertem Oberkommando stehende Agentur ausgearbeitet, das jedoch kein Wort über die Beteiligung von Deutschen am Wiederaufbau des Nachrichtenwesens enthielt.[5] In die neue Nachrichtenagentur sollten jetzt offenbar auch die Franzosen einbezogen werden.[6]

Conant plante, die Tätigkeit dieses gemeinsamen Pressedienstes von einem "Executive Committee" des Alliierten Kontrollrats überwachen zu lassen. Damit sollte SHAEF/PWD keine direkte Kontrolle mehr ausüben können. Neben den vorgesehenen Zeitungen hatte die Agentur das Basismaterial für alle Radiostationen, die in Deutschland ihren Dienst aufnehmen würden, zu liefern. Das

---

[4] Vgl. SHAEF/PWD: Newspapers and Publications Branch. (German Section): Draft Plan for Operation Talisman. Top secret. 3 July 1944. S. 1-5. In: BA 5/269-1/32.

[5] Vgl. Luther Conant, Chief Press Section, PWD, to: Colonel William S. Paley. Subject: Proposed Organisation of a Multi-Partite News Agency in Berlin. 27 April 1945. S. 1-3. In: BA 5/235-1/3.

[6] Vorher hatte PWD immer nur von einer "Tripartite Anglo-American-Russian Control" gesprochen.

Nachrichtenmaterial sollte von Reportern verschiedener Nationalität erarbeitet werden. Offizieller Sprachgebrauch dieser Einrichtung sollte deutsch sein.

Außerdem würde jede beteiligte Nation einen Chefredakteur stellen. Diese sollten aus ihrer Mitte einen "Chairman" wählen, dessen Entscheidungen für alle redaktionellen Mitarbeiter bindend sein würden. Die Nachrichten sollten über Hellschreiber, Fernschreiber, Telegraphie, Telefon oder ähnliche in Deutschland zur Verfügung stehende Kommunikationsmittel verbreitet werden.[7]

Warum es zu dieser, bis in alle Einzelheiten geplanten gemeinsamen Nachrichtenagentur der Besatzungsmächte nicht gekommen ist, läßt sich heute anhand des zur Verfügung stehenden Literatur- und Quellenmaterials nicht mehr befriedigend rekonstruieren. Tatsache ist, daß sich das Verhältnis zwischen den Siegermächten spätestens seit dem Potsdamer Abkommen mehr und mehr verschlechterte. Das Unvermögen der Alliierten, sich nach dem Zweiten Weltkrieg auf eine gemeinsame Presse- und Informationspolitik zu einigen, führte bereits wenige Monate nach Kriegsende zur Gründung der sogenannten Zonenagenturen.

1.2. Die Entstehung der Zonenagenturen

Nachdem die Militärregierungen in den von ihnen okkupierten Zonen - entsprechend vorheriger Vereinbarungen - nur vereinzelte Nachrichtenblätter herausgegeben hatten, wurde am 25. Mai 1945 auf der Grundlage der am 12. Mai abgeänderten Fassung des Gesetzes Nr. 191 und der dazu erlassenen Nachrichtenkontrollvorschrift Nr. 1 bekanntgegeben, daß von nun an auch Zeitungen unter deutscher Leitung lizenziert werden konnten.[8]

Rund sechs Wochen nach dem offiziellen Waffenstillstand wurde am 27. Juni 1945 von den Amerikanern in Aachen die erste, von Deutschen geleitete Zeitung gegründet ("Aachener Nachrichten"). Am 31. Juli 1945 wurde die "Frankfurter Rundschau" lizenziert, am 5. September die "Rhein-Neckar-Zeitung" in Heidelberg und am 6. Oktober die "Süddeutsche Zeitung" in München. Diese Blätter

---

[7] Vgl. Luther Conant to Colonel William S. Paley. Subject Proposed Organisation ... a. a. O. S. 2f.

[8] Vgl. Harold Hurwitz: Die Stunde Null der deutschen Presse. Köln 1972. S. 118.- Kurt Koszyk: Pressepolitik für Deutsche 1945-1949. Berlin 1986. S. 40.

unterlagen zwar noch der Zensur und den Direktiven des Alliierten Kontrollrats: Sie konnten aber - in diesem Rahmen - als erste Nachkriegs-Zeitungen Deutschlands unter eigener Verantwortung arbeiten.[9]

Mit der Herausgabe von Zeitungen stellte sich naturgemäß das Bedürfnis nach regelmäßigen Nachrichtenlieferungen ein. Da man sich letzten Endes nicht auf eine gemeinsame Presseagentur hatte einigen können, entstanden in den Besatzungszonen, kontrolliert von den jeweiligen Organen der Militärregierung, folgende Nachrichtenagenturen:

In der amerikanischen Zone wurde am 29. Juni 1945 die erste Meldung des "GNS" (German News Service) verbreitet. Knapp zwei Monate später wurde der GNS in die "DANA" (Deutsche Allgemeine Nachrichtenagentur) umgewandelt, die später den Namen "DENA" (Deutsche Nachrichtenagentur) erhielt und ihren Sitz in Bad Nauheim hatte. In der sowjetischen Besatzungszone erschien am 19. Juli 1945 erstmalig eine Nachricht unter dem Zeichen "SNB". Dahinter verbarg sich das "Sowjetische Nachrichtenbüro", aus dem am 5. Oktober 1946 in Berlin der "Allgemeine Deutsche Nachrichtendienst" (ADN) gebildet wurde.[10]

Am 8. August 1945 nahm in der britischen Zone ein Pressedienst seine Tätigkeit auf, der zunächst den Namen "GNS-BZ" (German News Service-British Zone) trug, jedoch bald die Bezeichnung "dpd" (Deutscher Presse-Dienst) annahm und in Hamburg angesiedelt war. In der französischen Besatzungszone übermittelte seit Ende August 1945 die "RHEINA" (Rheinische Nachrichtenagentur) ihren Presse-Nachrichtendienst. Diese Agentur wurde am 1. April 1947 in ein deutsch-französisches Gemeinschaftsunternehmen mit dem Namen "SÜDENA" (Südwestdeutsche Nachrichten-Agentur) umgewandelt und hatte ihre Zentrale in Baden-Baden.[11] Die neu gegründeten Pressedienste arbeiteten zunächst eng mit den Nachrichtenagenturen der jeweiligen Besatzungsmacht zusammen. Die Siegermächte betrieben sie anfangs selbst und übergaben sie erst allmählich in deutsche Hände. Die weitere Entwicklung dieser Presseagenturen wurde entscheidend von den Gegebenheiten in den jeweiligen Besatzungszonen geprägt.

---

9 Vgl. Johann Wilhelm Naumann: Die Organisation der neuen deutschen Presse. In: Deutscher Zeitungsverlag (Hrsg.): Handbuch Deutsche Presse. Bielefeld 1947. S. 85-89, dort S. 85.

10 Vgl. Hansjoachim Höhne: Die Geschichte der Nachricht und ihrer Verbreiter. Baden-Baden 1977. S. 141f.

11 Vgl. Kurt Koszyk a. a. O. S. 49ff., 198ff., 296.

2. Die amerikanische Zone: Vom GNS zur DENA

2.1. DNB-Geräte ermöglichen den Aufbau des GNS

Bevor der German News Service (GNS) als erste nach dem Zweiten Weltkrieg in der amerikanischen Besatzungszone Deutschlands gegründete Nachrichtenagentur ihren Dienst aufnehmen konnte, hatten die Amerikaner zahllose technische Hürden zu überwinden. Noch während des Krieges waren die Pressestrategen von SHAEF/PWD davon ausgegangen, nach der Niederlage des NS-Staates auf ein funktionsfähiges "Deutsches Nachrichtenbüro" zurückgreifen zu können. Die Einrichtungen des DNB waren jedoch 1945 größtenteils zerstört, technisches Gerät zum Aufbau eines leistungsfähigen Pressedienstes dadurch Mangelware. Als Vorteil für die Amerikaner erwies sich jedoch die Tatsache, daß das DNB noch in den letzten Kriegstagen versucht hatte, eine vorläufige Ausweichstelle in Thüringen einzurichten.

Schon Ende Januar 1945 hatte Goebbels die Auslagerung von Teilen des DNB nach Erfurt angeordnet. Mit der Durchführung dieses Geheimauftrags wurde DNB-Chefingenieur Edgar F. Scholz betraut. Einen sichereren Standort für das Behelfsquartier fand Scholz jedoch im vier Kilometer von Erfurt entfernten Ort Waltersleben.[12] Anfang März 1945 transportierte er etwa fünf Tonnen technisches Gerät, darunter Hellschreiber, Fernschreibgeräte, Sende- und Empfangsanlagen, Röhren, Kabel oder sonstiges Zubehör nach Thüringen. Aber noch bevor die nur provisorische Agentur ihre Tätigkeit aufnehmen konnte, wurde Waltersleben am 11. April 1945 von den Amerikanern besetzt.

Am 28. April 1945 wurde Brewster Morgan - ein Rundfunkjournalist und Angehöriger der "2nd Mobile Radio Broadcasting Company" des PWD bei der 12. US-Heeres-Gruppe - damit betraut, in Frankfurt mit den beschlagnahmten Immobilien und Geräten des Reichssenders Frankfurt eine Radiostation zu installieren. Da das Frankfurter Funkhaus durch Kriegseinwirkung fast vollständig zerstört war, richtete Morgan sein Quartier in Bad Nauheim ein. Morgan wollte den etwa 30 Kilometer von Frankfurt entfernten Luftkurort zur "Radio-City of

---

12 Bei den folgenden Anmerkungen zur Auslagerung des DNB nach Thüringen und der Entstehungsgeschichte des GNS kann sich der Verfasser auf ein Gespräch mit dem ehemaligen DNB-Mitarbeiter und späteren Cheftechniker der GNS-Nachfolgeagenturen DANA/DENA Edgar F. Scholz vom 17.3.1989 berufen.

Germany" machen.[13] Weil für ihn die Rundfunknachrichten im Vordergrund der neuen Informationspolitik standen, soll er zunächst fieberhaft nach nachrichtentechnischem Material gesucht haben und "heilfroh" gewesen sein, als er hörte, daß in Thüringen noch funktionsfähiges DNB-Gerät entdeckt worden war.

Thüringen wurde zwar von den Amerikanern erobert, gehörte aber nach den Vereinbarungen der Alliierten zur sowjetischen Besatzungszone. Aus diesem Grund hatte sich Oberleutnant Russel J. Bowen ebenfalls von der "2nd Mobile Radio Broadcasting Company" (MRBC) rechtzeitig vor der Übergabe an die Russen auf den Weg nach Waltersleben begeben und ließ am 1. Mai 1945 die DNB-Geräte beschlagnahmen. Bowen heuerte Scholz, der sich ebenfalls noch in der Ortschaft befand, als technischen Berater an und transportierte ihn zusammen mit seinen Geräten am 10. Mai 1945 nach Bad Nauheim.[14]

Mitte Juni 1945 wurden der Leiter der Abteilung "Press and News" bei SHAEF/PWD, Luther Conant, und Leutnant Leon Edel, ein ehemaliger Korrespondent der französischen Nachrichtenagentur Havas, von US-Brigadegeneral Robert A. McClure, dem PDW-Chef, beauftragt, in der amerikanischen Besatzungszone eine zentrale Presseagentur einzurichten.[15]

Da neben dem Rundfunkexperten Morgan mittlerweile auch Hans Habe - ein in amerikanischen Diensten stehender deutscher Emigrant - in Bad Nauheim eine Zweigstelle des 1943 in London gegründeten "Allied Press Service" (APS) leitete, entschlossen sich Conant und Edel, für den Sitz ihrer Presseagentur ebenfalls den Luftkurort im Vordertaunus zu wählen. Während sich Morgan bald nur noch dem Aufbau des Rundfunks widmete, versuchten Conant und Edel eine funktionsfähige Nachrichtenagentur zu installieren. Ende des Monats war diese Agentur einsatzbereit. Unter dem Kürzel GNS wurde am 29. Juni 1945 die erste Meldung des German News Service verfaßt. Die US-Besatzungsmacht hatte

---

13 Vgl. William Birke Miller, Chief Radio Section, Headquarters 6871st District Information Services Command (DISC), to: Colonel McMahon. Subject: Bad Nauheim Mission. Secret. 8 May 1945. In: Hessisches Hauptstaatsarchiv Wiesbaden (HHSta), im folgenden nur noch HHSta und OMGUS/ISD-Bestandssignatur. Also: HHSta 8/155-2/15.

14 Vgl. Gerhard Matthäus: DENA-Geschichte. 1. Teil. Unveröffentlichtes Manuskript. Hamburg (dpa) 1967. Dort Kapitel II. 1. S. 3ff.

15 Den genauen Wortlaut des Einsatzbefehls findet man erst später im Schreiben: SHAEF/PWD - Press Section: Standing Operating Procedure - German News Service. 10 July 1945. S. 1-5. In: BA 5/240-3/2.

damit den ersten, nach dem Krieg in Deutschland gegründeten Presse-Nachrichtendienst ins Leben gerufen.[16]

GNS fungierte zunächst als Nachrichtenzulieferer für den APS, die "Aachener Nachrichten", verschiedene - von den Amerikanern herausgegebene - Heeresgruppenzeitungen für die deutsche Bevölkerung und den Rundfunk. Leiter der Agentur war Leon Edel.

Nach und nach richtete GNS Außenbüros in Frankfurt, Wiesbaden, München und Berlin ein. Mitte August 1945 beschäftigte die Agentur 13 amerikanische Journalisten und verfügte über fünf Ressorts, darunter einen in englischer Sprache abgefaßten Inlandsnachrichtendienst, der täglich etwa 3.000 Wörter herausgab.[17] Für eine umfassendere Nachrichtenversorgung fehlte allerdings noch das wichtigste: der Sender.

Im Mai 1945 hatten die Amerikaner bei Rosenheim einen fahrbaren Langwellensender der inzwischen aufgelösten Deutschen Wehrmacht erbeutet. Scholz wurde damit beauftragt, den 20 Kilowatt starken Langwellensender "P" (Paul/Paula), der aus mehreren Fahrzeugen bestand und während des Krieges einer Propagandakompanie im Kaukasus, auf der Krim und in Rumänien gedient hatte, nach Bad Nauheim zu transportieren und ihn dort instandsetzen zu lassen. Nach der Errichtung von drei 55 Meter hohen Sendemasten durch amerikanische Pioniere in Bad Vilbel bei Frankfurt konnte der GNS am 4. September 1945 um 5.30 Uhr erstmals seinen geregelten Sendebetrieb aufnehmen.[18]

Nur einen Tag später traten die ersten drei deutschen Journalisten, die Conant aus einem britischen Kriegsgefangenen- und Umerziehungslager in Ascot bei London rekrutiert hatte, ihren Dienst im Redaktionsstab der GNS-Nachrichtenzentrale an. Unter ihnen befand sich der künftige deutsche Chefredakteur der GNS-Nachfolgeagenturen DANA/DENA, Walter Fritze. Die beiden anderen Deutschen waren Johannes Haas-Heye, nach seiner Tätigkeit für DANA/DENA Pressechef des Deutschen Gewerkschaftsbundes (DGB), und Waldemar Pfefferkorn, ein späterer Mitarbeiter des deutschen Dienstes der United Press International (UPI).[19]

---

16 Vgl. Hansjoachim Höhne a. a. O. S. 151.

17 Vgl. John Stuart, Press Controll Officer, DANA. To: Robert McClure, ICD Headquarter. Subject: History of DANA. 24 June 1946. S.1. In: HHSta 8/154-2/1.

18 Vgl. DANA (Hrsg.): DANA meldet: 6. September 1946. Bad Nauheim 1946. S. 4f.

19 Vgl. Gerhard Matthäus a. a. O. Kapitel IV. 4. S. 3.

2.2. Ein neuer Name: "Hier ist die DANA"

Kaum hatte GNS seinen regelmäßigen Sendebetrieb aufgenommen, drohte ihm auch schon wieder das Erlöschen: Um sich von dem mittlerweile in Hamburg durch die Briten gegründeten German News Service-British Zone (GNS-BZ) zu unterscheiden, wurde am 5. September 1945 in Bad Nauheim beschlossen, die amerikanische Agentur mit einem neuen Namen zu versehen. Noch am gleichen Tag wurde GNS in DANA (Deutsche Allgemeine Nachrichtenagentur) umgetauft.[20] Am 6. September 1945, um 6.00 Uhr früh, hieß es auf den Hellschreibern der in der US-Zone inzwischen wieder zugelassenen deutschen Zeitungen zum ersten Mal: "Hier ist die DANA, Bad Nauheim".[21]

Als Chefredakteur des neuen Pressedienstes setzte der inzwischen zum Leiter der DANA-Nachrichtenkontrolleinheit beförderte Leon Edel zunächst den ehemaligen "Canadian Press"-Redakteur Don Gilbert ein.[22] Da dieser jedoch kaum Deutsch konnte, wurde er einige Wochen später durch Eugene Jolas, einen amerikanischen Journalisten französischer Abstammung, der während des Krieges als Übersetzer im deutschen Dienst des APS gearbeitet hatte, ersetzt. Der in Lothringen Geborene sprach fließend Deutsch, Englisch und Französisch und hatte mit Edel bereits vor dem Krieg im New Yorker Büro der französischen Nachrichtenagentur Havas zusammenarbeitet.[23]

Jolas war es auch, der am 20. September 1945 die ersten Grundsätze für die redaktionelle Arbeit der DANA prägte. Eine seiner wichtigsten Anordnungen lautete: "DANA will henceforth adopt the American style of newswriting".[24] Und das bedeutete: Wesentliche Tatsachen gehören ins "lead", also den einleitenden Absatz der Nachrichtenmeldung. An die Stelle des bis dahin in Deutsch-

---

20 Vgl. DPA (Hrsg.): 25 Jahre Deutsche Presse-Agentur. Hamburg 1974. S. 12.

21 Vgl. Gertrud Steinhausen: Gründung und Entwicklung der westdeutschen Nachrichtenagenturen nach dem 2. Weltkrieg. Diss. Heidelberg 1959. S. 30.

22 Vgl. Gerhard Matthäus: DENA-Geschichte. 2. Teil. Unveröffentlichtes Manuskript. Hamburg (dpa) 1967. Dort Kapitel I. 2. S. 4.

23 Vgl. Johannes Schmitz: Das Beispiel DANA/DENA. Nachrichtenagentur in der amerikanisch besetzten Zone Deutschlands. In: Manfred Bobrowsky / Wolfgang Langenbucher (Hrsg.): Wege zur Kommunikationsgeschichte. München 1987. S. 681-694. Dort S. 688f.

24 Vgl. Hans Benirschke: Die Anfänge der Nachrichtenagenturen. In: Heinz-D. Fischer (Hrsg.): Pioniere der Nachkriegspublizistik. Köln 1986. S. 141-151.

land allgemein gültigen chronologischen Aufbaus eines Berichts, sollte die Zusammenfassung des Meldungskerns in den ersten zwei bis drei Sätzen treten. Ferner verpflichtete Jolas seine Mitarbeiter, die Meldungen von jeglichen redaktionellen Kommentaren freizuhalten, korrekt zu übersetzen und die Begriffe der Nationalsozialisten aus der Nachrichtensprache zu verbannen. Tatsachentreue, Quellengenauigkeit und moralische Integrität beim Abfassen und Bearbeiten der Meldungen sollten zu den Merkmalen einer neuen demokratischen deutschen Presse werden.

Trotz dieses grundlegenden Neubeginns auf dem journalistischen Sektor war die DANA anfangs keineswegs eine unabhängige oder gar objektive deutsche Nachrichtenagentur. Bis zu ihrer Lizenzierung am 26. Oktober 1946 war sie eine Einrichtung der amerikanischen Armee. In den Redaktionen saßen überwiegend Angehörige der US-Streitkräfte, die erst nach und nach durch deutsche Mitarbeiter ersetzt wurden. Die DANA gab zwar von Anfang an einen deutschsprachigen Pressedienst heraus und beschäftigte Ende Dezember 1945 bereits mehr als einhundert deutsche Kräfte[25]: Sie war aber bis zur Erteilung ihrer Lizenz politisch, personell, organisatorisch und finanziell zunächst völlig abhängig von verschiedenen Dienststellen der "Amerikanischen Militärregierung in Deutschland".

Im Gegensatz zu den Lizenzzeitungen, bei denen die US-Presseoffiziere die Meldungen oder Artikel erst nachträglich überprüften, wurden bei der DANA bis Ende Oktober 1946 alle Nachrichtenmeldungen vorzensiert. Die Redakteure - das galt für Deutsche und Amerikaner gleichermaßen - mußten ihre Berichte vor deren Veröffentlichung erst dem zuständigen Nachrichtenkontrolloffizier der Information Control Division (ICD) vorlegen und diese bei Beanstandung abändern oder zurückziehen.[26]

Somit diente die DANA vor ihrer Lizenzierung - ebenso wie die Nachrichtenagenturen der anderen Siegermächte - dazu, "... in die deutschen Medien nur 'erwünschte' und mit der allgemeinen Pressepolitik abgestimmte Informationen zu bringen."[27] Die Filterwirkung der Agentur ermöglichte es, "... die Kontrolle

[25] Vgl. John Stuart, Chief Press Liaison Section, DENA, Alfred Jacobsen, Press Laison Officer, DENA, to: Director ICD, OMGUS. Subject: History of DENA. 5 November 1948. Tab. A. S. 2. In: BA 5/242-2/12.

[26] Vgl. Gertrud Steinhausen a. a. O. S. 31.

[27] Kurt Koszyk a. a. O. S. 50f.

der einzelnen Zeitungen weitgehend durch die Überwachung der Nachrichtenquelle zu ersetzen. Es mußte lediglich dafür Sorge getragen werden, daß die Zeitungen ihr Material ausschließlich oder doch hauptsächlich aus dieser einen Quelle schöpften".[28]

Den Ausbau ihres Nachrichten- und Korrespondenzdienstes begann die DANA am 7. September 1945 mit der personellen Verstärkung der bereits bestehenden GNS-Redaktionen in Frankfurt, Wiesbaden, München und Berlin. Später wurden Büros in Heidelberg, Stuttgart und Nürnberg eingerichtet, die mit Bad Nauheim in ständiger Fernschreibverbindung standen.[29] Vom technischen wie vom redaktionellen Standpunkt war in der Anfangsphase der Agentur alles höchst unvollkommen. Die Nachrichten der Außenbüros kamen zunächst nur spärlich in der Bad Nauheimer Zentrale an. Die Auslandsnachrichten der DANA wurden anfangs von Radio Luxemburg, das unter SHAEF-Verwaltung stand und über KW- und MW-Empfangsanlagen verfügte, gesammelt und durch Kuriere nach Bad Nauheim transportiert. Von dort übermittelte DANA ihre verschiedenen Dienste über Hellschreiber an die Kunden - bei denen inzwischen entsprechende Empfangsgeräte installiert worden waren - weiter.

Im Oktober 1945 sendete DANA bereits täglich etwa 12.000 bis 13.000 Wörter an die deutschen Zeitungen und beschäftigte sieben amerikanische sowie zehn deutsche Journalisten. Über die Zahl der technischen Mitarbeiter oder anderer redaktioneller Kräfte liegen bis Ende November 1945 keine genauen Angaben vor. Im Dezember 1945 beschäftigte DANA rund 180 Personen, von denen 130 Deutsche, aber nur 14 ausgebildete Journalisten oder Volontäre waren. Den Rest des deutschen Personals bildeten Techniker, Übersetzer, Schreibkräfte, Fahrer, Boten oder andere Hilfskräfte.[30] Angesichts der wenigen deutschen Redakteure, die bis zu diesem Zeitpunkt bei der Agentur arbeiteten, stand die Ausbildung von geeigneten deutschen Mitarbeitern im Aufgabenbereich der DANA

---

28 Heinz Willi Gross: Die Deutsche Presse-Agentur. Historische Ananlyse ihrer Organisations- und Machtstruktur, externer Interessenverflechtungen und der Position auf dem bundesdeutschen Markt. Frankfurt / M. 1982. S. 51f.

29 Vgl. John Stuart, Chief Press Control Officer, DANA. Subject: History of DANA. 24 June 1946. S. 1. In: (HHSta) 8/154-2/1.

30 Vgl. Wortlaut der Ansprach des DANA-Chefredakteurs Eugene Jolas über die geplante Entwicklung von DANA auf der Marburger Pressekonferenz. 22. Oktober 1945. S. 1f. In: HHSta 8/153-3/8.

vermutlich mit an erster Stelle. Bereits ein Jahr später beschäftige DANA rund 480 deutsche Angestellte, darunter 60 Redakteure und etwa 200 Techniker.

Mitte Dezember 1945 konnte DANA ein "Austauschabkommen" mit den drei größten amerikanischen Presseagenturen, der Associated Press (AP), der United Press (UP) und dem International News Service (INS) vereinbaren. Danach stellten diese Agenturen DANA ihre Weltnachrichten zur Verfügung und bekamen dafür im Gegenzug die Inlandsnachrichten der DANA zugestellt. Als Folge dieser Vereinbarungen tauchten in den "datelines" der deutschen Zeitungen von nun an neben DANA auch gelegentlich die Kürzel AP, UP und INS auf.[31]

Vom ersten Tag ihrer Tätigkeit an versorgte DANA die in der amerikanischen Besatzungszone zugelassenen Zeitungen und Radiostationen mit ihren Diensten. Erster deutschsprachiger "Kunde" der Agentur war die am 31. Juli 1945 lizenzierte "Frankfurter Rundschau". Es folgten die am 5. September 1945 zugelassene "Rhein-Neckar-Zeitung" in Heidelberg, die am 15. September 1945 lizenzierte "Marburger Presse", der "Weser Kurier" in Bremen und die "Stuttgarter Zeitung". Am 26. September 1945 kamen die "Hessischen Nachrichten" in Kassel und einen Tag später "Der Tagesspiegel" in Berlin hinzu.[32]

Die lizenzierten Zeitungen waren ohne Ausnahme verpflichtet, die Dienste der DANA in Anspruch zu nehmen. Bis Ende Oktober 1945 stieg die Zahl der deutschen Blätter, die DANA abonnieren mußten, auf 15, mit einer Gesamtauflage von rund 2,5 Millionen Exemplaren an. Bis zum Jahreswechsel 1945/46 konnte diese Zahl sogar auf 24 Zeitungen, mit einer Gesamtauflage von 3,7 Millionen Exemplaren, gesteigert werden.[33]

Ferner belieferte DANA zu Beginn ihrer Tätigkeit auch die in der amerikanisch besetzten Zone Österreichs herausgegebenen deutschsprachigen Zeitungen. Abgerundet wurde der Kundenstamm des DANA-Dienstes von den Zonenagenturen der Sowjets, Briten und Franzosen sowie sechs Radiostationen in Deutschland und Österreich. In ihrem englischsprachigen Dienst versorgte DANA zunächst auch das amerikanische Kriegsministerium in New York mit

---

31 Vgl. Headquarters United States Forces European Theater, OMGUS, ICD: Extract from monthly Report of Military Governor, US-Zone. 20 January 1946, No. 6. 14 February 1946. S. 1. In: BA 5/242-2/12.

32 Vgl. DANA (Hrsg.): DANA meldet. 6. September 1946, a. a. O. S. 12f.

33 Vgl. Harold Hurwitz: Die Stunde Null S. 205.

deutschen Inlandsnachrichten. Ein Nebenprodukt des englischen DANA-Dienstes waren die News of Germany, eine militärinterne Heeresgruppenzeitung der Amerikaner.[34]

Bis zur Lizenzierung der DANA am 26. Oktober 1946 mußten die deutschen Zeitungen pro Monat 4,5 Pfennig je Auflagenexemplar an die Agentur abführen. "Davon gingen jedoch zwei Drittel auf ein Sperrkonto, das der lizenzierten Agentur dann als Kapitalausstattung in Höhe von 540.000 RM zur Überwindung von Anlaufschwierigkeiten mitgegeben wurde."[35] Mit diesem Preis war DANA bis in den Sommer des Jahres 1946 um die Hälfte billiger als die Militärregierungsagentur in der britischen Besatzungszone: Dort hatten die Zeitungen, die den Deutschen Presse-Dienst (dpd) abonnieren mußten, bis zur Lizenzierung dieser Agentur rund 5 Prozent ihrer Bruttoeinnahmen abzuführen, was etwa 9 Pfennig pro Auflagenexemplar entsprach.[36]

Trotz dieses kostengünstigen Nachrichtendienstes und einer immer umfassender werdenden Berichterstattung hatte DANA nicht selten Probleme mit den Kunden: "Verschiedenen Lizenzträgern war der neue Nachrichtenstil 'zu amerikanisch' und sie verübelten es den Kontrolloffizieren, daß sie diesen 'scheußlichen Broadway-Stil' der DANA und damit der deutschen Presse aufoktroyieren wollten".[37] Schon frühzeitig forderten mehrere deutsche Verleger die Überführung der DANA in deutsche Hände.

2.3. Die Übergabe der DANA in deutsche Hände

Auch die Amerikaner hatten offenbar von Anfang an erwogen, die DANA in ein deutsches Unternehmen umzuwandeln, aus dem sie sich nach und nach zurückziehen konnten.[38] So unterrichtete Colonel J. H. Hills vom US-Hauptquartier

---

[34] Vgl. John Stuart, Chief Press Control Officer, DANA: History of DANA. 24 June 1946, a. a. O. S. 1.

[35] Heinz-Willi Gross a. a. O. S. 63f.

[36] Vgl. ebd.

[37] Gertrud Steinhausen a. a. O. S. 35.

[38] Vgl. Headquarters USFET, OMGUS, ICD: Extract from monthly Report of Military Governor, U. S. Zone. 20 January 1946, (No. 6), "Information Control". 14 February 1946. S. 1. In: BA 5/242-2/12.

bereits Ende September 1945 die verschiedenen Stellen der Pressekontrolle von der Absicht, den Lizenzträgern der deutschen Zeitungen möglichst bald ein Mitsprachrecht bei der Führung der Agentur einzuräumen.[39]

Auf Initiative der amerikanischen Information Control Division (ICD) versammelten sich vom 20. bis 21. Oktober 1945 in Marburg die Verleger und Chefredakteure der bis dahin 13 zugelassenen deutschen Zeitungen zur ersten Pressetagung deutscher Lizenzträger nach dem Zweiten Weltkrieg, der "First Conference of the Licensed German Press in the American Occupation Zone".[40] DANA-Chefredakteur Eugene Jolas forderte die Lizenzträger auf, aus ihrer Mitte einen Ausschuß zu wählen, in dem Probleme, die mit der Lizenzierung der Agentur zusammenhingen, besprochen werden könnten.[41] Organisatorische, personelle, technische und rechtliche Schwierigkeiten schoben den für den 31. März 1946 angekündigten Lizenzierungstermin damals jedoch immer wieder hinaus.

Am 26. Oktober 1946 war es aber dann endlich soweit: Die bisherige Nachrichtenagentur der amerikanischen Militärregierung wurde im Redaktionssaal der Bad Nauheimer Zentrale als "Genossenschaft der deutschen Zeitungsverleger in der US-Zone, im amerikanischen Sektor Berlins und der amerikanischen Enklave Bremen" lizenziert. Mit der Zulassungsurkunde US/IC/100 legte der Leiter der ICD, General Robert A. McClure, dem DANA-Vorstand die Verantwortung für die neue "Deutsche Allgemeine Nachrichten-Agentur" persönlich in die Hände. Die Vorzensur wurde aufgehoben und eine nachträgliche Überprüfung der Meldungen angeordnet. Damit war DANA gewissermaßen offiziell geworden. Ganz in die Hände der deutschen Zeitungsverleger ging die Agentur aber erst - inzwischen hatte sie ihren Namen in DENA (Deutsche Nachrichtenagentur) geändert - am 1. Juli 1948 über.[42]

Die Gründungsversammlung der DANA-Genossenschaft fand am Nachmittag des 26. Oktober 1946 in Bad Nauheim statt. Die Lizenzträger der inzwischen 41 deutschen Zeitungen traten im Theatersaal des Kurhauses zur abschließenden Beratung der Statuten, des Rechenschaftsberichts des bisherigen Direktoriums

---

39 Vgl. Gerhard Matthäus: DENA-Geschichte, 2. Teil, a. a. O. Kapitel IV. S. 1.

40 Eine Vorschau auf diese Tagung bietet die "Marburger Presse" vom 19.10.1945.

41 Vgl. Wortlaut der Ansprache von Eugene Jolas über die geplante Entwicklung von DANA auf der Marburger Pressekonferenz. 21. Oktober 1945. S. 6f. In: HHSta 8/153-3/8.

42 Vgl. "Frankfurter Rundschau" vom 1.7.1946.

und der Wahl eines neuen Vorstandes zusammen.[43] Die Statuten der DANA, die nicht nur die geschäftlichen und finanziellen, sondern auch die allgemeinen und nachrichtenpolitischen Zielsetzungen der Agentur festlegten, wurden mit einer Mehrheit von 38 zu 3 Stimmen angenommen.[44]

Als erster Direktor der Agentur wurde Wilhelm Necker, ein aus dem Exil zurückgekehrter Journalist, gewählt. Dem ehemaligen Mitglied der KPD wurde jedoch zum 31. März 1947 wieder gekündigt - angeblich wegen "... unerwünschter Linkstendenzen und mangelnder Führungsfähigkeit".[45] Der bisherige Vorstand, bestehend aus Curt Frenzel ("Schwäbische Landeszeitung"), Georg Pix ("Isar-Post") und Rudolf Agricola ("Rhein-Neckar-Zeitung") wurde in Bad Nauheim einstimmig bestätigt. Den Posten des Chefs vom Dienst sollte auch weiterhin Walter Fritze ausüben. Er konnte erst 18 Monate später - am 1. April 1948 - durch Curt Frenzel, den damit ersten deutschen Chefredakteur der DANA, ersetzt werden.[46]

Zum Zeitpunkt der Lizenzierung beschäftigte DANA rund 480 deutsche Mitarbeiter; 350 davon allein in der Bad Nauheimer Zentrale.[47] Die Arbeit der Agentur wurde auch weiterhin von mindestens 17 amerikanischen Kontrolloffizieren überwacht. Deren Aufgaben beschränkten sich jedoch im wesentlichen auf die nachträgliche Überprüfung der ausgehenden Meldungen oder die Ausbildung des journalistischen Nachwuchses.

Ende Oktober 1946 verfügte DANA über folgende sechs Ressorts: Den Auslandsdienst, der seine Weltnachrichten ausschließlich von INS und Reuter bezog, den Inlandsdienst, der über alle innerdeutschen Angelegenheiten berichtete sowie den Wirtschaftsdienst, der sich insbesondere mit Nachrichten oder Hintergrundmaterial über den wirtschaftlichen und finanziellen Wiederaufbau Deutschlands befaßte. Ein DANA-Sonderdienst ergänzte die täglichen Meldun-

---

43 Vgl. "Frankfurter Neue Presse" vom 18.10.1946.

44 Vgl. "Die Zeitung" vom 25.11.1946

45 Kurt Koszyk a. a. O. S. 50.

46 Ebd.

47 Die überwiegende Zahl der Autoren gibt die Zahl der deutschen Mitarbeiter, die zum Zeitpunkt der Lizenzierung bei DANA beschäftigt waren, mit 436 an. Die Zahl ist jedoch falsch und bezieht sich vermutlich auf die Personalstärke Ende Januar 1947; korrekte Angaben findet man in einer DANA-Sondermeldung vom 20.10.1946, die in verschiedenen Blättern auch abgedruckt wurde. Vgl. "Hessische Nachrichten" vom 28.10.1946, "Frankfurter Neue Presse" vom 28.10.1946. Gertrud Steinhausen a. a. O. S. 39.

gen mit kulturellem und wissenschaftlichem Material. Ein spezieller Sportdienst berichtete über die wichtigsten Sportereignisse in Deutschland und der Welt. Der DANA-Bilderdienst lieferte seine Fotos oder Negative über einen besonderen Eilversand der Post.[48]

Ihre Monopolstellung auf dem Markt der US-Zone Deutschlands hatte DANA bereits Ende Juni 1946 verloren, als die ausländischen Presseagenturen eine Lizenz erhielten, ihre Nachrichten direkt an deutsche Zeitungen zu verkaufen. Die Konkurrenten der DANA in der überregionalen Berichterstattung waren 1946, neben dem dpd, insbesondere die nordamerikanischen Agenturen AP und UP sowie die britische Nachrichtenagentur Reuter. Erst im Sommer 1947 kam auch die Agence France Presse (AFP) hinzu.[49]

Zur Erfassung und Sammlung ihrer Nachrichten unterhielt DANA neun Hauptbüros in München, Stuttgart, Frankfurt, Wiesbaden, Heidelberg, Nürnberg, Kassel, Bremen und Berlin sowie mehr als 30 Außenbüros in kleineren Städten. Ihre Kunden waren sechs Radiostationen und 41 in der US-Zone lizenzierte Zeitungen, mit einer Gesamtauflage von knapp vier Millionen Exemplaren.[50] Ende Oktober 1946 sendete DANA - bei einem täglichen Nachrichteneingang von rund 160.000 Wörtern - bereits mehr als 35.000 Wörter pro Tag, etwa 20 Hintergrundberichte und fast 10.000 Fotos pro Woche.[51]

Aber auch mit der Übernahme der Agentur in eigene Regie wurden die Probleme nicht geringer. Den vermutlich schwersten Schlag für die DANA bedeutete der am 8. November 1946 durch einen Kurzschluß entstandene Brand des Senders. Der 20 kW starke Hellsender "P" (Paul/Paula) wurde total zerstört, an seiner Stelle ein 1,5 kW starker Notsender installiert. Erst vier Tage später konnte die Übermittlung von Nachrichten über den Hellschreiber wieder aufgenommen werden. Zwei Wochen später wurde der Behelfssender durch drei weitere Sender auf insgesamt 60 kW verstärkt. Zu diesem Zeitpunkt erwog der DANA-Vorstand sogar, die komplette Neuorganisation des Nachrichtendienstes über ein dauergeschaltetes Fernschreibleitungsnetz vorzunehmen. Dennoch orderte DANA bei Telefunken in Berlin zwei neue Sender mit einer Kapazität von

---

48 Vgl. DANA (Hrsg.): DANA meldet a. a. O. S. 10.

49 Vgl. ohne Verfasser: News Services Used by German Licensed Newspapers in Greater Hesse. 29 October 1946. In: HHSta 8/154-1/20.

50 Vgl. "Der Abend" vom 28.10.1946.

51 Vgl. DANA (Hrsg.): DANA meldet ... a. a. O. S. 6.

Der Plan, die Dienste der Agentur nur noch über den Fernschreiber zu verbreiten, wurde also wieder verworfen. Der Brand des Senders und das daraus resultierende neue Projekt sollte die Agentur bis Ende 1948 rund 2,5 Millionen Mark kosten.[52]

Hinzu kam, nachdem die von den Amerikanern bislang gewährte Sonderverpflegung für die Mitarbeiter der DANA entfiel, ein Verpflegungsnotstand.[53] Die allgemeine Lebensmittelknappheit des Winters 1946/47 drohte den Betrieb der Agentur mehr als einmal lahmzulegen. Die deutschen Redakteure, die sich eine Zeitlang von 800 Kalorien am Tag ernähren mußten, waren häufig krank oder durch Unterernährung entkräftet. Ein Streik der Belegschaft konnte schließlich nur durch Spenden oder "Care-Pakete" der Amerikaner vermieden werden.[54]

Ferner wurde der Name DANA oft als Deutsch-Amerikanische Nachrichtenagentur mißdeutet. Weil es außerdem bereits eine Einrichtung der dänischen Post mit diesem Signum gab und die Dänen die Änderung des Agenturnamens verlangten, wurde auf der Generalversammlung der DANA-Genossenschaft - am 14. Dezember 1946 in Garmisch-Partenkirchen - beschlossen, den bisherigen Namen zum 1. Januar 1947 in DENA (Deutsche Nachrichtenagentur) umzuwandeln.[55]

2.4. Die Deutsche Nachrichtenagentur (DENA)

"Unter dem neuen Firmennamen Dena (Deutsche Nachrichtenagentur) setzt die bisherige Dana (Deutsche Allgemeine Nachrichtenagentur) ihre Arbeit vom 1. Januar 1947 an fort."[56] Mit dieser knappen Meldung wurde die Öffentlichkeit am 2. Januar 1947 über den erneuten Namenswechsel der Agentur informiert. Doch nicht nur das Signet sollte nach dem Willen der DANA-Generalversammlung geändert werden: Bei allen bisher - mit den Amerikanern auch nach der

---

52 Vgl. DANA-Rundschreiben Nr. 1: An die Herren Lizenzträger der lizenzierten Presse in der US-Zone. 11. November 1946. S. 1-3. In: BA 5/238-2/3-4.

53 Vgl. Schreiben des DANA-Vorstandes an den Länderrat vom 22. November 1946. In: BA 5/238-3/1.

54 Vgl. Harald Hurwitz: Die Stunde Null. S. 201f.

55 Vgl. Gertrud Steinhausen a. a. O. S. 40f.

56 Vgl. "Die Welt" vom 2. Januar 1947.

Lizenzierung - aufgetretenen Schwierigkeiten, sollte DENA in vielerlei Hinsicht für einen absoluten Neubeginn im deutschen Nachrichtenwesen stehen.

Vier Wochen nach der Lizenzierung hatte Curt Frenzel eine erste und nicht gerade positive Bilanz aus den Erfahrungen der DANA-Redaktion mit der amerikanischen Nachrichten-Nachkontrolle gezogen. Anfang Dezember 1946 richtete er deshalb an den Chef der Bad Nauheimer Presse-Kontroll-Einheit, John Stuart, die Bitte, die Bestimmungen der Nachrichtenkontrollvorschriften großzügiger auszulegen und bei der Nachzensur diskreter zu verfahren, "... damit nicht die deutsche Leitung der DANA bei dem Personal der DANA in ihrer Autorität herabgesetzt und diskreditiert wird".[57]

Der DANA-Vorstand wurde in Garmisch-Partenkirchen damit beauftragt, sofort nach dem Namenswechsel mit den entsprechenden Vertretern der ICD über die genaue Auslegung der Lizenzbedingungen hinsichtlich der Kompetenzen der Agenturleitung sowie der übrigen DENA-Angestellten zu verhandeln. Diese Verhandlungen führten Anfang Februar 1947 zu einer, offenbar von beiden Seiten anerkannten, "DENA-Betriebsordnung". Darin wurden die jeweiligen Zuständigkeiten im redaktionellen, personellen und technischen Bereich bis ins einzelne festgelegt. Letzten Endes bedeuteten diese Richtlinien jedoch die erneute Verschärfung der amerikanischen Kontrollen.[58]

Erst am 30. Juni 1948, also zeitgleich zu den sogenannten "Frankfurter Dokumenten", in denen die Militärgouverneure der Westzonen die Ministerpräsidenten der Länder aufforderten, eine Verfassungsgebende Versammlung einzuberufen, wurden die amerikanischen Kontrollen über die DENA gelockert. Der Stab von zuletzt acht ICA-Kontrolloffizieren wurde auf einen reduziert, der Presse-Kontrollstab in Presse-Verbindungsstab umbenannt. Der "Press Liaison Officer" übte von diesem Zeitpunkt an keine überwachende, sondern nur noch eine beobachtende Tätigkeit aus. Er sollte als "Verbindungsglied" zwischen der Militärregierung und der deutschen DENA-Leitung wirken und die Ausbildung der deutschen Redakteure unterstützen.[59]

Von Januar 1947 an wurde der Inhalt der DENA-Meldungen in konzentrierterer Form abgefaßt als vorher bei der DANA üblich. Die Zahl der täglich über-

---

57 Gerhard Matthäus: DENA-Geschichte, 7. Teil. Unveröffentlichtes Manuskript. Hamburg (dpa) 1967. Dort Kapitel III. 3. S. 5f.

58 Eine Abschrift der "DENA-Betriebsordnung" vom Februar 1947 findet man in: BA 5/328-2/29.

59 Vgl. Kurt Koszyk a. a. O. S. 51.

mittelten Wörter verringerte sich von etwa 35.000 im Oktober 1946 auf knapp 22.500 im Januar 1947. Die Zahl der Meldungen blieb zwar nahezu unverändert; weniger wichtige Nachrichten wurden aber nun als "Kurzmeldungen" in einem besonderen Dienst zusammengefaßt. Ende Februar 1947 belieferte DENA die inzwischen 44 in der US-Zone Deutschlands lizenzierten Zeitungen mit einer Gesamtauflage von etwas mehr als vier Millionen Exemplaren sowie sechs unter amerikanischer Kontrolle stehende Radiostationen mit täglich etwa 23.000 Wörtern.[60]

Mitte Juni 1947 wurde die Einführung der Landesdienste Bayern, Baden-Württemberg und Hessen beschlossen. Der Allgemeine Dienst der DENA, vergleichbar mit dem heutigen Basisdienst der dpa, sollte auch weiterhin die wichtigsten Ereignisse aus den Ländern in die übrigen Besatzungszonen und ins Ausland übermitteln.[61] Wegen technischer und personeller Schwierigkeiten verzögerte sich jedoch die Installation dieser Dienste, bis am 14.11.1948 erstmals der Landesdienst Bayern Meldungen verbreitete; Hessen folgte am 24.01.1949, Württemberg-Baden am 01.03.1949.[62]

Die DENA-Weltnachrichten stammten im Sommer 1947 - da deutsche Korrespondenten im Ausland noch nicht wieder zugelassen waren und das deutsche Korrespondentennetz nach dem Krieg aufgelöst worden war - insbesondere von INS und Reuter.[63]

Am 12. Juli 1947 konnte der neue 30 kW Sender der DENA in Bad Vilbel in Betrieb genommen werden. Bei einer Telegraphierleistung von 3000 Buchstaben in der Minute ermöglichte er, bei 24stündigem Betrieb, die tägliche Übermittlung von etwa 50.000 Worten. Zum ersten Mal in der Geschichte der deutschen drahtlosen Nachrichtenübermittlung verfügte damit ein genossenschaftlich orga-

---

60 Vgl. Arthur Eggleston, Chief, Press Control Branch, ICD, to: OMGB, OMGH, OMGWB, OMGBS, OMGBE. Subject: Licensed Newspapers in the U. S. Zone, dated 28 February 1947. 5 March 1947. In: HHSta 8/154-2/13. Vgl. auch: Memorandum von Robert E. Glynn an alle Bürochefs: DENA-Produktionsstatistik. 12. Februar 1947. In: BA 5/238-1/5. S. 1f.

61 Vgl. Walter Fritze: Wochenbericht der Redaktion für die Zeit vom 8. bis 14. Juni 1947. 16. Juni 1947. S. 1. In: BA 5/238-1/2.

62 Vgl. Joachim Schmitz: DANA/DENA - Nachrichtenagentur in der amerikanisch besetzten Zone Deutschlands (1945-1949). Diplomarbeit München 1984. S. 13.

63 Diese Agenturen waren in ihrer Berichterstattung keinerlei Beschränkungen durch die Alliierten unterworfen. Im April 1947 hatten 6,6 Prozent aller DENA-Meldungen INS als Quelle, 17,8 Prozent kamen von Reuter. Vgl. BA 5/238-1/5.

nisiertes Unternehmen, unabhängig von staatlichen Institutionen oder privaten Geldgebern, über einen eigenen Presse-Hellsender.[64]

Hauptansporn für die weitere Entwicklung der Agentur war nun offensichtlich die Konkurrenz zum - Anfang Juli 1947 von den Briten in Hamburg lizenzierten - Deutschen Presse-Dienst (dpd). Ständig wurden Sendezeiten verglichen, Stil und Genauigkeit der Meldungen diskutiert und bei zu langsamer oder fehlerhafter Berichterstattung, Verwarnungen vom Leiter des DENA-Nachrichtendienstes erteilt.[65] Nicht ohne Blick auf den Konkurrenten in der französischen Besatzungszone, der am 4. März 1947 in Saarbrücken gegründeten Südwestdeutschen Nachrichtenagentur (Südena), vergrößerte DENA ihre Leistungsfähigkeit ständig, stellte neues Personal ein und geriet in Finanzierungsschwierigkeiten.[66]

Auf der "Außerordentlichen Generalversammlung" der DENA-Genossenschaft am 13. Juli 1947 in Frankfurt am Main beschlossen die Vertreter der Lizenzpresse deshalb, für den weiteren Auf- und Ausbau der Agentur das Stammkapital jedes Genossen von bisher 10.000 Reichsmark (RM) auf 30.000 Reichsmark zu erhöhen. Die seit der Lizenzierung immer größer werdenden Liquiditätsprobleme der Agentur führten ferner dazu, daß der DENA-Vorstand ermächtigt wurde, bei der amerikanischen Militärregierung einen Kredit in Höhe von 3,5 Millionen RM zu beantragen.

Mit dieser Summe sollten die nach dem Senderbrand notwendig gewordenen Investitionen für neues technisches Gerät, Schulden bei der Post, die Stromversorgung der Sender sowie neue Gebäudeprojekte in Frankfurt und Berlin finanziert werden. Die von Frenzel beantragte erste Kreditrate, rund 500.000 RM, wurden der Agentur am 7. Oktober 1947 von ICD zur Verfügung gestellt.[67]

Im April 1947 nahm in Düsseldorf das erste DENA-Büro in der britischen Besatzungszone seinen Dienst auf. Nach der Lizenzierung des dpd folgten im

---

[64] Vgl. Gertrud Steinhausen a. a. O. S. 52f.

[65] Dieser Eindruck entsteht zumindest, wenn man die sogenannten "Wochenberichte der Redaktion" an den Vorstand der DENA liest. Diese Berichte, die vom Leiter des Nachrichtendienstes der DENA, Walter Fritze, abgefaßt wurden, findet man in BA: 5/238-1/2.

[66] Vgl. Memo Rieser to Stuart. Subject: DENA's Finacial Situation. 24 July 1947. S. 1ff. In: BA 5/247-1/1.

[67] Vgl. Curt Frenzel, Vorsitzender des Vorstandes der DENA, an: Colonel Gordon E. Textor, ICD, OMGUS. Betrifft: Finanzierungsprojekte der DENA. 14. Juli 1947. S. 1f. In: BA 5/247-1/1.

Juli 1947 Korrespondenten in Hamburg und Hannover.[68] Die Mitarbeiter dieser Außenstellen erhielten scheinbar nur eine geringe oder gar keine Unterstützung durch die britische Informationskontrolle (PRISC)[69] bzw. die dortigen deutschen Behörden. Mitte Oktober 1947 konnte DENA einen eigenen Korrespondenten nach Saarbrücken entsenden und Verhandlungen über den Verkauf ihrer Dienste auch an die saarländischen Zeitungen aufnehmen.[70] Nur in der sowjetischen Besatzungszone gelang es der DENA - ebenso wie den beiden anderen westlichen Zonenagenturen - nicht, eigene Korrespondenten zu etablieren.[71]

Die Zahl der Beschäftigten war seit der Lizenzierung von rund 480 (Oktober 1946) auf etwa 650 im Oktober 1947 gestiegen. Obwohl DENA und dpd zu diesem Zeitpunkt bereits den Zeitungen der jeweiligen Besatzungszonen ihre Dienste direkt verkaufen konnten, benutzten im letzten Quartal des Jahres 1947 alle 48 lizenzierten Zeitungen der US-Zone und fünf von der Besatzungsmacht kontrollierte Funkstationen DENA als wichtigste Nachrichtenquelle. Die Zahl der täglich von der Agentur übermittelten Worte lag zu diesem Zeitpunkt wieder bei rund 30.000.[72]

Der Wettbewerb zwischen DENA und dpd wurde in den letzten vier Monaten des Jahres 1947 immer heftiger. Eine Agentur versuchte offenbar, die andere vom jeweiligen Markt ihrer Besatzungszone wieder zu verdrängen. Allein schon aus diesen Gründen wurde den führenden Persönlichkeiten im deutschen Nachkriegs-Agenturwesen relativ früh klar, daß es auf Dauer keine drei neben- oder sogar gegeneinander arbeitende Nachrichtenagenturen in Deutschland geben konnte.[73]

Die mit dem Konkurrenzkampf verbundenen, hohen finanziellen Belastungen - etwa für die Einrichtung und den Unterhalt der Außenstellen, der Installation

---

68 Vgl. Gertrud Steinhausen a. a. O. S. 54.

69 Public Relations and Information Services Control

70 Vgl. Walter Fritze: Wochenbericht der Redaktion für die Zeit vom 13.-19.10.1947. 21. Oktober 1947 S. 1. In: BA 5/238-1/2.

71 Vgl. Deutscher Zeitungs-Verlag GmbH. (Hrsg.): Handbuch Deutsche Presse. Bielefeld 1947. S. 177f.

72 Vgl. John Stuart, Chief Press Laison Section, DENA, Alfred Jacobsen, Press Laison Officer, DENA, to: Director ICD, OMGUS. Subject: History of DENA. 5. November 1948, S. 7. In: BA 5/242-2/12.

73 Vgl. Ulrich Schenk: Nachrichtenagenturen. Wirtschaftliche Unternehmen mit öffentlichem Auftrag. Berlin 1985. S. 71.

von neuem technischen Gerät usw. - bewog die Lizenzträger beider Zonen schon bald, über einen Zusammenschluß der beiden Agenturen zu verhandeln. Aus einem internen Protokoll der DENA-Generalversammlung vom 12. bis 14. Dezember 1947 in Stuttgart geht hervor, daß sich zumindest die DENA "... wesentliche Einsparungen durch eine in absehbarer Zeit zu erwartende Zusammenarbeit, wenn nicht gar Fusion mit dem DPD ..." erhoffte.[74]

3. Die britische Zone: Vom GNS-BZ zum dpd

3.1. Der German News Service - British Zone (GNS-BZ)

Im April 1945 wurde der britische Journalist und Deutschlandkenner Sefton Delmer von seiner Regierung beauftragt, in der britischen Besatzungszone ein neues Presse- und Nachrichtenwesen aufzubauen. Vom 21. bis 30. Mai 1945 bereiste Delmer, der während des Krieges den von England aus in deutscher Sprache betriebenen britischen Propagandasender "Soldatensender Calais" geleitet hatte, das besiegte Hitler-Deutschland.[75]

In einem dreieinhalb Seiten umfassenden Bericht an das Political Intelligence Department (PID) in London bezeichnete Delmer im Juni 1945 die Entwicklung in der britischen Besatzungszone, als "... bedauerlich unvollständig". Es gebe keine Organisation, über die deutsche Lokalnachrichten oder Nachrichten der Militärregierung verbreitet würden. Feldmarschall Montgomery sei über diesen Zustand äußerst besorgt. Die britische 21. Heeresgruppe habe sich als ungeeignet erwiesen, einen brauchbaren Presse- und Nachrichtendienst aufzubauen.[76]

Erfolgreicher als die Miltärs bislang vorgegangen waren, sollte Delmer nach dem Willen seiner Regierung eine zentrale Nachrichtenagentur für die britische

---

[74] Protokoll der DENA-Generalversammlung vom 12. bis 14. Dezember 1947 in Stuttgart; o. D., o. V., S. 1. In: BA 5/238-2/3-4.

[75] Der im Bereich deutscher Wellenlängen operierende "Soldatensender Calais" hatte die Aufgabe, deutsche Truppen mit einer Mischung aus Tatsachen und Propaganda zu demoralisieren bzw. zu desinformieren. Vgl. Ellic Howe: Die schwarze Propaganda. Ein Insider-Bericht über die geheimsten Operationen des britischen Geheimdienstes im Zweiten Weltkrieg. München 1983. - Conrad Pütter: Rundfunk gegen das "Dritte Reich". München 1986.

[76] Vgl. Kurt Koszyk a. a. O. S. 25f. bzw. S. 198f.

Besatzungszone einrichten. Da die Briten in Hamburg den einzigen noch funktionstüchtigen Rundfunksender ihres Besatzungsgebietes vorgefunden hatten, konzentrierte sich hier auch notwendigerweise ihre erste Nachrichtenarbeit.

Am 4. Mai 1945 hatte sich aus der Hansestadt zum ersten Mal "Radio-Hamburg, ein Sender der Alliierten Militärregierung" gemeldet. Die Radiostation, zu der der britische Rundfunkfachmann Hugh C. Greene im Oktober 1946 als Chief-Controler stoßen sollte, brachte zunächst nur "... dürre, kriegsmäßige Bekanntmachungen für die deutsche Bevölkerung oder Nachrichten und Anweisungen in mehreren Sprachen für die Millionen von 'displaced persons', die unsere Landstraßen bevölkerten", erinnert sich der ehemalige dpa-Redakteur Ernst Riggert.[77]

Anfang Juli 1945 begann die Militärregierung, in einigen Großstädten die ersten deutschsprachigen Zeitungen herauszugeben. Ihr Erscheinen ermöglichte es Radio-Hamburg, mit einem bescheidenen Nachrichtendienst aus dem In- und Ausland zu beginnen. Vorher gab es beispielswiese - dank der vorschriftswidrigen Genehmigung eines britischen Offiziers, der Verständnis für den deutschen Nachrichtenhunger besaß - in den Schaufenstern eines Hamburger Büros der englischen Armee-Erziehungsabteilung (Army Education Centre) täglich zwei Schultafeln mit den wichtigsten Nachrichten aus aller Welt.[78]

Am 4. Juli 1945 wurde in einem Memorandum festgestellt, daß "... ein guter zentraler Nachrichtendienst ..." die Grundlage für den Betrieb und die Herausgabe von Radio und Zeitungen sei.[79] Delmer konnte nun mit dem Aufbau seiner Nachrichtenagentur beginnen. "Er arbeitete ein Konzept aus, das sowohl die britischen Behörden bei der Bewältigung ihrer administrativen Aufgaben als Besatzungsmacht unterstützte, aber gleichzeitig auch den deutschen Journalisten zeigen sollte, wie sie sich von den Fehlern befreien konnten, die das leichtgläubige deutsche Volk in zwei Weltkriege gestürzt hatte."[80] Delmer wollte die deutschen Zeitungen und Rundfunkstationen mit einem Nachrichtendienst versorgen, der "... kurze, objektive und zutreffende Berichte nach englischem Muster enthielt

[77] Ernst Riggert: Deutscher Pressedienst. Ein Abriß seiner Nachkriegs-Entwicklung. Unveröffentlichtes Manuskript. Hamburg (dpa) 1951. S. 4.

[78] Vgl. Gertrud Steinhausen a. a. O. S. 81.

[79] Vgl. Kurt Koszyk a. a. O. S. 200.

[80] Vgl. Hansjoachim Höhne a. a. O. S. 145f.

und jene Achtung vor den Rechten des Staatsbürgers aufwies, die er in der früheren deutschen Berichterstattung so sehr vermißt hatte".[81]

Laut seinen Memoiren wollte Delmer, der von 1928 bis 1934 als Korrespondent des "Daily Express" in Berlin verbracht hatte, in Deutschland nichts geringeres herbeiführen, als "... eine journalistische Revolution ...".[82] Vorgesehen war, den neuen Presse-Nachrichtendienst sowohl mit deutschen als auch mit Weltnachrichten zu versorgen. Ein Austausch der Dienste mit den Amerikanern war bereits vereinbart. Hamburg wurde deshalb als zentraler Nachrichtenstandort gewählt, weil von dort aus die Verbindung über einen Sender zunächst am besten garantiert werden konnte.

Am 14. Juli 1945, einen Tag nachdem das gemeinsame Oberkommando der Briten und Amerikaner in Europa (SHAEF) aufgelöst worden war, kam Sefton Delmer in Hamburg an. Als Gegenstück zur amerikanischen Information Control Division (ICD) wurde im Hauptquartier der britischen Streitkräfte in Bünde (Westfalen) die Public Relations and Information Services Control (PRISC) gegründet, die unter der Leitung von Generalmajor Alec Bishop stand. Als Controller der Abteilung Nachrichten- und Printmedienkontrolle (ISC)[83] setzte Bishop im November 1945 Major N. B. J. Huijsman ein, der bis dahin der Verbindungsoffizier zwischen der Informationskontrolle des amerikanischen Militärgouverneurs und der britischen Kontrollkommission gewesen war.[84]

Für den Aufbau seiner Nachrichtenagentur requierierte Delmer zunächst in der Rothenbaumchaussee, gegenüber dem Funkhaus von "Radio Hamburg", einige Gebäude. Für sein in London abrufbereites Mitarbeiterteam - Redakteure und Archivkräfte, die er aus seiner früheren Tätigkeit beim Soldatensender Calais kannte - beschlagnahmte Delmer eine Villa, die einmal die Bayerische Gesandtschaft in der Hansestadt beherbergt hatte. In diesem Gebäude am Mittelweg, das später in eine Dienststelle der SS umfunktioniert worden war, befindet sich heute noch die Zentralredaktion der Deutschen Presse-Agentur (dpa).

Am 23. Juli 1945 kam auch Delmers engster Mitarbeiterstab, darunter sein zukünftiger Nachfolger, der damals 47jährige Hans Bermann, nach Hamburg.

---

81 Gerhard R. Matthäus: dpd-Geschichte. 1. Teil. Unveröffentlichtes Manuskript. Hamburg (dpa) 1966. S. 44.

82 Vgl. Sefton Delmer: Die Deutschen und ich. Hamburg 1963. S. 642.

83 ISC = Information Services Control.

84 Vgl. Kurt Koszyk a. a. O. S. 35.

Diesen, meist zivilen Mitarbeitern des Political Intelligence Department (PID), wurde vom britischen Hauptquartier in Bünde der Status von "Offizieren der Militärregierung" zugebilligt. Die Militärregierung selbst ordnete einen Stab von Presse- und Transportoffizieren, Funkern, Schreibkräften und Fahrern, die sämtlich zum Personal der britischen Armee gehörten, nach Hamburg ab. Unter diesen etwa 20 Soldaten befand sich auch Oberstleutnant Kenneth Hunt, der später mit dem Emigranten Hans Bermann gemeinsam für die weitere Entwicklung des GNS-BZ/dpd verantwortlich sein sollte. Zwölf deutsche "Hilfskräfte", darunter auch der erste deutsche Redakteur und eine Volontärin, forderte Delmer beim Hamburger Arbeitsamt an. Noch fehlte es jedoch an Einrichtungsgegenständen, Schreibmaschinen, Büromaterial und nachrichtentechnischem Gerät.[85]

Delmer wollte die Agentur zunächst unabhängig von den ebenfalls erbeuteten und vom Deutschen Nachrichtenbüro (DNB) erfolgreich eingesetzten Hellschreibgeräten aufbauen. Deshalb mußten, von Hamburg aus, die im Krieg zerstörten oder von den Besatzern bereits demontierten Fernschreibleitungen zu den einzelnen Militärregierungs-Zeitungen der britischen Zone erst wieder instandgesetzt werden. Anfang August 1945 waren die Fernschreibeinrichtungen in der Zentralredaktion der neuen Agentur vervollständigt und Leitungen nach Bünde, Oldenburg, Lübeck, Flensburg sowie zum Allied Press Service (APS) nach London in Betrieb.

Am 8. August 1945, einen Tag nachdem Montgomery das Verbot für britische Soldaten aufgehoben hatte, mit Deutschen zu sprechen, konnte Delmers Agentur ihre regelmäßige Sendetätigkeit aufnehmen. Die erste Meldung des Militärregierungsunternehmens "No. 10. German News Service-British Zone" (GNS-BZ) stammte aus dem britischen Hauptquartier in Bünde.

Anfangs liefen die Meldungen des GNS-BZ noch unter dem Kürzel "HA-Dienst" (Hamburg-Dienst). Hauptaufgabe des HA-Dienstes war das Sammeln und Weiterleiten von norddeutschen Lokal- bzw. Regionalnachrichten zur Zentralredaktion des Allied Press Service (APS) nach London. Von London aus versorgte APS dann per Funk den Hamburger GNS mit seinem Lokal- und Weltnachrichtendienst. Aus Hamburg wiederum übermittelte GNS-BZ die APS-Meldungen über Fernschreiber an die Presse in der britischen Zone weiter.

---

[85] Vgl. Gerhard R. Matthäus: dpd-Geschichte. 2. Teil. Unveröffentlichtes Manuskript. Hamburg (dpa) 1966, S. 2ff.

Die Ausbeute an überregionalen Nachrichten war auch beim GNS in der britischen Besatzungszone anfangs nur gering. Der Ertrag des ersten Sendetages betrug nicht mehr als sieben Meldungen. Die Bilanz der ersten Woche verzeichnet 33 Meldungen. In der letzten Augustwoche wurden 92 Meldungen übermittelt, und einen Monat später stieg die Zahl der Wochenmeldungen auf 194. Das waren schon fast so viel, wie sie zwei Jahre später dem Tagesdurchschnitt entsprachen.[86]

Zu Beginn seiner Tätigkeit verfügte GNS-BZ über einen Stab von etwa 30 britischen Nachrichtenoffizieren, Archivkräften, Technikern oder sonstigen "Assistenten".[87] Nach Höhne befanden sich unter diesen Mitarbeitern bereits zehn englische und sechs deutsche Journalisten.[88]

Bis Ende Dezember 1945 hat sich die Zahl der bei GNS-BZ beschäftigten Personen auf etwa 60 erhöht. Auch die Zahl der deutschen Journalisten stieg bald - schreibt Höhne, ohne aber einen konkreten Zeitraum zu benennen - "... auf 23 und dann auf 89 an".[89] Während sich die Zahl der bei GNS-BZ sowie dem späteren Deutschen Presse-Dienst (dpd) angestellten deutschen Mitarbeiter allmählich weiter erhöhte, verringerte sich die Zahl der von den Briten in der Agentur eingesetzten Nachrichtenkontrolloffiziere bis Anfang Juli 1947 auf fünf.[90]

Vom britischen GNS zur Nachrichtenaufnahme bzw. Nachrichtenübermittlung wurde der fahrbare, seit September 1945 in Norddeich befindliche und dann ausgebaute Sender "V" (Telefunken) benutzt. Der größte Teil des technischen Materials wurde jedoch vom Oberkommando der 4. Seekriegsleitung III (OKM 4. SkL. III) der deutschen Marine in Delmers Nachrichtenagentur eingebracht.[91]

Der Leiter der Abteilung Funkaufklärung im Oberkommando der Marine (OKM), Kapitän zur See Max Kupfer, hatte sich in den letzten Wochen des Krieges mit einer rund 100 Mann starken Abteilung nach Flensburg abgesetzt.

---

86 Vgl. Gerhard R. Matthäus: dpd-Geschichte. 2. Teil a. a. O. S. 23.

87 Vgl. Kurth Mauch: Die Vorgängeragenturen der dpa. Unveröffentlichtes Manuskript. Hamburg (dpa) 1973. S. 2.

88 Hansjoachim Höhne a. a. O. S. 147.

89 Vgl. ebd.

90 Vgl. Heinz Willi Gross a. a. O. S. 44.

91 Vgl. Burkhard Raub: Wie die Marine deutsche Pressegeschichte schrieb. In: 7ter Tag, Wochenend-Magazin des in Bielefeld herausgegebenen "Westfalen-Blatt", 5 (1985) Nr. 5, S. 2-3. Dort S. 2.

Nach der Kapitulation der Deutschen Wehrmacht wurde die Einheit von den Briten dazu verpflichtet, die Flensburger Dependance der britischen Militärverwaltung mit Pressenachrichten aller Art zu versorgen. Entgegen anders lautender Befehle hatten Kupfers Soldaten ihr nachrichtentechnisches Gerät - Magnetophone, Hell- und Fernschreiber, Funkaufnahme- und Sendegeräte oder ähnliches Material - nicht zerstört.[92]

Vom Leiter des Nachrichtendienstes der britischen Kriegsmarine, Admiral Rushbrocke, war Delmer Ende Juli 1945 auf Kupfers Funkaufklärungsabteilung aufmerksam gemacht worden. Nachdem er sich mit Kupfer unterhalten hatte, beschloß er, die Nachrichtengeräte der Marine und das eingearbeitete deutsche Personal in den GNS-BZ zu übernehmen.[93] Am 12. September 1945 ließ er die nachrichtentechnischen Geräte auf 17 Lastkraftwagen nach Hamburg transportieren, wo sie von deutschen Ingenieuren montiert und Ende September 1945 in Betrieb genommen wurden.[94]

Mit dem technischen Material übernahmen die Briten auch etwa die Hälfte des deutschen Bedienungspersonals.[95] Kupfers Marine-Soldaden wurden als "Aufnahmeabteilung" (Monitoring Section) in den GNS-BZ integriert. Mit der Übernahme der Geräte und des eingearbeiteten deutschen Personals war der technische Grundstock für einen eigenen Auslandsdienst der Agentur gelegt. Seit Ende September 1945 konnte Kupfers Monitoring Section den sogenannten Besatzungsdienst von Reuter, TASS, AP, UP sowie die Informationen des amerikanischen State Department aufnehmen. Die Dienste des APS in London wurden bald nicht mehr benötigt. Später wurden nur noch Reuter und INS aufgenommen, mit denen entsprechende Nachrichtenaustausch-Verträge abgeschlossen werden konnten. Die gesamte technische Einrichtung der Agentur wurde 1947 nach der Lizenzierung des Deutschen Presse-Dienstes (dpd) zu Gunsten des Zonenhaushaltsplanes an die dpd-Genossenschaft verkauft.[96]

Nach dem Aufbau der "Reporter-Abteilung", die seit Mitte September 1945 ausführlich über die Greueltaten der Nazis im ehemaligen Konzentrationslager Bergen-Belsen, die ersten Demontagen sowie die Vertreibung von Millionen von

---

92 Vgl. DPD (Hrsg.): Deutscher Pressedienst. Werden und Wert. Bielefeld 1953. S. 7.

93 Vgl. Hansjoachim Höhne a. a. O. S. 146.

94 Vgl. Gerhard R. Matthäus: dpd-Geschichte. 2. Teil, a. a. O. S. 32.

95 Vgl. Gertrud Steinhausen a. a. O. S. 80.

96 Vgl. DPD (Hrsg.): Deutscher Presse-Dienst a. a. O. S. 7.

Deutschen aus ihrer Heimat berichtete, hatte sich auch ein eigenständiger "Inland-Dienst" des britischen GNS etabliert.[97] "Radio-Hamburg", das am 4. Mai 1945 seine Tätitgkeit aufgenommen hatte und Ende September 1945 in die Zentrale des "Nordwestdeutschen Rundfunks" (NWDR) umgewandelt wurde, war einer der ersten Kunden des neuen Nachrichtendienstes. Ferner belieferte GNS-BZ im August 1945 etwa zehn, von Offizieren der Information Control Units (ICU) in deutscher Sprache herausgegebene, Militärregierungszeitungen (overt news-papers) sowie die einzige Lizenzzeitung in der britischen Besatzungszone - die noch von den Amerikanern zugelassenen "Aachener Nachrichten" - mit Meldungen aus dem In- und Ausland.

Diese Blätter erschienen anfangs etwa zweimal pro Woche und hatten, infolge der Papierknappheit, einen Umfang von vier Seiten. Sie wurden nach dem Verteilungsschlüssel von einem Exemplar auf fünf Personen herausgegeben. Nach Angaben des Statistischen Bundesamtes in Wiesbaden lebten Anfang des Jahres 1946 in der britischen Zone rund 22,3 Millionen Menschen, in der amerikanischen Zone hingegen nur etwa 17,3 Millionen.[98] Die Auflagenhöhe der von GNS-BZ belieferten Militärregierungs-Zeitungen zu kennen, deren Anzahl im November 1945 auf 18 anstieg, wäre hierbei wichtig.

3.2. Der Chefredakteur verläßt die Agentur

Sefton Delmer, der nach eigenem Bekunden in Deutschland nichts Geringeres herbeiführen wollte als eine "journalistische Revolution", blieb nicht lange Chefredakteur des GNS-BZ. Zwar hatten er und seine Mitarbeiter innerhalb weniger Wochen den Dienst der neuen Presseagentur organisiert und damit auch den angelsächsischen Nachrichtenstil in Norddeutschland eingeführt. Bei seiner Arbeit machten ihm jedoch die Civil Affairs Officers, die von der britischen Militärregierung in Deutschland eingesetzt wurden, um eine politische "Umerziehung" der Bevölkerung herbeizuführen, Schwierigkeiten.

---

97 Ebd. S. 5.

98 Telefonische Auskunft der Abteilung "Laufende Bevölkerungsstatistik" beim Statistischen Bundesamt in Wiesbaden am 29.05.1989.

Da GNS-BZ neben den Nachrichten aus der britischen Besatzungszone auch alle offiziellen Proklamationen der Militärregierung übermittelte, hatte Delmer den "Gauleitern", wie er die Besatzungsoffiziere geringschätzig nannte, bereits ein Sprachrohr geschaffen, durch das sie die deutsche Bevölkerung besser über ihre Befehle oder Anweisungen informieren konnten. Ansonsten wollte er seine Agentur möglichst unabhängig von den Beamten der Militärregierung führen.[99]

Doch wenige Tage bevor Delmers Nachrichtenagentur ihre erste Meldung herausgab, hatte in London die Regierung gewechselt. Dem bis dahin amtierenden Premierminister Winston Churchill folgte im Juli 1945 eine Labourregierung unter Clement Attlee. Drei Monate später wurde Delmer von seinem Chefredakteursposten abberufen. Er hatte als Vertrauter der ehemaligen konservativen Regierung, aufgrund seiner eigenwilligen Pläne oder seiner journalistischen Herkunft offenbar in der Labour-Regierung Anstoß erregt. Auch seine Personalpolitik schien mit den Bestimmungen der Entnazifizierung nicht im Einklang gewesen zu sein. Enttäuscht zog sich Delmer Ende Oktober 1945 von seiner Arbeit in Deutschland zurück und schrieb wieder für den "Daily Express" in London.[100]

Als neuen Chefredakteur des GNS-BZ setzte die britische Regierung zunächst den außerhalb des Hauses kaum bekannt gewordenen Major Ward Dyer ein. Dyers Stellvertreter blieben die Nachrichtenkontroll-Offiziere Hans Bermann und Kenneth Hunt.[101] Beide verfügten über eine fundierte journalistische Ausbildung und hatten während des Krieges bei der British Broadcasting Corporation (BBC) gearbeitet.

Mit der Einrichtung einer eigenen Auslandsredaktion und der vom Cheftechniker des GNS-BZ, Harold Robin, in die Wege geleiteten Benutzung des Pressesenders "Norddeich", sollte auch die Agentur in Hamburg "... bald auf eigenen Füßen stehen".[102] Die zu diesem Zeitpunkt beim GNS-BZ beschäftigten Deutschen, insbesondere aber Delmers ehemaliger "Chefberater für deutsche Angelegenheiten", Max Kupfer, hofften, daß ihnen die Briten schon bald mehr Einfluß in der Führung der Agentur zugestehen würden. Bislang hatten die Deutschen

99 Vgl. Hansjoachim Höhne a. a. O. S. 146.

100 Vgl. Kurt Koszyk a. a. O. S. 201.

101 Vgl. Ernst Riggert: Deutscher Presse-Dienst. Ein Abriß seiner Nachkriegsentwicklung 1945-1949. Manuskript Hamburg (dpa) 1951. S. 7.

102 Vgl. Gerhard R. Matthäus: dpd-Geschichte. 2. Teil, a. a. O. S. 50.

nämlich, so formulierte es Presseoffizier Frank Lynder Mitte November 1945 im Gespräch mit Kupfer, bestenfalls "Handlanger- oder Paralleldienste" geleistet.[103]

3.3. Vom GNS-BZ zum Deutschen Presse-Dienst (dpd)

Als vorerst einziges Zugeständnis an die deutschen Mitarbeiter erhielt das britische Militärregierungsunternehmen am 15. Dezember 1945 neben der offiziellen Bezeichnung seiner Dienststelle "No. 10 German News Service British Zone" (GNS-BZ) den zusätzlichen Namen "dpd" (Deutscher Presse-Dienst). An seiner redaktionellen Zusammensetzung oder seinem Charakter als Besatzungsagentur änderte sich dadurch zunächst nichts. Den äußeren Anlaß für die deutsche Kennzeichnung bildete die Inbetriebnahme des GNS-Senders in Norddeich durch die OPD Salzuflen als zuständige Fernmeldebehörde. Von nun an konnten die Meldungen der Agentur, die bald nur noch unter dem Kürzel dpd erschienen, auch über Hellschreiber verbreitet werden.[104]

Über die zukünftige Entwicklung des dpd, seine wirtschaftlichen Grundlagen und seine Rechtsform, herrschten zur Jahreswende 1945/46 noch ziemlich vage Vorstellungen: "Erst wenn eine gewisse Anzahl von Zeitungen lizenziert worden sei, werde man die Möglichkeit erwägen, ein kooperatives Unternehmen zu schaffen, das von Lizenzinhabern verschiedener politischer Anschauungen kontrolliert werden solle."[105]

Angesichts der sich abzeichnenden Lizenzierung deutscher Zeitungen stand der Deutsche Presse-Dienst Anfang des Jahres 1946 zunächst vor der Aufgabe, das eigene Korrespondentennetz zu erweitern. Für ein monatliches Gehalt zwischen 150 und 300 Reichsmark warb der stellvertretende Chefredakteur des dpd, Hans Bermann, deshalb in Köln, Düsseldorf, Duisburg, Aachen, Münster, Braunschweig, Bremen und Kiel einige festangestellte Korrespondenten oder freie Mitarbeiter an.[106]

---

103 Vgl. ebd. S. 5.

104 Vgl. DPD (Hrsg.): Deutscher Presse-Dienst a. a. O. S. 5.

105 Gerhard R. Matthäus: dpd-Geschichte. 3. Teil. Unveröffentlichtes Manuskript. Hamburg (dpa) 1966. S. 1.

106 Vgl. ebd. S. 11.

Als erste deutsche Zeitung der britischen Besatzungszone wurde am 7. Januar 1946 die "Braunschweiger Zeitung" lizenziert. Es folgte am 15. Januar 1946 die "Lüneburger Landeszeitung". Zwei Monate später waren in der britischen Zone bereits elf deutsche Zeitungen lizenziert, die ohne Ausnahme die Dienste des dpd in Anspruch nehmen mußten.[107] Die Zahl der deutschen Lizenzblätter stieg bis Mitte Oktober 1946 auf 43 mit einer Gesamtauflage von 5,1 Millionen Exemplaren an. Das waren schon ebensoviele Lizenzzeitungen wie in der amerikanischen Zone. Die Gesamtauflage der lizenzierten Zeitungen in der US-Zone betrug jedoch zu diesem Zeitpunkt nur etwa 3,9 Millionen Exemplare.[108] Ebenso wie die Informationskontrolle (ICD) in der amerikanischen Zone übte die britische Information Services Control (ISC) bei diesen Blättern zunächst eine Vorzensur aus. Sie ging aber schon nach kurzer Zeit zur Nachzensur über.[109]

Bis zur Lizenzierung des Deutschen Presse-Dienstes hatten die Zeitungen der britischen Zone 5 Prozent ihrer Bruttoeinnahmen an den dpd abzuführen, was einem Kostenvolumen von etwa 9 Pfennig pro Auflagenexemplar entsprach.

Mit den Summen, die von den Zeitungen beim dpd eingezahlt wurden, konnten nach einer kurzen Anlaufzeit alle Ausgaben der Agentur finanziert werden. Im Sommer 1947 wurde beim dpd eine Staffelung der Gebühren nach der Auflagenhöhe der Zeitungen eingeführt. Danach mußten kleinere Zeitungen nur noch etwa 2,5 Prozent ihres Bruttoeinkommens an die Agentur abführen, größere Blätter knapp 3 Prozent. Anders ausgedrückt waren das im Durchschnitt nur noch 5 Pfennig pro Auflagenexemplar.[110]

Neben den Lizenzzeitungen der britischen Zone versorgte dpd zunächst auch die Radiostationen und Zonenagenturen der Amerikaner, Franzosen und Sowjets mit Inlandsnachrichten aus Norddeutschland. Britische Presseoffiziere leiteten die Agentur nach den Direktiven des Alliierten Kontrollrats sowie den allgemeinen Richtlinien der britischen Pressepolitik. Bis zur Erteilung seiner Lizenz war dpd politisch, personell, organisatorisch und zum Teil auch finanziell abhängig von verschiedenen Dienststellen der britischen Kontrollkommission für

107 Vgl. Gerhard R. Matthäus: dpd-Geschichte. 2. Teil, a. a. O. S. 61.

108 Vgl. Niederschrift über die 4. Tagung des Vereins bayerischer Zeitungsverleger e. V. in Rothenburg o. d. Tauber vom 10. bis 12 Oktober 1946. In: BA 5/238-2/3-4.

109 Vgl. Heinz-Dietrich Fischer: Reeducations- und Pressepolitik unter britischem Besatzungsstatus. Düsseldorf 1978. S. 36ff.

110 Vgl. Heinz Willi Gross a. a. O. S. 64f.

Deutschland (CCG/BE).[111] Im Gegensatz zu den Lizenzzeitungen, bei denen die Presseoffiziere die Nachrichten oder Artikel in der Regel erst nachträglich überprüften, wurden beim dpd bis in den Sommer des Jahres 1947 alle Meldungen vorzensiert.[112]

3.4. Die Übergabe des dpd in deutsche Hände

Den ersten Schritt zur geplanten Übertragung des dpd in deutsche Hände bildete am 1. Januar 1946 die Errichtung einer deutschen Finanzverwaltung.[113] Anfang März 1946 zog sich der bis dahin amtierende dpd-Chefredakteur, Ward Dyer, aus der Agentur zurück. Seine Position übernahm der damals 48jährige Hans Bermann.[114] Der 1898 in Berlin geborene Journalist mußte 1933 als deutscher Jude nach London emigrieren. Nach Ausbruch des Zweiten Weltkrieges wurde er Nachrichtensprecher für die deutschsprachigen Sendungen der BBC. Im Sommer 1945 holte ihn Sefton Delmer zum Aufbau des GNS-BZ nach Hamburg. Bis zur Lizenzierung des dpd hatte Bermann, ebenso wie sein Stellvertreter Kenneth Hunt, einen maßgeblichen Einfluß auf die weitere Entwicklung der Agentur.[115]

Am 1. April 1946 erhielt dpd ein eigenes Fernschreibnetz. Bis dahin wurde die Nachrichtenübermitteilung, soweit sie nicht über das Hellschreib-System erfolgte, über britische Dienstleitungen abgewickelt. Die Anzahl der von dpd zu diesem Zeitpunkt täglich übermittelten Worte lag bei etwa 20.000.[116] Grundlage der Auslandsnachrichten des Deutschen Presse-Dienstes, der zu diesem Zeitpunkt bereits 350 Mitarbeiter beschäftigte, war der englischsprachige Dienst der Nachrichtenagentur Reuter.[117]

---

111 Control Commission for Germany / British Element.

112 Vgl. Kurt Koszyk a. a. O. S. 30.

113 DPD (Hrsg.): Deutscher Presse-Dienst a. a. O. S. 8.

114 Gerhard R. Matthäus: dpd-Geschichte. 3. Teil, a. a. O. S. 24.

115 Weitere biographische Angaben zu Hans Bermann findet man bei: Gerhard R. Matthäus: dpd-Geschichte. 3. Teil, a. a. O. S. 3ff.

116 Vgl. Gertrud Steinhausen a. a. O. S. 83.

117 Vgl. Kurth Mauch a. a. O. S. 3.

Ebenfalls im April 1946 ermutigten die Briten die Verleger der inzwischen 33 lizenzierten Zeitungen ihrer Zone zum organisatorischen Zusammenschluß. Daraufhin wurde im Mai 1946 in Hannover der "Nordwestdeutsche Zeitungsverlegerverein" gegründet.[118] Noch im Mai 1946 deutete der Leiter der britischen Zeitungskontrolle, Major N. B. J. Huijsman, an, daß die deutschen Lizenzverleger den dpd "... eines Tages ..." in eigene Regie übernehmen könnten. Ohne sich festzulegen, gab er zu verstehen, daß der Zeitpunkt für die beabsichtigte "... Übertragung der Kompetenzen ..." im Herbst 1946 gekommen sein könnte.[119]

Vom 11. bis 14. August 1946 versammelten sich die Lizenzträger der britischen Zone zu einer Verlegertagung in Oldenburg. Auf dieser Tagung unterbreitete Huijsman nun den offiziellen Vorschlag der britischen Informationskontrolle, "... die Zeitungsverleger mögen sich darauf einstellen, den Deutschen Presse-Dienst in eigener Regie zu übernehmen".[120] Daraufhin wurde noch in Oldenburg die erste organisatorische Verbindung der deutschen Verleger zu der Militärregierungsagentur, der "dpd-Beirat", geschaffen. Dieses aus fünf Lizenzträgern bestehende Gremium sollte die Übernahme der Agentur in deutsche Hände in die Wege leiten.[121]

Als direkte Vorbereitung für die geplante Umwandlung der Militärregierungsagentur in ein genossenschaftlich organisiertes deutsches Unternehmen gründeten die Briten am 1. Januar 1947 in Hamburg die "Deutsche Presse-Dienst GmbH".[122] Mit der Rechtsform einer GmbH erhielt die Agentur eine deutsche Leitung und Geschäftsführung. Als Geschäftsführer setzten die Briten den bisherigen Leiter der dpd-Finanzabteilung, Wilhelm Tranow, und den Wirtschaftsredakteur Dr. Wilhelm Grotkopp ein. Das Stammkapital von 20.000 Reichsmark befand sich zunächst in den Händen des Oberfinanzpräsidenten in Hamburg.[123]

Für die im Juli 1947 geplante Übergabe der Agentur in die Hände der deutschen Zeitungsverleger wurde am 30. Mai 1947 in Hamburg-Nienstedten der "Deutsche Presse-Dienst", eine Genossenschaft mit beschränkter Haftung,

---

118 Vgl. Johann Wilhelm Naumann: Die Organisation der neuen deutschen Medien. In: Deutscher Zeitungsverlag (Hrsg.): Handbuch Deutsche Presse. Bielefeld 1947. S. 85-89, dort S. 88.

119 Vgl. Gerhard R. Matthäus: dpd-Geschichte. 3. Teil, a. a. O. S. 31.

120 Vgl. DPD (Hrsg.): Deutscher Presse-Dienst a. a. O. S. 8.

121 Vgl. ebd.

122 Vgl. Gertrud Steinhausen a. a. O. S. 24.

123 Vgl. Ernst Riggert a. a. O. S. 10.

gegründet. Die erste Generalversammlung, bestehend aus den 48 Lizenzträgern der britischen Besatzungszone sowie einem Vertreter der Zonenzeitung "Die Welt", bestätigte die von einem Arbeitsausschuß vorbereiteten Statuten einstimmig. Als Sitz des Unternehmens wurde Hamburg festgelegt.[124]

Im Anschluß an die Beratung und Verabschiedung des Statuts folgte die Wahl des Vorstands und des Aufsichtsrats. In den dreiköpfigen Vorstand wurden die Verleger Paul Bugdahn "Hamburger Echo", Dr. Anton Betz "Rheinische Post" und Georg Macknow "Flensburger Tageblatt" gewählt. Budgahn stand der SPD, Betz der CDU und Macknow der FDP nahe.[125]

Nachdem Willi Brandt, dem zuvor auch von der DANA in Bad Nauheim der Posten des Chefredakteurs angeboten worden war, abgelehnt hatte, wurde der ehemalige Berliner Korrespondent der "Frankfurter Zeitung", bisherige Herausgeber des "SPD-Pressedienstes" und Abgeordnete im niedersächsischen Landtag, Fritz Sänger, zum ersten deutschen Chefredakteur des dpd bestellt. Hauptgeschäftsführer wurde der dpd-Redakteur Hans Melchers. Melchers hatte von 1933 bis 1945 für die kurz vor dem Ersten Weltkrieg gegründete deutsche Nachrichtenagentur "Transocean" (TO) in Asien gearbeitet.[126]

Vier Wochen nach der Gründung der dpd-Genossenschaft wurde die Agentur als ein gemeinsames Unternehmen der 48 Zeitungsverleger des britischen Besatzungsgebiets lizenziert. Die feierliche Übergabe der Lizenzurkunde fand am 5. Juli 1947 im Bürgersaal des Hamburger Rathauses statt. Mit der "Zulassung Nr. 103" legte der Chef der britischen Public Relations and Information Services Control (PRISC), Cecil Sprigge, dem dpd-Vorstandsvorsitzenden, Anton Betz, die Verantwortung für den Deutschen Presse-Dienst persönlich in die Hände. Damit etablierte sich auch der dpd als ein offiziell zugelassenes, genossenschaftlich betriebenes, deutsches Unternehmen.[127]

In seiner Ansprache anläßlich der Lizenzierung wies Cecil Sprigge auch auf den in Verlegerkreisen bereits mehrfach diskutierten Vorschlag einer Fusion von dpd und DENA hin: "Die Verleger der britischen Zone werden sicher auch erwägen, ob dpd sich zum Zwecke der gegenseitigen Stärkung und Verbesserung

124 Vgl. o. Verf.: Bericht von der Verlegertagung in Hamburg. In: "Die Deutsche Zeitung" 1 (1947) Nr. 1. S. 4-7.

125 Vgl. Ernst Riggert a. a. O. S. 13.

126 Vgl. Heinz Willi Gross a. a. O. S. 46.

127 Vgl. DPD (Hrsg.): Deutscher Presse-Dienst a. a. O. S. 10.

der Dienste mit der Agentur DENA in der US-Zone und mit anderen Agenturen in Deutschland vereinigen kann und soll."[128]

Noch am Tag der Lizenzierung fand im großen Konzertsaal des Hamburger Rundfunkhauses eine Betriebsversammlung statt. Bei dieser Gelegenheit sprachen sich der von nun an nur noch als Beobachter bzw. Berater fungierende britische Verbindungsoffizier Hans Bermann, das dpd-Vorstandsmitglied Paul Budgahn, der dpd-Hauptgeschäftsführer Hans Melchers sowie der dpd-Chefredakteur Fritz Sänger für eine möglichst enge Zusammenarbeit, wenn nicht gar Fusion mit der Deutschen-Nachrichtenagentur (DENA) und der französisch kontrollierten Südwestdeutschen Nachrichtenagentur (SÜDENA) aus.[129] Um bei den sich abzeichnenden Fusionsverhandlungen eine jeweils stärkere Position gegenüber dem künftigen Partner erzielen zu können, arbeiteten dpd und DENA jedoch gegeneinander.

Zum Zeitpunkt der Lizenzierung beschäftigte der Deutsche Presse-Dienst rund 550 Personen. Davon waren allein 400 Mitarbeiter in der Hamburger Zentralredaktion tätig. 150 Angestellte arbeiteten in den jeweiligen Außenstellen der Agentur.[130] 179 der 550 Beschäftigten waren Redakteure oder Volontäre. Die restlichen 371 Personen wurden als Verwaltungsangestellte, Techniker oder redaktionelle Hilfskräfte bei dpd beschäftigt. Ähnlich wie in der amerikanischen Besatzungszone wurde die Tätigkeit der Agentur auch nach der Lizenzierung noch von mehreren Kontrolloffizieren überwacht.[131]

Zur Übermittlung seiner Nachrichten bediente sich dpd zu diesem Zeitpunkt fast ausschließlich des Hell- und Fernschreibers. Im Juli 1947 verbreitete die Agentur täglich mehr als 35.000 Wörter - rund 170 Meldungen - an die 48 Lizenzzeitungen der britischen Zone, die Zonenzeitung "Die Welt" sowie an mehrere Radiostationen im britisch und amerikanisch kontrollierten Gebiet.[132]

---

128 Zit. nach Gerhardt R. Matthäus: dpd-Geschichte, 4. Teil. Unveröffentlichtes Manuskript. Hamburg (dpa) 1966. S. 21. Vgl. auch Gertrud Steinhausen a. a. O. S. 67 bzw. S. 88.

129 Vgl. o. Verf.: Deutscher Pressedienst ist deutsch. In: "Die Deutsche Zeitung" 1 (1947) Nr. 1. S. 3.

130 Vgl. Hansjoachim Höhne a. a. O. S. 148.

131 Vgl. Internes Rundschreiben des dpd-Chefredakteurs Fritz Sänger an die Mitarbeiter des Deutschen Presse-Dienstes. Überschrift: Die Redaktion des Deutschen Presse-Dienstes. Hamburg 5.8.1947. S. 8. In: Archiv der Deutschen Presse-Agentur (dpa), BR-Presse VII/1-2.

132 Vgl. o. Verf.: Deutscher Pressedienst ist deutsch a. a. O. S. 3.

Mit der Lizenzierung hatte auch der dpd den engen Rahmen einer Zonenagentur gesprengt: "Das Verbreitungsgebiet ...", so heißt es in den Durchführungsbestimmungen zur dpd-Lizenz, "... werden zu Beginn die britische und amerikanische Besatzungszone und der britische Sektor von Berlin sein. Für die Verbreitung außerhalb dieses Gebiets sind die Bestimmungen des Kontrollrates oder der zuständigen Besatzungsmacht maßgebend".[133]

Anfang August 1947 unterhielt der Deutsche Presse-Dienst zur Erfassung und Sammlung seiner Nachrichten fünf Hauptbüros in Düsseldorf, Hannover, Hamburg, Frankfurt und Berlin sowie mehr als 21 Zweigstellen in anderen Städten der amerikanischen und britischen Zone.[134] Diese Büros standen mit der Hamburger Zentrale in einer direkten, posteigenen Fernschreibverbindung. Im September 1947 kamen Hauptbüros in Baden-Baden und Koblenz sowie mehrere Korrespondenten in der französischen Zone hinzu.[135] Durch den Ausbau seines Redaktions- und Korrespondentennetzes war die Agentur bald in der Lage, eigenständig und umfassend aus den drei Westzonen und Berlin zu berichten. Ebenso wie den anderen westlichen Zonenagenturen gelang es aber auch dem dpd nicht, in der Sowjetischen Besatzungszone ein eigenes Korrespondentennetz zu etablieren.

Schon Anfang Januar 1947 hatte dpd den "Landesdienst Nord" eingerichtet, der die Länder Hamburg und Schleswig-Holstein mit Regionalnachrichten versorgte. Im Juni 1947 folgten Landesdienste für Niedersachsen, Nordrhein-Westfalen und Berlin. Anfang August 1947 gab die Agentur an ihre Kunden folgende Dienstleistungen heraus: Den Auslandsdienst, der seine Nachrichten überwiegend von der britischen Weltagentur Reuter bezog, die Landesdienste "Nord", "Nordrhein-Westfalen", "Niedersachsen" und "Berlin", die Nachrichten und Berichte aus den oben genannten Regionen übermittelten. "dpd-Hintergrund" versorgte das tagesaktuelle Geschehen mit zusätzlichem kulturellen, wissenschaftlichen oder politischen Archivmaterial; "dpd-Brief" verbreitete Kommentare oder Hintergrundberichte zu aktuellen Themen.[136]

---

133 DPD (Hrsg.): Anweisungen anläßlich der Zulassung Nr. 130 der Militärregierung. Hamburg 1947. S. 11. In: Archiv der Deutschen Presse-Agentur (dpa), BR-Presse VII/1-2.

134 Vgl. Fritz Sänger an die Mitarbeiter des Deutschen Presse-Dienstes: Die Redaktion des Deutschen Presse-Dienstes a. a. O. S. 2-5.

135 Vgl. Gerhard R. Matthäus: dpd-Geschichte, 4. Teil, a. a. O. S. 45.

136 Vgl. Fritz Sänger an die Mitarbeiter des Deutschen Presse-Dienstes: Die Redaktion des Deut-

Der bereits 1946 gegründete "dpd-Artikeldienst" übermittelte "belehrende, unterrichtende und unterhaltende Stoffe ernster Art in feuilletonistisch ansprechender Form".[137] Ein spezieller Sportdienst berichtete über Sportereignisse in Deutschland und der Welt. Der "dpd-Bilderdienst" lieferte wöchentlich etwa 220 Fotos oder Negative zu wichtigen Ereignissen aus dem In- und Ausland. Da deutsche Korrespondenten im Ausland noch nicht zugelassen waren, bezog dpd-Bild seine Auslandsfotos zunächst von der Londoner Agentur "Keystone". Im September 1947 wurde der "dpd-Wirtschaftsspiegel" eingerichtet, der sich insbesondere mit Nachrichten oder Hintergrundmaterial zum wirtschaftlichen und finanziellen Wiederaufbau Deutschlands befaßte.[138]

Schon bald nach der Lizenzierung gelang es dem Deutschen Presse-Dienst, eine Anzahl von Zeitungen, Zeitschriften und Rundfunkstationen in der amerikanischen und französischen Besatzungszone und in Berlin als neue Abonnenten zu gewinnen.[139]

Noch im Juli 1947 hatte dpd Austauschabkommen über die Lieferung von Auslandsnachrichten mit der britischen Weltagentur Reuter in London, dem Sowjetischen Nachrichtenbüro (SNB) in Berlin und dem "Nordisk Pressbüro" in Kopenhagen abgeschlossen. Im gleichen Monat kam auch ein Vertrag mit der französischen Nachrichtenagentur Agence France Presse (AFP) in Paris zustande.[140] Rund 87 Prozent aller Auslandsnachrichten bezog dpd zu diesem Zeitpunkt jedoch von der Reuters Ltd. in London.

4. Die Französische Zone: Von der RHEINA zur SÜDENA

4.1. Die Rheinische Nachrichtenagentur (RHEINA)

Frankreich war das einzige Mitglied der Alliierten, das unmittelbar nach der Niederlage Hitler-Deutschlands zunächst nicht an der offiziellen Besatzungspolitik der Siegermächte beteiligt wurde. Erst am 26. Juli 1945 konnten sich

---

schen Presse-Dienstes, a. a. O. S. 1ff.

137 Ebd. S. 6.

138 Vgl. Ernst Riggert a. a. O. S. 35.

139 Vgl. Gertrud Steinhausen a. a. O. S. 92.

140 Vgl. Hansjoachim Höhne a. a. O. S. 148.

Stalin, Truman und Churchill in Potsdam auf eine von Frankreich besetzte Zone einigen.[141] Daraufhin wurde am 28. Juli 1945 in Baden-Baden die französische Militärregierung (Gouvernement Militaire pour la Zone Francaise d'Occupation) eingerichtet.[142] Nun hatten auch die Franzosen, die - im Gegensatz zu Briten und Amerikanern - den deutschen Faschismus auf ihrem eigenen Territorium erleben mußten, die Möglichkeit, in ihrer Zone Zeitungen zu lizenzieren, die von ihnen gegründeten Medien zu kontrollieren und diese gezielt zur Umerziehung des deutschen Volkes einzusetzen.[143]

Im Gegensatz zu den übrigen Alliierten verfügten die Franzosen in ihren militärischen Einheiten anfangs nicht über Abteilungen, die etwa der anglo-amerikanischen PWD entsprochen hätten. Dadurch, daß sie erst recht spät zu ihrer eigenen Zone gekommen waren, standen sie beim Aufbau der deutschen Medien und der Nachrichtenversorgung "... unter einem besonderen Druck zu improvisieren".[144] Das früheste derzeit bekannte Dokument der französischen Informationskontrolle (Division de l'Information) stammt vom 31. Juli 1945.[145] Demnach gab es spätestens zu diesem Zeitpunkt innerhalb der zivilen Verwaltung der Militärregierung eine sogenannte "Informations-Direktion" (Direction de l'Information). Leiter dieser Einrichtung, die ihren Sitz in Baden-Baden hatte, war zunächst General Jean Arnaud; Chef der zentralen Presseabteilung (Section de Presse) bis Ende April 1947 Oberst Emile Loutre.[146] Wenige Tage nach der Errichtung der Militärregierung erschienen in der französischen Besatzungszone die ersten deutschsprachigen Zeitungen. Wie in den anderen Zonen bedurfte ihre Herausgabe der Genehmigung der Informationskontrolle. Als erstes Blatt wurde am 4. August 1945 in Koblenz der "Mittelrhein-Kurier" herausgegeben. Vier Tage später folgte das "Badener Tageblatt" in Baden-Baden und am 23. August das "Süd-West-Echo" in Rastatt. Ende August 1945 gab es in der französischen Zone vier deutschsprachige Zeitungen mit einer Gesamtauflage von knapp

---

141 Vgl. Manfred Overesch: Deutschland 1945-1949. Vorgeschichte und Gründung der Bundesrepublik. Düsseldorf 1979. S. 52ff; vgl. auch ebd. S. 111ff.

142 Vgl. Kurth Mauch a. a. O. S. 9.

143 Vgl. Stephan Schölzel: Die Pressepolitik der französischen Besatzungszone 1945-1949. Mainz 1986.

144 Vgl. dpa (Hrsg.): 40 Jahre dpa Deutsche Presse-Agentur GmbH. Hamburg 1989. S. 12.

145 Vgl. Kurt Koszyk a. a. O. S. 272.

146 Vgl. Stephan Schölzel a. a. O. S. 37.

200.000 Exemplaren.[147] Für jede dieser Zeitungen wurde ein Zensurkommissar (Commissair Censeur) ernannt, der die Herausgabe genehmigte, die Texte prüfte, gegebenenfalls änderte oder ihre Veröffentlichung ganz verbot, die Redakteure einstellte und das jeweilige Unternehmen nach den allgemeinen Direktiven des Alliierten Kontrollrats sowie den Instruktionen der Baden-Badener "Division de l'Information" leitete.[148]

Als Nachrichtenlieferant für diese Zeitungen gründeten die Franzosen im August 1945 in Baden-Baden die Rheinische Nachrichtenagentur (RHEINA).[149] Ihre Tätigkeit nahm die Agentur aber erst Anfang September auf. Die RHEINA stand unter der direkten Kontrolle der Militärregierung und wurde zunächst ausschließlich von französischem Personal betrieben. Leiter des Militärregierungsunternehmens RHEINA war Hauptmann Henri Schwob, ein ehemaliger Mitarbeiter der Agence Havas.[150] Die Arbeit der RHEINA beschränkte sich anfangs im wesentlichen darauf, Material der halbstaatlichen französischen Nachrichtenagentur Agence France Presse (AFP) ins Deutsche zu übersetzen und zusammen mit eventuellen offiziellen Verlautbarungen der Militärregierung an die Lizenzblätter der Zone weiterzuleiten. Technisch war die Agentur nur primitiv ausgestattet. Die Baden-Badener Zentralredaktion stand mit der AFP-Zentrale in Paris in direkter Fernschreibverbindung. Doppelsprachige Elsässer übersetzten die aus Paris übermittelten Meldungen des AFP-Dienstes ins Deutsche, hektographierten sie und verschickten sie etwa zwei- bis dreimal pro Woche per Post oder Kurier an die Medien der französisch besetzten Zone.[151]

Obwohl die RHEINA in der französischen Zone anfangs keine Nachrichten sammelte, waren die deutschen Zeitungen dazu verpflichtet, die Dienste der Militärregierungsagentur in Anspruch zu nehmen. Hintergrundmaterial, politische oder kulturelle Kommentare und ähnlich vorgefertigte Dienstleistungen lieferte der ebenfalls noch im August 1945 in Baden-Baden gegründete Artikel-

---

147 SOPADE-Informationsdienst (Sozialdemokratische Partei Deutschland, Hannover): Die Presse in der französischen Zone. Stand: 1. Juli 1946. S. 1ff. In: HHSta 8/154-1/20.

148 Vgl. Kurt Koszyk a. a. O. S. 269.

149 Vgl. Hansjoachim Höhne a. a. O. S. 152.

150 Vgl. Heinz Willi Gross a. a. O. S. 47.

151 Vgl. Gerhard R. Matthäus: RHEINA und SÜDENA. Unveröffentlichtes Manuskript. Hamburg (dpa) 1967. S. 1ff.

dienst "Kosmos".[152] Ende Dezember 1945 stelle RHEINA die ersten deutschen Mitarbeiter ein. Die Zahl der deutschen Redakteure, die in die Agentur übernommen wurden, betrug jedoch nie mehr als ein Dutzend.[153]

Mitte Februar 1946 beauftragte RHEINA-Chefredakteur Henri Schwob den Nachrichtentechniker Eduard Reinauer damit, zu den Zeitungen in der französischen Zone ein umfassendes Fernschreibnetz aufzubauen. Er stellte ihm 17 erbeutete Geräte zur Verfügung, von denen jedoch nicht eins funktionstüchtig war. Nach Überwindung technischer Schwierigkeiten konnten im Herbst 1946 die ersten Leitungen in Betrieb genommen werden.[154] Im Norden der französischen Zone wurde daraufhin ein RHEINA-Hauptbüro in Kaiserslautern eingerichtet. Im Süden liefen die Fäden des Fernschreibnetzes in Baden-Baden zusammen. Seit diesem Zeitpunkt übermittelte RHEINA täglich etwa 12.000 bis 15.000 Wörter.[155]

Den deutschen Zeitungsverlegern wurde beim Aufbau der Agentur nur eine bescheidene Rolle zugestanden. Die Gebühren für die Dienstleistungen der RHEINA zog die Militärregierung ein. Sie lagen in der Anfangszeit nicht einmal fest, sondern richteten sich, so schreibt der ehemalige dpa-Redakteur Gerhard Matthäus, "... nach dem Gutdünken von Besatzungsoffizieren".[156] Diesem finanziellen Unsicherheitsfaktor setzte die Informationskontrolle erst im Spätsommer 1946 ein Ende. Eine Dienstanweisung (Consigne) bestimmte, daß jede Zeitung der französischen Zone je tausend Auflageexemplaren acht Mark zu zahlen hatte. Auch lange nach Aufhebung der Vorzensur wurde den deutschen Zeitungen die ausschließliche Verwendung von RHEINA, bzw. der späteren SÜDENA, und Kosmos vorgeschrieben. Um den Bezug anderer Agenturdienste auszuschließen, wurde den Zeitungen sogar der Besitz von Hellschreibgeräten verboten.[157]

Auf Initiative der Informations-Direktion versammelten sich Anfang Oktober 1946 die Herausgeber der im südlichen Teil der französischen Besatzungszone zugelassenen, deutschen Zeitungen zu einer Verlegertagung in Donaueschingen.

---

152 Vgl. Gertrud Steinhausen a. a. O. S. 108.

153 Vgl. Kurth Mauch a. a. O. S. 9.

154 Vgl. Gerhard R. Matthäus: RHEINA und SÜDENA a. a. O. S. 6.

155 Vgl. Kurt Koszyk a. a. O. S. 297.- Stephan Schölzel a. a. O. S. 145ff.

156 Vgl. Gerhard R. Matthäus: RHEINA und SÜDENA a. a. O. S. 9f.

157 Vgl. Heinz Willi Gross a. a. O. S. 58.

Der Chef der "Section de Presse" bei der "Direction de l'Information", Oberst Loutre, machte deutlich, daß die Militärregierung die deutschen Lizenzverleger an der Agentur beteiligen wollte. Es sollte ein gemeinsames, deutsch-französisches Unternehmen gegründet werden, in dem sich die französische Seite jedoch einen dominierenden Einfluß vorbehalten wollte. Die Lizenzträger gründeten daraufhin einen Planungsausschuß, in dem die Probleme, die mit der Errichtung der gemeinsamen Nachrichtenagentur zusammenhingen, besprochen werden konnten.

Als Vorsitzenden dieses Ausschusses bestimmten die Lizenzträger den Freiburger Verleger Heinrich Rombach. Er sollte mit den Franzosen über die Bedingungen einer deutschen Beteiligung verhandeln. Seine Verhandlungspartner waren Oberst Loutre von der Informations-Direktion, Marcel Mine, Vertreter einer französischen Verlegergruppe - der "Societé Francaise de Gestion de l'Agence de Presse Südena" -, die sich an der neuen Agentur finanziell beteiligen wollte, sowie deren Geschäftsführer, der Generaldirektor der AFP, Maurice Nègre.[158]

Angesichts der nur geringen Anzahl von Lizenzzeitungen war man sich auf deutscher Seite von Anfang an bewußt, daß das finanzielle Risiko für die Verleger beim Aufbau einer genossenschaftlich organisierten Nachrichtenagentur recht groß sein würde. Die Zahl der Anfang Oktober 1946 in der französischen Besatzungszone herausgegebenen Lizenzblätter betrug etwa 15 mit einer Gesamtauflage von etwas mehr als 2 Millionen Exemplaren.[159] Da die Franzosen hofften, auf dem deutschen Nachrichtenmarkt "... einmal ein Wort mitreden zu können", boten sie an, sich mit 51 Prozent an dem neuen Unternehmen zu beteiligen.[160] Der künftige Name für die gemeinsame Agentur wurde schon auf der Verlegertagung in Donaueschingen geprägt. Er lautet: Südwestdeutsche Nachrichtenagentur (SÜDENA).

158 Vgl. ebd. S. 47.

159 Vgl. SOPADE-Informationsdienst a. a. O. S. 1ff.

160 Vgl. Hansjoachim Höhne a. a. O. S. 153.

4.2. Die Südwestdeutsche Nachrichtenagentur (SÜDENA)

Nach zähen und langandauernden Verhandlungen zwischen der Militärregierung und den Lizenzverlegern wurde am 4. März 1947 in Baden-Baden die Südwestdeutsche Nachrichtenagentur GmbH (SÜDENA) gegründet. Das Stammkapital dieses deutsch-französischen Gemeinschaftsunternehmens betrug 100.000 Reichsmark. 51 Prozent der Geschäftsanteile befanden sich in den Händen der Franzosen. Die deutschen Zeitungsverleger mußten sich mit einem Anteil von 49 Prozent begnügen.[161]

"Es geht aus den vorliegenden Quellen nicht hervor", so Schölzel, "ob man bei der Gründung der 'Südena' dem Vorbild der amerikanischen Zone ("DANA") und der britischen Zone ("dpd") nacheiferte und aus optischen Gründen eine Agentur mit deutscher Beteiligung wollte ..."[162] Nach einer Lizenzurkunde sucht man in den bundesdeutschen Archiven ebenso vergeblich wie nach den Statuten. Statt ihrer gab es offenbar "... nur eine Art Bestätigung durch den 'Sousdirecteur' des Amtes für Vermögen und Beteiligung in Baden-Baden, ein 'Avis Favorable', wie es für allemöglichen deutschen oder deutsch-französischen Geschäftsvorgänge auch ausgestellt wurde".[163]

Den notariell beglaubigten "Gesellschaftsvertrag" unterzeichneten am 4. März 1947 als Bevollmächtigter der "Societé Francaise de Gestion de l'Agence de Presse Südena" Marcel Mine und - stellvertretend für den zu diesem Zeitpunkt noch nicht ins zuständige Register eingetragenen "Verein der deutschen Zeitungsverleger in der französischen Zone" - der Lizenzverleger Heinz Rohr aus Kaiserslautern. Hauptanteilseigner an der "Societé Francaise de Gestion de l'Agence de Presse Südena" war die Agence France Presse (AFP). Die von Rohr übernommenen Geschäftsanteile wurden später an den Zeitungsverleger-Verein abgetreten.[164]

Nach dem Gesellschaftsvertrag bedurfte eine Veräußerung von Anteilen an Dritte oder die Auflösung der Gesellschaft der Zustimmung der französischen Anteilseigner und der Militärregierung. Mit ihrer Majorität von 51 Prozent am Stammkapital der Gesellschaft hatten die Franzosen nach Einschätzung des

161 Vgl. Kurth Mauch a. a. O. S. 9.

162 Stephan Schölzel a. a. O. S. 146.

163 Vgl. Gertrud Steinhausen a. a. O. S. 107.

164 Vgl. Gerhard R. Matthäus: RHEINA und SÜDENA a. a. O. S. 14f.

ehemaligen dpa-Redakteurs Gerhard Matthäus "... dafür gesorgt, daß die Deutschen nicht abspringen können, falls sie der französischen Bevormundung überdrüssig werden sollten".[165] Der Wunsch der Lizenzträger nach einem deutschen Chefredakteur wurde nicht erfüllt: Der Militärregierungs-Offizier und bisherige Chef der RHEINA, Henri Schwob, blieb auch in der SÜDENA auf seinem Posten. Am 1. April 1947 nahm die neue Agentur offiziell ihre Tätigkeit auf. Vom Briefversand war man bereits zur Nachrichtenübermittlung durch Fernschreiber übergegangen. Die technischen Einrichtungen der RHEINA wurden der SÜDENA von der Militärregierung zu einer symbolischen Miete von 1 Mark pro Monat leihweise zur Verfügung gestellt.[166] Die Lizenzverleger der französischen Zone waren zunächst weiterhin verpflichtet, die Dienste der SÜDENA in Anspruch zu nehmen. Mitte April 1947 betrug die Zahl der in der französischen Besatzungszone zugelassenen Lizenzzeitungen 20. Diese Blätter hatten eine Gesamtauflage von rund 2,5 Millionen Exemplaren.[167]

Noch im April 1947 handelte der ehemalige AFP-Mitarbeiter und jetzige Hauptgeschäftsführer der SÜDENA, Marcel Mine, mit der Agence France Presse ein - für die SÜDENA denkbar ungünstiges - Nachrichtenaustauschabkommen aus. Diese Vereinbarung verpflichtete die Agentur zu einer monatlichen Zahlung von 70.000 Reichsmark für den Bezug des AFP-Dienstes. Die SÜDENA bekam von AFP im Gegenzug jedoch für ihren eigenen Dienst nur eine monatliche Gebühr von 10.000 Reichsmark zurück. Die von AFP verlangte Bezugsgebühr war mehr als doppelt so hoch wie der Preis, den dpd und DENA etwa für den Bezug des Reuter-Dienstes zahlten.[168]

Für die deutschen Journalisten, die zu diesem Zeitpunkt bei der SÜDENA beschäftigt waren, änderte sich mit der neuen Gesellschaftsform zunächst relativ wenig. Jede Meldung wurde, ehe sie über den Fernschreiber ging, außer von Schwob, zusätzlich noch von einem "Zensurkommissar" geprüft. Nach französischer Auffassung hatten nämlich "... auch die besten deutschen Redakteure in den 13 Jahren des Nationalsozialismus verlernt ..." zu schreiben.[169]

---

165 Vgl. ebd.

166 Vgl. Gertrud Steinhausen a. a. O. S. 106.

167 Vgl. Kurt Koszyk a. a. O. S. 299.

168 Vgl. Gerhard R. Matthäus: RHEINA und SÜDENA a. a. O. S. 19.

169 Vgl. Kurt Koszyk a. a. O. S. 299.

Anfang Mai 1947 begann die SÜDENA damit, einen umfassenden Inlandsnachrichtendienst aufzubauen. Zu diesem Zweck wurde das Korrespondentennetz in der französischen Zone deutlich erweitert. Noch im selben Monat wurde in Baden-Baden der "SÜDENA-Photo-Dienst" gegründet. Wenige Wochen später begann die Agentur, mit verschiedenen Zeitungen außerhalb des französischen Besatzungsgebiets über den Bezug ihrer Dienstleistungen zu verhandeln. Ab Oktober 1947 konnten auch DENA und dpd ihre Dienstleistungen frei in der französischen Zone verkaufen. Die Konkurrenz zu diesen personell, finanziell und technisch besser ausgestatteten Agenturen führten die SÜDENA noch vor der Währungsreform in finanzielle Schwierigkeiten. Nach Angaben des ehemaligen dpa-Redakteurs Gerhard R. Matthäus machten DENA und dpd den Zeitungen im französisch besetzten Gebiet "... glänzende Offerten".[170] Sie waren billiger als SÜDENA, hatten einen umfassenderen Dienst und ließen den Zeitungen sogar die Wahl zwischen Hell- und Fernschreibempfang. Die SÜDENA verfügte jedoch noch nicht einmal über genügend eigene Fernschreibgeräte und schon gar nicht über einen Sender.

Zur Erfassung und Sammlung ihrer Nachrichten unterhielt die SÜDENA Ende des Jahres 1947 - neben der Baden-Badener Zentralredaktion - Hauptbüros in Berlin, Düsseldorf, Hannover, Karlsruhe, Koblenz, Konstanz, Mainz, München, Neustadt, Reutlingen, Tübingen, Trier und Saarbrücken sowie mehrere Korrespondenten in kleineren Städten der französischen Zone.[171] Im Februar 1948 konnte SÜDENA einen Nachrichtenaustauschvertrag mit der Schweizer-Depeschen Agentur in Bern vereinbaren. Ein Vertrag mit der Austria Presse-Agentur (APA) in Wien scheiterte am Einspruch der Direction de l'Information. Er wurde mit "... Gründen politischer Natur ..." motiviert.[172] Die weitere Entwicklung der SÜDENA wurde aber nicht nur von der Militärregierung behindert: Die Einnahmen waren trotz der verhältnismäßig hohen Gebühren, die die Zeitungen für die Dienste der Agentur zu zahlen hatten, wegen der wenigen Abonnenten, zu gering.

Die Mitte Juni 1948 in den drei Westzonen Deutschlands durchgeführte Währungsreform und die scheinbar immer stärker werdende Konkurrenz zu den angelsächsischen Nachrichtenagenturen erschwerten die Situation. Die Auflagen

---

170 Vgl. Gerhard R. Matthäus: RHEINA und SÜDENA a. a. O. S. 44.

171 Vgl. Deutscher Zeitungsverlag (Hrsg.): Handbuch Deutsche Presse. Bielefeld 1947. S. 178.

172 Vgl. Gerhard R. Matthäus: RHEINA und SÜDENA a. a. O. S. 46.

der Zeitungen sanken plötzlich offenbar ebenso schlagartig wie deren Zahlungsmoral. Dadurch geriet SÜDENA in eine ernsthafte finanzielle Krise. Sie konnte die hohen Kosten, die AFP für Auslandsnachrichten verlangte, nicht mehr bezahlen.[173]

Wenige Tage nach der Währungsreform fand am 29. Juni 1948 im "Generalkommissariat für deutsche Angelegenheiten" in Paris eine Klausurtagung statt, an der sich Vertreter der Agence France Presse, der Militärregierung und des Generalkommissariats beteiligten. Auf dieser Tagung wurde über die Zukunft der SÜDENA entschieden. Angesichts der sich abzeichnenden finanziellen Einbußen der Agentur wurde beschlossen, daß sich die AFP aus dem Baden-Badener Unternehmen "... mit Anstand und einem guten, langfristigen Vertrag ..." zurückziehen sollte.[174]

Anfang Juli 1948 teilte der für das Informationswesen der Militärregierung verantwortliche General Hepp dem Freiburger Verleger Heinrich Rombach mit, daß die französischen Agenturanteile von 51 Prozent auf die deutschen Zeitungsverleger übertragen werden könnten. Als ersten Schritt der Umwandlung der SÜDENA in ein rein deutsches Unternehmen trat der Hauptgeschäftsführer der Südwestdeutschen Nachrichtenagentur, Marcel Mine, am 4. Dezember 1948 die französische Stammeinlage von 51.000 Reichsmark für 15.000 Deutsche Mark an den inzwischen 22 Lizenzverleger umfassenden Verein der Zeitungsverleger in der französischen Zone ab.[175]

Am 19. Dezember 1948 wurde die SÜDENA in Baden-Baden lizenziert. Der Chef der Informationsabteilung beim französischen Oberbefehlshaber in Deutschland (Commandement en Chef Francais en Allemagne), General Hepp, ermächtigte die Verleger Karl-Heinz Lembke ("Badener Tageblatt", Baden-Baden) und Heinrich Rombach ("Badische Zeitung", Freiburg), die SÜDENA als ein deutsches Unternehmen zu betreiben.[176]

Damit war nun auch die Südwestdeutsche Nachrichtenagentur in der Lage, zumindest in gesellschaftsrechtlicher Hinsicht "freie" Entscheidungen zu treffen. Eine mit der Lizenzierung verbundene "Vereinbarung" zwischen SÜDENA und der Militärregierung besagte allerdings, daß die Agentur weiterhin Auflagenmel-

---

173 Vgl. Hansjoachim Höhne a. a. O. S. 153.

174 Vgl. Gerhard R. Matthäus: RHEINA und SÜDENA a. a. O. S. 59.

175 Vgl. Gertrud Steinhausen a. a. O. S. 108.

176 Vgl. "Der Tagesspiegel" vom 25.12.1948.

dungen der Militärregierung verbreiten mußte und daß der bisherige Chefredakteur, Henri Schwob - jetzt von der Militärregierung bezahlt - für eine Übergangszeit auf seinem Posten bleiben sollte. Erst Mitte Januar 1949 wurde sowohl die redaktionelle Leitung als auch die Geschäftsführung der SÜDENA in deutsche Hände übergeben. Bert Naegele, seit langem stellvertretender Chefredakteur, übernahm am 25. Januar 1949 Schwobs bisherige Position. Schwob blieb jedoch auch weiterhin als Verbindungsoffizier zur "Division de l'Information" in der Agentur. Als neuen Geschäftsführer setzten die Lizenzverleger - ebenfalls am 25. Januar 1949 - den gebürtigen Elsässer und bisherigen Chefredakteur des Artikeldienstes "Kosmos", Hugo Boesen, ein; als Prokuristen den Diplomkaufmann Theodor Wiegandt. Als Vorsitzender des Aufsichtsrates wurde der Verleger der "Badischen Zeitung", Heinrich Rombach, bestimmt.[177] Der personelle Höchststand der Agentur lag 1948 bei etwa 140 Festangestellten in 20 Redaktionen und sechs Nebenbüros.[178]

Doch auch die Umformung der SÜDENA in eine rein deutsche Gesellschaft konnte die finanziellen Schwierigkeiten des Unternehmens nicht beseitigen. Nur durch die Beibehaltung des von der französischen Militärregierung gebilligten Instruments des Zwangsabonnements konnte sich die Agentur auch nach der Lizenzierung zumindest noch für einige Monate gegenüber der Konkurrenz von DENA und dpd behaupten. Im August 1949 war der betriebswirtschaftliche Niedergang des Unternehmens allerdings soweit vorangeschritten, daß die SÜDENA nicht mehr als eine eigenständige Nachrichtenagentur arbeiten konnte.[179]

Aus diesem Grund schloß die Südwestdeutsche Nachrichtenagentur am 16. August 1949 mit dem Deutschen Presse-Dienst einen Kooperationsvertrag ab, der die Abtretung ihrer Betriebsfunktionen auf den dpd beinhaltete. Die Militärregierung hatte gegen diesen Vertrag keine Einwände erhoben. Nach langen und schwierigen Verhandlungen, die im folgenden Kapitel nachgezeichnet werden, schloß sich am 18. August 1949 auch die Deutsche Nachrichtenagentur (DENA) dieser Kooperation an.[180]

---

177 Vgl. dpd - Deutscher Presse-Dienst GmbH, Interne Dienstmeldung. Kennziffer VJ 158 vom 8.2.1949. In: dpa-Archiv, BR-Presse VII/1-2.

178 Vgl. Gertrud Steinhausen a. a. O. S. 109.

179 Vgl. Stephan Schölzel a. a. O. S. 151.

180 Vgl. Kurth Mauch a. a. O. S. 10.

5. Von den Zonenagenturen zur Deutschen Presse-Agentur

5.1. Rahmenbedingungen

Mit der verhältnismäßig späten Übernahme der französischen Mehrheitsanteile durch die SÜDENA-GmbH waren Ende des Jahres 1948 alle westlichen Zonenagenturen, zumindest in gesellschaftsrechtlicher Hinsicht, in deutsche Hände übergegangen. Für die Zeitungsverleger hatte sich damit eine bislang ungewohnte Situation ergeben: Erstmals in der Geschichte des deutschen Nachrichtenwesens waren sie zugleich Träger und Eigentümer der großen allgemeinen Nachrichtenagenturen. Damit war - in Abkehr von der Besitzordnung der alten deutschen "Pressebüros", die entweder vom Staat subventioniert wurden, interessierten Wirtschaftskreisen gehörten oder regierungseigen waren - ein bemerkenswerter Schritt getan.

Im Herbst 1948 erschienen in den vier Besatzungszonen Deutschlands einschließlich der vier Sektoren Berlins 931 Zeitungen mit einer Gesamtauflage von rund 22,1 Millionen Exemplaren. Doch selbst in der Weimarer Republik hatten 1932 rund 4.700 Tages- und Wochenzeitungen, einschließlich deren Nebenausgaben, mit einer Gesamtauflage von 27 Millionen Exemplaren nicht ausgereicht, um die beiden großen deutschen Nachrichtenagenturen WTB und TU ohne staatliche oder privatwirtschaftliche Subventionen zu tragen.

Diesen Weg wollten die neuen deutschen Verleger nach den Erfahrungen mit der nationalsozialistischen Presse- und Informationspolitik auf keinen Fall mehr einschlagen. "Staatliche oder öffentlich-rechtliche Modelle wurden nie ernsthaft zur Diskussion gestellt. DENA und dpd waren als Genossenschaften konstituiert, und vor allem die Amerikaner wachten sorgfältig darüber, daß die Agentur Distanz zum Staat hielt - auch als es um die Fusion mit dpd und die Gründung der dpa ging", heißt es bei Hans Benirschke in einem Aufsatz über die Geschichte der Deutschen Presse-Agentur.[181]

Während die Jahre 1945 und 1946 bei allen westlichen Zonenagenturen im Zeichen eines langsamen, aber stetigen, wirtschaftlichen Aufschwungs standen, stellten sich 1947 bei der DENA und der SÜDENA erste Liquiditätsschwierig-

---

181 Vgl. Hans Benirschke: Die Deutsche Presse-Agentur. In: Heinz-Dietrich Fischer (Hrsg.): Positionen und Strukturen bei Druckmedien. Düsseldorf 1987. S. 162f.

keiten ein. Die wirtschaftliche Entwicklung der SÜDENA bleibt in der folgenden Darstellung aber unberücksichtigt, da hier aufgrund der französischen Mehrheitsbeteiligung sehr spezifische und in bezug auf den dpd und die DENA nicht vergleichbare Bedingungen vorlagen.[182]

Am 25. Juni 1947 vereinbarten die amerikanische und die britische Militärregierung, daß DENA und dpd unabhängig voneinander in der jeweils anderen Zone Nachrichten sammeln und verbreiten konnten.[183] Um technisch mit dem dpd Schritt halten zu können, erforderte die Öffnung des bizonalen Marktes für die DENA erhebliche Investitionen in die unternehmenseigenen Sendeeinrichtungen. dpd hingegen bediente sich von Anfang an eines posteigenen und damit im Endeffekt billigeren Senders.

Die expansive Marktpolitik, zu der sich beide Unternehmen aufgrund einer sich zunehmend verschärfenden Wettbewerbssituation gezwungen sahen, ließ auch die Kosten, die sie für den Ausbau ihrer Dienste aufzubringen hatten, ständig steigen. Zudem waren die nordamerikanischen Agenturen UP und AP seit 1946 als eigenständige Nachrichtenanbieter auf den deutschen Medienmarkt vorgedrungen. Sie gaben, von Berlin und Frankfurt aus, ebenfalls Nachrichtendienste für die deutschen Zeitungen heraus, die von den Verlagen zusätzlich bezogen werden konnten.[184]

Als Anfang Oktober 1947 Vorstand und Aufsichtsrat der DENA das Fazit aus dem ersten Geschäftsjahr zogen, verzeichnete die Bilanz der Agentur bereits ein Defizit von 100.000 Reichsmark.[185] Im Gegensatz zu den Briten, deren Zonenagentur dpd ihre Kosten allein durch die Gebühreneinnahmen decken konnte, mußten die Amerikaner die DENA nun erheblich subventionieren.[186]

---

182 Vgl. Stephan Schölzel a. a. O.

183 Vgl. Gordon E. Textor, Director, Information Control Division, OMGUS, to: PRISC Group, Headquarters, CCGBE. Attention Colonel Edwards. Subject: Areas of Operation of DENA an DPD. 25 June 1947. In: BA 5/269-2/10.

184 Vgl. Hansjoachim Höhne: Nachrichtenagenturen auf dem Medienmarkt in der Bundesrepublik Deutschland. In: Publizistik 21 (1976) S. 57-64. Dort S. 58.

185 Vgl. Geschäftsbericht der Deutschen Nachrichtenagentur für die Zeit vom 1.11.1946 bis 30.9.1947. Ausgearbeitet von der TREU-AG, Wirtschaftsprüfungsgesellschaft. 25. November 1947. In: BA 5/246-3/36.

186 Vgl. Curt Frenzel, Vorsitzender des Vorstandes der DENA, an: Colonel Gordon E. Textor, ICD, OMGUS. Betrifft: Finanzierungsprojekte der DENA. 14 Juli 1947. S. 1f. In: BA 5/247-1/1.

Die entscheidendsten Veränderungen in den Existenzbedingungen der drei westdeutschen Zonenagenturen ergaben sich aber offenbar aus der Währungsreform vom 20. Juni 1948. Vor allem für die DENA bedeutete die im Verhältnis 100 zu 6,5 bzw. 10 zu 1 durchgeführte Umstellung der Währung von Reichsmark (RM) auf Deutsche Mark (DM) eine schwere Belastungsprobe.[187] Diese wurde durch innergenossenschaftliche Auseinandersetzungen zwischen den kleinen und mittleren Zeitungen, die sich für eine rigide Sparpolitik aussprachen, und den größeren Blättern, die angesichts der wirtschaftlichen Probleme eine expansivere Marktpolitik forderten, sogar noch verschärft.[188]

Die DENA geriet fast an den Rand des Konkurses. Allein im August 1948 fehlten ihr zur Abdeckung von laufenden Fälligkeiten rund 60.000 DM.[189] Deshalb konnte auch die relativ hohe monatliche Pauschale von 20.000 Mark, welche DENA für den Bezug des INS-Dienstes aufzubringen hatte, nicht mehr bezahlt werden. Daraufhin kündigte DENA im September 1948 den Nachrichtenaustauschvertrag mit INS. Obwohl sie eine amerikanisch lizenzierte Agentur war, bezog sie seit diesem Zeitpunkt keine Nachrichten von US-Agenturen mehr. Übrig blieben Verträge mit Reuter und AFP.[190]

Auch am dpd waren die Folgen der Währungsreform nicht spurlos vorübergegangen. Um die Liquidität zu erhalten, vermerkt Gertrud Steinhausen, mußten "... von den Verlagen erhebliche finanzielle Opfer verlangt werden".[191] Nach Gross konnten die großen Zeitungen der britischen Zone aber viel eher die ökonomisch notwendigen Opfer aufbringen. Zu einer ähnlichen Krise wie bei der DENA sei es dadurch nicht gekommen.[192] Dafür spricht zumindest die Tatsache, daß alle Geschäftsberichte dieses Unternehmens seit 1948 eine ausgeglichene Bilanz aufweisen.[193]

---

187 Vgl. dazu dpd-Deutsche Presse-Dienst (Hrsg.): Geschäftsbericht. Hamburg 1950. S. 5. In: Archiv der Deutschen Presse-Agentur (dpa) BR Presse VII/1-2.

188 Vgl. Gertrud Steinhausen a. a. O. S. 59ff.

189 Vgl. Halbmonatsbericht der DENA-Geschäftsleitung, Nr. 15, 31. August 1948. In: BA 5/238-1/9.

190 Vgl. Stuart / Jacobsen: History of DENA a. a. O. S. 9.

191 Vgl. Gertrud Steinhausen a. a. O. S. 98.

192 Vgl. Heinz Willi Gross a. a. O. S. 71.

193 Vgl. dpd - Deutscher Presse-Dienst (Hrsg.): Geschäftsbericht a. a. O. S. 1ff.

Zusammenfassend kann man feststellen, daß sich der Abstand zwischen dem dpd und der DENA spätestens seit der Währungsreform zunehmend vergrößerte. Ein noch schärferer Wettbewerb, dessen waren sich die führenden Repräsentanten des westdeutschen Nachrichtenwesens offenbar bewußt, hätte zumindest die SÜDENA und vielleicht sogar auch die DENA in die Abhängigkeit des Staates oder finanzstarker Interessengruppen getrieben. Die gerade wiedergewonnene Unabhängigkeit dieser Unternehmen war nur dann zu gewährleisten, wenn sie sich aus sich selbst heraus finanzieren konnten. Dies war aber ohne eine Senkung der hohen Betriebskosten zumindest für DENA und SÜDENA nahezu unmöglich geworden. Dadurch rückte der seit 1946 sporadisch erörterte Fusionsgedanke wieder in den Vordergrund der Erwägungen und veranlaßte schließlich die Lizenzverleger der drei Westzonen, für einen Zusammenschluß ihrer Agenturen zu plädieren.

Es läßt sich heute nicht mehr eindeutig rekonstruieren, welche Überlegungen letztlich zur Gründung des Gemeinschaftsunternehmens Deutsche Presse-Agentur (dpa) geführt haben. Wirtschaftliche Erwägungen, die Enge des Marktes und vielleicht auch ein gewisses nationales Element haben dabei aber vermutlich eine entscheidende Rolle gespielt. Am 1. September 1949 nahm die Deutsche Presse Agentur in Hamburg ihre Tätigkeit auf. Doch bevor es zu dieser gemeinsamen westdeutschen Nachrichtenagentur kommen konnte, waren lange und teilweise zähe Verhandlungen nötig.

5.2. Erste Kontaktaufnahmen

Die ersten Kontakte für eine eventuelle Vereinigung von dpd und DANA wurden im August 1946 aufgenommen. Vom 12. bis 14. August 1946 erörterten Delegierte der Zeitungsverlegerverbände in der britischen und amerikanischen Besatzungszone am Rande einer Verlegertagung in Oldenburg vermutlich zum ersten Mal die Frage, welche Vor- und Nachteile sich aus der Gründung einer bizonalen Nachrichtenagentur ergeben würden. Nach Gerhard Matthäus bezweifelten die Lizenzverleger schon in Oldenburg, daß die wirtschaftlichen Grundlagen auf dem begrenzten deutschen Medienmarkt auf Dauer ausreichend sein würden, um drei nebeneinander oder sogar gegeneinander arbeitende Agenturen auf zonaler Basis tragen zu können.[194]

Zu diesem Zeitpunkt waren allerdings weder DANA noch dpd als deutsche Unternehmen lizenziert. Schon allein aus diesem Grund standen die Besatzungsmächte einer Fusion der von ihnen konzipierten und kontrollierten Nachrichtenagenturen eher skeptisch gegenüber. Weder die Briten noch die Amerikaner wollten offenbar zunächst auf das zentrale Instrument verzichten, das die jeweils eigene Zonenagentur für ihre Presse- und Besatzungspolitik darstellte. Dementsprechend erklärte der britische Chefredakteur des dpd, Hans Bermann, in Oldenburg, daß die Anregungen zur Verschmelzung von dpd und DANA "... nur unter starkem Vorbehalt ..." zu teilen seien. Der Chef der amerikanischen Informationskontrolle (ICD), General Robert McClure, soll den Vorschlag einer Fusion von DANA und dpd zunächst mit der Begründung verworfen haben, daß dies allein eine "... Sache der Deutschen ..." sei. Da die Deutschen zu diesem Zeitpunkt jedoch noch keinerlei Entscheidungsfreiheit besaßen, war damit auch die Frage der Fusion zunächst einmal vom Tisch.[195]

Am 16. November 1946 wurde im Protokoll einer Vorstandssitzung der gerade lizenzierten Deutschen Allgemeinen Nachrichten-Agentur (DANA) vermerkt, daß der Deutsche Presse-Dienst (dpd) rein informativ mit der Frage an die DANA herangetreten sei, was man in Bad Nauheim von einer Vereinigung der beiden Agenturen halte. Der DANA-Vorstand war zu diesem Zeitpunkt jedoch der Ansicht, daß es das Beste sei, "... vorläufig passiv zu bleiben und die Dinge an sich herankommen zu lassen".[196]

Mit der wirtschaftlichen Vereinigung der britischen und amerikanischen Besatzungszonen zur sogenannten Bi-Zone, erhielt offenbar auch der Gedanke der Fusion der beiden zonalen Nachrichtenagenturen neuen Auftrieb. Die Berliner Abendzeitung "Der Kurier" verbreitete z. B. in ihrer Ausgabe vom 13. Januar 1947 folgende Mitteilung: "Hamburg (BBC). Gegenwärtig werden Pläne für eine Verschmelzung der deutschen Nachrichtendienste in der britischen und der amerikanischen Zone sowie für die Entwicklung einer gemeinsamen Presseagentur ausgearbeitet. Der Nachrichtendienst für die deutsche Presse und den

---

194 Vgl. Gerhard R. Matthäus: dpd-Geschichte. 3. Teil, a. a. O. S. 31ff.

195 Vgl. ebd. S. 35.

196 Vgl. Gerhard Matthäus: DENA-Geschichte. 3. Teil, 1. Kapitel. Unveröffentlichtes Manuskript. Hamburg (dpa) 1967. S. 3.

Rundfunk in der britischen Besatzungszone wird in Kürze in deutsche Hände (...) übergehen."[197]

Ende März 1947 war der britische Pressekontrolloffizier und stellvertretende dpd-Chefredakteur, Kenneth Hunt, in der amerikanischen und französischen Besatzungszone unterwegs, um mit Vertretern der Militärregierungen bzw. Repräsentanten von DENA und SÜDENA Sondierungsgespräche zu führen.[198] Dabei hatte er offenbar auch die Frage einer eventuellen Fusion der zonalen Nachrichtenagenturen angesprochen. Welche Ergebnisse Hunt im einzelnen erzielte, läßt sich anhand des analysierten Literatur- und Quellenmaterials nicht mehr eindeutig rekonstruieren. In der amerikansichen Zone waren seine Gespräche aber scheinbar erfolgreich verlaufen.

5.3. Signale der Fusionsbereitschaft

Am 28. April 1947 teilte der Chef der amerikanischen Informationskontrolle (ICD), General Robert McClure, dem stellvertretenden Leiter der britischen Informationskontrolle (PRISC), Brigadier W. E. Gibson, mit, daß die ICD prinzipiell keine Einwände gegen eine Vereinigung von DENA und dpd habe. Die Frage des Zusammenschlusses, schrieb McClure, sei eine Frage, die die Verleger beider Zonen zu analysieren und zu diskutieren hätten. Gewisse Bedenken bestünden seitens der US-Behörden allerdings in der Hinsicht, daß politische Parteien versuchen könnten, einen unangemessenen Einfluß auf die kombinierte Nachrichtenagentur auszuüben, da die Briten überwiegend Parteizeitungen lizenziert hätten.[199]

Als sich Ende Mai 1947 die 49 Mitglieder des "Nordwestdeutschen Zeitungsverlegervereins" in Hamburg versammelten, um die Gründung der dpd-Genossenschaft zu beschließen, regte der Vorsitzende dieses Vereins, Herbert Groß, an, noch vor dem Eintritt in die Beratung der Statuten eine allgemeine Ausspra-

---

197 Vgl. "Der Kurier", vom 13. Januar 1947.

198 Vgl. Gerhard R. Matthäus: dpd-Geschichte. 4. Teil. Unveröffentlichtes Manuskript. Hamburg (dpa) 1966. S. 29.

199 Vgl. General Robert A. McClure, Director ICD, OMGUS, to: Brigadier W. L. Gibson, Deputy Chief, Hq., PR/ISC-Group, CCGBE. Subject: Merger of DPD and DeNA. 28 April 1947. 1. In: BA 5/269-2/10.

che über eine eventuelle Vereinigung mit der DENA durchzuführen. Im Rahmen dieser Erörterung forderte der Lizenzträger der "Kölnischen Rundschau", Dr. Reinhold Heinen, "... im Hinblick auf eine mögliche zukünftige Zusammenlegung mit der DENA schon jetzt eine enge Zusammenarbeit anzustreben, damit sich beide Unternehmen nicht auseinanderentwickeln".[200]

Am 2. Juni 1947 trat der DENA-Vorstand in Bad Nauheim zusammen, um sich von DENA-Vorstandsmitglied Curt Frenzel über die Gründung der dpd-Genossenschaft unterrichten zu lassen. "Der Deutsche Presse-Dienst ...", berichtete er, "... drängt auf eine Verschmelzung mit der DENA. Der Vorstand steht aber auf dem Standpunkt, daß diese Frage von der DENA nicht zu forcieren ist. DENA wartet ab, bis dpd mit dieser Frage an die DENA herantritt".[201] Wie ernsthaft der dpd tatsächlich an einer Fusion mit der DENA interessiert war, wird u. a. dadurch deutlich, daß bereits in der ersten Aufsichtsratssitzung des gerade lizenzierten Unternehmens am 5. Juli 1947 in Hamburg festgestellt wurde, "daß die mit der Lizenz gegebene Möglichkeit, in der US-Zone zu operieren, eine günstige Voraussetzung für die notwendige und selbstverständliche Fusion der zonalen Agenturen ergeben werde".[202]

Mitte August 1947 traf sich Anton Betz, Vorsitzender des dpd-Vorstandes, in Süddeutschland mit führenden Vertretern der Agence-France-Presse (AFP) und den Geschäftsführern der Südwestdeutschen Nachrichtenagentur (SÜDENA) zu einer Kontaktaufnahme. Am Rande dieser Informationsreise nahm Betz am 25. August 1947 in der Nähe von Fürstenfeldbruck die Gelegenheit wahr, mit dem Vorstandsvorsitzenden der DENA, Curt Frenzel, ein erstes, aber noch unverbindliches Fusionsgespräch unter vier Augen zu führen.[203]

Im September 1947 war die Verschmelzung der beiden Nachrichtenagenturen erstmals ein Tagesordnungspunkt bei einer gemeinsamen Sitzung des Vorstands und Aufsichtsrats der DENA. Über das Ergebnis dieser Beratungen ist allerdings nichts bekannt.[204] Am 14. Oktober 1947 teilte Curt Frenzel dem dpd-Vorstands-

---

200 Vgl. o. Verf.: Bericht von der Verlegertagung in Hamburg. In: "Die Deutsche Zeitung" 1 (1947), Nr. 1, S. 4.

201 Vgl. Gerhard R. Matthäus: dpd-Geschichte. 4. Teil a. a. O. S. 39.

202 Vgl. dpd (Hrsg.): Deutscher Pressedienst a. a. O. S. 16.

203 Vgl. Gerhard R. Matthäus: Begegnung auf der Autobahn. In: Erich Eggeling: dpa-Redakteure erzählen. Unveröffentlichtes Manuskript. Hamburg (dpa) 1960. S. 8f.

204 Vgl. Gertrud Steinhausen a. a. O. S. 67.

vorsitzenden, Anton Betz, mit, "... daß Vorstand und Aufsichtsrat der DENA-Genossenschaft einmütig den Beschluß faßten, mit dem Vorstand des dpd Fühlung zu nehmen, um die Möglichkeit einer künftigen, noch engeren Zusammenarbeit zu erörtern".[205]

Daraufhin trafen sich die Führungsgremien von dpd und DENA am 31. Oktober 1947 in Düsseldorf zu einer ersten und grundsätzlichen Vorbesprechung. Man einigte sich darauf, eine Kommission aus Vertretern beider Agenturen zu gründen, die untersuchen sollte, auf welcher "... rechtlichen, organisatorischen, wirtschaftlichen und personellen ..." Basis eine eventuelle Vereinigung von dpd und DENA möglich sei.[206] Nach weiteren Sondierungen wurde für den 14. April 1948 die erste offizielle Tagung der "Fusionskommission" in Frankfurt am Main angesetzt.

5.4. Die Fusionsverhandlungen beginnen

Einen Tag vor dem Beginn der offiziellen Fusionsgespräche in Frankfurt übermittelte der Chef der amerikanischen Informationskontrolle (ICD), Oberst Gordon E. Textor, dem DENA-Vorstand ein umfangreiches Fernschreiben. Er sicherte ihm darin zu, daß die Zeitungsverleger die Frage einer eventuellen Zusammenlegung von DENA und dpd "... nach ihren eigensten Interessen entscheiden ..." könnten.[207] Textor ermahnte den DENA-Vorstand jedoch, bei den bevorstehenden Verhandlungen unter anderem auf die Einhaltung folgender Prinzipien zu achten:

- Es müsse klar sein, "... daß die Objektivität, Genauigkeit, Schnelligkeit und Zuverlässigkeit ..." der neuen Agentur "... nicht zugunsten geschäftlicher Erwägungen geopfert werden können".
- Jede Art von Fusion müsse jeder Zeitung "... eine gleiche demokratische Stimme in den Angelegenheiten der Agentur sichern und jedem Verleger die gleiche Verantwortung für die Nachrichtensammlung, Nachrichtenbearbeitung und Nachrichtenverbreitung auferlegen".

---

205 Vgl. Gerhard R. Matthäus: dpd-Geschichte. 4. Teil a. a. O. S. 51.

206 Vgl. ebd. S. 51-53.

207 Vgl. Gerhard R. Matthäus: dpd-Geschichte. 5. Teil. Unveröffentlichtes Manuskript. Hamburg (dpa) 1967. S. 11.

- Die Agentur müsse "... weiter so organisiert und geleitet werden, daß sie allen Bemühungen von politischen Parteien, Regierungskreisen oder allen sonstigen Interessengruppen widersteht".

Das Schreiben Textors schloß mit dem Hinweis, daß die Fusionspläne "... zur endgültigen Beurteilung allen Genossenschaftsmitgliedern und den beiden Militärregierungen vorgelegt werden" müßten.[208]

Am 14. April 1948 trafen sich dann wie geplant je vier Vertreter der beiden Genossenschaften zur ersten Sitzung der Fusionskommission in Frankfurt am Main. Für die DENA waren das die Verleger Curt Frenzel, Heinrich Merkel, Paul Rodemann und Chefingenieur Edgar F. Scholz. Als Vertreter des dpd kamen die Verleger Anton Betz, Paul Budgahn, Georg Macknow, Chefredakteur Fritz Sänger und als Gast dpd-Verbindungsoffizier Hans Bermann.[209]

Auf der Frankfurter Tagung wurden folgende Möglichkeiten einer eventuellen Fusion erörtert:

1. DENA und dpd bleiben selbständig und bilden eine Arbeitsgemeinschaft.
2. Beide Genossenschaften vereinigen sich zu einer Genossenschaft.
3. DENA und dpd vereinigen sich, gehen aber von der Form der Genossenschaft ab und bilden eine Gesellschaft mit beschränkter Haftung (GmbH).
4. Beide Genossenschaften liquidieren und bilden eine völlig neue Nachrichtenagentur für beide Zonen.[210]

Man einigte sich darauf, nach Möglichkeit an der Form einer Genossenschaft festzuhalten. Die Grundprinzipien der neuen Agentur würden "Unabhängigkeit, Objektivität und Schnelligkeit" sein. Träger des zu gründenden Unternehmens sollten die Zeitungsverleger der britischen und amerikanischen Zone sein. Als Name der künftigen Agentur, deren Sitz entweder in Berlin, Hamburg oder Frankfurt vorgesehen war, wurde "Deutscher Nachrichtendienst" (DND) erwogen. Um den Fortgang der Verhandlungen nicht zu behindern, vereinbarten beide Agenturen ein "Stillhalteabkommen". Demnach sollten dpd und DENA in der jeweils anderen Besatzungszone zunächst keine neuen Außenstellen mehr errichten. Über die Fusionsverhandlungen wurde Stillschweigen vereinbart.[211]

208 Vgl. Gerhard R. Matthäus: dpd-Geschichte. 5. Teil a. a. O. S. 12f.

209 Vgl. ebd. S. 17.

210 Vgl. Heinz-Peter Senzer: Die Tagespresse in der amerikanischen Besatzungszone Deutschlands nach dem 2. Weltkrieg. Diss. Wien 1951. S. 162.

211 Vgl. Gertrud Steinhausen a. a. O. S. 67.

Auf der nächsten Sitzung der Fusionskommission am 3. Juni 1948 in Lüneburg zeigte sich, daß die Lizenzierung der neuen Agentur von britischer wie von amerikanischer Seite bereits zugesichert worden war. Überdies hatten die Amerikaner erklärt, sich Ende Juni 1948 von der Kontrolle der DENA zurückzuziehen. Die Verhandlungspartner vereinbarten, der neuen Agentur die Rechtsform einer Genossenschaft zu geben. Die Führung des Unternehmens sollte ein "Direktionsdirektorium" übernehmen. Der DENA-eigene Sender würde in das Eigentum der neuen Genossenschaft übergehen. Hauptsitz der gemeinsamen Presseagentur sollte Frankfurt sein.[212]

Bereits zu diesem Zeitpunkt hatte man sich also auf die grundsätzlichen Rahmenbedingungen der Fusion geeinigt. Redaktionelle, technische und personelle Details sollten noch geklärt werden. Die Zusammenlegung der beiden Agenturen schien in greifbarer Nähe zu sein. Doch die Währungsreform vom 20. Juni 1948 machte alle bislang ausgearbeiteten Fusionspläne vorerst wieder zunichte.

5.5. Nach der Währungsreform: Keine Einigung möglich?

Wie bereits dargestellt, geriet die DENA nach der Neufestsetzung des Kapitals in erhebliche Liquiditätsschwierigkeiten. Angesichts der wirtschaftlichen Probleme hatten Vorstand und Aufsichtsrat der Agentur am 29. Juli 1948 in Frankfurt beschlossen, den Vorstand zu ermächtigen, für die Auszahlung der Löhne und Gehälter einen Überbrückungskredit von 100.000 DM aufzunehmen.

Darüber hinaus hatte der Vorstand einen weiteren Kredit in Höhe von 3,5 Millionen DM beantragt, um die Fortführung von Sender- und Gebäudeprojekten finanzieren zu können.[213] Die hohen Kredite, die von der DENA aufgenommen werden mußten, und drohende Gebührennachzahlungen der Post in Höhe von einer halben Million DM, ließen noch vor der dritten Verhandlungsrunde der Fusionskommission, die für den 8. Juli 1948 in Erbach bei Wiesbaden angesetzt worden war, eine Frage aufkommen, über die vorher bereits eine Einigung

---

212 Vgl. Curt Frenzel, Vorsitzender der DENA-Genossenschaft: Memorandum zur Frage der Fusion von DENA und dpd. Streng vertraulich. 21. Juli 1948. In: BA 5/243-1/26.

213 Vgl. Protokoll über die Sitzung von Vorstand und Aufsichtsrat der DENA-Genossenschaft am 29.6.1948 in Frankfurt / Main. Bad Nauheim, 6.7.1949. S. 1. In: BA 5/238-2/3.

erzielt schien: Die Frage, über welchen Sender die Nachrichten der neuen Agentur an die Kunden übermittelt werden sollten.[214]

Während der dpd seine Nachrichten von Anfang an über den posteigenen Sender "Norddeich" verbreitete, bestand die DENA auf der Verwendung ihres eigenen Senders in Bad Vilbel. Das technische und insbesondere das finanzielle Risiko des DENA-Senders schien dem dpd aber nun im Hinblick auf die unmittelbar bevorstehende Fusion eine unnötige Belastung zu sein. Man nahm an, daß der Post das Monopol der Nachrichtenübermittlung erneut übertragen würde und die DENA dann große Nachzahlungen an Gebühren für ihren privaten Sendebetrieb zu leisten hätte.[215]

Am 7. Juli 1948 legten zwei Sachverständige, die im Auftrag von dpd und DENA die Bilanzunterlagen beider Unternehmen geprüft hatten, dem dpd-Vorstand ein Gutachten vor. Demnach bedeutete die Übernahme des DENA-Senders in die neue Genossenschaft "... eine schwere Belastung für die dpd-Genossen". Angesichts dieser Expertise vertrat der dpd-Vorstand die Ansicht, DENA müsse ihren Sender verkaufen. Eine solche Maßnahme kam jedoch für die DENA-Genossen, die bereits erhebliche finanzielle Mittel in den Ausbau ihrer Sendeanlage investiert hatten, nicht in Frage.[216]

Die bei der dritten und vorläufig letzten Verhandlungsrunde der beiden Delegationen am 8. Juli 1948 in Erbach auf der Tagesordnung stehende Erörterung der finanziellen Auswirkungen der Fusion gewann, aus den eben dargestellten Gründen, einen deutlich anderen Stellenwert. Die Meinungsverschiedenheiten über die Bewertung der DENA-eigenen Sendeanlagen lösten heftige Diskussionen aus, die "... manchmal den Eindruck erweckten, als seien die Gegensätze unüberbrückbar".[217] Die Standpunkte hatten sich in Erbach so verhärtet, daß man glaubte, an einem "toten Punkt" angekommen zu sein. Als eine Einigung kaum mehr möglich schien, schlug DENA-Vorstandsvorsitzender Frenzel vor, daß sich die Vertreter der beiden Nachrichtenagenturen sowie die Sachverständigen noch einmal intensiv mit den aufgeworfenen Problemen beschäftigen

214 Vgl. Heinz Willi Gross a. a. O. S. 77.

215 Vgl. Gerhard R. Matthäus: dpd-Geschichte. 5. Teil a. a. O. S. 40.

216 Vgl. Protokoll über die Sitzung von Vorstand und Aufsichtsrat der DENA ... a. a. O. S. 3.

217 Vgl. Curt Frenzel, Vorsitzender der DENA-Genossenschaft: Memorandum zur Frage der Fusion von DENA und dpd. Streng vertraulich. 21. Juli 1948. S. 3. In: BA 5/243-1/26.

sollten. Erst dann könne die nächste Sitzung der Fusionskommission einberufen werden.[218]

Am 15. November 1948 wurden die Gespräche zwischen DENA und dpd "... ausgehend von den Erkenntnissen der Erbacher Fusionsverhandlungen ..." wieder aufgenommen.[219] Inzwischen war die Verhandlungsposition des dpd eine weitaus günstigere als die der DENA. Der Abstand zwischen den Unternehmen hatte sich nach der Währungsreform zusehends vergrößert. Die DENA-Genossen empfanden ihren Nachrichtendienst nun offenbar als zu teuer und drängten auf eine Fusion mit dem dpd. "Aus einem Memorandum der DENA-Leitung geht hervor, daß die Zeitungen in der britischen Zone im Falle einer Fusion eine Verbilligung von 3 Prozent erzielen würden, die in der amerikanischen aber von 15 Prozent."[220]

Nach Gertrud Steinhausen bestand auch unter den dpd-Genossen "... ein starkes Bedürfnis zur Fusion mit der DENA, wenn es vielleicht auch in den Verhandlungen aus taktischen Gründen mehr oder weniger kaschiert wurde. Man gab sich in den Gremien des dpd niemals den Illusionen über die wirtschaftliche Schwäche und Unzulänglichkeit eines zonalen Büros hin und tat dabei alles, um in die unabwendbare gemeinsame Arbeit ein solides ausgebautes Fundament mitzubringen".[221] Aufgrund der Analyse des von ihr ausgewerteten Literatur- und Quellenmaterials kommt sie zu dem Schluß, daß dpd gern fusionieren wollte, DENA aber fusionieren mußte.[222]

Im Frühjahr 1949 standen die Verhandlungsgremien von dpd und DENA offenbar erneut kurz vor dem Abschluß ihrer Gespräche. Als eines der ersten konkreten Ergebnisse der Fusionsverhandlungen hatten der Chefredakteur des dpd, Fritz Sänger, und der Leiter des DENA-Nachrichtendienstes, Walter Fritze, am 22. Februar 1949 in Hamburg die Zusammenarbeit beider Agenturen in der Auslandsberichterstattung vereinbart. Demnach sollte zwar jede Agentur ihre Vertreter noch auf eigene Kosten entsenden; die Korrespondentenstellen wurden jedoch so festgelegt, daß jeweils ein DENA- oder dpd-Journalist in einer bestimmten Hauptstadt des Auslandes vertreten war. Gleichzeitig wurde verein-

---

218 Vgl. Curt Frenzel: Memorandum zur Frage ... a. a. O. S. 5.

219 Vgl. Gerhard R. Matthäus: dpd-Geschichte. 5. Teil a. a. O. S. 68.

220 Heinz Willi Gross a. a. O. S. 78.

221 Gertrud Steinhausen a. a. O. S. 99.

222 Vgl. ebd. S. 69.

bart, daß alle eingehenden Berichte der Auslandskorrespondenten untereinander ausgetauscht werden sollten.[223]

Den anglo-amerikanischen Besatzungsmächten schienen sich derartige Übereinkommen jetzt aber offenbar zu schnell zu entwickeln. Schon im Januar 1949 hatte Curt Frenzel Vorstand und Aufsichtsrat der DENA darauf hingewiesen, daß in bezug auf die bevorstehende Fusion seitens der Amerikaner mit großen Schwierigkeiten zu rechnen sei.[224] Doch nicht nur die US-Informationskontrolle, die Ende Juli 1948 in Information Services Divison (ISD) umbenannt worden war, machte deutlich, daß alle Vereinbarungen zwischen DENA und dpd zunächst von der Militärregierung zu genehmigen seien. Am 8. März 1949 wies G. R. Gautlett von der britischen Kontrollkommission in Berlin den dpd-Vorstand ebenfalls darauf hin, daß bei der Fusion der beiden Agenturen "... die Billigung der Millitärregierung nötig sein wird, bevor eine endgültige Vereinbarung unterzeichnet werden kann".[225]

Am 14. März 1949 hatten die Verhandlungsdelegationen von dpd und DENA auf einer Sitzung in Frankfurt erneut grundsätzliche Übereinstimmung in allen wesentlichen Fragen der Fusion erzielt. DENA und dpd planten, eine gemeinsame "Betriebs-GmbH" zu bilden, in der beide Genossenschaften als Gesellschafter fungierten. Das Kapital- und Gewinnbeteiligungsverhältnis sollte 50 zu 50 betragen, wobei beide Genossenschaften ihre technischen oder sonstigen Anlagen in das Gemeinschaftsunternehmen einzubringen hatten.[226] Der DENA-Sender würde im Besitz der DENA-Genossenschaft bleiben und dem neuen Unternehmen lediglich bis zum 31. Dezember 1949 verpachtet. Nach diesem Zeitpunkt sollten die Führungsgremien der neuen Agentur entscheiden, ob es sinnvoller sei, einen gesellschaftseigenen oder einen von der Post gemieteten Sender zu betreiben. Sollte die GmbH der Auffassung sein, den Postbetrieb dem

---

223 Vgl. Walter Fritze, Chef des Nachrichtendienstes der DENA: Monatsbericht der Redaktion für Februar 1949. Vertraulich. 5.3.1949. S. 3. In: BA 5/238-1/2.

224 Vgl. Heinz Willi Gross a. a. O. S. 78f.

225 Mr. G. R. Gautlett, ISD, CCGBE, to: Colonel Gordon E. Textor, ESD, OMGUS. 8th March 1949. S. 1. In: BA 5/269-2/10.

226 Vgl. Curt Frenzel, Vorsitzender der DENA-Genossenschaft, an: Oberst Gordon E. Textor, ISD, OMGUS. Betrifft: Unterrichtung über die Frage DENA/dpd. 12.4.1949. S. 1-6. In: BA 5/243-1/26. Vgl. auch Alfred Jacobsen, Press Liaison Officer, DENA, to: Director ISD, OMGUS. Subject: DENA-PDP Merger Negotiations. 23 March 1949. S. 1f. In: BA 5/243-1-/26.

eigenen Sendebetrieb vorzuziehen, würde DENA ihren Sender an die Post verkaufen. Die Verhandlungsdelegationen erwarteten, die Betriebskosten ihrer Unternehmen durch die Fusion um mindestens 23 Prozent, oder anders ausgedrückt, um rund 300.000 DM pro Monat reduzieren zu können.

Lediglich die Frage, wo die vereinigte Agentur, die jetzt den Namen "UNA" (Unabhängige Nachrichten-Agentur) erhalten sollte, ihren endgültigen Sitz nehmen würde, war noch offen. Geplant war, die neue Nachrichtenagentur entweder in Frankfurt, Hamburg oder der künftigen Bundeshauptstadt anzusiedeln. Die Fusion war für Ende März 1949 angesetzt. Um die Gründung der gemeinsamen Agentur endgültig zu beschließen, sollten am 28. März Sitzungen der Vorstände und Aufsichtsräte beider Unternehmen und am 29. März außerordentliche Generalversammlungen in Goslar stattfinden. Den Generalversammlungen würden für die Leitung des neuen Unternehmens vorläufig zwei Geschäftsführer vorgeschlagen, von denen einer die Chefredaktion und der andere die Sachgebiete Verwaltung, Finanzen und Personal übernehmen sollte. Am 1. April 1949 sollte die "UNA" ihre Tätigkeit aufnehmen.[227]

Angeblich aus Termingründen fanden die für Ende März vorgesehenen Beratungen in Goslar dann aber doch nicht fristgerecht statt. Gross vermutet, daß die in Frankfurt erzielten Vereinbarungen den Amerikanern nicht den von ihnen gewünschten Einfluß auf die neue Agentur zu gewährleisten schienen, und daß daher die für die Fusion notwendige Zustimmung der Militärregierung ausblieb.[228]

Auf der Generalversammlung der DENA-Genossenschaft am 5. und 6. April 1949 in Stuttgart, kam es im Zusammenhang mit der geplanten Agenturfusion zu heftigen Kontroversen zwischen den DENA-Genossen, dem Vorstand und dem Aufsichtsrat. Im Verlauf dieser Auseinandersetzungen wurde von einer Verlegergruppe, die sich innerhalb der DENA für einen möglichst schnellen Vollzug der Fusion einsetzte, betont, daß der dpd bereits über ein weitaus besseres wirtschaftliches Fundament verfüge als die DENA. Die Auflage der von dpd belieferten Zeitungen betrage 10 Millionen Exemplare, die der von der DENA belieferten hingegen nur 4 Millionen.[229] Dadurch sei die DENA in einer deutlich schwächeren Verhandlungsposition. Als Ergebnis dieser Auseinandersetzungen

227 Vgl. ebd.

228 Vgl. Heinz Willi Gross a. a. O. S. 80.

229 Vgl. Heinz-Peter Senzer a. a. O. S. 166.

traten Vorstand und Aufsichtsrat zurück. Beide Gremien wurden neu gewählt. Vorstandsvorsitzender wurde der Herausgeber des "Münchner Merkur", Hans Heinrich, Vorsitzender des Aufsichtsrates der Lizenzträger der "Stuttgarter Nachrichten", Dr. Otto Färber.[230]

Nach der Neuwahl der Leitungsgremien kam es zu einer Aussprache mit den zur Generalversammlung eingeladenen Vertretern des dpd. Bei dieser Gelegenheit machte ein dpd-Sprecher deutlich, daß seine Agentur nach wie vor an der Vereinigung mit der DENA interessiert sei. Er ließ jedoch keine Zweifel daran, daß sich der Deutsche Presse-Dienst seiner stärkeren Verhandlungsposition bewußt war und kündigte an, daß dpd - falls es nicht bald zu einer Einigung käme - seine Bezugsgebühren um 10 bis 15 Prozent senken werde. "Damit war klar, daß dpd einen Konkurrenzkampf eröffnen würde, dem die DENA niemals standhalten könnte."[231]

5.6. Ein letzter Anlauf

Auf der nächsten Tagung der Verhandlungspartner, am 28. April 1949 in Hamburg, blieben die drei Wochen zuvor in Frankfurt erzielten Vereinbarungen im wesentlichen unverändert. Aufgrund der stärkeren Verhandlungsposition des dpd wurden aber einige Fusionsbedingungen - etwa die Sender-Frage - eindeutig zu Gunsten des dpd modifiziert. Man einigte sich unter anderem auf folgende Punkte:[232]

1. Das neue Unternehmen wird in der Rechtsform einer Gesellschaft mit beschränkter Haftung (GmbH) gegründet. Als Gesellschafter der GmbH fungieren beide Genossenschaften, die je 50 Prozent des Stammkapitals halten und dieses durch gleichmäßige Stückelung auf die Genossen aufteilen.
2. Der DENA-Sender wird von der neuen Gesellschaft unter der Bedingung gepachtet, daß die Pachtsumme zuzüglich der Betriebskosten höchstens 10 Prozent über den Kosten der posteigenen Einrichtungen liegt. Dieser Pachtvertrag soll für ein Jahr abgeschlossen werden. Er muß verlängert werden,

230 Vgl. Gerhard R. Matthäus: DENA-Geschichte. 9. Teil. Unveröffentlichtes Manuskript. Hamburg (dpa) 1967. S. 21.

231 Vgl. Heinz Willi Gross a. a. O. S. 81.

232 Vgl. Heinz-Peter Senzer a. a. O. S. 167.

wenn die Betriebs- einschließlich der Pachtkosten nicht höher als die Kosten der Postleitungen sind.

Auf der außerordentlichen Generalversammlung der dpd-Genossenschaft in Düsseldorf hatten die Lizenzverleger der britischen Besatzungszone schon Anfang April 1949 erklärt, daß sie grundsätzlich an einer Fusion mit der DENA interessiert seien. Für die weitere Verschleppung der Verhandlungen habe man jedoch kein Verständnis.[233] Die endgültige Entscheidung zur geplanten Vereinigung der beiden Agenturen sollte im Mai 1949 auf einer noch ausstehenden außerordentlichen Generalversammlung der DENA-Genossenschaft fallen. Würden die Lizenzverleger der amerikanisch besetzten Zone der Fusion dort grundsätzlich nicht zustimmen, wollte der Deutsche Presse-Dienst alle Verhandlungen abbrechen.[234]

Am 14. Mai 1949 billigte die außerordentliche Generalversammlung der DENA-Genossenschaft in Rothenburg ob der Tauber mit 33 zu 12 Stimmen die Hamburger Beschlüsse und ermächtigte den Vorstand, einen definitiven Fusionsvertrag mit dem dpd abzuschließen.[235] Der DENA-Vorstand ersuchte am 31. Mai 1949 den Direktor der US-Information Services Division (ISD), Oberst Gordon E. Textor, den geplanten Zusammenschluß von DENA und dpd zu genehmigen. Doch selbst vier Wochen später stand die Entscheidung der Amerikaner noch aus. Daraufhin trafen sich am 30. Juni 1949 Vertreter des DENA-Vorstands mit Textor und anderen führenden Mitarbeitern der ISD in Bad Nauheim, um eine endgültige Zusage zur Fusion zu erreichen. Es blieb jedoch lediglich bei einem Informationsgespräch, dessen Ergebnis weder eine "... beschlußmäßige noch entscheidungsmäßige Bedeutung ..." hatte.[236]

Obwohl die Zustimmung der ISD auch einen Monat später noch ausstand, trafen sich die Vorstände von DENA und dpd am 21. Juli 1949 in Düsseldorf zu einer letzten vorbereitenden Sitzung. Beide Verhandlungsdelegationen beschlossen einstimmig, daß die gemeinsame Nachrichtenagentur spätestens am 15. August 1949 ihre Tätigkeit aufnehmen sollte. Der Sitz des neuen Unternehmens

---

233 Vgl. "Norddeutsche Zeitung" vom 5. Mai 1949.

234 Vgl. Fernschreiben von Arthur Eggleston, from: RFKHF/05/ISD, Bad Nauheim 061500Z, to: ISD Berlin, Colonel Textor. Press informal weekly report. 7 May 1949. S. 1. In: BA 5/243-1/26.

235 Vgl. Alfred Jacobsen, Press Liaison Officer, DENA, to: Chief Press Branch, ISD, OMGUS. Subject: DENA-DPD Merger. 17 May 1949. S. 1. In: BA 5/242-2/12.

236 Vgl. Gerhard R. Matthäus: DENA-Geschichte. 9. Teil a. a. O. S. 29.

würde identisch sein mit dem der Bundesregierung, was jedoch, wie sich später zeigte, keine praktische Relevanz hatte, abgesehen davon, daß die dpa in Bonn in das zuständige Handelsregister eingetragen wurde.

Die Leitung der gemeinsamen Agentur würde paritätisch besetzt sein und in den Händen von zwei gleichberechtigten Geschäftsführern liegen. Fritz Sänger vom dpd sollte die Chefredaktion und Dr. Kurt Neuss von der DENA die Verwaltung und die Finanzen übernehmen. Der endgültige Name der neuen Agentur sollte von den Generalversammlungen bestimmt werden. Die Vorschläge der Verhandlungsgremien lauteten entweder "dd" für "Deutscher Dienst" oder "dpa" für "Deutsche Presse-Agentur". Über letzte Personalfragen sowie die endgültige Verteilung der leitenden Redaktionsstellen würden die beiden Geschäftsführer entscheiden. Am 18. August 1949 sollte die Fusion der beiden Agenturen von einer gemeinsamen Generalversammlung der beiden Genossenschaften in Goslar gebilligt werden. Sollten die in Düsseldorf gefaßten Beschlüsse infolge eines eventuellen Einspruchs der Militärregierungen nicht durchgeführt werden können, würden die Kosten aller bis dahin für die Fusion vorbereiteten Maßnahmen je zur Hälfte von dpd und DENA übernommen werden.[237]

Auf der Grundlage dieser Vereinbarungen sprachen Vertreter des DENA-Vorstands am 29. Juli 1949 in Berlin mit Alfred Boerner, dem Stellvertreter Textors. Aber auch bei dieser Unterredung war keine endgültige Stellungnahme der Militärregierung zu erfahren.[238] Erst am 16. August, also zwei Tage, bevor in Goslar auf der gemeinsamen Tagung der Generalversammlungen von dpd und DENA die endgültige Entscheidung über die Fusion fallen sollte, teilte der Leiter der ISD, Oberst Gordon E. Textor, dem DENA-Vorstand mit, weshalb die US-Militärregierung noch immer mit ihrer Zusage zögerte. Seiner Einschätzung nach verstießen einige der ausgehandelten Fusionsbedingungen gegen "... gewisse Grundprinzipien, auf denen die DENA ursprünglich aufgebaut ..." wurde. Textor forderte den DENA-Vorstand auf, "... eine fusionierte Agentur zu schaffen, gegen die die Militärregierung keine Einwände erheben kann".[239]

---

237 Vgl. Protokoll über die gemeinsame Besprechung von DENA und dpd in Düsseldorf am 21.7.1949. (Telef. aufgenommen am 28.7.1949). Gez. Betz, Gross, Macknow, Grabbert, Scholz, Heinrich, Rudert, Goldschagg, Karsch und Rodemann. In: BA 5/243-1/26.

238 Vgl. Gerhard R. Matthäus: DENA-Geschichte. 9. Teil a. a. O. S. 33.

239 Vgl. Gordon E. Textor, Director ISD, OMGUS, to: DENA-Vorstand, Mr. Hans Heinrich. Subject: DENA-DPD Negotiations. 16 August 1949. In: BA 5/243-1/26.

5.7. Die Fusion

Am 16. August 1949, zwei Tage vor den entscheidenden Beratungen der Generalversammlungen von dpd und DENA in Goslar, übertrug die SÜDENA ihre bisherigen Betriebsfunktionen auf den dpd. Gemäß eines entsprechenden Vertrages sollte die Südwestdeutsche Nachrichtenagentur am 30. September 1949 ihren Nachrichtendienst einstellen und der Deutsche Presse-Dienst am 1. Oktober 1949 ihr bisheriges Verbreitungsgebiet übernehmen.[240]

Nur zwei Tage später, am 18. August 1949, beschlossen die Anteilseigner von DENA und dpd in Goslar, sich zu einem gemeinsamen Unternehmen, der "Deutschen Presse-Agentur GmbH" (dpa), zu vereinigen. Die bisherigen Genossenschaften sollten aufgelöst werden. Ein entsprechender Gesellschaftsvertrag wurde noch am gleichen Tag von den Vorständen beider Agenturen unterzeichnet.[241] Damit war nach schwierigen und immer wieder hinausgezögerten Verhandlungen endlich der Weg für eine gemeinsame Nachrichtenagentur in Westdeutschland frei. Fast genau einhundert Jahre zuvor hatte Bernhard Wolff in Berlin das erste bedeutende deutsche Nachrichtenbüro, das Wolffsche Telegraphische Bureau (WTB), gegründet.

Obwohl die Vertreter von DENA und dpd noch zu Beginn der Fusionsverhandlungen davon ausgegangen waren, die neuzugründende Agentur als Genossenschaft zu betreiben, erhielt die dpa die Rechtsform einer "Gesellschaft mit beschränkter Haftung" (GmbH). Namhafte Juristen und Wirtschaftssachverständige waren bei ihren abschließenden Beratungen zu dem Ergebnis gekommen, daß die Bildung einer Genossenschaft wegen der komplizierten Vertretungsbefugnisse des deutschen Genossenschaftsrechts unvorteilhaft gewesen wäre.[242]

Gegenstand der neuen GmbH war das "... Beschaffen, Erwerben und Sammeln von Informationen, Nachrichten, Bild- und Kartenmaterial jeder Art sowie deren entgeltliche Weitergabe". Das Stammkapital der dpa betrug 350.000 DM. Einzige Gesellschafter waren die beiden Genossenschaften DENA und dpd mit je 50 Prozent der Geschäftsanteile. Der Geschäftsanteil jedes Verleger-Genossen

240 Heinz Willi Gross a. a. O. S. 84.

241 Vgl. Gesellschaftsvertrag vom 18. August 1949. Verhandelt zu Goslar am 18. August 1949. Urkundenrolle Nr. 161, Jahrgang 1949. Unterzeichnender Notar: Dr. Heinrich Becker, Dortmund. In: dpa-Archiv: BR/Presse VII/2-1.

242 Vgl. Gertrud Steinhausen a. a. O. S. 115.

wurde auf ein Prozent des Stammkapitals begrenzt. Zwei hauptamtliche Geschäftsführer - je einer von beiden Genossenschaften - leiteten die Agentur. Sie wurden von einem zehnköpfigen Aufsichtsrat, der aus jeweils fünf Vorstandsmitgliedern beider Genossenschaften bestand, überwacht.[243]

Die in einer GmbH entscheidende Position des Aufsichtsratsvorsitzenden übernahm Dr. Anton Betz (dpd). Sein Stellvertreter wurde Hans Heinrich (DENA). Als Geschäftsführer der dpa bestellte der Aufsichtsrat Dr. Kurt Neuss (DENA) und Fritz Sänger (dpd). Neuss war für die Finanzen und die Verwaltung, Sänger - zugleich erster Chefredakteur der dpa - für die Redaktion und die Redaktionstechnik verantwortlich.

Noch am Tag der Entscheidung zur Fusion schickte der Vorstandsvorsitzende der DENA-Genossenschaft, Hans Heinrich, dem Chef der ISD, Gordon E. Textor, ein Telegramm, in dem er den getroffenen Beschluß mitteilte und erklärte, die Durchführung der von ihm gestellten Forderungen sei gesichert. Im Anschluß an dieses Telegramm gab er eine detaillierte Antwort auf Textors Schreiben vom 16. August 1949. Der Kernsatz seines Briefes lautete: "Nach eingehender Aussprache über die im Vorstehenden geschilderten Ergebnisse der Verhandlungen haben Vorstand und Aufsichtsrat in Ihrem Schreiben(...) die Genehmigung erblickt, der Generalversammlung die Annahme der Satzung der neuen Agentur vorschlagen zu können." [244]

Doch die amerikanische Informationskontrolle schien mit den Fusionsvereinbarungen immer noch nicht zufrieden zu sein. Am 24. August 1949 forderte Textor den DENA-Vorstand auf, ein formelles Gesuch für die Lizenz der neuen Nachrichtenagentur einzureichen.[245] Erst am 31. August 1949, einen Tag bevor die Deutsche Presse-Agentur in Hamburg ihren Sendebetrieb aufnahm, gab die US-Militärregierung ihren Widerstand auf. Textor sicherte der DENA zu, daß

---

243 Vgl. Anlage 1 zum Gesellschaftsvertrag vom 18. August 1949. - Nr. 161/49 der Urkundenrolle des Notars Dr. Heinrich Becker, Dortmund. Goslar, den 18. August 1949. In: dpa-Archiv: BR/Presse VII/2-1.

244 Hans Heinrich, Vorsitzender des Vorstands der DENA, an: Direktor der Informationsabteilung, Herrn Oberst Textor, Berlin, OMGUS. Betrifft: Zusammenarbeit mit dpd (Deutscher Presse-Dienst). 18.8.1949. In: BA 5/242-1/27.

245 Vgl. Gordon E. Textor, Director ISD, OMGUS, to: DENA-Vorstand, Bad Nauheim. Subject: DENA-DPD Negotiations. 24 August 1949. In: BA 5/269-2/10.

von amerikanischer Seite kein Einspruch gegen die Fusion mehr erhoben werde, da das in Aussicht stehende Besatzungsstatut keinen Lizenzzwang mehr vorsehe.

5.8. Die dpa nimmt ihre Tätigkeit auf

In der Nacht vom 31. August zum 1. September 1949 - sechs Tage vor der konstituierenden Sitzung des 1. Deutschen Bundestages in Bonn - verabschiedeten sich die drei westlichen Zonenagenturen von ihren Beziehern und kündigten in ihren jeweils letzten Meldungen die Aufnahme des dpa-Dienstes an.[246] Am Morgen des 1. September 1949, 6.00 Uhr, nahm die Deutsche Presse-Agentur in Hamburg ihre Tätigkeit auf. Die erste Meldung der dpa war eine Bekanntmachung ihres Aufsichtsrates mit folgendem Wortlaut:

"Mit dem 1. September 1949 nimmt die am 18. August 1949 gegründete Deutsche Presse-Agentur ihren Dienst auf. Die Nachrichten für Presse und Funk werden zum erstenmal mit der Abkürzung dpa gekennzeichnet sein. Mit dem gleichen Tag erlöschen die bisherigen Bezeichnungen dpd und DENA. Wir verabschieden uns von diesen Zeichen und gedenken dabei der rastlosen Arbeit, die nach dem Zusammenbruch bis auf den heutigen Tag für die Schaffung einer unabhängigen deutschen Nachrichtengebung geleistet wurde. dpa wird die Tradition der bisherigen deutschen Nachrichtenagenturen fortsetzen und mit vereinten Kräften den Ausbau des Nachrichtenwesens betreiben. Die Pflege der objektiven Nachricht und die Unabhängigkeit von jeder staatlichen, parteipolitischen und wirtschaftlichen Interessengruppe werden das Merkmal der neuen Agentur sein. Sie wird, nachdem auch die Nachrichtenagentur der französischen Zone sich anschließt, der erste große deutsche Nachrichtendienst sein und eine besondere Aufgabe darin sehen, auch das Ausland mit deutschen Nachrichten zu versorgen. Das Kennzeichen dpa muß vom ersten Tag an das Vertrauen der deutschen Zeitungen, der deutschen Öffentlichkeit und der Welt haben."[247]

---

246 Vgl. DPD (Hrsg.): Deutscher Presse-Dienst a. a. O. S. 20.

247 DPA (Hrsg.): 40 Jahre dpa Deutsche Presse-Agentur. Hamburg 1989. S. 18.

Quellenverzeichnis (Ungedruckte Quellen)

Christine Wunderlich:
Telegraphische Nachrichtenbüros in Deutschland bis zum Ersten Weltkrieg

1. Politisches Archiv des Auswärtigen Amtes, Bonn:
   R 37 (I.A.A.a. 33 betr. die telegraphischen Bureaus des In- und Auslands und Verbreitung der Nachrichten durch dieselben).
   R 532 bis R 550 (Europa generalia 86 secr., Bd. 1-18: Telegraphen-Institute des In- und Auslands).
   R 559 bis R 562 (Europa generalia 86 Nr. 4 secr, Bd. 1-4: Die deutsche Kabelgrammgesellschaft).
   R 628, R 629 (Europa generalia 95, Bd. 1,2: betr. Das Preß-Unternehmen Potentia).
   Akten der Presseabteilung: Deutschland 6, Die Deutschen Telegraphen-, Nachrichten- und Propagandainstitute, Verlagsanstalten, Bd. 1.

2. Bayerisches Hauptstaatsarchiv / Abt. Kriegsarchiv, München:
   MKR 13 917 Süddeutsches Korrespondenzbüro und Herold-Büro.
   MKR 13 857 Die Presse während des Krieges.

3. Staatsarchiv Bremen:
   Acta 3-T. 2, No. 6, No. 33
   Handelsregister von Bremen.

4. Hessisches Hauptstaatsarchiv, Wiesbaden:
   Abt. 405/Nr. 1362.

5. Staatsarchiv Ludwigsburg:
   F 303 II Büschel 11.

Martin Neitemeier:
Die Telegraphen-Union

1. Politisches Archiv des Auswärtigen Amtes, Bonn:
   Akten der Presseabteilung
   P 9 Presse 56/4, Bd. 1.
   Deutschland 6, Die Deutschen Telegraphen-, Nachrichten- und Propagandainstitute, Verlagsanstalten, Bd. 1 und 2.
   Deutschland 6, Telegraphen-Union, Bd. 1 bis 3.

2. Handelsregister beim Amtsgericht Charlottenburg (früher Amtsgericht Berlin-Mitte):
   122 HRB 13013, Eintragungen und (ab 1924 unvollständig vorliegende) Handelsregisterakten.

3. Friedrich Ebert-Stiftung, Bonn:
   Depositum Fritz Sänger, Die Journalisten, Altersversorgung VII c (DNB).

4. Institut für Zeitungsforschung der Stadt Dortmund:
   Paul Gerstner: Gutachten ... Sachbetr.: Ermittlung des Bilanzverlustes bei der Fa. Wolffs Telegraphisches Büro, Berlin 1918 (Fotokopie).
   P. T. Press-Telegraph.

Cornelius Klee:
Die Transocean GmbH

1. Politisches Archiv des Auswärtigen Amtes, Bonn:
   Deutschland 6 Bd. 1-6.
   Deutschland 6 b Brasilien Bd. 1.
   Deutschland 6 b Ostasien Bd. 1.
   Deutschland 6 b Straits Settlements Bd. 1.
   Deutschland 9 Bd. 1.
   Niederlande 6 Bd. 1.
   Niederlande 8 Bd. 2.

Presseabteilung 39 497/8.
P 6 Süd- und Mittelamerika.
P 7 Bd. 1.
P 7 a Bd. 1-3.
P 7 c Bd. 1-3.
P 16 Bd. 1.
P 19 Bd. 1-3.
P 19 Beiakte I Bd. 1-2.
P 35 Bd. 1.
Schweiz 9 Bd. 2.
Uruguay 2 Bd. 1.

2. Bundesarchiv, Koblenz:
NS 42, Reichspressechef der NSDAP, Nr. 5, 6, 31, 37.
R 2, Reichsfinanzministerium, Nr. 1922, 1923, 2973, 2974, 4750, 4862, 4902-4908, 4947-4953, 11500, 11504 a, 11619, 11631.
R 9/1, Reichsstelle für Außenhandel, Nr. 31, 387, 944, 987, 989, 1020.
R 43 I, Reichskanzlei, Nr. 739-741, 2467, 2468, 2473, 2479, 2529.
R 55, Reichspropagandaministerium, Nr. 205, 282-290, 296, 674, 681, 826, 827, 829.
R 85, Handelspolitische Abteilung des Auswärtigen Amtes, Nr. 752-756, 765-776, 788, 796, 811, 828, 845, 850-861, Vorl. 6797-6892.
R 101, Reichskolonialverwaltung, Nr. 9.
R 114, Eildienst für amtliche und private Handelsnachrichten GmbH, Nr. 1.
ZSG 1, Parteien, Verbandssachen bis 1945, Nr. 2, 14, 123, 211, 285, 464, E 21, E 37, E 42, E 89, E 124.
ZSG 116, Nr. 2011-2042.
ZSG 135/5, Sammlung Müller.

3. Mannesmann Archiv, Düsseldorf:
P 1/26/45 Bd. 1-2.

4. Handelsregister beim Amtsgericht, Berlin-Charlottenburg und Vereinsregister Berlin:
93 HRB 6813 Nz., 93 HRB 13830, 93 HRB 54899.

Jürgen Reitz:
Das Deutsche Nachrichtenbüro

1. Bundesarchiv, Koblenz:
   Kleine Erwerbungen (Kl. Erw.), Nr. 302-1.
   Nachlaß Leverkuehn, Nr. 31.
   R 2, Reichsfinanzministerium, Nr. 4954, 4955, 4963.
   R 34, Deutsches Nachrichtenbüro, Nr. 415, 429, 540, 585.
   R 43 I, Reichskanzlei, Nr. 2528.
   R 55, Reichspropagandaministerium, Nr. 278, 279, 281, 284, 286, 287, 288, 289, 489, 685, 765, 826, 827.
   ZSG 101, Sammlung Brammer zur Pressepolitik des NS-Staates, Nr. 28.
   ZSG 106, Pressedienst-Sammlung Deutsches Nachrichtenbüro, Nr. 1, 2, 3, 4, 5, 345, 346, 347, 348, 564, 728, 1698, 1699, 1700, 1701, 1702.

Andreas Kristionat:
Vom German News Service zur Deutschen Presse-Agentur

1. Bundesarchiv, Koblenz:
   Akten der amerikanischen Militärregierung in Deutschland (OMGUS). Geordnet nach der Nummer des Aktenbandes, der OMGUS/ISD-Bestandssignatur und dem Obergriff (Folder Titel) der verfilmten Dokumente.

Bd. 54:	5/235-1/3:	Press Plans.
	5/236-2/23:	Licensing of newsagencies.
	5/236-2/26:	Vereinigte Wirtschaftsdienst GmbH.
	5/237-1/17:	News agencies.
	5/238-1/2:	DENA weekly reports.
	5/238-1/5:	Copy statistics.
	5/238-2/3:	Vorstand.
	5/238-2/24:	Press Reports - British Zone.
	5/238-2/29:	Statuten.
	5/238-3/1:	Correspondence (Post Licensing).
	5/239-2/9:	Memos: June 1945 to January 1946.
	5/239-3/3:	Statistik - Tagesmeldungen.

Bd. 55:	5/240-3/2:	Memos: Administrative, internal only.
	5/242-2/12:	Press DANA/DENA.
	5/243-1/26:	DENA Merger.
	5/243-1/27:	DENA.
	5/246-3/36:	DENA (Press Control Branch).
Bd. 56:	5/247-1/1:	Press Control Branch.
Bd. 57:	5/267-1/21:	DANA/German Press Service.
	5/268-2/17:	ISD-Regulations (Personell Control).
	5/269-1/32:	Operation Talisman.
	5/269-2/10:	Press Control.

2. Archiv der Deutschen Presse-Agentur (dpa), Hamburg:
Teilbestände der DANA/DENA, des dpd, der RHEINA/SÜDENA und der dpa.
BR/Presse

VII/1:	DANA/DENA, dpd, RHEINA/SÜDENA.
VII/1-1:	DANA/DENA.
VII/1-2:	dpd.
VII/1-3:	RHEINA/SÜDENA

BR/Presse

VII/2:	dpa/Allgemein.
VII/2-1:	Gründungsvertrag / Gesellschaftsvertrag
VII/2-2:	Allgemeines / Historie.
VII/2-3:	Gesellschafter.
VII/2-5:	Geschäftsberichte.
VII/2-6:	Erstmeldungen.

3. Hessisches Hauptstaatsarchiv, Wiesbaden:
Akten der amerikanischen Militärregierung in Deutschland (OMGUS), Teilbestand Hessen (OMGH/ISD). Geordnet nach der Nummer des Aktenbandes, der OMGUS/ISD-Bestandssignatur und dem Oberbegriff (Folder Titel) der verfilmten Dokumente.

Bd. 8:	8/153-3/8:	Correspondence in press matters.
	8/154-1/20:	Correspondence - General.
	8/154-2/1:	ICD-History (1 January - 30 June 1946).

	8/154-2/13:	Correspondence - General.
	8/155-2/15:	Political Analysis and Public Opinion.
	8/157-2/1:	DENA.
	8/157-2/2:	Press General.
Bd. 9:	8/161-1/18:	Press-Correspondence.

Literaturverzeichnis

Abel, Karl-Dietrich: Presselenkung im NS-Staat. Eine Studie zur Geschichte der Publizistik in der nationalsozialistischen Zeit. Berlin 1968.

Apel, Bert: Die Entwicklung des Nachrichtenwesens der Presse in Bayern. Von den Anfängen bis zur Gegenwart. Diss. München 1951.

Arendt, Hannah: Elemente und Ursprünge totaler Herrschaft. Frankfurt / M. 1955.

Baasch, Ernst: Geschichte des Hamburgischen Zeitungswesens. Hamburg 1930.

Bäckler, Max: Der Parlamentsdienst. In: Deutsche Presse 9 (1921) Nr. 38, S. 16-18.

Baerns, Barbara: Lenkung und Kontrolle beim Neuaufbau des deutschen Pressewesens 1945-1949. In: Heinz-Dietrich Fischer (Hrsg.): Deutsche Kommunikationskontrolle des 15. bis 20. Jahrhunderts. München 1982. S. 280-293.

Balfour, Michael: Propaganda in War 1939-1945. London, Boston, Henley 1979.

Basse, Dieter: Wolff's Telegraphisches Bureau. Agenturpublizistik zwischen Politik und Wirtschaft. München, London, New York, Paris 1991.

Bauer, Hermann: Die volks- und privatwirtschaftliche Bedeutung der Funktelegraphie; ihre Stellung im Nachrichtenwesen unter besonderer Berücksichtigung ihrer Verwendungsmöglichkeit für die Presse. Diss. Frankfurt a. M. 1922.

Benirschke, Hans: Anfänge der Nachrichtenagenturen. In: Heinz-Dietrich Fischer (Hrsg.): Pioniere der Nachkriegspublizistik. Köln 1986. S. 141-151.

Benirschke, Hans: Die Deutsche Presse-Agentur. In: Heinz-Dietrich Fischer (Hrsg.): Positionen und Strukturen bei Druckmedien. Düsseldorf u. a. 1987. S. 161-168.

Bernhard, Ludwig: Der Hugenberg-Konzern. Berlin 1928.

Besserer von Thalfingen, Maximilian Freiherr: Das deutsche Nachrichtenwesen nach 1945. In: ZV + ZV 51 (1954) S. 319-323.

Besserer von Thalfingen, Max Freiherr: In Memoriam Otto Mejer. Ein Stück Geschichte des deutschen Nachrichtenwesens. In: ZV + ZV 56 (1959) S. 84f.

Blanck, Friedrich: Der deutsche Nachrichtenmarkt. Diss. Heidelberg 1910.

Binder, Gerhardt: Deutschland seit 1945. Stuttgart 1969.

Blöbaum, Bernd: Nachrichtenagenturen in den Nord-Süd-Beziehungen. Eine Studie zur Entwicklung, Struktur und Reform der Weltnachrichtenordnung. Berlin 1983.

Boelcke, Willi: Presseabteilungen und Pressearchive des Auswärtigen Amtes 1871-1945. In: Archivmitteilungen 9 (1959) S. 43-48.

Boelcke, Willi A.: Kriegspropaganda 1939-1945. Geheime Ministerkonferenzen im Reichspropagandaministerium. Stuttgart 1966.

Bohrmann, Hans (Hrsg.): NS-Presseanweisungen der Vorkriegszeit Bearb. v. Gabriele Toepser-Ziegert. Bd. 1ff: München, New York, London, Paris 1984ff.

Bohrmann, Hans: Anfänge aus Trümmern. In: Journalist 36 (1985) Nr. 6, S. 35-37.

Bohrmann, Hans / Arnulf Kutsch: Pressegeschichte und Pressetheorie. Erich Everth (1878-1934). In: Publizistik 24 (1979) S. 386-403.

Boyd-Barrett, Oliver: The International News Agencies. London, Beverly Hills 1980.

Bräuer, Hans-Jochen: Die Entwicklung des Nachrichtenverkehrs. Eigenarten, Mittel und Organisation der Nachrichtenbeförderung. Diss. Nürnberg 1957.

Bramsted, Ernst K.: Goebbels und die nationalsozialistische Propaganda 1925-1945. Frankfurt / M. 1971.

von Braun, Magnus: Von Ostpreußen bis Texas. Stollhamm 1955.

Bredow, Hans: Deutschlands Stellung im Weltnachrichtenverkehr. Berlin 1919.

Brodersen, Inke / Klaus Human / Susanne v. Paczensky (Hrsg.): Wie die Deutschen Hitler zur Macht verhalfen. Reinbek 1983.

Brunhuber, Robert: Das moderne Zeitungswesen (System der Zeitungslehre). Leipzig 1907.

Brunhuber, Robert: Das deutsche Zeitungswesen. Leipzig 1908.

Christophel, Dr.: Deutsche Nachrichtenbüros seit 1900. In: ZV + ZV 50 (1953) S. 54-56.

Clay, Lucius D.: Entscheidung in Deutschland. Frankfurt / M. 1950.

Cooper, Kent: Barriers Down. New York 1942.

Cremer, Carl und Paul von Falkenried: Der Übergang des Dammert-Verlages an die Telegraphen-Union. Eine Klarstellung und Widerlegung. In: Deutsche Presse 9 (1921) Nr. 16, S. 3-5.

Dammert, Rudolf: Der Übergang des Dammert-Verlages an die Telegraphen-Union. Die bedrohte Unabhängigkeit der Provinzpresse. In: Deutsche Presse 9 (1921) Nr. 15, S. 2-4.

Degener, Hermann A. L. (Hrsg.): Wer ist's? Leipzig 61912, 71914, 81922, 91928.

Deist, Wilhelm: Flottenpolitik und Flottenpropaganda. Das Nachrichtenbüro des Reichsmarineamtes 1897-1914. Stuttgart 1976.

Delmer, Sefton: Die Deutschen und ich. Hamburg 1963.

Deutsche Presse-Agentur (Hrsg.): Die Deutsche Presse-Agentur. Hamburg 1950.

Deutsche Presse-Agentur (Hrsg.): Nach zwanzig Jahren. Hamburg 1969.

Deutsche Presse-Agentur (Hrsg.): 1949-1974. 25 Jahre Deutsche Presse-Agentur. Hamburg 1974.

Deutsche Presse-Agentur (Hrsg.): 40 Jahre dpa Deutsche Presse-Agentur GmbH. Hamburg 1989.

Deutscher Presse-Dienst (Hrsg.): Deutscher Presse-Dienst. Werden und Wert. Bielefeld 1953.

Deutsches Institut für Zeitungskunde Berlin (Hrsg.): Handbuch der Deutschen Tagespresse. 4. Auflage Berlin 1932.

Deutsches Institut für Zeitungskunde Berlin (Hrsg.): Handbuch der Deutschen Tagespresse. 5. Auflage. Berlin 1934.

Dietrich, Otto: Weltpresse ohne Maske. Dortmund 1937.

Dietrich, Valeska: Alfred Hugenberg. Ein Manager in der Publizistik. Diss. Berlin 1960.

Diez, Hermann: Das Zeitungswesen. Berlin 1910, 21919.

Douglass, P. F. / K. Bömer: The International Combination of News Agencies. In: The Annals of the American Academy of Political and Social Science 162 (1932) S. 265-268.

Dovifat, Emil: Zeitungslehre I. Erster Band. Berlin 1937. 21944.

Dovifat, Emil / Jürgen Wilke: Zeitungslehre. 2 Bde., 6. neubearbeitete Auflage. Berlin, New York 1976.

von Eckardtstein, Hermann Freiherr: Lebenserinnerungen und politische Denkwürdigkeiten. Bd. 1-3. Leipzig 1919-1921.

El Sioufy, Heide: Die Geschichte der europäischen Nachrichtenagenturen und die Entwicklung ihrer Organisations- und Arbeitsformen. Diss. Wien 1964.

Eltzbacher, Paul: Die Presse als Werkzeug der auswärtigen Politik. Jena 1918.
d'Ester, Karl: Zeitungswesen. Breslau 1928.

Festschrift zur Einweihung der Großfunkstelle Nauen am 29.9.1920. Telefunken, Berlin 1920.
Fischart, Johannes: Publizisten, XII Otto Hammann. In: Die Weltbühne 14 (1918) S. 362ff.
Fischer, Heinz-Dietrich (Hrsg.): Pressekonzentration und Zensurpraxis im Ersten Weltkrieg. Texte und Quellen, Berlin 1973.
Fischer, Heinz-Dietrich: Reeducation- und Pressepolitik unter britischem Besatzungsstatus. Die Zonenzeitung "Die Welt" 1946-1950. Düsseldorf 1978.
Fischer, Paul David: Der internationale Nachrichtenverkehr und der Krieg. Leipzig 1915.
Fischer-Frauendienst, Irene: Bismarcks Pressepolitik. Münster 1963.
Frédérix, Pierre: Un siècle chasse aux nouvelles. De l'Agence d'information Havas à l'Agence France Presse. Paris 1959.
Frei, Norbert / Johannes Schmitz: Journalismus im Dritten Reich. München 1989.
Fuchs, Friedrich: Telegraphische Nachrichtenbüros. Berlin 1919.
Fürst, Artur: Im Bannkreis von Nauen. Stuttgart, Berlin 1922.

Garr, Max: Die wirtschaftlichen Grundlagen des modernen Zeitungswesens. Wien 1912.
Gillessen, Günther: Auf verlorenem Posten. Die Frankfurter Zeitung im Dritten Reich. Berlin 1986.
Gramling, Oliver: AP- The Story of News. New York, Toronto 1940.
Grimm, Jacob / Wilhelm Grimm: Deutsches Wörterbuch. Leipzig 1889.
Gross, Heinz-Willi: Die Deutsche Presse-Agentur. Frankfurt / M. 1982.
Gross, Heinz-Willi: Die Deutsche Presse-Agentur: Schaltstelle der Meinungsmache. In: Blätter für deutsche und internationale Politik (1983) S. 979-994.
Groth, Otto: Die Zeitung. Ein System der Zeitungskunde (Journalistik). Bd. 1,2 Mannheim, Berlin, Leipzig 1928.
Guratzsch, Dankwart: Macht durch Organisation. Die Grundlegung des Hugenberg'schen Presseimperiums. Düsseldorf 1974.

Haas, Albert: Das moderne Zeitungswesen in Deutschland. Berlin 1914.

Hadamovsky, Eugen: Propaganda und nationale Macht. Oldenburg 1933.

Häntzschel, Kurt: Reichspreßgesetz und die wichtigsten preßrechtlichen Vorschriften des Reichs und der Länder. Kommentar. Berlin 1927.

Häupler, Hans-Joachim: Die Aufgabe der Korrespondenzbüros. In: Zeitungsverlag 47 (1950) Nr. 11/12, S. 22-23.

Hagemann, Jürgen: Presselenkung im Dritten Reich. Bonn 1970.

Hagemann, Walter: Publizistik im Dritten Reich. Ein Beitrag zur Methodik der Massenführung. Hamburg 1948.

Hale, Oron J.: Presse in der Zwangsjacke 1933-1945. Düsseldorf 1965.

Handbuch der deutschen Gesellschaften mit beschränkter Haftung. Ein Hand- und Nachschlagebuch für Bankiers, Industrielle, Kapitalisten, Behörden und Auskunfteien. Berlin 1917.

Hansen, N.: Depeschenbüros und internationales Nachrichtenwesen. In: Weltwirtschaftliches Archiv 3 (1913) S. 78-96.

Heerdegen, Ernst: Der Nachrichtendienst der Presse. Leipzig 1920.

Heidorn, Günter: Monopole - Presse - Krieg. Die Rolle der Presse bei der Vorbereitung des ersten Weltkrieges. Studien zur deutschen Außenpolitik in der Periode von 1902 bis 1912. Berlin (DDR) 1960.

Helfferich, Karl: Der Weltkrieg. 3 Bände. Berlin 1919.

Hennig, Richard: Die drahtlose Telegraphie im überseeischen Nachrichtenverkehr während des Krieges. In: Meereskunde 10 (1916) H. 4.

Hesse, Gerhard: Kommunikationsobservanz in Wilhelminischer Zeit (1890-1914). In: Heinz-Dietrich Fischer (Hrsg.): Deutsche Kommunikationskontrolle des 15. bis 20. Jahrhunderts. München, New York, London, Paris 1982. S. 153-184.

Hitler, Adolf: Mein Kampf. Zwei Bände in einem Band. München 1936.

Höhne, Hansjoachim: Nachrichtenagenturen auf dem Medienmarkt in der Bundesrepublik Deutschland. In: Publizistik 21 (1976) S. 57-64.

Höhne, Hansjoachim: Report über Nachrichtenagenturen. Bd. 1: Die Situation auf den Nachrichtenmärkten der Welt. Bd. 2: Die Geschichte der Nachricht und ihrer Verbreiter. Baden-Baden 1977.

Höhne, Hansjoachim: Nachrichtenagenturen unter Bismarcks Regie. Zwei aktenkundige Beispiele. In: Publizistik 26 (1981) S. 104-110.

Höhne, Hansjoachim: Report über Nachrichtenagenturen. Neue Medien geben neue Impulse. Baden-Baden 1984.
Holzbach, Heidrun: Das "System Hugenberg". Die Organisation bürgerlicher Sammlungspolitik vor dem Aufstieg der NSDAP Stuttgart 1981.
Howe, Ellic: Die schwarze Propaganda. Ein Insider-Bericht über die geheimsten Operationen des britischen Geheimdienstes im Zweiten Weltkrieg. München 1983.
Hundhausen, Carl: Propaganda. Essen 1975.
Hurwitz, Harold: Die Pressepolitik der Alliierten. In: Harry Pross (Hrsg.): Deutsche Presse seit 1945. Bern, München, Wien 1965. S. 27-55.
Hurwitz, Harold: Die Stunde Null der deutschen Presse. Die amerikanische Pressepolitik in Deutschland von 1945-1949. Köln 1972.

Institut für Zeitungswissenschaft an der Universität Berlin und Außenpolitisches Amt der NSDAP unter Leitung von Karl Bömer (Hrsg.): Handbuch der Weltpresse. 3. Auflage. Leipzig, Frankfurt / M. 1937.
Institut für Zeitungswissenschaft an der Universität Berlin (Hrsg.): Handbuch der Deutschen Tagespresse. 7. Auflage. Leipzig 1944.

Jones, Roderick: A Life in Reuters. London 1951.

Kämmerer, Geo.: Ausländischer Nachrichtendienst und deutsche Presse. In: Der Zeitungs-Verlag 7 (1906) Nr. 51, 52.
Köstermann, August: Wirtschaftlichkeit des deutschen Telegraphen-, Fernsprech- und Funkwesens nach dem Weltkriege. Leipzig 1927.
Koszyk, Kurt: Deutsche Presse im 19. Jahrhundert. (= Geschichte der deutschen Presse, Teil II). Berlin 1966.
Koszyk, Kurt: Deutsche Pressepolitik im Ersten Weltkrieg. Düsseldorf 1968.
Koszyk, Kurt: Deutsche Presse 1914-1945. (= Geschichte der deutschen Presse, Teil III). Berlin 1972.
Koszyk, Kurt: Pressepolitik für Deutsche 1945-1949. (= Geschichte der deutschen Presse, Teil IV). Berlin 1986.
Kunert, Artur: Die Entwicklung des Fernmeldewesens für den öffentlichen Verkehr (Ein geschichtlicher Überblick). Teil 1: Telegraphie. Berlin 1931.
Kunz, Otto: Die internationalen Telegraphen-Unionen. Diss. Tübingen 1924.

Lerg, Winfried B.: Max Winkler, der Finanztechniker der Gleichschaltung. In: ZV + ZV 60 (1963) S. 610-612.

Lerg, Winfried B.: Die Entstehung des Rundfunks in Deutschland. Herkunft und Entwicklung eines publizistischen Mittels. Frankfurt / M. ^{2}1970.

Lerg, Winfried B.: Die Publizistik der Weimarer Republik. In: Presse im Exil. Beiträge zur Kommunikationsgeschichte des deutschen Exils 1933-1945, hrsg. v. Hanno Hardt, Elke Hilscher, Winfried B. Lerg. München, New York, London, Paris 1979. S. 17-96.

Lerg, Winfried B.: Rundfunkpolitik in der Weimarer Republik. München 1980 (= Rundfunk in Deutschland Bd. 1).

Lewinsohn, Richard (Morus): Das Geld in der Politik. Berlin 1930.

Lizenzen-Handbuch deutscher Verlage 1949. Zeitungen, Zeitschriften und Buchverlage. Berlin 1949.

März, Josef: Die moderne Zeitung. München 1951.

Mantler, Heinrich: Wolff's Telegraphen-Bureau. In: Der Zeitungs-Verlag 6 (1905).

Matthäus, Gerhard R.: Das Ziel hieß: Bessere Deutsche durch besseres Deutsch. In: Publizistik 8 (1963) S. 309-315.

Matthäus, Gerhard R.: Behörden contra Pressefreiheit. In: Publizistik 9 (1964) S. 126-138.

Meister, Aloys: Die deutsche Presse im Kriege und später. Münster i. W. 1916.

Mejer, Otto: Ein aktueller Beitrag zum Kapitel der internationalen Nachrichtenverträge. In: Zeitungswissenschaft 9 (1934) S. 290-298.

Mejer, Otto: Die Geschichte des deutschen Nachrichtendienstes von 1849-1954. In: ZV + ZV 51 (1954) S. 314-318.

de Mendelssohn, Peter: Zeitungsstadt Berlin. Menschen und Mächte in der Geschichte der deutschen Presse. Berlin 1959.

Meyer, Arno: Die Organisation des Nachrichtendienstes der Presse. Libau 1926.

Meyn, Hermann: Drähte, die die Welt umspannen: Die Nachrichtenagenturen. In: Aus Politik und Zeitgeschichte. Beilage zur Wochenzeitung Das Parlament Nr. 45 (1983) S. 23-33.

Minet, Gert-Walter: Nachrichtenagenturen im Wettbewerb. Köln 1977.

Morf, Hans E.: Die Drahtberichterstattung im modernen Zeitungswesen, ein Beitrag zur Geschichte des Nachrichtenwesens. Bern 1912.

Morris, Joe Alex: Deadline Every Minute. The Story of the United Press. New York 1957.

Müller, Georg-Wilhelm: Das Reichsministerium für Volksaufklärung und Propaganda. Berlin 1940.

Müller-Hagen, Bernhard: Der allgemeine wirtschaftliche Auslandsnachrichtendienst und seine Bedeutung für die deutsche Volkswirtschaft, insbesondere für ihren Wiederaufbau. Greifswald 1921.

Müller-Hagen, Bernhard: Der wirtschaftliche Auslands-Nachrichtendienst in Deutschland. Leipzig 1925.

Naujoks, Eberhard: Bismarck und das Wolffsche Telegraphenbüro. In: Geschichte in Wissenschaft und Unterricht 14 (1963) S. 605-616.

Naumann, Johann W.: Die Organisation der neuen deutschen Presse. In: Deutscher Zeitungsverlag (Hrsg.): Handbuch Deutsche Presse. Bielefeld 1947. S. 85-89.

Neue Deutsche Biographie. Bd. 1-10. Berlin 1953-1974.

Nöll von der Nahmer, Robert: Bismarcks Reptilienfonds. Aus den Geheimakten Preußens und des deutschen Reiches. Mainz 1968.

Nordwestdeutscher Zeitungsverlegerverband (Hrsg.): Denkschrift zur Überführung des dpd in deutsche Hände. Bielefeld 1947.

Odermann, Heinz: Die vertraulichen Presseanweisungen aus den Konferenzen des Nazi-Propagandaministeriums. In: Zeitschrift für Geschichtswissenschaft 13 (1965) S. 1365-1377.

Overesch, Manfred: Deutschland 1945-1949. Vorgeschichte und Gründung der Bundesrepublik. Düsseldorf 1979.

Peck, Robert: Nachrichtenagenturen in der Bundesrepublik Deutschland. Diss. Berlin 1967.

Pieper, Hans: Die englischen Bemühungen vor dem Ersten Weltkrieg um ein weltweites Kabel- und Funkmonopol. In: Archiv für deutsche Postgeschichte (1975) S. 80-94.

Pfitzner, Helm: Seekabel und Funkentelegraphie im überseeischen Schnellnachrichtenwesen. Diss. Leipzig 1931.

Politisches Handwörterbuch. Band 2. Leipzig 1923.

Pressa: Kulturschau am Rhein. Hrsg. von der Internationalen Presse-Ausstellung. Köln 1928.

Presse in Fesseln. Berlin 1947.

Prüfer, Guntram: Jetzt und überall und hier. Geschichte des Nachrichtenwesens. Köln 1963.

Pütter, Conrad: Rundfunk gegen das "Dritte Reich". Deutschsprachige Rundfunkaktivitäten im Exil 1933-1945. Ein Handbuch. München, London, New York, Paris 1986.

Raub, Burkhard: Wie die Marine deutsche Pressegeschichte schrieb. In: 7ter Tag. Wochenendmagazin des "Westfalen-Blatts" 5 (1985) Nr. 39, S. 2-3.

Reiber, Ernst: Die gewerbsmäßige Nachrichtenvermittlung. Ein Beitrag zur Geschichte des Nachrichtenwesens. Romanshorn 1927.

Reichshandbuch der deutschen Gesellschaft. Das Persönliche Handbuch in Wort und Bild. Bd. 1, 2. Berlin 1930.

Reininger, Georg: Der deutsche Funkverkehr. Ein Beitrag zur Verkehrswirtschaft der drahtlosen Nachrichtenmittel. Diss. München 1926.

Rentrop, Siegfried: Funknachrichtendienst in Volks- und Weltwirtschaft. Diss. Köln 1923.

Reuter, Maximiliane: Die Organisation des wirtschaftlichen Auslandsnachrichtendienstes in Deutschland, England und den USA in der Zeit von 1918-1933. Diss. Leipzig 1949.

Riess, Curt: Joseph Goebbels. Baden-Baden 1950.

Ritgen, Otto: Das deutsche Nachrichtenbüro. In: Deutsche Presse 24 (1934) Nr. 16, S. 10-11.

Rosewater, Victor: History of Cooperative News-Gathering in the United States. New York 1930. Reprint 1970.

Rotheit, Rudolf: Die Friedensbedingungen der deutschen Presse. Los von Reuter und Havas! Berlin 1915.

Russländer, Maju: Das deutsche Nachrichtengewerbe, insbesondere in seinen Beziehungen zur deutschen Wirtschaft. Diss. Berlin 1924.

Sänger, Fritz: Über die Arbeit der Deutschen Presse-Agentur. In: Der Journalist 6 (1956) Nr. 8, S. 3-6.

Sänger, Fritz: Die Nachrichtenagenturen. In: Harry Pross (Hrsg.): Deutsche Presse seit 1945. Bern, München, Wien 1965. S. 98-118.

Sänger, Fritz: Politik der Täuschungen. Wien 1975.

Salomon, Ludwig: Geschichte des deutschen Zeitungswesens. 3 Bde. Leipzig 1900-1906. Reprint Aalen 1973.

Sautter, Karl: Geschichte der Deutschen Post. Teil 3: Geschichte der deutschen Reichspost. Frankfurt / M. 1951.

Scheel, Klaus: Krieg über Ätherwellen. Berlin 1970.

Schenk, Ulrich: Nachrichtenagenturen als wirtschaftliche Unternehmen mit öffentlichem Auftrag. Mit einer kritischen Würdigung des ddp. Berlin 1985.

Schiffers, H.: Wie Reuters Telegraphenbüro auf deutschem Boden entstand. In: Zeitungs-Verlag 29 (1928) Sp. 2005-2007.

Schnabel, Reimund: Mißbrauchte Mikrophone. Wien 1967.

Schmitz, Joachim: DANA / DENA - Nachrichtenagentur in der amerikanisch besetzten Zone Deutschlands (1945-1949). Diplomarbeit München 1984.

Schmitz, Johannes: Das Beispiel DANA / DENA. Nachrichtenagentur in der amerikanisch besetzten Zone Deutschlands. In: Manfred Bobrowsky / Wolfgang R. Langenbucher (Hrsg.): Wege zur Kommunikationsgeschichte. München 1987. S. 681-694.

Schölzel, Stephan: Die Pressepolitik in der französischen Besatzungszone 1945-1949. Mainz 1986.

Schuchart, Theodor: Die deutsche Außenhandelsförderung. 2. Auflage. Berlin 1919.

Schwarzlose, Richard: The American Wire Services. New York 1979.

Schwedler, Wilhelm: Die Nachricht im Weltverkehr. Kritische Bemerkungen über das internationale Nachrichtenwesen vor und nach dem Weltkriege. Berlin 1922.

Schwedler, Wilhelm: Das Nachrichtenwesen. In: Die deutsche Wirtschaft und ihre Führer. Bd. 3. Gotha 1925. S. 119-218.

Schwedler, Wilhelm: Die Nachrichtenversorgung der Presse. In: Zeitungswissenschaft 1 (1926) S. 165-169.

Schwedler, Wilhelm: Das Nachrichtensystem der Weltpresse. In: Zeitungswissenschaft 9 (1934) S. 281-290.

Senzer, Heinz-Peter: Die Tagespresse in der amerikanischen Besatzungszone Deutschlands nach dem 2. Weltkrieg. Diss. Wien 1951.

Sorg, Emil: Die deutschen Zeitungskonzerne der Gegenwart mit Einschluß des Nachrichten- und Anzeigengewerbes. Diss. Heidelberg 1924.

Steinhausen, Gertrud: Gründung und Entwicklung der westdeutschen Nachrichtenagenturen nach dem 2. Weltkrieg. Diss. Heidelberg 1959.

Steffens, Manfred: Das Geschäft mit der Nachricht. Agenturen, Redaktionen, Journalisten. Hamburg 1969.

Stoffers, G.: Der Nachrichtendienst für die Presse. In: Der Zeitungs-Verlag 7 (1906).

Stohl, Herta: Der drahtlose Nachrichtendienst für Wirtschaft und Politik. Seine Entwicklung und Organisation in Deutschland. Berlin 1931.

Storey, Graham: Reuters' Century. London 1951. Reprint 1969.

Straßner, Erich (Hrsg.): Nachrichten. Entwicklung - Analysen - Erfahrungen. München 1975.

Thurn, Hermann: Die Entwicklung des drahtlosen Presse-Rundspruchs. In: Zeitungs-Verlag 25 (1924) Sp. 1286-1288.

Die Transocean. Aufzeichnungen der Geschäftsleitung. Berlin 1950.

Ulfers, Georg: Entwicklung, Aufbau, Organisation und Finanzierung des deutschen Funknachrichtenverkehrs. o. O. (Hamburg) 1928.

Ullmann, Hans-Peter: Der Bund der Industriellen. Organisation, Einfluß und Politik klein- und mittelbetrieblicher Industrieller im Deutschen Kaiserreich 1895-1914. Göttingen 1976.

UNESCO (Hrsg.): News Agencies. Their Structure and Operation. Paris 1953.

Vogel, Walter: Die Organisation der amtlichen Presse- und Propagandapolitik des Deutschen Reiches. In: Zeitungswissenschaft 16 (1941) (Sonderheft). Berlin 1941.

Wagner, Hans: Das Ende der katholischen Presse. 1. Band: Ein notwendiges Übel. Aschaffenburg 1974.

Weber, Willi: Die kommentierte Auslandsnachricht - eine Notwendigkeit für die Provinzpresse. In: Deutsche Presse 24 (1934) Nr. 25, S. 3-4.

Wermuth, Helga: Dr. h. c. Max Winkler - Ein Gehilfe staatlicher Pressepolitik in der Weimarer Republik. Diss. München 1975.

Wernecke, Klaus: Der Wille zur Weltgeltung, Außenpolitik und Öffentlichkeit im Kaiserreich am Vorabend des Ersten Weltkrieges. Düsseldorf 1970.

Winkin, Friedrich: Der Nachrichtenschnellverkehr im Dienste von Presse und Wirtschaft. Leipzig 1934.

Weynen, Wolfgang: 25 Jahre dpa. In: ZV + ZV 71 (1974) S. 1147-1151.

Wolff, Hellmuth: Einführung in die Zeitungskunde. Berlin 1928.

Wolter, Fritz: T. U. und Dammert. In: Die Weltbühne 19 (1923).

Wuttke, Heinrich: Die deutschen Zeitschriften und die Entstehung der öffentlichen Meinung. 2. Auflage. Leipzig 1875.

W. T. B.: Vom 75. Geburtstag des WTB 27. November 1924 o. O. 1924.

Zechlin, Walter: Pressechef bei Ebert, Hindenburg und Kopf. Hannover 1956.

Abkürzungsverzeichnis

AA	Auswärtiges Amt
AAG	Auslands Anzeigen GmbH
AB	Agencia Brasileira
ADN	Allgemeiner Deutscher Nachrichtendienst
AEG	Allgemeine Elektrizitäts-Gesellschaft
AFP	Agence France Presse
ALA	Allgemeine Anzeigen GmbH
AP	Associated Press
APA	Austria Presse Agentur
APS	Allied Press Service
BA	Bundesarchiv Koblenz
BBC	British Broadcasting Corporation
BdI	Bund der Industriellen
CCG	Control Commission for Germany
CCG/BE	Control Commission for Germany / British Element
CDI	Centralverband Deutscher Industrieller
DANA	Deutsche Allgemeine Nachrichtenagentur
DENA	Deutsche Nachrichtenagentur
DISCC	District Information Services Control Command
DKG	Deutsche Kabelgramm-Gesellschaft
DMBG	DM-Eröffnungsbilanzgesetz
DNB	Deutsches Nachrichtenbüro
DND	Deutscher Nachrichtendienst
DNVP	Deutschnationale Volkspartei
DPA	Deutsche Presse-Agentur
DPD	Deutscher Presse Dienst
DRADAG	Drahtloser Dienst AG
DÜD	Deutscher Übersee-Dienst

EP	Europapress
EPW	Europapress Wirtschaftsdienst
GNS	German News Service
GNS-BZ	German News Service - British Zone
GMZFO	Gouvernement Militaire Zone Francaise d'Occupation
HHSta	Hessisches Hauptstaatsarchiv Wiesbaden
HNB	Hollandsch Nieuws Bureau
HRB	Handelsregister beim Amtsgericht Charlottenburg
IC	Information Control
ICB	Information Control Branch
ICD	Information Control Division
ICU	Information Control Unit (GB)
INS	International News Service
ISC	International Services Control (GB)
ISCB	Information Services Control Branch (GB)
ISCC	Information Services Control Command (GB)
ISD	Information Services Division
JUTA	Internationale Unabhängige Telegraphen-Agentur
KDI	Kriegsausschuß der deutschen Industrie
M	Mannesmann-Archiv Düsseldorf
MG	Military Government
MGD	Military Government Detachment
MRBC	Mobile Radio Broadcasting Company
NSDAP	Nationalsozialistische Deutsche Arbeiter-Partei
OIC	Office of Information Control
OKM	Oberkommando der Marine

OMG	Office of Military Government
OMGB	Office of Military Government of Bavaria
OMGD	Office of Military Government for Berlin District
OMGBD	Office of Military Government for Berlin Sector
OMGBE	Office of Military Government for Bremen-Enclave
OMGH	Office of Military Government for Hesse
OMGGH	Office of Military Government for Greater Hesse
OMGUS	Office of Military Government for Germany (US)
OMWB	Office of Military Government for Wuerttemberg-Baden
OWI	Office of War Information
PA	Presseabteilung der Reichsregierung
PCLU	Pioneer Civil Labour Unit (GB)
PID	Political Intelligence Office (GB)
PolA	Politisches Archiv des Auswärtigen Amtes Bonn
PRISC	Public Relations and Information Services Control
PWD	Psychological Warfare Division
RDI	Reichsverband der Deutschen Industrie
RDP	Reichsverband der Deutschen Presse
RHEINA	Rheinische Nachrichtenagentur
RM	Reichsmark
RMA	Reichsmarineamt
RMI	Reichsministerium des Innern
RMVP	Reichsministerium für Volksaufklärung und Propaganda
RPM	Reichspostministerium
RMW	Reichswirtschaftsministerium
RO	Reorientation Branch
SET	Servicio Especial Transocean
SHAEF	Supreme Headquarters, Allied Expeditionary Forces
SNB	Sowjetisches Nachrichtenbüro
SPD	Sozialdemokratischer Pressedienst
SPT	Schweizer Press Telegraph
Sta HB	Staatsarchiv Bremen

Sta LU	Staatsarchiv Ludwigsburg
SÜDENA	Südwestdeutsche Nachrichtenagentur
TC	Telegraphen Compagnie
TO	Transocean
TO-EP	Transocean-Europapress
TU	Telegraphen Union
UNA	Unabhängige Nachrichtenagentur
UP	United Press
UPI	United Press International
USPS	United States Press Service
VDZV	Verein Deutscher Zeitungsverleger
WG	Wirtschaftliche Gesellschaft
WIPRO	Wirtschaftsstelle der Provinzpresse
WTB	Wolff'sches Telegraphisches Bureau
ZV + ZV	Zeitungsverlag + Zeitschriftenverlag

Personenregister

Bei Fragen zur Produktsicherheit wenden Sie sich bitte an:
If you have any questions regarding product safety,
please contact:

Walter de Gruyter GmbH
Genthiner Straße 13
10785 Berlin
productsafety@degruyterbrill.com